M. J. N.° F 995463

CERTIFICACION EN EXTRACTO DE ACTA DE NACIMIENTO

Libro II.
Folio 282.
Núm. 281.
Procedencia del documento en su caso: ....

Espacio para notas marginales

(Continúese al dorso.)

Don ANGEL DE HUIDOBRO PARDO
(Nombre y apellidos)
Juez Municipal del Distrito numero DOS de Santander
provincia de id., y Encargado de su Registro Civil

CERTIFICO: Que según consta del acta reseñada al margen correspondiente a la Sección I de este Registro civil,

D. ANDRES MARTINEZ LOPEZ,
nació en esta ciudad, calle de Cuesta, nº 5-2º
el día dieciocho del mes (En letra) de marzo (En letra)
de mil novecientos doce, (En letra)
y es hijo de Dn. Andrés y de Dª Balbina.

Santander, a 25 de mayo de 1948

Firma del Encargado del Registro, Firma del Secretario,

Sello

Derechos	2,40	ptas.
Busca (Art. 3.°, Arancel 28-V-922)	....	"
Suplidos		"
TOTAL	7,40	ptas.

MODELO OFICIAL aprobado por Orden de 24 de enero de 1944, para la expedición de las certificaciones de todos los Registros civiles.
No tendrán eficacia legal las que desde 15 de abril de 1944 lo sean en otros impresos u otro papel.

PRECIO DE ESTE IMPRESO: 2,00 PESETAS

W0359739

Reinhard Spitzy

So entkamen wir den Alliierten

Für unseren Freund
HR. Dr. Friedrich Hofmann
herzlichst vom Verfasser

Reinhard Bitz

Hinterthal 6.3.89

Reinhard Spitzy

So entkamen wir den Alliierten

Bekenntnisse eines »Ehemaligen«

Mit 54 Abbildungen

Langen Müller

Bildnachweis:
Alle Abbildungen aus dem Archiv des Verfassers

in der F. A. Herbig Verlagsbuchhandlung
München · Berlin

Umschlaggestaltung: Christel Aumann, München
Satz: Filmsatz Schröter GmbH, München
Gesetzt aus 10/12 Times auf Linotronic 300
Reproduktionen des Bildteils: Graph. Atelier Krah, München
Druck und Binden: Mohndruck Graph. Betriebe GmbH, Gütersloh
Printed in Germany 1989
ISBN 3-7844-2244-6

Maria, meiner tapferen Frau,
dem besten Kameraden,
in Liebe zugeeignet

Vorwort

Sturz in den Urwald

von Hans-Georg von Studnitz

In seinen Meditationen über Südamerika, den »Kontinent des dritten Schöpfungstages«, spricht Hermann Keyserling von der Animalität des argentinischen Menschen, seiner Stummheit, seinem Ernst, seiner Verhaltenheit, von einem Geist, der das Licht scheut, dem unheilschwangeren Ausdruck welchen drüben »so viel mehr Menschen zeigen als böse sein können«. Der Philosoph vergleicht ihren Blick mit dem von Amphibien und Reptilien, dem »sich schleudern der königlichen Anaconda, die unmittelbar darauf in brütende Apathie zurücksinkt«.

Das ist die Welt, in die Reinhard Spitzy nach 1945 eintaucht und sich behauptet. Ein verwegener, ungeheurer Sprung, der den jungen Österreicher vom fast erreichten und dann doch verfehlten Gipfel eines Lebens als Verschwörer, Putschist, Diplomat, Kaufmann, Playboy und Abwehragent in den Schoß Lateinamerikas trägt, aus dem zwielichtigen Schatten der Macht in das Dunkel des Urseins.

Viele Deutsche sind nach dem Zweiten Weltkrieg diesen Weg gegangen. Nicht wenige von ihnen als Träger und Komplicen eines Regimes, das Europa verderben half. Menschen, die Erdteile vertauschen mußten, weil ihnen der eine keine Chance mehr ließ, der andere einen Schimmer von Hoffnung öffnete. Unter denen, die über das Weltmeer wanderten, gab es solche, die Diktatur und Krieg in Geschehnisse verstrickt hatten, über die nun eine Rechenschaft von ihnen gefordert wurde, die sie nicht zu leisten vermochten, ohne Kopf und Kragen zu riskieren; es gab andere, die den Zusammenbruch der Ideale nicht verschmerzten, die ihre Jugend geleitet hatten, die sich genarrt fühlten und sich von allem trennen wollten, für das sie Jahrzehnte fochten. Erfahren hat man wenig über sie, die Desperados, die schuldig Gewor-

denen und die sauber Gebliebenen, die Enttäuschung und Ekel über See trieben.
Reinhard Spitzy gehört zu den letzteren. Er hätte bleiben können. In Spanien, wo er als Canaris-Mann über Verbindungen verfügte, die ihm eine bürgerliche Existenz gesichert hätten. Die Kopfprämie, die die Engländer ausschrieben, um seiner habhaft zu werden, hätte ihm automatische Haft eingetragen wie unzähligen anderen. Nach einem Jahr wäre er wohl frei gewesen und in der Heimat wieder auf seine Füße gefallen wie so viele seiner deutschen und österreichischen Landsleute.
Reinhard Spitzy hat niemals geleugnet, daß er an eine Erneuerung seines Volkes durch Hitler, an eine Wiederauferstehung des alten Reiches unter neuen Zeichen glaubte. Er hat sich keinen Augenblick geschämt, dafür eingetreten zu sein. Aus der Zertrümmerung seiner Ideale zog er die Konsequenz, die sein Sinn für Würde ihm eingab: Er ging in die Fremde, dorthin, wo sie am undurchdringlichsten schien, in den Busch am Paraná.
Er tritt das Wagnis mit einer Frau an, die er vor dem Zusammenbruch kennengelernt hat, Österreicherin wie er und mit zwei Kindern, die sie ihm geboren hat. Sie folgt ihm in den Urwald, teilt alle Beschwerden und schenkt ihm immer wieder Kinder, die sie in Buenos-Aires zur Welt bringt. Eine wunderbare Gefährtin, die ihn durch alle Wirrnisse begleitet, die materiellen Sorgen mit ihm teilt, die aufgewachsen in einem verwöhnten Haus, für ein großes Leben bestimmt, das Los einer Siedlerfrau in der Wildnis auf sich nimmt.
Die Aufzeichnungen aus den zehn Jahren, die das Paar in der tödlichen Einsamkeit einer Farm »zwischen den Flüssen«, in Entre Ríos verbringt, sind Liebeslied und Tatsachenbericht, Romanze und Abenteuer, Rudern auf einem Strom, den Zuversicht und Verzweiflung säumen. Sie verwandeln den Menschen Spitzy, der aus dem Glanz einer trügerischen Vergangenheit zu wesentlichem vorstößt, dem die gewalttätige, zerstörerische und zugleich kreative Natur einer Ur-Landschaft Zwänge auferlegt, die den Hang zur Phrase verbrennen.
Es ist die Metamorphose eines jungen Mannes, der ohne ein Damaskus zu erleben doch zu Gestaden vordringt, die sich von Erlebtem und für glaubwürdig Gehaltenem abheben und ihn lehren, daß es ein Glück bedeuten kann, wenn sich der Mensch auch im Mikrokosmos aus-

kennt. Es ist die unberührte Fauna, die den politischen Rebellen von einst zur wissenschaftlichen Beschäftigung mit Schalentieren anregt, der er sich widmen wird, nachdem er in die Zivilisation zurückgekehrt ist.

Im Urwald bleibt Spitzy nichts Menschliches fremd. Er teilt sein Brot mit Pflanzern und Hirten, Jägern und Fischern, Händlern und Dieben, Rauschgiftsüchtigen und Wilderern. Er führt ein Haus, das Gattin und Kinder mit Frohsinn erfüllen, ohne sich denen zu verschließen, die wie Räuber, Huren und Polizisten die Verlorenen des Urwaldes sind. Manche der Schilderungen erinnern an Gestalten und Bilder von Hemingway, mit dem der Autor die Naivität der Schau und die Empfindsamkeit des Erlebens gemein hat.

Zu diesem Buch

Meinen Erlebnisbericht »So haben wir das Reich verspielt – Bekenntnisse eines Illegalen« schloß ich zum Kriegsende mit dem Schwanengesang des Meisters der deutschen Sprache, des Wieners Josef Weinheber. Dieses zweite Buch über unseren Weg danach sei nun nach einem halben Jahrhundert besonnen, doch nicht ohne Hoffnung, mit dem gleichen Gedicht begonnen:

»Der Traum, den wir geträumt, ist aus
Dämonenmacht zerschlug das Haus. . . .
Weh uns, die große Nacht beginnt.
Weh uns, vergeblich war das Leid,
Weh uns, im Blut ertrinkt die Zeit,
Weh uns, den Abel mordet Kain –
Deutschland, oh Traum, wann wirst Du sein?«

Angesichts der Roten Armee nahm der Dichter Gift und, welch Verlust, unvollendet sank er wie Kleist, Puschkin und Lermontow in den ewigen Schoß der Sterne. Doch der Blitz seines Entschlusses leuchtet über der Tragödie meiner Generation.

Mir schlichtem Diesseitigen aber schlug noch nicht die Stunde. Für Weib und Kind hatte ich zu sorgen und wollte mich auch erhalten, um der Jugend von heute, die aus den trüben Quellen der Sieger schöpfen muß, wahre Kunde zu geben von den Träumen und Idealen jener allzu heroischen Welt von gestern.

Seit frühesten Tagen hatte ich mich der Sehnsucht nach dem Reich ergeben, als Rebell kein Abenteuer gescheut, als Zeuge das Glück des wiedergewonnenen Imperiums der Hohenstaufen und Habsburger in vollen Zügen genossen. Allzu bald aber und sehenden Auges habe ich das unklug vermessene Verspielen des Gewonnenen und damit der Deutschen Nation erahnt, gefürchtet und erlebt, um schließlich, verzweifelt aufs neue Rebell, gegen das Idol meiner Jugend doch für das Reich antreten zu müssen. Allein – es war alles so nutzlos gewesen.

Und schließlich lag Deutschland zerschlagen am Boden, und alle Opfer und all der Idealismus der Jugend waren vergebens gewesen. Nach solcher Niederlage war es zwingend und mein Wille, die Familie und mich stark zu erhalten und entschlossen, nicht ohne Phantasie, doch mit Maß, den Weg in eine ferne Freiheit zu wagen. Nun galt das Gesetz des wohlkalkulierten Risikos. Die Stunde der Waffen des Besiegten, die des Untertauchens, der Verstellung und der List war gekommen. Und merkwürdige Abenteuer sollten folgen.

Dezember 1988 — Reinhard Spitzy

I

SPANIEN

1944–1948

Erzählt von Mönchen, Pfarrern und Amigos

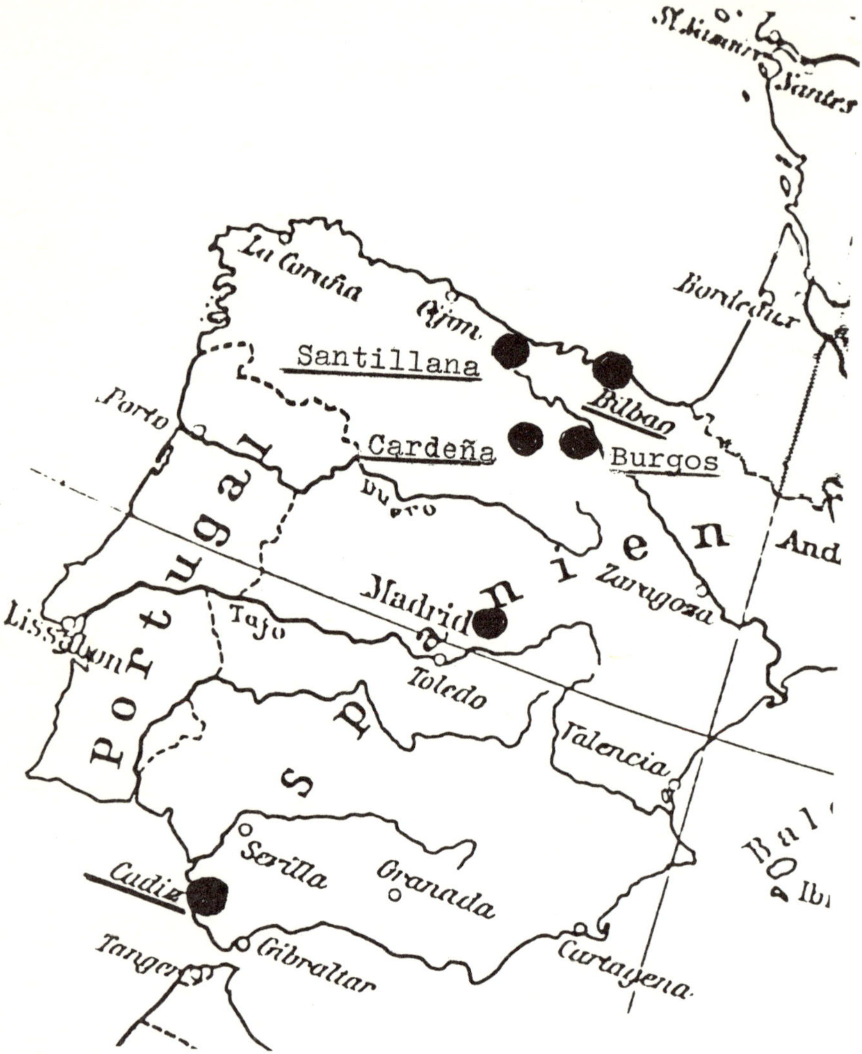

La Coruña
Santillana
Bilbao
Cardeña
Burgos
Porto
Duero
Portugal
Spanien
Zaragoza
Madrid
Lissabon
Tajo
Toledo
Valencia
Cadiz
Sevilla
Granada
Gibraltar
Cartagena
Bordeaux

1

Als Anfang Juni 1944 die alliierte Landung in Frankreich erfolgte und der Stauffenberg-Putsch fatal mißlang, sanken Deutschlands Aktien in Madrid auf den Nullpunkt. Die Staatsangehörigen der Achsenmächte in Spanien begannen, sich intensiv mit den eigenen privaten Überlebensmöglichkeiten zu beschäftigen, wenn sie dies auch offiziell nicht zugaben und weiter Freund und Feind gegenüber lauthals ihre Siegeszuversicht beteuerten.
Auch ich mußte mich jetzt langsam um unsere Zukunft kümmern, denn meine Situation als Repräsentant der Skoda-Werke in Madrid war offiziell nicht mehr sehr sinnvoll, da Waffen- und Maschinenlieferungen aus Böhmen auf dem Landweg unmöglich geworden waren. Wir beschlossen also, Madrid zu verlassen, um sozusagen Sommerurlaub anzutreten. Ich mußte jetzt vernünftige Pläne machen, denn Maria, meine junge Frau, erwartete Ende des Jahres ihr erstes Kind.
Mein Freund und Gönner Prinz Max von Hohenlohe schlug mir vor, nach Santillana del Mar zu übersiedeln, wo seine Frau einen kleinen Palacio besaß. Also rüsteten wir ab – offiziell um Ferien zu machen. In Wirklichkeit machten wir uns keine Illusionen über eine Rückkehr nach Madrid. Was sollten wir dort auch tun? Praktisch war doch schon alles vorbei. Mein heimlicher Auftraggeber, der neue Abwehrchef im Reichssicherheitshauptamt, SS-Brigadeführer Schellenberg, konnte mich, wenn er wollte, auch auf dem Lande erreichen. Es war durchaus in seinem Sinne, Schildkröte zu spielen, nicht aufzufallen und abzuwarten. Das konnte am besten nur weitab von Madrid geschehen.
An eine Rückkehr nach Deutschland konnte ich auf keinen Fall denken, weil ich damit rechnen mußte, daß man in der militärischen Abwehr, in der ich gearbeitet hatte, nach der Verhaftung Osters am Ende doch nicht alle Akten vernichtet hatte, und Kameraden aus der Abwehr, von der Gestapo brutal gequält, auch über mich aussagen würden. Wie sich später herausstellte, waren tatsächlich alle konspirativen Akten der Zentralabteilung des Admirals Canaris trotz Auslage-

rung nach Zossen gefunden worden. So wäre meine Rückkehr reiner Selbstmord gewesen.

Im übrigen war noch nicht aller Tage Abend, und vielleicht konnten wir mit unseren Verbindungen in Spanien am Ende doch noch irgendwie nützlich sein. Aber Berlin blieb weiter stumm, und wir drängten auch nicht sonderlich. Wer hatte schon damals noch Lust aufzufallen? Also auf nach Santillana del Mar in die »Sommerfrische«!

Dieser historische Ort mit seinen uralten Häusern und zahllosen Kühen, die in den ebenerdigen Geschossen seit vielen Jahrzehnten dort gewissermaßen als »Zentralheizung« der Häuser dienten, war beruhigend und romantisch. Früher hatte es hier kaum Kühe gegeben, da Santillana ein Treffpunkt ritterlicher Familien war und die Umgebung hauptsächlich aus Eichen- und Edelkastanienwäldern bestand. Erst im vergangenen Jahrhundert wurden diese Wälder gerodet, um großartige Weideflächen zu bekommen. Nur an Hängen oder wenig brauchbaren Stellen ersetzen heute fahle Eukalyptuswälder die Eichen, Kastanien und Nußbäume. Dieser begeisternde Ort wuchs uns gleich ans Herz. Mich als Historiker beeindruckte die Geschichte dieses kleinen »Rothenburg«, wo sich zur Zeit der Reconquista die Ritter im Winter versammelt hatten, um neue Pläne für ihren Dauerkrieg gegen die ungläubigen Moros im Süden zu besprechen.

Das Haus, in dem wir wohnten, der Palacio de las Arenas, stammte aus dem 16. Jahrhundert. Prinzessin Hohenlohes Mutter, Trinidad Herzogin von Parcent, hatte diesen kleinen Palazzo Anfang unseres Jahrhunderts restauriert, da es damals als schick galt, in Santillana ein Haus zu besitzen, um während der Sommermonate dort zu residieren und so dem in Santander weilenden König Alfonso XII. nahe zu sein.

Die Montaña, das Gebiet zwischen Potes und Santander, war übersät von eindrucksvollen Herrenhäusern, den sogenannten »Casas Solariegas«, die zum großen Teil von Spaniern schlichter Abstammung erbaut worden waren, die, im 16. und 17. Jahrhundert, reich aus Amerika zurückgekehrt, dann in der Heimat Tradition und Noblesse erstrebten. Die Häuser Santillanas aber stammten fast ausschließlich aus älteren Perioden. Die schönsten Gebäude und »Palacios« liegen am Hauptplatz und in der Calle Canton. Das gewaltigste Bauwerk aber ist die großartige romanische Colegiata oder Kathedrale mit ihrem prachtvollen Kreuzgang und der Casa Consistorial. Dieses Gebäude sollte ich bald nicht nur von außen, sondern auch von innen nur allzu genau kennenlernen.

Der wichtigste Mann im Ort war natürlich der junge Herr Pfarrer, der hochgebildete, sehr energische Don Eduardo Rodriguez Agudo, der das Recht hatte, sich »Abad von Santillana« zu nennen. Dieser Titel war vom alten, aufgelösten Kloster übriggeblieben und fiel seither dem jeweiligen Pfarrer zu. Mit Don Eduardo freundeten wir uns schnell an, da wir vor allem nach der Saison außer mit ihm und dem Arzt kaum Konversationsmöglichkeiten hatten, denn die reizende Marquesa Blanca Benemejis war nur zeitweilig in den besten Jahreszeiten anwesend.

Der Sommer ging schnell vorbei, bald kannten wir alle »besseren« Familien der Gegend, die Ituraldes, die Tagles, die Obregons, die Güels aus Comillas, die Juancos, die Ärztefamilien, den Notar und natürlich alle Pfarrer und Klöster im weiten Umkreis. Wenn gerade diese auch nicht von Nachteil für unsere Zukunft waren, so lag doch der tiefere Grund auch darin, daß man sich wieder auf die alten Ideale besann, da ja die »modernen« so elend zusammengebrochen waren. Ja, wir liebten den warmen Mantel der Kirche damals, als wir vor den Trümmern standen und mit Gewißheit schlimme Dinge zu erwarten hatten. Die Liebe und Freundschaft der geistlichen Herren dieser so romantischen Landschaft gaben uns unschätzbare Hilfe und seelische Stütze. Nie werden wir hier unsere Dankesschuld abtragen können! Unvergeßlich Don Felipe von Ubiarco und Don Ruperto von Puente San Miguel. Vor allem aber unsere lieben, treuen Freunde Don David Ruiz Rabre von Oreña und unser unermüdlicher Schutzengel Don Eduardo von Santillana! Diese beiden unzertrennlichen Freunde haben wir bis heute nicht nur ins Herz geschlossen, sie gehören auch sozusagen zur Familie.

Mit Freude gab ich mich dieser köstlichen Landschaft hin, durchstreifte sie, durchstrich die alten Gemäuer und verwandelte mich mit Leib und Seele in einen Bauern. Ich las keine politischen Bücher mehr, ich wollte vergessen und für die Zukunft unserer Familie planen, da sich ja bereits ein Nachkomme angekündigt hatte.

Mit der alten Zeit hatte ich gebrochen und fühlte auch keine Verpflichtung mehr dem Dritten Reich gegenüber. Die besten Jahre meiner Jugend hatte ich Hitler geschenkt, war zu allen Opfern bereit gewesen

und hatte an seine Versprechungen, an Frieden, Freiheit, Brot und an das Reich aller Deutschen – aber eben nur der Deutschen! – geglaubt. Fremden Völkern dasselbe Unrecht anzutun, das uns in Versailles und Saint-Germain widerfahren war, hatte uns damals jungen Nationalsozialisten ferngelegen. Kapitalismus und Imperialismus hatten wir verabscheut. Diesen Krieg hatte ich kommen sehen. Ich hatte dagegen gekämpft, meine Karriere hingeschmissen und alles riskiert. Als der Krieg dann ausbrach, war ich bereit, gegen mein altes Idol Adolf Hitler zu kämpfen und zu konspirieren. Erst versuchte ich es mit der Wehrmacht, dann mit der SS. Nach dem 20. Juli, nach den grausamen Verfolgungen und der Verleugnung unserer alten, hohen Ideale, kurz vor dem Zusammenbruch des alten Bismarckschen Reiches, das wir nicht vervollständigt, sondern zerstört hatten, packte mich wilde Wut. Der Hitler der Wolfsschanze war nicht mehr derselbe, der Österreich und das Sudetenland befreit hatte. Er war ein Unterdrücker und Tyrann geworden.
Für mich war der Krieg erledigt. Ich hatte jetzt andere Pflichten. Dem Reich konnte ich nicht mehr helfen, und Hitler war nicht zu helfen! Für einen Wahnsinnigen wollte ich nicht meine Haut zu Markte tragen, und meine einzige sinnvolle Pflicht war nun, für meine Frau und das kommende Kind zu sorgen. Geld hatte ich leider keines, denn ich hatte nicht wie manch andere, die auch mir zur Verfügung stehenden Kuriersäcke dazu benutzt, Kaffee oder Industriediamanten nach Norden zu schmuggeln und dafür Kunstschätze ins neutrale Ausland zu bringen. Unser ganzes Vermögen bestand in meinem BMW-Viersitzer-Sportcabriolet, einer Mannlicher-Schönauer-Büchse mit dreihundert Schuß Jagdmunition, die es damals kaum mehr gab, einem modernen Eisschrank und meinen Golfstöcken. So verkauften wir im Laufe des Jahres diese »Luxusgegenstände« und bekamen für unsere Wohnung in Madrid noch eine kleine Ablöse. Doch mußte ich jetzt zusehen, wie ich irgendwie Geld verdienen konnte.
Ein neuer Freund, der politisch linksstehende und deshalb weithin boykottierte, aber sehr talentierte Bildhauer von Santillana, Jesús Otero, riet mir zur Errichtung einer kleinen Maismühle für die Bauern, aber das konnte nicht viel bringen. Da dachte ich schon eher an einen Antiquitätenhandel im Hinblick auf den mit Sicherheit zu er-

wartenden Tourismus an diesem herrlichen, historischen Ort. Mit der Zeit würde mir schon etwas einfallen, tröstete ich mich.
Gegen Jahresende fuhr ich mit unserem BMW nach Madrid und gab ihn zum Verkauf. Dort sah ich zum letzten Mal die wichtigsten deutschen Amts-, Wirtschafts- und NS-Größen, die zwar alle noch vom Endsieg faselten, sich aber in Wirklichkeit schon für die Zeit nach dem Kriege rüsteten.
Franco hatte inzwischen den letzten spanischen Botschafter in Vichy, Lequerica, zum Außenminister ernannt und ihn auf diese Weise aus dem Verkehr gezogen. Dann ließ er sich mit der Ernennung eines neuen Botschafters für Vichy so lange Zeit, bis Frankreich in die Hände der Alliierten gefallen und die Angelegenheit gegenstandslos geworden war. Eine elegante Lösung!
Am 12. November kam unser erster Sohn Wolfgang im Palacio de las Arenas zur Welt. Für die Geburt hatte Prinzessin Hohenlohe ihre Hebamme Caridad, auf die sie schwor, und die schon Fürstlichkeiten und Infanten ans Licht der Welt gehoben hatte, liebevoll zu uns nach Santillana gesandt. Caridad, von Typ und Sprache her ganz »andaluza«, beherrschte souverän die Wochenstube. Die Vorbereitungen waren umfassend gewesen. Die Bevölkerung und vor allem der Pfarrer nahmen großen Anteil an dem zu erwartenden Ereignis. Als die ersten Wehen einsetzten, wurde ich weggeschickt. Bevor ich das Haus verließ, beauftragte ich aber noch den Hausmeister Quinin, mit meiner Flinte im Falle der Geburt eines Buben dreimal, bei der Geburt eines Mädchens zweimal aus dem Fenster zu schießen. Ich lief kreuz und quer durch die Gegend, immer wieder lauschend, besuchte verschiedene Bauern und schließlich den Pfarrer. Der holte eine große Flasche Bols hervor, und wir beide beruhigten uns mit dieser geistigen Stärkung. Wir kamen ins Politisieren und versenkten uns so ins Gespräch, daß wir beide die Geburt vergaßen. Als es nach einigen Stunden dann soweit war, schoß der arme Quinin mehrfach je drei Schüsse aus dem Fenster hinaus, wer aber nicht erschien, war ich elender und herzloser Vater. Schließlich setzten sich verschiedene Einwohner in Bewegung, mich zu suchen, doch erfolglos! Endlich kam ein ganz Schlauer auf die Idee, beim Herrn Pfarrer nachzuschauen, wo man dann Don Eduardo und mich aufscheuchte, so daß ich beschämt und beglückt im Sturmschritt unter

dem wohlwollenden Gelächter der Bevölkerung zu Maria und zu unserem Stammhalter eilte!
Bald war aber wirklich der letzte Moment gekommen, für die Zukunft zu sorgen und eine praktische Lösung, beziehungsweise eine gewinnbringende Tätigkeit für uns zu finden. Schon Monate zuvor hatten wir die Gegend bereist und nach einem Haus gesucht. Kleinere, alte Häuser waren damals spottbillig. Gott sei Dank aber hatte mich Maria davon abgehalten, in Solares und in Yuso etwas zu kaufen. Besonders gereizt hatte mich dabei die Ruine von Yuso, die hoch auf einem Berg an einem steilen Absturz zur Brandung zwischen dem Meer und Santillana lag. Dieser kleine Edelsitz war schon ziemlich verfallen, hatte aber prachtvolle Mauern und Reste von wunderbarem Gebälk. Der große Garten war von einer dreieinhalb Meter hohen Mauer umgeben. Innerhalb des Komplexes lag eine gotische Kapelle in bestem Zustand. Mich begeisterte dieses Anwesen, und es wäre auch sehr billig gewesen. Nur hatte es einen Haken. In einem Seitentrakt saß ein Mieter, der nicht daran dachte, auszuziehen. Gottlob! So zerschlugen sich die Verkaufsverhandlungen, und es blieb uns diese wildromantische, sturmumheulte Einsamkeit erspart. Ich wüßte zurückblickend nicht, wie und wovon wir dort hätten leben sollen. Unvorstellbar, was Maria in dieser einsamen Burg ohne Geld und Gatten gemacht hätte. Ich war wohl immer schon ein romantischer Narr und hatte viel von einem Don Quijote an mir – doch zum Glück auch einiges von Sancho Pansa.
Marias gesunder Hausverstand, unterstützt vom Pfarrer, bestand eisern auf einer Lösung in Santillana selbst. Dort bot man uns die Ruine des alten, kleinen Palacios des berühmten spanischen Minnesängers Don Iñigo López de Mendoza, Marqués de Santillana, zu einem sehr bescheidenen Betrag an. Das Haus war im vierzehnten Jahrhundert auf einem alten Turm aus dem neunten Jahrhundert aufgebaut worden. Es fand an der Schwelle von Gotik und Renaissance seine endgültige Form und hatte einen unerhörten Charme. Don Eduardo vermittelte, und so erwarben wir schließlich dieses leere Gemäuer mit seinem schadhaften Dach und mit einem anschließenden netten, festummauerten Garten um einen Pappenstiel. Aus den Resten der Ruine von Yuso erwarb ich vom Eigentümer, der sehr unglücklich darüber war, daß wir nicht alles kauften, lediglich behauene Steine, eiserne

Gitter und vor allem das prachtvolle Gebälk. Bald fuhr eine Ochsenkarawane mit diesem wertvollen historischen Material zu unserem neuen, alten Haus, und der Wiederaufbau begann.
Monatelang hatte ich die alten Palacios von Santillana und Umgebung studiert, die der Zeit entsprechende Literatur gelesen und verschiedene Pfarrer der Umgebung sowie alteingesessene Bauern interviewt. Mit Maßstab und Notizblock lief ich von Haus zu Haus, um alte Maße und Proportionen zu sammeln. Natürlich half uns unser bester Freund, Don Eduardo, mit Rat und Tat. Einen sachkundigen Helfer fand ich auch in dem Bildhauer Jesús Otero, der mir verläßliche, billige Maurer und Zimmerleute besorgte, die wegen ihrer ultralinken Vergangenheit arbeitslos waren. Das war mir aber höchst gleichgültig, und auf Proteste verschiedener Bürger, die mir Vorhaltungen machten, daß ich solche Leute beschäftige, entgegnete ich, ich wäre ein Fremder, mir stünde ein Urteil über Spanier nicht zu. Wenn jemand etwas angestellt habe, solle man ihn einsperren. Aber wenn er frei herumlaufe, dann müsse man ihm und seiner Familie auch Arbeit und Brot geben und die Leute nicht zu Verzweiflungstaten reizen. Das half. Jesús Otero, der Berater dieser Leute und heute Chef der kommunistischen Ortsgruppe, beriet mich selbstlos in künstlerischer Hinsicht und schützte mich vor überhöhten Preisen und schlechter Arbeit. Die Arbeiter hatten, von ihm angefeuert, dem die Wiedererstehung des historischen Hauses gefiel, große Freude an dieser Arbeit im alten Gemäuer.
Wir rekonstruierten unter Verwendung alter Werkzeuge, alten Holzes und handgeschmiedeter Nägel, damit alles, was man sehen konnte, stilgemäß wiedererstand. Den rattendurchwühlten alten Mauern gaben wir durch Betongüsse neuen Halt. Die Arbeiten verliefen planmäßig und zufriedenstellend – ein reiner Genuß, wenn nur nicht dauernd der leidige Geldmangel gebremst hätte. Doch Kredit bei der Lokalbank und menschliche Rückzahlungsbedingungen des verständnisvollen Bankchefs halfen. Ich war glücklich und voll beschäftigt, denn diese Arbeit gefiel mir und kam meinem historischen Faible entgegen. Unvergessen und nützlich waren die Lehren, die ich durch Max Hohenlohe erhalten hatte, und der reiche Schatz der Erfahrungen, den uns unser lieber alter Freund Paul Lindpaintner, der große bayerische Kunstsachverständige, im Quexigal ans Herz gelegt hatte. Gemein-

same Einkaufstouren auf dem »Rastro« in Madrid, dem dortigen Flohmarkt, und die abendlichen Unterhaltungen über Architektur und spätmittelalterliche Kunst waren wertvolle Hilfen. Und schließlich hatte der Geldmangel das Gute, daß nichts überhastet werden konnte. So fehlte es nicht an Zeit zum Überlegen und zum Meinungsaustausch mit Freunden und Fachleuten.
Weihnachten 1944 verbrachten wir noch im Palacio de las Arenas wie bei uns zu Hause. Wir feierten mit Don Eduardo, der sehr beeindruckt war.
Chronische Finanzsorgen und Engpässe brachten unseren Bau in der Calle Cantón immer wieder zum Stocken, aber unser Sohn Wolfi gedieh prächtig, und Maria hatte sich nach der Geburt wieder gut erholt. Ich selbst zog jeden Tag durch die Gegend, hielt Ausschau nach altem Gemäuer, neuen Bauideen und überlegte dauernd, wie wir im neuen Haus das Geld zum Leben verdienen sollten. Das einzig Vernünftige, das war bald klar, schien ein Antiquitätenladen. Davon verstanden wir etwas, und mit kleinen angeschlossenen Reparaturen- und Restaurationswerkstätten beziehungsweise einer Tischlerei konnten wir vielleicht das Auslangen finden. Zu Beginn wollten wir uns auf alte Möbel spezialisieren, die wir mit Hilfe der Pfarrer in alten Bauernhöfen der Provinz aufstöbern konnten.
In politischer Hinsicht gab es hier außer der nervenzermürbenden Ruhe vor dem Sturm nichts Aufregendes. Um so mehr bedrückten uns die schrecklichen Nachrichten, die wir stündlich aus dem Kurzwellenradio bezogen. Der Rhein wurde überquert, die Russen rückten unaufhaltsam auf Berlin vor, und die schönsten deutschen Städte wurden quasi »post festum« in Schutt und Asche gelegt. Ein sinnloser Kampf! Tod und Zerstörungen änderten nun nichts mehr am definitiven Zusammenbruch des Dritten Reiches.
Im Laufe des April bekam ich noch eine verstümmelte Nachricht, anscheinend von Schellenberg. Ich solle in Madrid die englische Botschaft aufsuchen und eine Teilkapitulation der deutschen Streitkräfte im Westen anbieten. Dafür war es nun bei Gott zu spät! Ich wartete noch vergebens auf genaue Instruktionen und Vollmachten, aber es kam nichts mehr, und so ganz ohne jede Legitimation konnte ich mich nur mehr lächerlich machen.
Der Zusammenbruch war nicht nur im Reich, sondern auch an der

Madrider Botschaft total. Nichts war für den Fall der Kapitulation vorbereitet. Bis zuletzt hatte man vom Endsieg gefaselt und nur privat, das allerdings ganz mächtig, für das mit Sicherheit erwartete bittere Ende vorzusorgen versucht. Ein geradezu lächerliches Debakel auf der ganzen Linie! Auch in Deutschland fielen fast alle Akten in Feindeshand, ja sie wurden geradezu servil und fein säuberlich übergeben. Von mir jedenfalls bekamen die Herrschaften der Sieger nichts. Ich vernichtete oder versteckte alles.

Die bedingungslose Kapitulation des Dritten Reiches ließ Deutschen im Ausland nicht viel Anteil an den Menschenrechten. Das Recht des Siegers drohte. Ich mußte mich beeilen, denn die Sbirren der Alliierten fingen bald an, sich auch mit meiner Person zu beschäftigen. Es hieß also, für Maria und unseren Sohn so gut wie möglich Vorsorge zu treffen!

Da war keine Zeit zu verlieren, und ich trieb die Handwerker energisch an. Auch für Max Hohenlohe war es ja nicht sonderlich angenehm, daß wir ihn mit unserer Anwesenheit in seinem Haus in Santillana noch immer belasteten, denn in Madrid ging es schon fröhlich los gegen Deutsche und andere »obnoxious axis members«.

Zuerst wurde einmal das gesamte deutsche Eigentum blockiert. Da ich nichts hatte, betraf es mich nicht, und für die Spanier war ich zunächst einmal wieder Österreicher! In dieser schwierigen Situation half uns Don Eduardo sehr, und wir zogen in seine Pfarrerwohnung, wo er für uns zwei Zimmer freigemacht hatte. Dort blieben wir bis Anfang August und übersiedelten dann in das halbfertige Haus in der Calle Cantón. Obwohl in vielen Räumen noch die Fenster fehlten, genossen wir bei den sommerlichen Temperaturen diese historische Bleibe und vor allem das herrliche Gefühl eines wenn auch bescheidenen eigenen Heimes auf eigenem Grund und Boden, wenn dieser auch klein und noch mit schweren Hypotheken belastet war.

Die politischen Nachrichten wurden jetzt immer niederschmetternder. Auf die Niederlage des Westens in Potsdam folgten im August die Bombe von Hiroshima und der sinnlose Massenmord von Nagasaki. Für Hiroshima konnte ich noch ein gewisses Verständnis aufbringen, da man den Japanern zeigen wollte, daß diese berühmte Bombe nicht nur existierte, sondern auch höchst wirksam war. Daß man aber *drei Tage* später dasselbe Massaker in Nagasaki wiederholte, ohne den

Japanern etwas Zeit zum Erkennen, zur Besinnung und zum Nachgeben zu lassen, das ist unentschuldbar und ein himmelschreiendes Verbrechen! Die »Racheengel von Los Alamos« wollten nämlich nach der Uranbombe von Hiroshima noch schnell die Plutonium-Bombe in Nagasaki am lebenden Objekt ausprobieren, ehe die Japaner kapitulierten.

2

Unsere Übersiedlung in das Haus des Troubadours, des Marqués de Santillana, war für uns eine Quelle großen Glückes. Maria und der kleine Wolfi hatten nun ein Dach über dem Kopf, und der schöne große Gemüsegarten, den ich sofort anlegte, war auch nicht zu verachten. Als Grundstock für unser zukünftiges Geschäft begannen wir, im zugehörigen Nebenhaus alte Bauernmöbel einzulagern. Auf der Suche nach Möbeln stießen wir in Cabezón de la Sal auf einen erstklassigen Tischler und Spezialisten für typische Montaña-Möbel. Von ihm kauften wir einen alten Tisch mit prachtvollen Intarsien und erzählten, daß wir vorhatten, selbst in Santillana alte Möbel zu reparieren und sie zu verkaufen. Ein paar Tage darauf meldete sich der Sohn dieses Mannes, Jesús Gonzalez Junco, und erklärte uns, er verstünde sich mit seinem Vater nicht gut. Er würde gerne mit uns in Santillana eine Tischlerei für rustikale Möbel und Restaurierung alter Stücke aufziehen. Unser traditionsreicher Palacio wäre genau der richtige Platz, um Kunden und vor allem Touristen anzusprechen. Sofort waren Maria und ich begeistert. Die Auskünfte über den jungen Mann waren nicht übel. In seinem Fach leistete er Hervorragendes. Er hatte nur den einen Fehler, daß er ein Jünger des Bacchus und etwas »juergista« war, das heißt er liebte ausgedehnte, lustige Abende. Das aber konnte uns gleichgültig sein und war seine Privatsache.

Jesús übersiedelte also mit Frau und Kind in ein in der Nähe gelegenes Haus, suchte sich zwei Gesellen und zahlreiche Lehrbuben, und nach ein paar Wochen schon begann das neue Unternehmen, genannt »Talleres Montañeses«, zu deutsch »Montañeser Werkstätten«, mit einer bescheidenen, aber qualitativ hochwertigen Produktion von Tischen und Sesseln.

Da fiel mir ein Stein vom Herzen, denn diese Unternehmung hatte Hand und Fuß, und der Verkauf ließ sich recht gut an.

Das große Problem war der Einkauf von Tischlerei-Maschinen. Jesús hatte zwar eine alte Universalmaschine billigst besorgt, die aber hatte einen schweren Nachteil: Ihre Achse war verbogen. Doch da konnte ich Abhilfe schaffen. Bei den staatlichen Waffenfabriken in Reinosa richtete man uns mit typisch spanischer Noblesse gegenüber einem alten gefallenen Freund die Maschine gratis wieder her. Damit war also auch dieses Problem gelöst.

Die Schar der Lehrlinge schnitzte und werkte billig und bildete somit die finanzielle Basis dieses Unternehmens, wie Jesús uns freimütig erklärte. Ein Sessel ohne Schnitzerei kostete hundert Peseten, einer mit Schnitzerei 180 Peseten, wobei der Arbeitslohn für die ganze Schnitzerei durch Lehrlinge keine sieben Peseten ausmachte. Bei diesem Geschäft lernten wir überhaupt eine Menge. Es war auch höchste Zeit, daß wir nach dem verhältnismäßig noblen Leben wieder mit beiden Füßen auf den Boden der Realität kamen! Ja, wir sollten im Laufe der Jahre nicht nur auf diesen Boden kommen, sondern sogar noch tief ins Erdreich einsinken. Aber das hat auf die Dauer nicht geschadet, wie wir noch sehen werden!

Bald lernten wir mit Wechseln zu manipulieren, Aufträge zu verlagern, Drechselarbeiten durch »billige Spezialisten« machen zu lassen, alte Originaltüren zu kaufen und um sie herum einen antik wuchtigen Schrank zu bauen – alles unter Verwendung alten Gebälkes von abgerissenen Häusern und Scheunen. Mit kaustischem Soda entfernten wir zuerst Lack und Dreck der Jahrhunderte, worauf wir mit »Nogalina«, einer Art Nußbeize, und Bienenwachs wieder etwas »noble Patina« aufbauten. Es war ein wirklich passionierendes Geschäft, und unser Haus mit eigenen alten Möbeln überzeugte die Kunden stets.

Vor wildgewordenen Endsiegfanatikern brauchten wir uns jetzt nicht mehr zu fürchten, dafür rückte aber eine wesentlich größere Gefahr heran: Spanien wurde vom Intelligence Service durchgekämmt, und es stellte sich bald heraus, daß ich an ehrenvoller Stelle, ich glaube als Nr. 23, auf einer rund sechshundert Personen fassenden Liste von »obnoxious axis members« glänzte. Somit war es nur eine Frage der Zeit, wann mich die Spanier unter alliiertem Druck zwecks »Repatriierung« festnehmen würden.

Weihnachten 1945 verbrachten wir noch glücklich in unserem Haus. Januar und Februar aber wurde es schon mulmiger. Inzwischen war mein Freund und Vetter Otto Pirkham mit seiner Familie in ein

Nachbardorf gezogen, um dort abzuwarten, wie sich die Lage entwikkeln würde. Wir diskutierten viel miteinander über die Möglichkeiten, den Alliierten zu entkommen. Doch Otto als ehemaliges Mitglied der deutschen Botschaft im Range eines Generalkonsuls entschied sich letztlich für die Repatriierung. So wurde er später in seine Heimat zurückgeschickt, wo er unter britischer Besatzung in einem Internierungslager entnazifiziert, bzw. »gesqueezed« wurde. Da für mich aller Wahrscheinlichkeit nach nur die sowjetische Zone in Frage kam, zog ich es vor, in Spanien unterzutauchen. Maria und ich trafen daher gemeinsam mit Don Eduardo und Don David, dem Pfarrer von Oreña, alle nötigen Vorbereitungen, um mein Untertauchen reibungslos und ohne Aufsehen zu ermöglichen. Von Max Hohenlohe hatte ich die Zusicherung, rechtzeitig gewarnt zu werden; er verfügte schließlich über beste Kontakte zum spanischen Außenministerium.
Mit dem Hauspersonal hatten wir keinerlei Sorgen. Die treue Carmen war mit uns nach Santillana gekommen, und auf sie war absoluter Verlaß. Auch konnten wir mit ihrer Hilfe ein einigermaßen gepflegtes Haus führen und uns für die zahlreichen Einladungen angemessen revanchieren. Das wichtigste aber war das Gedeihen der »Talleres Montañeses«. Jesús war trotz häufiger alkoholbedingter Absenz ein Genie, nicht nur im Entwerfen von Mustern, sondern auch im Beschaffen von Rohmaterialien. So kaufte er einmal ganz billig einen Posten ausrangierter, aber neuer Faßdauben aus Edelkastanienholz. Das wurde dann die Grundlage für eine florierende Sesselproduktion. Ein besonderer Schlager aber wurde ein Kindertisch mit kleinen Sesselchen. Das Modell dazu – es stammte aus dem 17. Jahrhundert – hatten Don Eduardo und ich bei einem Bauern gefunden, wie wir später hören werden. Wir nahmen wieder einmal einen Streifzug ins Innere der Montaña vor, wo Don Eduardo befreundete Pfarrerkollegen hatte. Wir wurden jedesmal herzlichst begrüßt und mußten, wenn wir schon nicht zum Essen blieben, wenigstens etwas Wein, Chorizos, Kaffee und Cognac akzeptieren. Dann ergriff Don Eduardo das Wort und erzählte, daß wir »pobres Alemánes de Austria« wären, die versuchten, sich in Santillana del Mar eine neue Existenz aufzubauen, ja, daß wir hochbegabte Kenner seien, die »Antigüedades« suchten. Infolge der Unkenntnis ihrer bäuerlichen Besitzer verrotteten oft wahre Schätze auf Dachböden oder in irgendeiner Scheune. Die

Pfarrer erwiesen sich meist hilfreich, doch funktionierten solche Unternehmungen durchaus nicht immer.
Einmal aber hatten wir enormes Glück! Es war nicht weit von Cabuerniga, als uns der dortige Pfarrer an eine freundliche Bauernfamilie verwies, die nach umständlichen Präliminarien einen alten Kupferkessel und eine nicht besonders gute Truhe anbot. Ich insistierte weiter, und da sah ich in der Küche eben jenen reizenden kleinen Kindersessel, den ich sofort in Beschlag nahm und der dann das Modell zu unserem Verkaufsschlager wurde. In der gemütlichen Bauernküche begann nun ein längeres Feilschen, wie es in Spanien unweigerlich zum Geschäft gehört. Wir konnten aber nicht recht einig werden, und schließlich erklärte ich: »Vielleicht finden wir noch etwas.« Ob wir nicht noch auf dem Dachboden nachsehen sollen?
Die Bäuerin lehnte es ab, da sie sich anscheinend genierte, daß »Señores tan finos« ihren schmutzigen Dachboden vor die Augen bekämen, aber der Bauer – sachlicher – meinte, man könne ja mal sehen. Als wir dann auf dem Dachboden zwischen Spinnweben und Schmutztrauben herumstöberten, geriet ich an eine Kiste mit altem Zeug, die schob ich beiseite, und darunter lag eine vollkommen zerstörte romanische Heiligengruppe! Wie der Bauer erzählte, stammte sie aus der alten, eingestürzten Kapelle. Wohl fehlten der Gruppe alle Köpfe – mir tat das Herz weh – aber ich stöberte weiter, und ich fand am Boden in einem Schrank, unter Staub und von Fetzen verdeckt, eine etwa achtzig Zentimeter lange, blau-rot-gold-durchschimmernde Figur. Ich zog sie ans Tageslicht. Nicht zu glauben: Es war eine gotische Madonna aus Nußholz! Sie trug in der rechten Hand einen Apfel, aber in ihrer linken fehlte leider das Jesuskind. Mir schoß das Blut in den Kopf, doch ich nahm mich zusammen und sagte: »Was ist denn das nur für ein trauriger Heiliger? O je, und ziemlich ramponiert ist er auch!« Dann legte ich anscheinend gleichgültig die Figur wieder in den Schrank zurück und verschloß ihn.
Don Eduardo hielt mich wohl für wahnsinnig und stieß mich dauernd, bis ich ihn endlich auf Englisch mit einem »shut up, I know perfectly well, what I am doing« zur Ruhe brachte.
Mein Herz klopfte, Don Eduardo aber machte große Augen, und wir gingen wieder in die Küche hinunter, nahmen noch etwas Kaffee und Cognac und begannen mit den Schlußverhandlungen. Don Eduardo

war noch immer verdutzt, und der Bauer und ich wurden noch immer nicht einig, keiner von uns beiden gab auch nur eine Pesete nach. Schließlich, nach einer Kunstpause, sagte ich: »Wissen Sie was, mein Lieber, jetzt sind wir schon so weit gefahren und so gute Freunde geworden, ich zahle den von Ihnen geforderten Preis für die Truhe, den Sessel und den Kupferkessel, wenn Sie mir den armen Heiligen vom Schrank da oben dazu schenken. Der geht dort oben noch ganz kaputt, und meine Frau mag so altes Zeug und hat womöglich noch große Freude damit.«
»Está bien«, lachte der Bauer, »von solchen Heiligen hatten wir noch mehrere!«
Hierauf ich: »Ja, wo sind die denn?«
»Ach, die haben wir weggeschmissen oder verheizt. Die waren ja noch viel mehr kaputt.«
Da stieg mir der kalte Schweiß auf, aber ich hielt mich zurück. Don Eduardo war totenbleich, und der Bauer meinte, er würde morgen all die Sachen mit einem Ochsenwagen zu uns nach Hause schicken.
»Ja«, meinte ich, »das ist eine gute Idee. Nur die Figur, die schon so ramponiert ist, die wird die Reise auf der Fuhre kaum mehr vertragen. Die legen wir am besten gleich in unser Auto hinein.« Ob er nicht einen alten Sack hätte, sie einzuwickeln? Ein solcher fand sich, und ich zahlte sofort, damit der gute Mann am Ende nicht doch noch auf andere Gedanken käme.
In dem winzig kleinen Austin Don Eduardos tuckerten wir dann durch die Gegend bis zu einem Waldstück, wo ich anhielt, tief durchatmete und mir den Schweiß abwischte. Don Eduardo aber stieß – halb empört, halb lachend – zwischen den Zähnen hervor: »Farisco, Judío, Paziego!«
Letzteres betraf die Einwohner der Vega de la Paz, von denen es heißt, sie seien noch geschäftstüchtiger als die Juden. Der häufigste Name dort ist »Cobo«, und da ich der Not gehorchend, um die Zukunft der Familie zu sichern, geschäftstüchtig geworden war, nannten mich bald viele Leute in der Gegend »Cobo«, sahen sie doch, daß wir praktisch ohne Geld, wohl aber mit Hypotheken, dieses herrliche, alte Haus erworben und billig wieder in Ordnung gebracht hatten, mehr noch, daß wir sogar drauf und dran waren, uns innerhalb weniger Monate eine recht solide Zukunft aufzubauen.

Unserem guten Don Eduardo erklärte ich, daß der »Aktion«-Kauf auf keine Weise unanständig gewesen sei. Denn der Bauer hätte das Kirchengut bei sich verrotten lassen, ich aber hätte es gerettet, und der Bauer habe für seine Barbarei das bekommen, was er verdiente, nämlich nichts. Denn für ihn sei die Madonna ganz und gar wertlos. Wir aber würden die Figur restaurieren und ihr eine würdige Behandlung sichern. Hätte ich angefangen, höhere Summen zu bieten, wäre das Geschäft wahrscheinlich nicht zustande gekommen, denn der Bauer wäre mißtrauisch geworden. Ich aber stünde moralisch einwandfrei da, denn ich hätte für die Madonna keinen Preis bezahlt, sondern sie lediglich zum Abschluß des Geschäftes als Geschenk erbeten!

Don Eduardo ließ sich nur allzu gerne überzeugen und meinte, das Ganze wäre wohl »providencial«, also ein Werk der Vorsehung gewesen. Das fand ich auch. Zu Hause waren wir dann selig und hätten die Madonna zu gerne behalten, aber das konnten wir natürlich nicht machen. Mit Hilfe der Prinzessin Hohenlohe fand die Figur bald über San Sebastian den Weg in den Kunsthandel, und noch viele Leute haben an ihr verdient. Wir aber erhielten eine runde Summe und waren dank der Heiligen Jungfrau wieder einmal über den Berg.

Doch nicht immer ging es so leicht, und oft fuhren wir vergeblich. Einmal lieh Don Eduardo Jesús und mir seinen alten Austin. Wir hatten gehört, daß es bei einem Bauern hoch im Gebirge ein altes Heiligenbild gäbe. So kratzten wir sofort die letzten Peseten zusammen, machten noch eine Anleihe bei Don Eduardo, dem Grundgütigen, und setzten uns in Richtung auf das Gebirge in Bewegung. In einem wildromantischen Tal mußten wir den Wagen stehenlassen und, sehr zu unserem Ärger, zu einem hoch oben liegenden Bauerngehöft hinaufsteigen. Unsere Spannung wuchs, alles ließ sich großartig an. Wir besuchten den erstaunten Bauern, und Jesús gab ihm lange Erklärungen, daß wir alte Nußbäume suchten und dergleichen, damit ja das zukünftige Opfer nicht auf die Idee käme, wir seien am Ende irgendwelchen Kunstschätzen auf der Spur. Doch das Innere dieses Hauses gefiel uns nicht recht. Wir kamen aber schließlich zum Kern der Sache und fragten, ob er nicht irgend so ein altes Heiligenbild hätte.

»Jaja«, sagte der Bauer, »das haben wir schon, das ist von meinem

Großvater. Ein schöner St. Aloisius, den haben wir im Schlafzimmer hängen. Den täten wir, wenn es sein muß, auch verkaufen, er ist ja schon richtig alt und voller Fliegenschiß.«
Meine Spannung stieg, aber wie beschreibe ich mein Entsetzen, als ein wertloser Stahlstich aus dem vorigen Jahrhundert, schlecht gerahmt, mit zerbrochenem Glas vor unseren enttäuschten Augen lag. Jesús: »Das also ist der Heilige, sonst haben Sie keinen?«
»Nein, aber der ist ja eigentlich wunderschön.«
Jesús und ich verabschiedeten uns höflich, aber kalt, fuhren los, und als wir außer Sichtweite waren, stießen wir ein brüllendes Gelächter aus. Den letzten Groschen hatten wir bereitgestellt und die Arbeitszeit eines ganzen Tages vertan. Immer wieder wieherten wir vor Vergnügen und Galgenhumor und beschlossen, uns in einer guten Tasca in San Vincente de la Barquera zu stärken.
Jesús kannte natürlich das »richtige Lokal«. Welches Lokal kannte er nicht? Dort gab es Angulas, diese köstlichen, in Knoblauch gebrutzelten kleinen Aale, heiß zischend in einem kleinen Tongeschirr. Dazu kamen noch ein paar Koteletts, reichlich Wein, Kaffee und zur Abrundung Cognac Fundador. Jetzt war schon alles egal! Unsere Stimmung stieg daher auch ohne Kunstschätze. Um eine gute Erfahrung reicher, kamen wir in fröhlichster Stimmung nach Hause, wo wir bei Maria und Don Eduardo leider wenig Verständnis für unseren Humor fanden, bis sie letzten Endes dann doch mit Gelächter in unsere Fröhlichkeit einstimmten. Man kann eben nicht immer eine gotische Madonna »schießen«, wie das im Kunstjargon so schön heißt, und diesmal hatten wir unseren Meister gefunden.
Herzerfrischend waren bei den verschiedenen Pfarrern die köstlichen Schmause nach Trauergottesdiensten. Kein echter Spanier läßt seine Angehörigen bescheiden begraben. Der letzte Groschen wird hervorgeholt, um ein Begräbnis oder ein Totenamt erster Klasse zu bezahlen. Dazu gehören natürlich immer drei ordinierte Pfarrer: der Pfarrer des Ortes und zwei benachbarte, meist mit dem lokalen Pfarrer befreundete Geistliche. Die höheren Gebühren, die bei einem Funeral erster Klasse eingenommen werden, dürfen aber anständigerweise weder Pfarrherr noch Kirche einstecken. Der Tradition folgend, gehört es sich, diesen schnöden Mammon in ein köstliches Mahl für die drei Offizianten und noch andere befreundete Priester umzusetzen. Da

darf dann absolut nichts fehlen, auch wenn die Beteiligten in Wirklichkeit bettelarm sind und seit der Säkularisation der Kirchengüter unter dem liberalen Mendizabal im vorigen Jahrhundert kein leichtes Leben mehr haben. Doch die Spanier, natürlich auch ihre Geistlichen, sind eben caballeros, die sehr wohl wissen, wie man Feste feiert. Daher verwandelt sich das bei so traurigem Anlaß verdiente Geld in ein fröhliches Mahl, und die Sänger des düsteren »dies irae« beschließen den Tag an köstlicher Tafel bei Witzen und homerischem Gelächter.

So ein Essen beginnt also mit einem Aperitivo, Chorizos, Schinken, Oliven und etwas Thunfisch. Dann geht es erst richtig zu Tisch, und mit einer guten Suppe wird dort eine anständige Grundlage geschaffen: Ein herrlicher Fisch übertrumpft diese Suppe, und dann kommt die Krönung: am besten Spanferkel, zumindest aber anständige Koteletts. Zum Abschluß folgt natürlich der übliche Karamelpudding, Kaffee, Cognac und Zigarren, all dies gewürzt mit Anekdoten und Pfarrerwitzen. Diese sind fast das beste und gehen natürlich meist auf Kosten der Nonnen. Wie konnte es im Lande der Machos auch anders sein! Ich habe in meinem Leben selten so viel und herzlich gelacht oder mich überhaupt so gut unterhalten wie mit diesen köstlichen Pfarrherren der Montaña. Wie Feudalherren nennen sie einander nicht immer beim Vornamen, sondern sie sagen etwa: Jetzt spricht »él de Suances« oder »él de Oreña«, zu deutsch »der von Suances« oder »der von Oreña«, womit eigentlich beides gemeint sein kann: sowohl der Ritter als auch der Pfarrherr.

Ganz besonders hat mir gefallen, daß die spanische Geistlichkeit, die einen richtigen Militärdienst mit Gewehr und Maschinengewehr leisten muß, von heroischen Zeiten her noch das Gefühl für Herren- und Heldentum behalten hat. Wer einen spanischen Geistlichen verstehen will, der bedenke, daß dieser geistig unter Soutane oder Kutte noch ein Kettenhemd trägt, und in seiner Brust das große Herz eines Caballeros schlägt. Für einen Freund in Not ist solcher stets bereit, alles zu tun und zu geben. Hilfe für Verfolgte ist ihm höchste Pflicht. So ein spanischer Pfarrherr hat weder vor Fürsten noch vor Bankiers und schon gar nicht vor seinem Bischof mehr als den allernötigsten Respekt. Er lebt für seinen Glauben und seine Pfarrkinder, aber auch für seine Amigos und Compañeros. Dabei fühlt er sich als ganzer Kerl und als Mann mit Hosen.

Don Felipe, »der von Ubiarco«, war wohl einer der ärmsten Pfarrer. Er hatte nur ein paar Kühe und mußte selbst den Stall ausmisten. Aber dieser sympathische, blatternarbige Riese hatte ein Herz von Gold. Seine Wochentagssoutane, natürlich nicht die für den Sonntag, strotzte von Flecken in bizarrster Form und glich einer riesigen Seekarte mit Inseln. Als ich später als Pfarrer verkleidet flüchten mußte, schenkte er mir eine seiner drei Soutanen, die mir wegen fast gleicher Größe paßte, und wollte absolut nichts dafür haben. Leider habe ich ihn nie mehr gesehen. Er starb schon vor Jahren. Doch ich werde ihn nie vergessen.

Don Ruperto, »der von Puente San Miguel«, war ein scharfer Vertreter der alleinseligmachenden Kirche, aber fröhlich und stets zu Späßen aufgelegt. Seine beste Geschichte sei hier mit Respckt erzählt: Als er im letzten Seminarjahr der Priesteruniversität von Comillas kurz vor der Priesterweihe stand, ärgerten sich er und seine Kollegen ganz gewaltig darüber, daß die Professoren nach den Mahlzeiten Cognac zum Kaffee genossen, während sie, die doch bereits Diakone waren, nur Kaffee bekamen. Kurz entschlossen raubte unser empörter Don Ruperto mit seinen Spießgesellen die große Cognacflasche aus dem Schrank im Refektorium, brachte sie in den Schlafsaal, und der letzte Seminaristenjahrgang leerte das himmlische Getränk unter höllischem Gelächter. Don Ruperto versteckte dann die Flasche in seinem Bett. Als am nächsten Tag der Kaffee gebracht wurde, war der Cognac verschwunden, und die Professoren mit dem Rektor an der Spitze begannen empört eine scharfe Inquisition. Alles und jeder wurde untersucht, und Don Ruperto kam bald ins Schwitzen, denn er wußte nicht recht, wohin mit der verfluchten leeren Flasche, dem corpus delicti.

Da half ihm ein Freund und Kollege, der damals als Mesner für die Ordnung der Kirche zuständig war und daher auch den Schlüssel für den Ostertabernakel hatte. Kurz entschlossen wurde in einem Nebenaltar die leere Cognacflasche in diesen Tabernakel gestellt und dieser zugeschlossen. Nun konnten die Jesuiten suchen, soviel sie wollten. Für eine derartige Verderbtheit reichte ihre Phantasie nicht aus, und die Angelegenheit verlief schließlich im Sande. Aber nicht auf Dauer! Wenn nämlich am Gründonnerstag abend die Monstranz mit dem Allerheiligsten den Hochaltar verläßt, wird sie bis zur Auferstehung

am Ostersamstag in einem dafür bestimmten Tabernakel eines Nebenaltars eingeschlossen – am Karfreitag muß ja der Hochaltar ohne das Allerheiligste leer, tot und verwaist bleiben.
So kam es also zur Katastrophe. Don Ruperto und sein Freund, der damals die Kirche betreuen mußte, hatten ihr Versteck vergessen, und ein anderer Seminarist war in Rotation inzwischen »Kirchendiener« geworden. Als der nächste Gründonnerstag herankam, bewegte sich bei Orgelgebraus, Weihrauch, Gesängen und unter Assistenz der Bevölkerung, des Gouverneurs, der Behörden und des Militärs eine feierliche Prozession mit der Monstranz vom Hochaltar zu besagtem Nebenaltar, in dem zur Freude des Satans immer noch die Cognacflasche stand. Als dann der Rektor des Seminars feierlich den Tabernakel öffnete, um die Monstranz hineinzustellen, war dieser bereits von einer Cognacflasche mit knalligprangendem Etikett besetzt!
Wir wollen über das Ende dieser Geschichte den Schleier christlicher Barmherzigkeit breiten und nur noch erwähnen, daß auch bei der folgenden gewaltigen Untersuchung die Wahrheit nicht herauskam, und überdies waren Don Ruperto und seine lustigen Spießgesellen inzwischen zu Priestern geweiht worden. Dieses Signum indelebilis konnte ihnen niemand mehr nehmen. Sie wurden alle bald wohlbestallte Pfarrer, und wollte man später Don Ruperto etwas Gutes tun, dann mußte man ihn bitten, diese lustige Geschichte aus seiner Jugendzeit zu erzählen! Dann war er glücklich, war nicht mehr zu bremsen und lachte selbst am meisten. Aber auch seine Kollegen schüttelten sich vor Lachen, wobei ich das Gefühl hatte, daß sie ihn wegen dieses Streiches sehr beneideten.
Die stilgerechte Restaurierung unseres Hauses, das immerhin Stammhaus der ersten Familie Spaniens, der Duques del Infantado und Marqueses de Santillana, deren Ahnherr eben besagter Don Íñigo López de Mendoza, der primer Marqués de Santillana und großer Minnesänger war, hatte sich weit herumgesprochen und Beifall gefunden. Ja, eines Tages erschien sogar der Gouverneur, gratulierte uns und meinte zu seiner Begleitung etwas bitter: »Natürlich, da müssen erst Ausländer kommen! Wir Spanier lassen ja unsere historischen Perlen verkommen.«
Und mit dem Gouverneur kam eines Tages auch der oberste Architekt des staatlichen Tourismusamtes, Señor Muguruza. Er bewunderte

unser Haus, die stilgerechten Gebälkarbeiten und die kleine Werkstatt. Er sah die Situation und hatte von uns schon durch die Hohenlohes in Madrid gehört. Wer beschreibt unsere Freude, als er mir am Ende vorschlug, in seinem Auftrag und Namen die Restaurierung des staatlichen Hotels (Paradors) im alten Palacio des Gil Blas in Santillana zu übernehmen und bevollmächtigt zu leiten. Ich sei zwar kein Architekt, aber einen besseren Beweis des Könnens als die Restaurierung und Möblierung unseres Hauses gäbe es nicht. Ob ich wolle? Natürlich wollte ich und wäre ihm am liebsten um den Hals gefallen. Denn erstens war das eine Aufgabe, die mich begeisterte, und zweitens wurde hierdurch unsere Position im Ort enorm gefestigt, und nicht zuletzt bekam ich auf diese Weise ein sicheres und ordentliches Gehalt. Natürlich hatte wieder der gute Don Eduardo bei dieser Aktion die Weichen gestellt.

Mit Volldampf ging ich sofort ans Werk und brachte den Baumeister, der an diesem Bauvorhaben monatelang herumgebosselt hatte, »auf Touren«. Dann fotografierte ich alles und riß, was nicht niet- und nagelfest war, herunter, festigte unsichtbar viele Stellen mit Eisen und Beton, bevor ich die historischen Bauteile restauriert wieder anbringen ließ. Der manchmal inspizierende Muguruza war sehr zufrieden, und ich war glücklich. Lästig war jedoch der dauernde Zementmangel. Ich setzte dann bei Muguruza durch, daß ich den nötigsten Zement auf dem Schwarzmarkt kaufen durfte, um später diesen Verlust dadurch wettzumachen, daß wir den verspäteten »Staatszement« wieder auf dem Schwarzmarkt verhökerten.

So ging der Bau bald flott vorwärts. Alles schien ideal. Wir wohnten glücklich und zufrieden in einem sehr schönen alten Ort in einem historischen kleinen Palacio, wir hatten einen prachtvollen Garten und durch unsere Werkstätte eine sinnvolle und interessante Beschäftigung, und wir durften jetzt auch Möbel für den Parador liefern – auch das eine fesselnde Aufgabe.

Unser Wolfi gedieh prächtig. Mit jedermann waren wir befreundet, beliebt bei den Pfarrern und der Oberschicht, aber auch bei den Bauern, sogar bei den Sozialisten und Kommunisten, denen wir endlich wieder etwas Arbeit und Brot beschafft hatten.

Ja, wenn das nur angedauert hätte! Doch die Zeitbombe tickte weiter. Die Spanier wurden von den Alliierten unter Druck gesetzt, sie pochten auf Verhaftung und Auslieferung der Personen, die auf ihren willkürlichen Menschenjagdlisten standen.

Unaufhaltsam zog sich die Schlinge, die auch mich erwischen wollte, zusammen. Aber dank der rechtzeitigen Avisierung durch Max Hohenlohe, dank der Hilfe der Pfarrer Don Eduardo von Santillana und Don David von Oreña sowie der genauen Vorbereitung auf solche Zeiten konnte ich wieder einmal entschlüpfen.

3

Es war am 4. März 1946, einen Tag vor Aschermittwoch. Wir aßen gerade bei Don Eduardo, dem Pfarrer, zu Abend, als ein Postbote ihm ein Telegramm von Max Hohenlohe aus Madrid brachte, in dem auf die Krankheit einer Verwandten Bezug genommen wurde. Dies war der vereinbarte Code und hieß, ich müsse augenblicklich untertauchen. Jetzt war es also soweit, und es war genau das gekommen, was wir befürchtet und seit langem erwartet hatten.

Um den Abschied kurz zu machen, umarmte ich Maria innig, so oft es noch ging, etwas kürzer den guten Don Eduardo, dann packte ich Hut und Stock und verschwand zu Fuß in der stockdunklen Nacht. Ich lief über Wiesen querfeldein nach Oreña, wo ich mehrere Haken schlug und über Feldwege unter Umgehung von Bauernhöfen das kleine Haus der Pfarrkanzlei von Oreña ansteuerte und dabei stracks einen Gemüsegarten durchquerte.

Ich trug bereits einen zweiten Schlüssel für jenes Haus seit Monaten stets bei mir. Im Hause eingetroffen, legte ich im Vorraum eine leere Packung Chesterfield auf den Boden. Das war das vereinbarte Zeichen für Don David, der damit erfuhr, daß ich bereits im Hause versteckt war und er daher mit Besuchern vorsichtig sein müsse. Natürlich durfte ich kein Licht anmachen, aber von den Zeiten der Berliner Verdunkelung her hatte ich eine Taschenlampe mit Blaulicht. Ich versuchte vergebens, auf dem quietschenden Pfarrsofa zu schlafen. Immer wieder mußte ich an Maria denken, die sich bleich und unter Tränen stumm von mir verabschiedet hatte, und an den kleinen Wolfi. Auch an die Tatsache, daß nun meine Existenz wieder einmal in Scherben lag.

Gott sei Dank hatte die Oficina General de Turismo bei unseren Talleres Montañeses die Möblierung für das neue Hotel bestellt. Das konnte Maria mit Jesús Gonzalez ganz gut allein machen. Auch wußte ich, daß ihr unsere Freunde zur Seite stehen würden, darunter vor allem unsere neuen Freunde in der Montaña: die Bauern und die

Bevölkerung, Pedro, der noble Mesner, Margarita, die treue Bäuerin von Juso, Quinin und Maria, die Portiers des Palacio de las Arenas, Montse, der Doktor, und Chus, seine reizende Frau, die Obregóns und Blanca, die Marquesa mit Familie, die Infanta, alle Pfarrer der Umgebung, Jesús Otero, der kommunistische Bildhauer, unsere treue, großartige Carmen, Masiado der Maurer, unser Nachbar Allende und die blitzgescheite alte Placida, die netten Guardias Civiles, Tchommy, der Notar, und noch viele andere. Maria war in guten Händen!
Da saß ich nun allein und dachte daran, wie schlimm es war, daß ich nun wohl für ein paar Monate verschwinden müßte. Meine Verzweiflung wäre aber wohl noch viel größer gewesen, wenn ich geahnt hätte, daß ich weit mehr als ein Jahr versteckt sein würde, daß wir überhaupt nicht mehr in Spanien bleiben könnten, sondern direkt nach Argentinien ausweichen müßten.
Die letzten Monate und Jahre zogen in meiner Erinnerung vorbei, die Tage mit meiner geliebten, schönen Maria, die Höhen und Tiefen unseres Lebens und das unwahrscheinliche Glück, das uns bisher so verwöhnt hatte. So sinnierte ich nun auf diesem alten, krachenden und verschlissenen Sofa in einem ärmlichen Pfarrbüro, saß und dachte und plante, einmal zuversichtlich, dann wieder in dumpfes Brüten verfallend. Langsam dämmerte jetzt der Morgen, und bald kamen fromme Sünder zum Aschermittwochgottesdienst. Ich versteckte mich in meiner kleinen Kammer und hörte nur, wie Don David mit Leuten hereinkam, die er dann mit der Behauptung, es sei schon furchtbar spät, schnell wieder hinauswies, da er am Boden die leere Schachtel Chesterfield entdeckt hatte.
Nach der Messe und der Aschenweihe wimmelte er sofort und unerbittlich alle Leute ab, schloß das Tor zu, kam zu mir herauf, umarmte und küßte mich. Uns beiden wurden dabei die Augen feucht. Er holte aber schnell eine Flasche Cognac, gab sich betont optimistisch, lief nach Hause, und nicht lange, da kam seine treue Haushälterin Carmen mit Würsten und Wein. Don David selbst konnte nicht lange bleiben. Das wäre zu sehr aufgefallen.
Den ganzen Nachmittag saß ich dann in meiner dunklen Ecke und durfte mich natürlich an keinem Fenster zeigen. Abends kam Don David wieder in sein Büro, um wie gewöhnlich »Elektro zu basteln« oder um Radioapparate der Bevölkerung zu reparieren. So hatte ich

wieder etwas Unterhaltung. In der dritten Nacht schlief ich schon beruhigter, aber die Untätigkeit während des Tages und der Mangel an Bewegung waren für mich sehr deprimierend. So konnte es nicht weitergehen. Das meinte Don David auch. Ich solle baldigst zu ihm in sein Haus kommen, er hätte ein Zimmer frei, und die beiden Frauen dort wären hundertprozentig verläßlich und ihm treu ergeben.
Es waren dies Carmen und die ältere Avelina, zwei unverheiratete Bäuerinnen und gemeinsam Eigentümerinnen dieses kleinen Anwesens. Ebenerdig lagen der Kuhstall und der Hühnerstall, darüber der Heuboden und vorne und auf der Sonnenseite im selben Gebäude ein schöner »Salon«, ein paar Kammern und eine Küche. Vor dem sogenannten Salon gab es eine langgestreckte Solana, das ist ein gedeckter Balkon, der die ganze Front entlanglief, und von dem man in den von Mauern umwehrten Corral mit seinen Zitronen- und Feigenbäumen hinunterblickte. Dort war auch das Reich der Hühner, dort standen alte Wagen, ausrangierte Kisten und Gefäße, über deren Wert man verschiedener Meinung sein konnte. Dieser Vorhof hatte ein gewaltiges Rundbogentor und stellte gemeinsam mit der Solana gewissermaßen die noble Visitenkarte dieses bäuerlichen Anwesens dar. Rundherum verstreut gab es natürlich noch andere, ähnliche Liegenschaften derselben Kategorie.
Meine Übersiedlung von der »Casa Rectoral« hinunter zum Bauernhaus von Avelina und Carmen war aber keine so einfache Sache. Es war allerdings günstig, daß Don David untertags nach Messe und Vesper stets im Pfarrbüro arbeitete und sich, wie gesagt, nach dem Abendessen unweigerlich eben dorthin zurückzog, um zu basteln. Das dauerte dann oft bis ein Uhr nachts. Natürlich stand er daher morgens erst so um neun Uhr auf und las die Messe ungeniert erst um zehn. Für einen Landpfarrer war das ein etwas merkwürdiger Zustand. Aber es war ihm bei seiner großen Beliebtheit gelungen, die anvertrauten Seelen für diese seltsame Tagesplanung zu gewinnen. Don David – leider starb er unlängst – war eine beachtliche Persönlichkeit und ganz ohne Zweifel das Zentrum seines Ortes Oreña. Für seine Pfarrkinder dort bedeutete er alles, jeder mochte ihn gut leiden, niemand versagte ihm den Respekt. Er war gleichzeitig Pfarrer, Ratgeber und last not least Feinmechaniker für Radio, Fernsehen, Taschenuhren, Rechenmaschinen, Grammophone und Waschmaschinen, demnach eine Art

»Mädchen für alles«. Untrennbar zu ihm gehörte sein Hund Cuco. Starb so ein Foxl einmal an Altersschwäche, so wurde sofort ein neuer »Cuco« von den Pfarrkindern besorgt, denn ohne Cuco war Don David kaum denkbar. Gerade das wurde aber dann später verhängnisvoll für uns. Denn ein Mann mit weißem Foxl konnte ab Mitternacht nur Don David sein. Doch davon später.

Noch saß ich also in dem kleinen Pfarrhaus und langweilte mich entsetzlich. Aber bald kamen von Maria ein paar ellenlange Briefe, die der gute Don Eduardo, der mich öfters besuchen kam, überbrachte oder auch auf sicherem Wege übersandte.

Trotz allem aber blieb mir viel Zeit, über mein vergangenes Leben nachzudenken. Am meisten beschäftigte mich dieses Jahr in Santillana, in dem sich doch unser Dasein so gut entwickelt hatte mit unserem idealen Haus, der künstlerischen Beschäftigung und der Festanstellung in der staatlichen Organisation für die Restauration historischer Häuser wie des Paradors und in näherer Zukunft wahrscheinlich auch anderer wertvoller Gebäude. Das alles war jetzt definitiv in Frage gestellt bis auf die bereits abgemachte Belieferung des Paradors mit Möbeln. Don Eduardo und Don David meinten, die Versteckzeit könne sicher nicht lange dauern, und inzwischen würde sich der Kundenkreis der Talleres Montañeses ausdehnen und sich so die Erträge bessern. Aber sie täuschten sich. Auch meine Sehnsucht nach Maria war groß. Binnen kurzem erwartete sie wieder ein Kind. Nun war die Arme allein mit allen Problemen. Ein Trost, daß ich sie so tüchtig und tapfer wußte und wir so viele echte Freunde in Spanien hatten.

Unser letztes Jahr in Santillana war sehr glücklich gewesen. Wir hatten Freunde gewonnen, und es verging damals kein Tag, an dem wir nicht an irgendeiner »Tertulia«, an einer Art Schwatzzusammenkunft, teilgenommen hatten. Jetzt aber saß ich hier im Halbdunkel dieses ramponierten Minipfarrhauses, und lächelnd wie Ophelia ließ ich die merkwürdigsten Begebenheiten des vergangenen Jahres an meinem geistigen Auge vorbeimarschieren. Denn ich liebte dieses Land und seine Montaña. Sie hatte doch so viel Ähnlichkeit mit unserer österreichischen Heimat. Die schneebedeckten, über zweitausend Meter hohen Picos de Europa, die zahlreichen Täler mit wildschäumenden Flüssen, die vielen herrlichen Wälder mit Edelkastanien und Eichen, manch uralte und mit Efeu umwundene, romantisch verfallene Burg und schließlich die »casas solariegas«, die kleinen Herrenhäuser mit ihren riesigen, in Sandstein gemeißelten Wappen über dem Portal. Dann waren da zünftige Bauern und die an unsere Heimat erinnernden Kuhrassen. Bei uns hätte man sie »Montafoner« genannt. Hier aber hießen sie »Suizas«, also Schweizer Kühe. Das alles war mir ans Herz gewachsen, vor allem aber waren mir die Geschichte und Literatur dieser Landschaft nicht mehr fremd, und Herz und Seele dieses nordspanischen Stammes, der nie von den Moros bezwungen werden konnte, waren überwältigend liebenswert.

In Santillana regierte kompromißlos Don Eduardo, der Pfarrer, mit dem überlieferten Recht auf die Führung eines Titularabtes, damals noch jung und Zelot. Seine Soutane war von tadelloser Eleganz, sein Benehmen korrekt und von spanisch-stolzer Güte. Unvergeßlich und jedesmal ein Erlebnis, das von ihm zelebrierte Hochamt – Gott sei Dank in Latein und mit klassischer gregorianischer Liturgie. Er hatte doch an der Gregoriana in Rom studiert und dort seinen Doktor gemacht. Seine Literaturkenntnisse und vor allem sein Geschichtswissen waren hervorragend. Bis zur Pensionierung vor wenigen Jahren lehrte er als Professor für Geschichte an der Universität Puerto Rico.

Don Eduardo war Spanier mit Leib und Seele. Stolz und unbelehrbar in seiner Jugend, doch ein großartiger, bedingungsloser Freund. Politisch tendierte er eher zur Monarchie und etwas zum demokratischen Liberalismus. Franco anerkannte er als vorübergehend notwendige Lösung, nur sollte er schnell einer konstitutionellen Monarchie Platz machen. Damals war das noch ein recht verfrühter Wunschgedanke!

Weltlich regierte im Ort die vornehme Blanca Benemejis, die Marquesa, eine spanische Grandin und hochkultivierte, zarte und schöne Frau mit reizenden Kindern. Ihr Palacio am Eingang von Santillana war eine Schatzkammer der Kunst des 17., 18. und 19. Jahrhunderts, ein Essen oder eine »Tertulia« in ihrem Haus fast ein literarischer Hochgenuß. Sie sprühte nur so von Anekdoten, und ihr verstorbener Mann, der Marqués – berühmt und witzig –, war zu seinen Lebzeiten in der ganzen Gegend überaus populär gewesen. Er hatte es besonders gut verstanden, Feste zu feiern und Geld auszugeben. Letzteres hatte aber leider zur Folge, daß außer dem Palais und dem schönen Park vom Besitz nicht mehr viel übriggeblieben war. Von ihm erzählten die

Leute köstliche Anekdoten. Eine davon gefiel mir ganz besonders: Jedesmal, wenn der Marqués mit dem Nachtzug erster Klasse von Santillana nach Madrid fuhr, ärgerte es ihn, daß oben am Paß von Reinosa, wo die kastilische Hochebene in rund tausend Meter Höhe beginnt, unweigerlich zwei Kriminalpolizisten in den Zug einstiegen und die Reisenden, ob sie nun schlummerten oder nicht, sehr amtlich über ihre Reisepapiere befragten. Um sich korrekt auszuweisen, zeigten die beiden jedesmal ihre Blechmarke, die sie unter dem Aufschlag ihres Rockes verborgen trugen. Das veranlaßte den darüber verbitterten Benemejis schließlich zu folgendem Scherz, wobei vorauszuschicken ist, daß Mönche, wenn sie reisten oder bettelten, oft eine Gedenkmünze von irgendeinem wichtigen Heiligen ihres Ordens bei sich in der Tasche trugen und diese nach umständlicher Reinigung mit einem oft schmutzigen Taschentuch dem Gläubigen zum Kuß hinhielten. So war es guter alter Brauch. Als nun eines Nachts wieder einmal die beiden unvermeidlichen Geheimpolizisten den Zug kontrollierten und den Marqués nachdrücklich aus dem Schlaf husteten, tat dieser so, als ob er noch total verschlafen wäre und nicht wüßte, was eigentlich los sei. Daraufhin bog einer der Beamten sein Revers auf und zeigte mit dem Finger streng auf seine Ausweisplakette. Da aber sprang der Marqués auf, packte das Revers und landete auf dem Amtsblech einen inbrünstig schmatzenden Kuß. Total verwirrt sollen die beiden Amtspersonen unter dem Gelächter der Mitreisenden das Abteil verlassen haben.

Aber auch der gute und so beliebte Don David blieb vom Gelächter seiner Landsleute nicht verschont, als er einmal spät in der Nacht energischen Schrittes von seiner Pfarrkanzlei dem häuslichen Herd zustrebte. Kaum hatte er das Haus erreicht, öffnete sich das Fenster, und die unglückselige Carmen goß gerade, wie es seit alters her Brauch war, den Nachttopf auf die Straße, traf aber voll den empörten Pfarrherrn. Natürlich mußte sie dieses schreckliche Sakrileg mit harten Bußen auf den Knien sühnen. Unter Lachen und Tränen erzählte sie mir dann später selbst diese Geschichte. Don David aber, sehr auf seine Priesterwürde bedacht, fand dies noch immer nicht komisch.

Auch ich wurde manchmal das Opfer des listenreichen genius loci. Während des Ausbaues unseres historischen Hauses in der Calle Cantón hatte auch ich einmal Probleme mit den sonst so willigen

Arbeitern. So mußte ich eines Tages einen Mann wegen Faulheit entlassen. Aus Rache erklärte dieser daraufhin, er habe sich beim Umbau den Daumen verstaucht, und es müßten ihm noch vierzehn Tage Rekonvaleszentenurlaub nachbezahlt werden. Das Ganze war natürlich ein aufgelegter Schwindel, denn während des Erholungsurlaubes arbeitete dieser Mann fröhlich in seinem eigenen Garten, wie mir ein intriganter Dorfbewohner erzählte, dem es sichtlich Spaß machte, Öl ins Feuer zu gießen. Mein Ärger in dieser Angelegenheit war natürlich ortsbekannt. Nun ist es bei Bauern, nicht nur in der Montaña, üblich, Gerichtsaussagen zu scheuen, und was sie einem privat erzählen, wollen sie dann später vor Amt und Gericht wegen verwandtschaftlicher oder gutnachbarlicher Beziehungen nicht mehr bezeugen. Für uns aber war es wichtig, aus dieser dummen Sache heil herauszukommen, da wir jeden Pfennig umdrehen mußten und auch den allgemeinen Respekt nicht verlieren durften. Ich lud nun, nachdem ich mir die Sache überlegt hatte, besagten »Unter-der-Hand-Informanten« für den nächsten Tag um elf Uhr zu Wein, Würsten und Keks in ein kleines Wirtshaus ein, um diese Angelegenheit nochmals zu besprechen. Der Mann kam eifrig mit sichtlichem Vergnügen und schwor mir hoch und heilig, daß dieser »kranke« Arbeiter fleißig zu Hause arbeite und ein aufgelegter Schwindler sei. Auf dem gemeinsamen Nachhauseweg, pünktlich kurz vor Mittag, lenkte ich wie zufällig unsere Schritte zur ebenerdigen Kanzleitür des eingeweihten jungen Notars Tschommy. Dieser war in dieser Angelegenheit genau instruiert worden und stand, wie vorher geplant, lässig im Eingang seines Hauses. Ich mimte Überraschung und sagte zu meinem Begleiter, als wir den Notar begrüßten: »Amigo, das ist ja großartig, da treffen wir gerade den Notar! Vor dem können wir gleich Ihre Mitteilungen protokollieren, und sie sparen sich später den mühsamen Weg zur Verhandlung vor dem Arbeitsgericht.«

Tschommy sagte sehr amtlich sofort zu, der perplexe Denunziant sah sich überrumpelt und stotterte verzweifelt seine Zeugenaussage in ein notarielles Protokoll, womit die Angelegenheit dann für uns problemlos vor Gericht im Sande verlief.

Tschommy, der Pfarrer und die Freunde bewunderten höchst erfreut diese trickreiche Lösung des Knotens. Im Volk aber stieg mein Ruf gewaltig. Man ernannte mich geradezu zum »Ehren-Paziego«, weil die

Bewohner der Vega de la Paz ihrer Gerissenheit wegen ja so bewundert und gefürchtet wurden.
Diese kleinen Geschichten aus Santillana kamen mir in Erinnerung, während ich bei Don David versteckt war und mich in die Montañeser Literatur, hauptsächlich in den Dichter Pereda, den »Ganghofer« der Montaña, vertiefte.
Die erste Woche in der Pfarrkanzlei von Oreña war zwar gut vorübergegangen, doch aus den schon geschilderten Gründen war alles viel zu unbequem und einfach unhaltbar, so daß sich Don David entschloß, mich eiligst in das Bauernhaus zu sich zu nehmen. Er hatte vor, gegen zwei Uhr nachts gemeinsam mit mir die paar hundert Meter durch das Dorf bis zu seinem Haus zu schleichen. Gesagt, getan. Carmen, Avelina, die beiden unverheirateten und unseren Pfarrer mütterlich betreuenden Bäuerinnen, begrüßten mich herzlich, und trotz meines Protestes wurde ich in das eigene Schlafzimmer von Don David einquartiert. Er selbst bezog einen kleinen Alkoven im »Salon«. Es ist ganz rührend, wie sich Spanier, und im besonderen hier Don David, für einen Gast und Freund in der Not aufopfern! Meine Proteste halfen nichts, ich mußte einfach alles akzeptieren.
Jetzt wurde das Leben wesentlich angenehmer. Ich konnte im langen Gang des Hauses auf- und ablaufen, Avelina und Carmen in der Küche besuchen, in die Töpfe gucken, ja sogar hinunter in den Stall laufen, sobald Carmen die schwere Eingangstür zum Corral, also zum Vorhof, abgesperrt hatte. Ein kleines Reich war nun mein, und ich konnte lesen, schreiben und hatte reichlich Muße für etwas Lyrik.
Don David kam in der Folge natürlich viel öfter und früher nach Hause. Er verbrachte ab sofort weniger Zeit in seinem Pfarrbüro. Wir sprachen oft bis in die Nacht hinein über Politik und über die vielen Dinge, die da in den letzten Jahren geschehen waren. Don David erzählte mir seinen Lebenslauf, wie er von den Roten verfolgt worden war und wie man ihn zweimal mit Platzpatronen »zum Spaß« füsiliert hatte. Er war noch voller Empörung über die Schandtaten des roten Pöbels. Tausende seiner Kollegen waren ermordet worden. Andere hatten Gräßliches durchgemacht. So waren zum Beispiel zwei Pfarrer über ein Jahr lang bei einer Bäuerin buchstäblich in einer künstlichen Höhle im Misthaufen versteckt und hatten zum Atmen nur ein altes Ofenrohr. Mir standen die Haare zu Berge.

Wie groß aber war mein Schreck, als ich am 18. März erfuhr, daß Maria nach den großen Aufregungen der letzten zwei Wochen einen Monat zu früh eine Tochter bekommen hatte. Diese unsere Elizabeth kam völlig überraschend, und nichts war für sie vorbereitet! Alle Freunde, darunter die Pirkhams, unsere Vettern, die ja im Nachbardorf wohnten, vor allem aber die befreundeten Pfarrer mit Don Eduardo an der Spitze, sausten – von Maria alarmiert – durch die Gegend, um in der größten Eile eine Hebamme oder einen Arzt zu finden. Der Erfolg war durchschlagend, denn in letzter Minute trafen zwei Hebammen und sage und schreibe drei Ärzte ein! Trotz dieser scharfen Konkurrenz verlief dann alles vorzüglich, und die Pfarrer fühlten sich fast so stolz wie Väter.
Auf die große Nachricht hin waren Don David, Carmen und Avelina ebenso selig wie ich. Wieder einmal war alles gutgegangen. Aber ich saß nur wenige Kilometer entfernt wie ein hilfloser Frosch im Glas und konnte nichts tun. Ich war praktisch ganz unnütz und nur eine Belastung für Maria. Doch klagen durfte ich nicht. Zu Hause in der Heimat hatten unsere Leute doch viel schlimmere Probleme zu bewältigen. Wir aber hatten hier wunderbare spanische Freunde. Maria gewann die Sympathie der ganzen Gegend und vor allem die einflußreicher Persönlichkeiten wie Elizabeths Taufpaten, Fernando Perez Masón und der Baronin Mercedes Güell. Die Besuche von arm und reich rissen nicht ab, und die Nonnen des Klosters in Santillana beteten sogar eine neuntägige Novena für uns – sie kannten mich ja, da ich sie einmal beratend vor der Ausnützung durch einen Bauunternehmer bewahrt hatte. Damals hatte der Geistliche Don Eduardo draußen bleiben müssen, während ich als »Fachmann für alte Gemäuer« in der Klausur hatte herumstöbern können. Jetzt schickten sie dafür glühende Gebete für die »armen alemanes« zum Himmel. Es war wirklich rührend und hat auf lange Sicht auch Erfolg gebracht, wie mir scheint.
Doch ein Problem kommt selten allein. Nach der überraschend frühen Geburt von Elizabeth und den schwierigen, durch mein Verschwinden hervorgerufenen Umständen, mußte Maria nun mit allem allein fertig werden und ihr Leben meistern. Sie tat dies mit großer Umsicht, und alle bewunderten sie deshalb sehr. Doch der Teufel ruhte nicht. Wenige Wochen nach Elizabeths Geburt stürzte ein benachbartes Haus in der Calle Cantón des Nachts mit Krachen ein und hätte die

Anlieger wie Kartenhäuser mitgerissen, wenn ich nicht unser uraltes Haus zeitgemäß mit Beton und Balken vorsorglich gefestigt hätte. Dieser Umstand wurde dann auch allgemein anerkannt, aber Maria, der Ärmsten, war der Schreck in die Glieder gefahren.
Doch nicht genug damit, genau einen Monat später brach in unserer an das Haus anschließenden Tischlerei, wieder in dunkler Nacht um drei Uhr früh, Feuer aus. Man hatte schlauerweise die Asche des Leimofens in einer Holzkiste gesammelt!
Unser guter Nachbar, der Maurer Masiado, bemerkte den Rauch als erster, stürzte in Unterhosen auf die Straße, schrie »Fuego, fuego!« und alarmierte durch heftiges Hämmern mit dem schweren eisernen Türklopfer die erschreckte Maria und alle Nachbarn. Bald tönten die Glocken »hoch vom Turm der Kathedrale« wie bei Schiller, alles strömte herbei. Die Feuerwehrpumpe war zwar aus Altersschwäche zusammengebrochen, aber »durch der Hände lange Kette um die Wette flog der Eimer« und erbrachte so gute zehn Sekundenliter! Das genügte, um dem Feuer schnell den Garaus zu machen! Man lache nicht über die guten alten Methoden – die sind ganz beachtlich und stets verfügbar. Peinlich war nur, daß meine in den Talleres in einer alten Truhe versteckten Gewehrpatronen plötzlich mit Geknatter in die Luft flogen. Doch die Spanier schmunzelten verständnisvoll und meinten: »Si si, éstos Alemanes!«
Am meisten litt damals Don Eduardo und rief immer wieder mit feuchten Augen: »Mein Gott, diese arme Señora, so tapfer allein mit ihrem Kind und ihrem Baby, ohne Gatten, mit allen möglichen Problemen und jetzt *das* noch!«
Die Versicherungsgesellschaft wurde von den hilfreichen Pfarrern, Gott sei Dank, unbarmherzig unter Druck gesetzt. Sie kapitulierte, zahlte prompt, und die Talleres Montañeses bekamen eine neue Aschenkiste, diesmal aber gottlob aus Blech.
Bald meinten die Pfarrer, Maria könnte mich eigentlich schon einmal besuchen, und hatten wie Indianer einen schlauen Transportplan ausgeheckt. Da wir aber annehmen mußten, daß vom amerikanischen CIC und vom englischen Intelligence Service oder am Ende gar von bestochenen spanischen Polizisten auch die Schritte meiner Ehegattin genau verfolgt wurden, war höchste Vorsicht am Platze, und so reiste sie, zu einem Knäuel zusammengepreßt, im Kofferraum von Don

Eduardos winzigem Austin-Baby. Wie gerädert stieg Maria bei mir aus, nachdem Don Eduardo seinen Wagen im inneren Vorhof abgestellt hatte. Unser Glück war jetzt unbeschreiblich, und die beiden Pfarrer freuten sich wie Schneekönige über den gelungenen Streich gegen die rachelüsternen Siegermächte.

Don Eduardo hatte Marias Verschwinden aus Santillana wirklich glänzend organisiert. Maria bestieg zuerst in Torrelavega den Zug, offiziell um nach Madrid zu fahren. Doch schon an der nächsten Schnellzugstation stieg sie in letzter Minute wieder aus, wo bereits Don Eduardo mit seinem kleinen Wägelchen auf sie wartete und sie im winzigen Kofferraum verstaute. Auf dem Rückweg verlief dann dieselbe Prozedur in umgekehrter Reihenfolge. Danach erzählte Maria in ganz Santillana neuesten Klatsch aus Madrid. Für uns aber hatte alles wunderbar geklappt, und wir waren überglücklich in unserem Unglück.

Eines Tages, als Avelina, Carmen und auch Don David fortgegangen waren und ich allein in der Küche stand, um das schlichte Essen, meistens Kohl mit einem kleinen Stück Speck, umzurühren und zu begutachten, hörte ich plötzlich fremde Tritte die Treppe heraufsteigen. Ich drückte mich sofort in die Ecke hinter der Türe, die kurz darauf geöffnet wurde. Herein trat Florinda, eine Nachbarin und Freundin, die ohne weiters Haus und Hof betreten konnte, da Carmen vergessen hatte, unser Haupttor zu verschließen. Ich preßte mich, so gut ich konnte, an die Wand, und Florinda begann nun ihrerseits in weiblicher Neugier, alle Töpfe zu inspizieren, da sie sich natürlich unbeobachtet wähnte. Als sie sich schließlich aber doch umdrehte und mich in meiner für spanische Verhältnisse ungewöhnlichen Länge an der Wand kleben sah, stieß sie einen gellenden Schrei aus! Ich gebot ihr sofort, den Finger auf dem Mund, zu schweigen, vollführte mit der Rechten eine dramatisch drohende Geste und befahl der Zitternden, dazubleiben, bis Don David zurückkommen würde. Da mein Verschwinden in der Gegend allgemein bekannt war, machte sich Florinda bald ihren Reim, begrüßte mich herzlich und versprach hoch und heilig Stillschweigen. Es dauerte dann nicht lange, und Don David erschien. Er nahm sowohl Carmen, die ja die Türe unverschlossen gelassen hatte, als auch die neugierige Florinda schwer ins Gebet. Letztere mußte kniend vor dem Kruzifix und bei brennenden Kerzen schwören, niemals irgend jemandem ein Sterbenswörtchen von dem Geheimnis zu verraten.

Nun, Florinda war hübsch und ein netter Kerl dazu. Sie konnte ruhig öfter erscheinen. Ja, sie wurde durchaus eine Bereicherung unseres verschworenen Kreises. Bald wurde auch ein Vetter von Avelina, ein alter Bauer, eingeweiht, der verläßlich und Don David treu ergeben war. Früher war er Matrose gewesen und konnte tausend Geschichten erzählen. Er schwärmte für die Deutschen, bedauerte aber, daß diese anscheinend schlechte Katholiken wären, worauf ich immer wieder antworten mußte, daß ja die Mehrheit der Deutschen eben Protestanten seien und man ihnen daher schwer generell Vorwürfe machen könnte. Er aber antwortete ebenso stereotyp, das wäre ja alles gut und schön, ob Protestanten oder nicht, auf jeden Fall seien sie eben schlechte Katholiken, jaja, »pues malos católicos son!« Und im Grunde hatte er leider nicht ganz unrecht. Denn Pius XII. wäre ein großartiger Verbündeter für einen Kreuzzug gegen die Bolschewiken gewesen, und wir hätten uns viel Ärger erspart, wenn wir uns im Osten wie Befreier und nicht wie Vandalen benommen hätten.

Für die beiden Bäuerinnen Carmen und Avelina war die Tatsache, daß der Herr Pfarrer bei ihnen wohnte, selbstverständlich eine besondere Ehre, und er ließ dies auch beide fühlen. Im Hause befahl er daher wie ein Hausherr. So verdroß es ihn regelmäßig, wenn es wieder einmal nur Spiegeleier gab und kein Fleisch oder eine gute Merluza, diesen köstlichen Fisch der cantabrischen Küste. Doch weder Don David noch Avelina und Carmen waren mit den Gütern dieser Erde reich gesegnet, und Fleisch und Fisch waren leider recht teuer. Daher war die Brummerei von Don David eher ein hoffnungsloses Rückzugsgefecht, das an den harten finanziellen Tatsachen so gut wie nichts ändern konnte. Ich vermochte da leider auch nicht zu helfen und goß, so gut ich konnte, Öl auf die Wogen, indem ich die Spiegeleier lauthals lobte, doch auch wieder nicht zu viel, denn sonst wäre Don David über meinen »Verrat« explodiert.

Ein großes Problem war die Beschaffung von Brennmaterial. Es gab nur Zweige und Blätter aus den wenigen Eukalyptuswäldern dieser Gegend und etwas dorniges Gestrüpp, mit dem man im Herbst sparsam heizen konnte. Daher wurde stets nach allen möglichen brennbaren Dingen geforscht. Da waren zum Beispiel alte Alpargatas sehr gesucht, diese typisch spanischen Bastschuhe, denn sie gaben schöne andauernde Flammen, leider nicht, ohne merkwürdig zu duften. Ja, als einmal überhaupt nichts Brennbares im Hause war, nahm Avelina kurzentschlossen ihren verstorbenen Großvater aus dem schlichten, doch sehr massiven Bilderrahmen und verheizte ihn ohne Reue, da ja das Essen gar werden mußte und Don David einen anderen geistlichen Herrn zum Essen eingeladen hatte. Ich zog mich dann selbstverständlich in mein Zimmer zurück und wartete, bis der Besuch wieder verschwunden war – eine eher langweilige Sache, dieses Warten im kleinen, kalten Schlafzimmer.

Herzerfreuend waren hingegen die Mittag- und Abendessen in der Küche mit Don David, wobei Avelina und Carmen uns eifrig bedienten und mit Respekt den Gesprächen zweier so hoher Herren lauschten. Sie freuten sich darüber, daß nun in ihrem Hause nicht nur ein geistlicher Herr, sondern auch ein Señor der großen weiten Welt weilte, ein Diplomático, der Adolfo Hitler und Könige gekannt hatte. Don David sorgte stets für Disziplin und Ordnung, und die beiden Frauen durften uns nicht ins Wort fallen (was ihnen wohl sehr schwer fiel) und sich schon gar nicht in Diskussionen einmischen, es sei denn, sie stellten wohlerzogen am Schluß kleine, bescheiden interessierte Fragen.

Es begab sich einmal, daß Don David und ich tiefschürfend über fremde Sprachen, über deren Qualitäten und Besonderheiten diskutierten. Die liebe, alte Avelina servierte und hörte mit langen Ohren eifrig zu, bis sie plötzlich sich nicht mehr halten konnte und in unsere Diskussion hineinplatzte. »Gelln's Herr Pfarrer, ich sag halt, unser Spanisch versteht man halt doch am besten.« (Señor Cura, yo creo que el Español es lo que mejor se entiende.) Ich platzte vor Vergnügen, während Don David nach kurzem Lachen ganz amtlich wurde und sie anfuhr: »Wenn alte Weiber den Mund ungefragt aufmachen, dann kommt sicher nichts als Blödsinn heraus!«

Avelina zog sich beschämt wieder zu den Kochtöpfen zurück, und wir lachten noch lange Zeit über ihre so praktische linguistische Froschperspektive.

Inzwischen hatte Don David in seiner Pfarrkanzlei bereits einmal Besuch der Guardia Civil bekommen, die mit ihm das Verschwinden des Alemán aus Santillana besprach und treuherzig versicherte, daß sie den Armen nicht festnehmen würde, falls sie ihn ohne Zeugen anträfe. Doch darauf war kaum Verlaß, denn die Guardia Civil ging immer zu zweit, und da mußten beide schon wirklich gut miteinander befreundet sein, um nicht doch »amtszuhandeln«!

4

Bald kam der Sommer und mit ihm Ricardo Ruiz Rabre, der Bruder Don Davids, auf Ferien zu Besuch. Ricardo, Studienrat für spanische Literatur, war ein gebildeter Mann, und wir beschlossen, gemeinsam ein sehr bekanntes Jagdbuch meines Schwiegervaters Waldemar Schmidtmann über das Leben einer Gemse ins Spanische zu übersetzen. Es handelte sich um den Jagdroman »Der Alte vom Steinernen Meer«, der auch in einer englischen Fassung erschienen war. Gerade das war von großem Vorteil, da Ricardo zwar kein Deutsch, aber recht gut Englisch verstand. Viele Stunden diskutierten, ja rauften wir erbittert um jeden Satz, ja um manches Wort, und Don David mußte sehr oft schlichten. Aber das Werk gelang schließlich, und Maria korrigierte und tippte alles. Nur fand sich bis heute kein Verleger in Spanien, obwohl es in den Pyrenäen und in den Picos de Europa viele Gemsen, Auerwild, ja sogar Enzian gibt, und der bäuerliche Menschenschlag und die Jäger in Salzburg wie in der Montaña auffallend viele Gemeinsamkeiten aufweisen.

Durch dergleichen Arbeit und die Unterhaltung mit Ricardo verging die Zeit interessant und wie im Fluge. Stimmungsvoll und köstlich waren die Sonntage bei Don David. Da gab es Braten, Cognac und Kaffee. Und wenn Percebes, also Entenmuscheln, serviert wurden, diese besonderen Früchte des kantabrischen Meeres, dann setzten Don David und ich uns schlemmend in ein verborgenes Eck des Vorhofes in den kühlen Schatten des Feigenbaumes und genossen dazu herrlich frischen, herben Rotwein. Carmen hatte natürlich das Haupttor des Hofes vorher dichtzumachen. Cuco lag zu unseren Füßen und schnappte nach Fliegen, und die Hühner stiegen zwischen unseren Beinen herum und gackerten fröhlich. Dann kamen zur Krönung noch der Cognac und Kaffee, und last not least, eine ausgiebige Siesta.

Natürlich setzte ich in jenen Tagen infolge Bewegungsmangels und der Sorgen reichlich Kummerspeck an. Um diesem Problem entgegenzuwirken, kam Don David auf die nicht sehr zweckmäßige Idee, mit mir nach Mitternacht ausgedehnte Spaziergänge in der Umgebung zu machen. Ein paar Tage lang ging das gut, und wir liefen bis zur Dämmerung kreuz und quer durch die Gegend, stets begleitet von Cuco, dem treuen, immerfort Igel jagenden und sehr aufgeregten Foxterrier des Pfarrers. Doch das Malheur blieb nicht aus. Wir stießen eines frühen Morgens auf einen jungen Bauernburschen, der von irgendeinem amourösen Abenteuer querfeldein nach Hause trollte. Dieser Bursche war leider laut Don David nicht ganz zuverlässig. Nun mußten wir damit rechnen, daß es mit unserem Geheimnis vorbei war. Don David brachte mich daher schon in der folgenden Nacht in ein verfallenes Haus in den Bergen, in dessen zwei intakten Zimmern noch eine Lichtleitung funktionierte. Damit konnte ich auf einer kleinen Kochplatte etwas wärmen. Sonst brachte mir Don David in mancher Nacht in einem großen Topf Essen auf Vorrat. Das ging einigermaßen. Doch war es dort oben jetzt sehr einsam für mich. Kaum brach die Dunkelheit herein, blieb mir nichts anderes übrig, als auf der Matratze zu liegen, denn an Beleuchtung war aus Gründen der Vorsicht nicht zu denken.

Don David konnte ich, genial von ihm erdacht, auf elektrischem Weg herbeirufen! Das ging aber nur abends. Ich hatte nämlich lediglich mit den beiden Polen der Lichtleitung kurze Kurzschlußkontakte in Sekundenschnelle durchzuführen. Das genügte zwar nicht, daß Sicherungen herausflogen, brachte aber das ganze Ortsnetz, wie vereinbart, zum dreimaligen Schwanken. Dann dauerte es nicht lange, und Don David erschien verkleidet in Räuberzivil. Natürlich brachte er mir dann rührenderweise auch Bücher, Zeitungen, Zigaretten, Würste und Schnaps mit.

Das war aber trotz allem auch kein Dauerzustand. Dort oben konnte mich Maria nie mehr besuchen, und ich war verlassen und restlos allein. Ich saß fest in diesem Haus, das so alt, verbraucht und muffig roch. Doch ganz besonders litt ich unter der erzwungenen Untätigkeit. Denn ich war jung und voller Tatendrang.

Don David besprach diese Problematik mit Don Eduardo, dem Pfarrer von Santillana, und sie kamen zur Überzeugung, daß es das beste wäre, wenn Don Eduardo mich in der Kathedrale von Santillana, der Colegiata, verstecken würde, also in der Nähe unseres Hauses, wo

Maria mit Wolfi und Elizabeth wohnte. An die Kathedrale angeschlossen gab es einen herrlichen Kreuzgang, und an der Vorderseite, links vom Portal, lag das leere, aus mächtigen Quadern gemauerte Konsistorialhaus, das seit langem nur teilweise und dann nur selten für Versammlungen der Pfarrkinder benützt wurde, sonst aber mit altem, religiösem Gerümpel vollgestopft war. Dort sollte ich also einziehen. Aber viel Zeit war nicht mehr zu verlieren, und ich schlich nachts um zwei Uhr früh über Wiesen und Hügel zurück nach Santillana, quer durch Maisfelder hindurch bis zum Hintereingang des Kreuzganges. Dort erwarteten mich schon Don Eduardo und der Mesner Pedro und brachten mich durch die Kirche in einen länglichen Raum des Konsistorialhauses. Diese Bleibe war ziemlich primitiv. Es gab zwei Schränke, eine flache Kommode, alte Kirchenfahnen, Kreuze mit Totenköpfen für Leichenbegängnisse, schwarze Sargtücher und schließlich auch eine alte Matratze auf dem Boden. Ich hatte einen guten alten Kamelhaarmantel aus besseren Zeiten, der allerdings des Nachts von Ratten angeknabbert wurde, denn an diesen Biestern fehlte es nicht, und sie waren »groß wie Pferde«, wie der Spanier sagt. Von meinen bisherigen Unterschlupfen war dieser Raum so ziemlich der tristeste. Aber dafür bot er ein todsicheres Versteck. Die Jalousien des Fensters konnte ich natürlich niemals aufmachen. Bei Tag durfte ich nicht das leiseste Geräusch machen, sonst hätte man es in den beliebten, weil schattigen Arkaden, gehört, die darunter lagen. Von nebenan aber hörte ich manchmal Pfarrunterricht und nahm so auch an einem Kurs für christliche Mütter teil. Elektrisches Licht gab es nicht, dafür aber zwei Taschenlampen, die mir Pedro, der stolze Mesner und unbestrittene Fürst dieser erhabenen Gebäude, mit Grandezza überreichte. Der Gute sorgte auch für mein Essen. Vor der Frühmesse bekam ich heiße Milch und einmal am Tag etwas Warmes zum Essen. Das war für Pedro ein Problem, denn er mußte meine Verpflegung von seinem Haus, das auf der anderen Seite des Kirchplatzes lag, unauffällig unter seinem Mantel herüberbringen. So transportierte er einmal unvorsichtigerweise in seiner Hosentasche heiße Bohnen in einem Marmeladenglas, das unterwegs auf der Straße infolge der großen Hitze zersprang und ihm seine edelsten Körperteile verbrannte. Mein warmes Essen war dahin, denn Bohnen mit Glasscherben aus der Hosentasche waren ziemlich ungenießbar. Die Leute auf der Straße aber staunten über Pedros plötzliche Unterleibsschmerzen.

Meine Lage war nun eher unbequem, doch sie hatte einen enormen Vorteil. Ich konnte am Abend in die Kirche gehen und bei Dunkelheit langsam den Turm besteigen. Von den Glockenböden des Campanile aus sah ich unser Haus und meditierend beobachtete ich des Nachts, wie langsam alle Lichter ausgingen. Marias Lichter grüßten nämlich mit vereinbarten Zeichen.

Nicht weit von der Kirche lag der Posten der Guardia Civil, der spanischen Gendarmerie, und ich hörte ihre Stimmen und Kommandos. Oft roch ich auch genüßlich den Duft von Knoblauch und verbranntem Olivenöl, ja, man sollte es kaum glauben, diese Düfte stiegen nachts zu mir bis zur Spitze des Kirchturmes empor. Erst beobachtete ich von dort aus den Flug der Fledermäuse. Dann kam die Nacht, die Sterne funkelten, und es blieb die Astronomie. Wenn es mir zu langweilig wurde, ging ich wieder hinunter in die Kirche, wo ich einen weiten Auslauf hatte und zwischen dem Hochaltar und dem Chor auf Socken hin- und herjagen konnte. Die einzige Beleuchtung war das rote Ewige Licht. Die Augen gewöhnten sich bald an dieses Halbdunkel, und gespenstisch sah ich die Konturen verschiedener Heiliger und steinerner Ritter. Ich muß gestehen, die ersten Nächte in der Kirche so nach Mitternacht waren mir nicht angenehm, aber mit der Zeit gewöhnte ich mich daran und wurde eine echte, mitternächtliche Kirchenmaus.

Ein großes Problem war das Waschen und Baden und natürlich die Toilette. Letztere befand sich, aus Brettern gezimmert und schon ziemlich ramponiert, zwischen Kirche und dem Konsistorialhaus, außen an der Mauer und reichte bis zum ersten Stock. Ich konnte dieses mittelalterliche Plumpsklo nur so leise wie möglich benützen und hatte mir eine gute Geräuschkulisse zur Tarnung ausgedacht. Ich suchte diesen wichtigen Ort nur um elf oder zwölf Uhr auf, sowohl bei Tag als auch bei Nacht, da um diese Zeit die Turmuhr knarrend und dröhnend besonders lang schlug. Das ergab insgesamt etwa eine Minute, und in dieser kurzen Zeit mußte alles, was Lärm bei diesem wichtigen Geschäft hervorrief, geschehen sein. Also saß ich schon kurz vor elf oder zwölf Uhr auf dem Donnerbalken, wenn die große Turmuhr zu schnarren begann, um dann mit großem Gedröhne und

Dingdong in großen Abständen die Zeit zu verkünden. Sie war wirklich ein Prachtstück, diese Uhr. Sie hatte ein langes, mit einem riesigen Stein beschwertes Pendel, das geräuschvoll rechts und links anschlagend, ihr Werk regulierte. Dieses laute Laufgeräusch war für mich ebenfalls von großer Bedeutung, denn nur unter Ausnützung des langsamen, lauten »Tack« und »Tack« konnte ich die hölzerne, stark knarrende Turmstiege im gleichen Takt benützen. Bei jedem Pendelschlag machte ich einen Tritt und hielt bis zum nächsten inne. Ich brauchte daher für die Turmbesteigung, Gott sei Dank, viel Zeit. Und Zeit war das einzige, woran ich damals reich war. So half mir also die gute Turmuhr, lautlos den Turm zu besteigen. Mit ihren liebenswerten Geräuschen bewahrte sie mich schützend vor Entdeckung, auch bei allzu menschlichen Problemen.
Sogar Baden war möglich. Don Eduardo gestattete mir nämlich, daß ich mich im uralten steinernen Taufbecken der Kathedrale wusch und daraus Wasser entnahm. Ja, er meinte, ich könne ruhig drinnen baden, das wäre kein Problem, das sei ein Stein wie jeder andere, und er könnte das Becken nach dem Bad wieder frisch weihen. Nun, da verzichtete ich lieber – aus Respekt, aber auch wegen der Temperatur dieses Steines. Schuhe trug ich natürlich nie, sondern nur Wollsocken, um ja keinen Lärm zu machen.
Etwas grauslich war anfangs die Lagerstätte. Deshalb wollte mir Maria eine große, gute Matratze schicken. Doch wie sollte dies geschehen, ohne Verdacht zu erregen? Da kam Maria eine glänzende Idee. Ganz offiziell sandte Don Eduardo ein ramponiertes, riesiges Sakristeimöbel zum Aufpolieren in unsere Tischlerei. Sobald die Arbeiten fertig waren, stopfte Maria des Nachts die besagte Matratze in das Möbel, versperrte es und zog den Schlüssel ab. Nun wurde bei hellichtem Tag dieses Prunkstück ganz offiziell wieder in die Colegiata zurücktransportiert, und Pedro, der Mesner, brachte mir feierlich lächelnd den Schlüssel, mit welchem ich des Nachts die Matratze befreite und Unmengen von Büchern, Hemden, Pullovern, Schokoladen und Würsten, sogar Wein und Cognac hervorholte. Ja, auch ein kleines Radio mit Kopfhörer von Don David war dabei, und langsam wurde so meine Bleibe durchorganisiert. Das Schönste aber war, daß ich manchmal Maria sehen konnte, wenn sie nach der Messe zu den hinteren Beichtstühlen in einem finsteren Nebenraum ging, wo wir uns kurz umarmen

konnten. Sie schrieb mir jeden Tag einen langen Brief, und so war ich viel besser unterrichtet als in Oreña bei Don David. Selig war ich, wenn Maria zur vereinbarten Stunde mit den Kindern auf der Straße vorbeispazierte, und doppelt traurig, wenn sie dann vorüber waren.
Doch auf die Dauer war freilich auch dies kein Zustand. Wir hatten alle gehofft, daß in drei Monaten die alliierte Schnüffelei vorbei sein würde.
Aber das erwies sich als Illusion, und mit der Zeit wurde ich immer trister in meiner Kirchenkammer mit den Ratten und den häßlichen hauptsächlich zur Leichenbestattung bestimmten »Kultinstrumenten«. Zu allem Überfluß bekam ich auch noch Furunkel und eine heftige Grippe. Kurzum, ein Bleiben auf die Dauer und über den bevorstehenden Winter war nicht mehr möglich.
Und wiederum besprach Maria die Situation mit Don Eduardo und Don David. Die drei kamen zu dem Schluß, daß es nunmehr das beste wäre, für mich eine neue Bleibe in einem entfernt gelegenen Kloster zu suchen. Das Seminar der päpstlichen Universität in Comillas, wo ich schon Anfang 1946 anläßlich eines falschen Alarmes vorübergehend für ein paar Tage »zu Exerzitien« untergetaucht war, kam nicht mehr in Frage. Ich hatte damals feststellen müssen, daß in diesem Jesuitenkloster ein echtes Verstecken auf längere Zeit nicht möglich war. Das war damals nur eine eilige Sofort-Lösung gewesen, um mich für einige Zeit aus dem Verkehr zu ziehen. Doch es war ein sehr lehrreicher Aufenthalt für mich gewesen. Die beiden Patres Brüder Hornedo hatten sich als besonders hilfreich und warmherzig erwiesen, und sie halfen uns auch später noch durch Nachrichtenübermittlung und bei der unauffälligen Absendung unseres Gepäcks nach Argentinien. Jetzt aber war es nicht mehr damit getan, vorübergehend zu verschwinden. Ich mußte vielmehr untertauchen, und das auf längere Zeit. Mir altem Benediktinerschüler lagen die Jesuiten sowieso nicht besonders.
Don David und Don Eduardo dachten zunächst an das Trappistenkloster Cóbreces zwischen den Ortschaften Santillana und San Vicente de la Barquera. Dieses Kloster kannten wir recht gut und hatten es öfter besucht. Angeschlossen an das Konvikt lagen, voneinander entfernt, zwei Schulen: eine für Mädchen, die andere für Knaben. Man hatte ein paar Monate zwar daran gedacht, mich als Professor für Fremdsprachen dort einzustellen, was für uns in der ersten harten Zeit, als die

Talleres Montañeses noch nicht in Schwung gekommen waren, finanziell durchaus interessant gewesen wäre.
Von diesem Kloster erzählte man sich eine kleine besonders liebenswerte Geschichte: In den streng getrennten Schulen war der Verkehr zwischen Knaben und Mädchen auch durch Briefe unerwünscht. Auf jeden Fall unterlag alles einer strengen Zensur. Dennoch hatten aber die Patres das Gefühl, daß Briefe hin- und hergingen. Vor allem der Religionslehrer beider Institute, ein eifriger Inquisitor, schnüffelte jeder Spur des illegalen Postverkehrs zwischen Jünglingen und Mädchen wie ein Schießhund nach. Aber er kam und kam nicht hinter das Geheimnis, obwohl er, gerade er, komischerweise ganz persönlich und natürlich unfreiwillig den Postboten spielte. Hier die Lösung des Rätsels: In der Montaña ist es üblich, in der kaltfeuchten Jahreszeit außerhalb des Hauses handgeschnitzte Holzschuhe, sogenannte »Albarcas«, ähnlich den holländischen »Klumpen«, mit wärmender Zeitungspapier-Einlage anzuziehen, um diese dann im nächsten Gebäude vor den Wohn- oder Arbeitsräumen stehenzulassen und mit bequemeren »Alpargatas«, den Bastschuhen, weiterzulaufen.
Besagter Religionslehrer war nun ein großer Liebhaber dieser Albarcas mit Einlage und unterrichtete abwechselnd in der Schule einmal die Mädchen und dann in einem anderen Gebäude wieder die Knaben. Dabei bemerkte er nicht, daß er höchstselbst zwischen Holzschuh und Einlagensohle zahlreiche Liebesbriefe transportierte und somit schamlos ausgenützt wurde. Die Patres merkten sehr wohl, daß da etwas nicht in Ordnung war. Sie konfiszierten manchmal Briefe, jedoch blieb es ihnen unerklärlich, wie diese befördert wurden! Wer dachte schon daran, daß der strenge Religionsprofessor selbst zum Postillon d'amour gemacht worden war.
Nun gut, Cóbreces war nicht das richtige für mich, weil ich in dieser Gegend zu bekannt war. Doch der dortige Abt schlug Don Eduardo vor, ich sollte am besten in das Schwesterkloster San Pedro de Cardeña bei Burgos, im Zentrum von Altkastilien, verlagert werden. Der dortige Oberste, noch mit dem Titel Prior, doch praktisch schon Abt, Padre Carlos Azcárate, stimmte sofort zu und kam sogar von Burgos nach Cóbreces, um gemeinsam mit Don Eduardo den Transport zu organisieren. Im Fall von Schwierigkeiten auf der Reise konnte er sich leichter durchsetzen als Don Eduardo, denn ein Abt war damals in

Spanien eine hochangesehene Persönlichkeit und hatte fast Generalsrang.

Nun blieb nur noch das Hauptproblem. Wie nämlich sollte ich die Kathedrale von Santillana verlassen, ohne daß es auffiel? Doch da fand ich eine Lösung. Mein alter Freund, der kommunistische Bildhauer Jesús Otero, kannte jeden Berg und jeden Schlupfwinkel. Er konnte mich in der Nacht ohne weiteres zu irgendeinem abgelegenen Treffpunkt führen, ohne fürchten zu müssen, daß dortige kommunistische Maquisards unsere Kreise stören würden. Es kostete mich ein Stück Arbeit, Don Eduardo und Don David davon zu überzeugen, daß Jesús Otero trotz seiner ultralinken Ansichten ein ehrlicher Freund war, auf den ich mich in der Not verlassen konnte.

Jesús Otero, der durch den Pfarrer von unserem Plan erfuhr, war freudig erregt und sofort bereit, sich voll für mich einzusetzen. So wurde beschlossen, daß er mich nachts über die Berge bis zur Straße nach Reinosa in die Nähe eines bestimmten Bauernhofes bringen sollte, wo dann um vier Uhr früh Don Eduardo mit dem Prior von Cardeña im alten Austin-Baby herbeiknattern würde.

Zur vereinbarten Stunde also kratzte Jesús im Kreuzgang der Kirche an der alten Eichentür. Ich kratzte auch und öffnete. Vor Rührung fielen wir uns in die Arme. Jesús schien glücklich, nun auch für mich etwas tun zu können, nachdem ich mich zuvor bei den örtlichen Autoritäten immer für ihn und seine Freunde eingesetzt hatte. Stets hielt ich ihn für einen hochanständigen Idealisten und großen Künstler. Heute ist er, wie schon erwähnt, Ortschef der Kommunisten in Santillana, und wir sind und bleiben natürlich die allerbesten Freunde.

Zur besseren Tarnung hatte ich vorsorglich eine Soutane von Don Felipe angezogen und trug einen großen, runden, für mich aber etwas zu kleinen Priesterhut. Dazu passende schwarze Schuhe waren in Größe 46 bei der Eile nicht aufzutreiben gewesen. So lief ich also in Alpargatas, die den Vorteil hatten, lautlos zu sein.

Auf verschlungenen Pfaden kamen wir nach einigen Stunden über Hügel und durch Wälder querfeldein zur vereinbarten Wiese, waren bereits gegen drei Uhr früh dort und warteten nervös und ungeduldig. Schon kam die Dämmerung, doch noch immer erschien niemand. Leise fing es zu regnen an, und die Vögel begannen zu singen. Jesús und ich waren inzwischen in einen der zahlreichen Heuhaufen hineingekrochen. So waren wir gut getarnt, und in dem etwas gärenden Heu war es mollig warm.

Bald wurde es völlig hell, und da erschien auch schon der Bauer mit Wagen und einer großen Heugabel, um des schlechten Wetters wegen aus den kleineren Haufen ein paar größere zu machen. Er begann diese Arbeit Gott sei Dank am anderen Ende der Wiese, doch konnten wir uns ungefähr ausrechnen, daß er in Bälde bei uns eintreffen würde. Was dann? Während wir so überlegten, hörten wir endlich das uns so lieblich klingende Knattern und die häufigen Fehlzündungen des alten Austin. Richtig, es erschien am vereinbarten Treffpunkt – spät aber noch rechtzeitig – das erlösende Auto mit dem gestandenen baskischen Abt und Don Eduardo. Unser Bauer war aber inzwischen mit seiner Arbeit schon ziemlich nahe an unseren Haufen herangekommen. Ich umarmte und dankte Jesús in unserer Heuhöhle noch herzlich zum Abschied. Dann schoß ich wie ein Torpedo aus dem Haufen heraus zum Auto, dessen Motor Don Eduardo sicherheitshalber nicht abgestellt hatte, während Jesús in der anderen Richtung schleunigst im Wald verschwand.

Während meines Sprintes mußte ich natürlich achtgeben, meinen zu kleinen Priesterhut und die ebenfalls zu kleinen Bastschuhe nicht zu verlieren. Ohne große Begrüßung sprang ich in das Auto, und ab ging die Post.

Der Bauer aber stand fassungslos mitten auf der Wiese und starrte uns verdattert nach. Wie konnte denn plötzlich ein riesiger geistlicher Herr aus einem Heuhaufen herausspringen, quer über das Feld laufen und mit zwei anderen Priestern unter Dröhnen und Rauchentwicklung verschwinden? Womöglich waren das Halluzinationen oder vielleicht gar böse Spukgestalten? Gottlob gab es in dieser traditionsbeladenen, geradezu mittelalterlich anmutenden Gegend manchmal noch einen tief verwurzelten, hier aber durchaus nützlichen Aberglauben.

Doch wir hatten keine Zeit, uns den Kopf über die Schrecknisse dieses braven Landmannes zu zerbrechen. Unser Wagen knatterte fröhlich durch die Gegend, bergaufwärts in Richtung Reinosa. Ich begrüßte nun den Abt, wie es sich gehörte, mit Dank und Respekt. Gerührt und liebenswürdig erwiderte er meinen Gruß und lachte wie ein Lausbub über einen gelungenen Streich.

Nach einer Stunde erreichten wir die große Ortschaft Reinosa am

Anfang der kastilischen Hochebene. Da: mitten auf dem Hauptplatz, wo zu allem Überfluß auch noch einige Guardias patrouillierten, platzte plötzlich mit großem Knall ein Reifen des Autos. Da ich aber nur diese unmöglichen Bastschuhe trug, und mein kleiner Hut nicht fest auf dem Kopf saß, mußte ich im Auto bleiben, statt zu helfen, während die beiden echten Priester mit Hilfe der Gendarmen, die mich Jüngsten böse ansahen, den Reifen wechselten. Man sagte ihnen, ich hätte einen kranken Fuß. Fromm vertiefte ich mich in das Brevier von Don Eduardo. Dabei wurde mir recht schwül, denn seit Monaten hatte ich keinen so hautnahen Kontakt mit der Polizei gehabt. Diese erwies sich aber den geistlichen Herren gegenüber als äußerst diensteifrig und höflich. Von ihren guten Wünschen begleitet, setzten wir schließlich nach einer halben Stunde – meine beiden geistlichen Kollegen von oben bis unten mit Straßendreck bekleckert – die Reise fort. Es war dies eine peinliche Situation für mich, doch wurde sie von uns dreien mit homerischem Gelächter verkraftet.
Gegen Mittag rollten wir durch das ehrwürdige Burgos und erreichten bald das in die Hochebene eingeschnittene Tal von Cardeña, um bergabwärts nach wenigen Serpentinen mit quietschenden Bremsen vor dem Portal des gewaltigen Klosters zu halten. Nach dem Aussteigen begrüßte der Abt mich noch einmal und sagte mir, ich sei von nun ab der »Postulante Ricardo aus Irland«. Das Kloster werde mich schützen, und es sei Tradition seit über tausend Jahren, Verfolgte wie mich so liebend und herzlich aufzunehmen, als ob der Herr Jesus Christus selbst Zuflucht suchen würde. Ich war mehr als gerührt und dankte, so gut ich konnte.
Unverzüglich gab es ein ordentliches Essen für uns drei Ausgehungerte, wobei mit Chorizos, Braten, Wein, Cognac und Kaffee nicht gespart wurde. Denn die Benediktinerregel sagt, man müsse einem lieben Gast alles geben, was man hat, und damit der Gast sich richtig wohl fühle, dürften die Klosterbrüder, die ihm beim Mahl Gesellschaft leisten, nicht nur ihre kargen Speisen essen, sondern sollten am Mahl in vollem Umfang teilnehmen. Denn wie sonst sollte dem Gast das Essen richtig schmecken?
Doch am nächsten Tag schon begann der Ernst des Klosterlebens. Ich wurde dem Bruder Marcelino übergeben, der die Kühe betreute, und bekam eine kleine Zelle neben dem Stall zugewiesen, die etwa zwei

mal zwei Meter groß und mit einem Eisenbett, Strohsack und Decken, ein paar Nägeln an der Wand, einer wackligen Kommode und einem Sessel ausstaffiert war. Hier fühlte ich mich sicher und geborgen. Auch war ein Kloster für mich nichts Neues, denn ich hatte meine ganze Gymnasialzeit im Kloster verbracht und liebte die Jünger des heiligen Benedikt.

Hermano Marcelino, ein Bruder, also kein Priester, machte mich mit Ceferino und zwei anderen Brüdern bekannt, die sich ebenfalls mit der Landwirtschaft zu beschäftigen hatten. Nach dem zweiten Essen im Refektorium, dem Singen der Completas und des Ave Maria ging es schließlich zu Bett. Mich begleitete Padre Carlos persönlich in mein kleines Zimmer, brachte Chesterfield und Schnaps mit, und dann schwätzten wir noch bis elf Uhr nachts, was dem mehrfach störenden Hermano Marcelino gar nicht gefiel. Doch es gab keine Kritik. Padre Carlos, der Chef, war ein ungekrönter Herrscher, ja, niemand durfte ihn ohne weiteres ansprechen. Im Kloster bestand Schweigegebot, und Padre Carlos war nicht der Mann, der von Untergebenen viel Kritik duldete. Doch war er voll Güte, dieser selbstbewußte »große« Baske, und damit Landsmann des hl. Ignatius von Loyola. Allein für diesen hatte er nicht viel übrig, denn Padre Carlos war Zisterzienser der harten Regel, also Trappist, mit Herz und Seele, gleichzeitig aber ein hervorragender Landwirt und keineswegs ein schlechter Geschäftsmann.

Am nächsten Tag bekam ich Arbeitskleidung, einen sogenannten »Buzo«, denn als Postulante durfte ich noch keine Kutte tragen. Um drei Uhr früh mußte ich von nun an jeden Tag aufstehen und mit den anderen Brüdern zuerst einmal den Kuhstall ausmisten. Um fünf Uhr sangen wir die erste Messe, danach gab es Kakao mit Brot, und ab ging es ins Feld oder in den Garten. Um sieben Uhr war die zweite Messe, und um zehn Uhr wurde das Hochamt zelebriert. Um elf Uhr gab es Mittagessen, nach dem Essen die vorgeschriebene Siesta, um halb sieben Uhr abends das Abendessen, alles immer rein vegetarisch, und anschließend wurden die besagten Completas und das herrliche, überwältigende Ave Maria gesungen.

Schnell ging es dann in die Schlafsäle und Zellen, und um acht Uhr abends war nach den Mühen des Tages jedermann in tiefen Schlaf gesunken. Um drei Uhr früh, ja an den Sonn- und Feiertagen schon um zwei Uhr früh, ging das Bimmeln, Beten beziehungsweise Arbeiten schon oft bei Mondschein wieder los. Mir gefiel dies alles nicht schlecht, und ich freute mich über die freundlichen, aufmunternden Blicke meiner Kameraden, über die ordentliche Disziplin und die Zielstrebigkeit der Arbeit. Mein damaliger Schaffensdrang wurde endlich wieder gestillt!

5

Unser Kloster lag in einer Senke der dürren kastilischen Hochebene, doch sieben Quellen verwandelten dieses Tal in ein grünes Paradies mit saftigen Wiesen, goldgelben Ährenfeldern und lieblich rauschenden, gewaltigen Nußbäumen! Die Nächte waren köstlich kühl, und die Nachtigallen schlugen so zahlreich und laut, daß sie meiner verträumten Seele oft den Schlaf raubten.
Aus diesen Tagen stammt folgendes Gedicht, das ich meiner Frau aus dem Kloster schickte.

An die Nachtigallen von San Pedro de Cardeña

Schon wogt der Nebel tief im Tal,
Und Dämmerung senkt sich nieder.
Im Dornenbusch die Nachtigall
Schlägt traurig süße Lieder.

Ein lauer, leiser Abendwind
Durchatmet Flur und Räume,
Umwindet duftend, sacht und lind
Den Kranz der Blütenträume.

Still wirst Du Seele, ruhig das Herz.
Die Augen schließ ich beide
Versenke mich in meinen Schmerz
Vertiefe mich im Leide.

So düster wird es überall,
Der Mond scheint bleich hernieder,
Doch Du – Du kleine Nachtigall –
Singst tapfer Liebeslieder.

Der Benediktinerabt von San Pedro de Cardeña war stets ein mächti-

ger Herr gewesen, den auch der König respektieren mußte, und der Nationalheld El Cid Campeador stammte aus dieser Gegend. Ende des 11. Jahrhunderts besuchte »El Cid« öfters unser Kloster. Ja, als der König ihn verbannte, stellte er seine Familie unter den sicheren Schutz des Abtes von Cardeña. Später bestimmte er testamentarisch die Kirche von San Pedro de Cardeña als seinen Begräbnisort. Diese Bestimmung wurde aber durch den gewaltigen Bischof von Burgos einfach mißachtet. Der große Cid ruht heute prächtig in der Kathedrale von Burgos, und in San Pedro de Cardeña liegen nur, von ihm getrennt, seine geliebte Frau Doña Ximena, seine Kinder und die nächsten Angehörigen in einer kleinen Seitenkapelle. Dort saß ich öfters und träumte von El Cids Heldentaten gegen die arabischen Eindringlinge und Bedrücker. Mit Leib und Seele Historiker, liebte ich diesen Platz und vertiefte mich in seine Geschichte, so gut ich konnte. Nur allzubald sollte ich noch mehr Zeit dazu haben. Jetzt aber war ich noch sehr beschäftigt. Padre Carlos, voll Verständnis für meine Lage, ließ mich nur ein paar Wochen im Stall arbeiten, dann sandte er mich allein zur Arbeit in den Garten oder in den Wald, um schwere Steineichen mit Stamm und Wurzeln auszugraben und zu Fall zu bringen.
Großartig war alles Werk der Trappisten. Aus steinigen Halden machten sie fruchtbare Äcker, indem sie sogar in Schürzen die Steine aus dem Feld auf Haufen trugen, eine Arbeit, die kein Bauer und schon gar kein Gutsbesitzer wirtschaftlich durchführen konnte! Doch bei uns hier ließ sich so etwas machen. Wir arbeiteten zehn bis zwölf Stunden um Gotteslohn für Essen und Wohnen! So waren wir absolut konkurrenzlos und sogar bei der Arbeit immer fröhlich. Allerdings durfte nicht geredet werden, aber man konnte sich mit Grimassen und mit der alten Zeichensprache des hl. Bernhard leicht verständigen. Bald lernte ich auf diesem Gebiet das Wichtigste. »Bruder« bedeutete ein Griff an den Bart, »Dank« ein symbolischer Handkuß. Wenn man einen Priester meinte, zeigte man auf die weißen Zähne, denn der Priester trug zum Unterschied von den Brüdern nicht eine braune, sondern eine weiße Kutte. Wenn man Wein wollte, den es reichlich, allerdings nur zu den Mahlzeiten, gab, griff man sich an die Nase, wohl wegen deren Röte – kurzum, die Trappistensprache war nicht allzu schwer.

Don Eduardo Rodriguez, Abad de Santillana, mit dem Autor

Die Kathedrale von Santillana del Mar

Der Pfarrer von Oreña, Don David Ruiz Rabre

La Casona del Marqués de Santillana Don Inigo López de Mendoza

Die Frau des Autors mit Wolfi

Wolfi mit dem Autor

Der Gobernador von Santander mit Behördenvertretern (In der Mitte hinten der Autor)

Die Casona del Marqués de Santillana: Der Eingang

Die Gartenfront

Oft passierten auch komische Dinge, die mit verständnisvollen Blicken und kindlichem Gelächter quittiert wurden. Ich fühlte mich bei diesen Kapuzenmännern immer ein bißchen wie ein Riese bei den Zwergen. Auf jeden Fall aber hatte ich es jetzt tausendmal besser als im traurigen Raum der Casa Consistorial in Santillana. Dort hätte ich nicht mehr lange bleiben können, und jede Bewegung, die ich untertags dort machte, war gefährlich. So hatte zum Beispiel ein Bauer im Schatten der Arkaden sein Mittagsbrot verzehrt. Wie er nachher dem Mesner berichtete, habe er Knarren und Scharren über sich gehört. Er meinte, nach dort oben müsse sich ein »Pajarraco«, ein großer Vogel, verirrt haben. Pedro, der Mesner, hörte interessiert zu und sagte, er würde sofort Abhilfe schaffen und die Fenster schließen. Jedenfalls war das nicht der geeignete Ort für einen längeren Aufenthalt und schon gar nicht für den bevorstehenden Winter.

In Cardeña hingegen war alles vollendet geregelt und für alles gesorgt. Wie beim Militär liefen Tag und Nacht streng nach Stundenplan ab. Bimmelbim wurden wir in der Früh geweckt, bim, bim, das Frühstück, bim, bim, ging's zur Messe, bim, bim, zur Arbeit, zum Essen, zum Beten und zum Schlafengehen. Den ganzen lieben langen Tag wurden wir herumgebimmelt. Das war sicherlich praktisch, denn es gab ja keine Uhren. In der Karwoche gab es natürlich nur eine schnarrende Ratsche.

Das Osterfasten begann für die regulären Mönche bereits im September. In der eigentlichen Fastenzeit folgte dann ein besonders strenges Fasten, das so manche, die schon gewaltig abgenommen hatten, einfach nicht mehr durchstehen konnten oder wollten. So hatte sich einmal ein Novize einen Stockfisch aus der Gästespeisekammer geklaut und mit einer Schnur um den Hals heimlich unter die Kutte gehängt, um diese »Köstlichkeit« an einem stillen Ort zu verzehren. Doch kam es nicht dazu, denn als besagter Jüngling, wie üblich, an dem auf einem Podium thronenden Abt und Subprior vorbeiging, riß bei der vorgeschriebenen tiefen Verbeugung die Schnur, und ein häßlicher Stockfisch fiel unten aus der Kutte heraus. Die Folge war, daß der Übeltäter mit dem Stockfisch gemeinsam knien mußte. Ein anderes Mal bemerkte der »Kadschiskan«, der bezahlte, außerhalb des Klosters wohnende und den Kontakt mit der Welt aufrecht erhaltende Verwalter eine zarte, verräterische Rauchfahne aus dem ober-

sten Turmfenster aufsteigen. Sofort alarmierte er den Abt und raste mit ihm den Turm hinauf. Unglaublich, aber wahr: Dort überraschten sie zwei verschämte, ältere Mönche, die versuchten, über Holzkohle auf einem Blech sich einen fetten, kastrierten Kater zu grillen.
Solche und andere Geschichten erzählte mir der gute Padre Carlos und lachte, daß seine ganze mächtige Gestalt wackelte.
Da gab es noch die Geschichte vom Alcalde de Galicia, dem Onkel eines Novizen, der einmal zu Besuch gekommen war. So ein einflußreicher, begüterter Bürgermeister wurde selbstverständlich hoch geehrt, und es gab für ihn ein Festmahl mit reichlich Vorspeise, Wein, Braten, Karamelpudding, Obst und natürlich Kaffee und Cognac – und das ganze Programm noch einmal des Abends. Der gute Alcalde konnte einfach nicht mehr, atmete bereits schwer und wurde vom Pförtner auf sein Prachtzimmer gleich neben dem »Bischofszimmer« gebracht. Draußen herrschte eine unheimliche Mondnacht, der Sturm heulte wie so oft, die Kerzen flackerten sogar im Hause, und elektrisches Licht gab es in diesem Zimmer damals noch nicht, dafür aber ein mächtiges Bett mit einem Federbett aus Hühnerfedern, schwer, feucht und kalt.
Nach den obligaten Segenswünschen und Verabschiedungen zog sich der Pförtner zurück, nicht ohne vorher mit umständlichen Worten zu versuchen, den wichtigen Weg zum stillen Örtchen zu erklären. »Señor Alcalde«, meinte er, »wenn Sie ein wichtiges Geschäft zu verrichten haben, brauchen Sie nur auf den Gang hinausgehen, vier Treppen hinunter, dann links um die Ecke, zwei Treppen hinauf, dann immer geradeaus, zweimal links und dann wieder gerade durch den Bogen usw.«
Unser Alcalde dankte vorzeitig, weil er sich die Sache doch nicht merken konnte und zog sich schnaufend und todmüde in sein Bett zurück. Doch die gewaltigen Speisenmengen des Tages rumorten unruhig in seinem Magen, und bald blieb nichts übrig, so um Mitternacht *mußte* er einfach mit der unheimlich flackernden Kerze den bösen Weg durch die zugigen Gänge antreten. Nur kam er nicht weit. Ein Windstoß blies die Kerze aus, und zu Tode erschrocken tappte er in sein Zimmer zurück, eisern entschlossen, diese Expedition nie mehr zu wagen. Doch die Natur verlangte immer gebieterischer ihre Rechte. So blieb nur noch ein Ausweg. Das Fenster nämlich, klar! Er öffnete es

und sah hinaus. Unter ihm ritt über dem Hauptportal unverzagt der große Sankt Georg aus Stein und spießte ununterbrochen denselben Drachen. Doch Not kennt kein Gebot, und es blieb unserem Freund nichts übrig, als flott an diesem St. Georg vorbeizuzielen. Gedacht, getan, und schon hockte der Bürgermeister auf dem Fensterbrett und beugte sich mit seinem Allerwertesten so weit wie möglich zum Fenster hinaus, um den heiligen Georg zu schonen. Leider aber übertrieb er die Pietät, verlor das Gleichgewicht, stürzte rücklings und explodierend aus dem Fenster, an St. Georg und dem Drachen vorüber und landete oben auf der großen »Parra« vor dem Portal. Elastisch, wie dieses drahtverstärkte Rebendach eben war, hielt es dem senkrechten Ansturm des Bürgermeisters stand. Geschockt durch Schreck und Schmerz, verlor dieser fürs erste das Bewußtsein, kam aber bald wieder zu sich und stöhnte ganz kläglich um Hilfe. Unweit der Pforte befand sich, wie es sich gehört, das Zimmer des alten, weisen und des durch ihn überwachten jungen Pförtners. Beide hatten diesen mitternächtlichen Schlag gehört und das anschließende gräßliche Stöhnen. Klarer Fall: Hier konnte es sich nur um böse Geister handeln, die bekanntermaßen stets die frömmsten Klöster umschlichen, da ihnen gerade die Seelen braver Gottesmänner eine besonders leckere, heißbegehrte Beute waren. Der alte und der junge Pförtner begannen laut zu beten und exorzierten durchaus fachkundig. Doch als das Stöhnen immer deutlicher wurde und so menschlich klang, guckten sie todesmutig beim Fenster hinaus – und erblickten zu ihrem Schrecken auf der Parra oben ein Gespenst! Ja, ein richtiges Gespenst in einem langen Nachthemd. Verzweifelt und stöhnend krabbelte es herum, denn unser Bürgermeister wagte nicht, die drei Meter herunterzuspringen.
Kurzentschlossen rief der alte Klosterbruder den bewährten Spruch:
»Alle guten Geister loben Gott, den Herrn, was ist dein Begehren?«
»Runter will ich, nur runter! Ich bin ja aus dem Fenster gefallen, um den verfluchten Santo nicht zu besch . . .! Ich bin doch der Alcalde aus Galizien!«
Ja, daran war jetzt nicht mehr zu zweifeln. Der Geist im langen Nachthemd war tatsächlich der Herr Bürgermeister höchstpersönlich, und auf die Frage, wie er da hinaufkomme, erklärte er, er hätte als guter Katholik eben zuviel des Guten getan, um den St. Georg zu schonen, den er doch auf keinen Fall beleidigen wollte.

Na, man kann sich das vorstellen: Es soll damals, als das passierte, ein fröhliches Gelächter in allen spanischen Trappistenklöstern erklungen sein. Mir wurde diese Geschichte – ganz heimlich natürlich – x-mal erzählt, und ich mußte sie immer wieder als völlig neue Geschichte unbändig belachen, denn das war doch eine der wenigen Freuden, die ich armer Teufel meinen lieben Mitbrüdern schenken konnte.

Und noch ein anderes Erlebnis:

Eines Tages wurde unter der Führung unseres Bienenvaters Barnabé, nach langem Betteln bei Padre Carlos, eine Expedition ausgerüstet, um ein Bienenvolk aus dem Gemäuer einer alten Burg herauszuholen, die nur zwei Leguas, also immerhin zehn Kilometer, entfernt war. Die Vorbereitungen für diese Unternehmung waren natürlich überdimensioniert, genau wie beim Militär: ein großer Leiterwagen mit Pferd und Maultier, darauf Heu, Essen und der obligate Weinschlauch, mehrere Bienenkästen, eine Leiter und dergleichen. Zeitig vor Sonnenaufgang setzte sich der Zug fröhlich in Bewegung. Man betete, man sang fromme Lieder, und der Weinbeutel ging rundum. Ja, für Benediktiner auf Reisen gibt es, gottlob, die schönsten Marscherleichterungen. Man durfte Würste essen, trinken und schwatzen. Die Zeit verging wie im Flug, es war herrlich, und schon war man am alten Gemäuer mit den Bienen angelangt. Nach einer kurzen Rast gelang es dann tatsächlich, ein starkes Volk zu fangen und im Bienenkasten zu verstauen, dessen Flugloch fachgerecht mit einem feinen Drahtgeflecht verschlossen wurde. Siegesbewußt und zufrieden unter stetiger Labung und Gebeten verlief der Rückweg. Es gab außer Kaffee, Keks und Chorizos natürlich noch die Tizona del Cid, den köstlichen Patent-Likör à la Chartreuse. Als schließlich nach langem Mühen die Expedition wieder beim Kloster eintraf und zum Schluß auch der Wagen mit den Bienen einlangte – welch herbe Enttäuschung! Die Bienen waren weg! Der Verschluß war aus dem Flugloch herausgefallen, und alle Bienen waren unbemerkt in Richtung Burg zurückgeflogen. Natürlich gab es danach im Kapitelsaal ein fürchterliches Donnerwetter unseres empörten Abtes, dem diese Expedition von Anfang an nicht so recht gefallen hatte.

Da ich jeden Tag voll beschäftigt war, verging die Zeit nun viel schneller und amüsanter. So legte ich zum Beispiel mit einigen Novizen unter meiner Fuchtel einen Kieselsteinfußboden, wie ich das in

Santillana gelernt hatte. Leider existiert er heute nicht mehr, denn das Denkmalamt fand später moderne Granitplatten schöner. Manchmal verlegte ich zusammen mit Pater Bernardo auch elektrische Leitungen, wobei wir es mit der vorgeschriebenen Trennung von billigem Industriestrom für den Betrieb und von teuerem Normalstrom für das Kloster selbst nicht so sehr genau nahmen, da die guten Trappisten als Vegetarier bei der allgemeinen Fleischnot einen kleinen Ausgleich für nicht abgeholte Fleischrationierungskarten moralisch wohl in Anspruch nehmen konnten und auch verdienten. Als mich eines Tages Padre Bernardo fragte, wie oft man nach meiner Meinung mit gutem Gewissen den Industriestrom der Landwirtschaft für das Kloster anzapfen könnte, antwortete ich verschmitzt: »Na ja, so jeden ersten Freitag vielleicht.« Diese freigeistig kritische Anspielung wurde mit einem strengen Blick gesühnt, und ich schämte mich aufrichtig über mein Lästermaul, denn schon Homer sagt: »Schnell ist das Wort dem Gehege der Zähne entflohen und kann nie mehr zurückgerufen werden.«

Ein anderes Mal dozierte Padre Carlos mir gegenüber: »Reinaldo, Gott unser Herr sieht einfach alles – sogar eine schwarze Ameise in dunkler Nacht auf einem schwarzen Stein!«

Da konnte ich es mir nicht verkneifen hinzuzusetzen »... und mit dunklen Brillen!«

»Voltairiano!« rief der empörte Abt, aber dann lachten wir beide herzlich über diese neue theologische Kreation!

Padre Bernardo der »Scillerero«, der Siegelbewahrer, war eine Art Wirtschaftsminister des Klosters und für die Verwaltung des Betriebes zuständig. Padre Carlos hatte ihn über meine Person informiert und ihm befohlen, sich um mich zu kümmern. So wurden wir bald unzertrennlich. Padre Bernardo stammte aus guter Familie und war technisch gebildet, ein gestrenger Eiferer, doch ein herzensguter Mensch und lieber Freund. Eines Tages gestattete Padre Carlos uns beiden einen Ausflug nach dem historischen Palast der Duquesa de Eboli, der Geliebten Philipps II. Padre Carlos wußte, daß ich mich sehr für Geschichte und alte Kunst interessierte, und rührend war er darauf bedacht, für mich Abwechslung zu besorgen.

Ein wunderschöner Tag brach für uns an, und wir machten uns schon zeitig auf den Weg. Padre Bernardo ritt als Priester auf einem Maul-

tier, und ich gewöhnlicher Sterblicher wie Sancho Pansa, doch mit langen Beinen, auf einem für mich viel zu kleinen Esel. Würste und Wein hatten wir natürlich vorsorglich in unsere Sattelsäcke verstaut.
Padre Bernardo war ein gestrenger geistlicher Herr. Genau verteilte er Rast, Unterhaltung und Gebet. Wir begannen mit Gebet, wie sich das gehört. Zuerst einmal die Allerheiligenlitanei, bei welcher ich leider schon falsch antwortete, nämlich bei: »Jesus Christus« mit: »Bitt für uns« und bei den Heiligen mit: »Erbarme Dich unser«, statt umgekehrt. Padre Bernardo konnte nur den Kopf schütteln. Dann kam wieder eine kurze Erholung, also ein paar Schluck Wein, ein paar Bissen Chorizos und etwas Unterhaltung, wobei ich oft die Heiligengeschichten und Wunder nicht so ganz glauben wollte, vor allem nicht jene Legende von einem Gottesmann, der bei Tisch eine gebratene Ente davonfliegen ließ. Tja, ein bißchen hatte ich schon zu Recht den Ruf eines »Voltairianos«. Sehr bedenklich! Aber der Herrgott sucht – gottlob – doch die Sünder und nicht die faden Gerechten. So ritten wir und ritten, bis Bernardo sorgenvoll meinte, wir müßten eigentlich schon längst angekommen sein. Da endlich trafen wir ein braves Bäuerlein, das uns mit »Ave Maria purissima« begrüßte, worauf wir zwei Gottesmänner fromm mit »Sin pecado concebido« (Unbefleckt empfangen) antworteten. »Guter Mann«, sprach Padre Bernardo, »sag mir, in welcher Richtung liegt der Palast der Herzogin von Eboli?«
Der Bauersmann schüttelte verwundert den Kopf. »Por aqui no hay tal cosa!« (Hier gibt es so etwas nicht.)
»Aber natürlich, der Palast der Prinzessin Eboli, der muß doch da wo sein!«
Wieder Kopfschütteln des Landmannes. Da beugte sich Pater Bernardo zu mir und flüsterte mir ins Ohr: »Ich als Priester kann nicht so vulgär fragen, aber du als neuer Postulante kannst das noch! Frag ihn, wo die casa de la puta (das Haus der Hure) liege, denn nur so kennen diese armen Leute den Palast der Maitresse Philipps II.«
Und so kam es. Ich fragte verschämt: »Sag mir, wo ist das Haus der Hure?«
»Ja, natürlich, das Haus der Hure, warum habt ihr denn das nicht gleich gesagt? Da drüben hinter dem Wald, da liegt's, aber schon recht verfallen. Es lohnt sich nicht, es anzuschauen.«

Es lohnte sich aber doch. Ein Spätrenaissancepalast mit eleganten Bogengängen und breiter Treppe. Leider schon sehr ramponiert. Der einst so noble Bau wäre für einen Pappenstiel zu kaufen gewesen. Für einen privaten neuen Besitzer aber wohl ein »draga-monedas«, ein Groschengrab geworden. Doch, wie ich vor kurzem erfuhr, ist er heute von Staats wegen großartig restauriert.
Die Regel der Trappisten war damals noch schärfer als die postkonziliäre heutzutage. Doch zur Zeit der Gründung durch den Abbé de Rancé war sie am härtesten. Und das hatte seine elegante, ja, geradezu galante Ursache:
Es war einmal zur Zeit Ludwigs XIV., als ein jüngerer Sohn der vornehmen Familie de Rancé als mondäner Abbé und Chorherr lebenslustig an den Vergnügungen des glanzvollen Hofes teilnahm. Seine Geliebte war eine wunderschöne Comtesse, und sein Glück in Versailles erschien ihm vollkommen. Doch da traf ihn die gerechte Strafe des Himmels! Zurückgekehrt von mehrtägiger Hirschhatz mit dem Hof, wollte er sogleich in die Arme seiner Angebeteten eilen und begab sich durch eine geheime Pforte über eine Nebentreppe diskret in das Schlafgemach der Dame. Er erstarrte! Aufgebahrt und von Blattern gräßlich entstellt lag der Traum seiner Jugend vor ihm.
Da packten ihn wildes Entsetzen und tiefste Reue. Tagelang streifte er verzweifelt durch die Wälder, bis in ihm der Entschluß reifte, einen neuen Orden der Buße und harter Kasteiungen gemeinsam mit gleichgesinnten Freunden in seiner bisher nur Pfründe bringenden Erbabtei zu gründen. Diese Zisterzienserabtei »La Trappe« war gewissermaßen ein Lehen seiner Familie und bereits halb verlassen. Dorthin zog er nun mit seinen Jüngern, und es begann unter seiner Führung als Abt ein beispielhaftes Ordensleben grausamster Abtötung des Irdischen bei hartem Fasten und ewigem Schweigen. Diese Mönche mußten wie Adam nach der Vertreibung aus dem Paradies für Kleidung und Speise in harter Arbeit selbst sorgen und durften niemals Fleisch, Fisch oder Ei essen. Das blieb so bis heute. Doch mit der Zeit wurde die Regel dann gemäßigter, und Härteexzesse wurden durch die Päpste abgeschafft. Auch wurde Abbé de Rancé nie heiliggesprochen und war auch im Orden in keiner Weise populär, da er ja einen guten Vorschuß auf das Paradies bereits hienieden genossen hatte, was dem normalen Trappisten nicht gegönnt

war. Zu meiner Zeit war die Regel also noch ungeschwächt und eisern die Disziplin.
Es klappte auch alles vorzüglich, die Arbeit, das Beten und der Gehorsam. Dafür sorgte schon Padre Carlos mit strenger Güte. Von Neuerungen hielt er nicht viel und war über amerikanische Trappistenäbte entsetzt, die zu Besuch kamen und sich sogar duschen wollten! Das wäre ja noch schöner! Damals wurde nie geduscht oder gar gebadet, und Schwimmen im Freien war abgeschafft worden, als bei der alljährlichen Exkursion ein Bruder im Fluß ertrunken war. Auf mein erstauntes Fragen hin berief man sich auf die Regel des hl. Benedikt, der bestimmt hatte, daß Mönchen das Baden nur selten zu genehmigen sei. Ich erlaubte mir die Bemerkung, daß der hl. Benedikt als römischer Aristokrat ein tägliches Bad in den Thermen wohl für normal hielt und unter »selten« wahrscheinlich einmal die Woche gemeint habe, hatte aber kein Glück mit dieser modernistischen Auslegung. Heute jedoch verfügt Cardeña über mehrere Duschen. Tempora mutantur. Damals besorgten schon die rauhe Unterwäsche und die härenen Gewänder automatisch das Abreiben und Aufsaugen des Schweißes, und die Wäsche wurde des öfteren statt mit Seife mit scharfer Holzasche gewaschen. Ich schnupperte ungläubig, ob nicht doch irgendeiner unreinlich duftete, aber tatsächlich, es war dies nicht der Fall, die Mönche rochen besser als so mancher dauerbadende Stadtmensch. Nur der Koch, der roch, war dafür aber besonders sympathisch.
Die Patres trugen weiße Talare mit schwarzem Skapulier und waren rasiert, während die Fratres, also die dienenden Brüder, braune Kutten und Bart trugen.
Im Gegensatz zu den Karthäusern, die einzeln in kleinen Klausen hausen, die aus Zelle, Kapellchen, Arbeitsraum und Gärtchen bestehen und nur zu den gemeinsamen Messen verlassen werden, spielt sich das Leben der Trappisten bewußt in der Gemeinschaft ab. Man arbeitet, betet und stirbt in der großen Familie der Brüder. Ein Schlafsaal dient für alle – in seinen offenen Einzelzellen sind vom Abt bis zum letzten Bruder alle gemeinsam untergebracht. Hier geißeln sich die Mönche in ihren Zellen jeden Freitag unter Absingen der Miserere mehr oder weniger stark. Wer noch ein übriges tun wollte, trug auf der Haut ein Zilizium, das piekste und zwackte. Dafür aber

hatte Padre Carlos wenig Verständnis, denn der war an produktionsfördernder Arbeitskleidung mehr interessiert. Einmal zeigte er mir einen alten Mönch, der um den Bauch seit dreißig Jahren ein Zilizium trug, worauf ich trocken meinte, wenn man ihm das jetzt klaue, könne er wohl tagelang nicht mehr schlafen. Padre Carlos sagte nur wieder einmal »Voltairiano« und lachte.

Von anderem Schlag war da Bruder Hermano Federico, der aus der Bürgerkriegsarmee zurückgekommen war. Der hatte schon zuviel von der Welt gesehen und gekostet, um noch ein Heiliger zu werden. Er erzählte mir grinsend, daß er in seiner Zelle beim Miserere mit seinem Gürtel nicht auf den Leib, sondern gegen die Wände schlage. Das höre man laut und gut, doch tue es nicht weh!

Mich wunderte es nicht, als ich später erfuhr, Hermano Federico habe das Kloster bald wieder verlassen. Zu meiner Zeit aber war er der zuständige Mann für die Herstellung des Trappistenlikörs »La Tizona del Cid«. Da mußte ich manchmal bei der Herstellung helfen, natürlich auch beim Schleppen von Ziegenschläuchen voll des guten roten Klosterweines. So ein Ziegenschlauch ist schwer und kaum zu tragen, weil er wabbelt und wabbert und so schlecht anzupacken ist. Doch das machte nichts, ich freute mich immer über jede Arbeit und vor allem darüber, daß mich Padre Carlos von einer Arbeit zur anderen herumreichte, so daß ich nie unter Eintönigkeit litt.

Nach der vielen Schwerarbeit mundete das schlichte Essen großartig. Natürlich gab es niemals Fisch, Fleisch oder Ei, doch war die Kost reichlich und schmackhaft. Wir bekamen Erbsen, Garbanzos oder Saubohnen, dann wieder Sauerkraut mit einer Art Knödel, gelegentlich Kartoffeln oder nur Bohnen, doch stets Butter, Käse, Honig, Milch und gutes Brot in genügender Menge. Zum Essen gab es für jeden einen kleinen Krug mit Wein, und zwar einen »Clarete« aus Rioja.

Einmal soll ein Bruder in seinem Wein eine tote Maus entdeckt haben. Da ein Trappist für sich selbst nichts erbitten darf, andererseits aber die Pflicht hat, sich stets für seine Brüder einzusetzen, kam unserem Gottesmann eine richtig gute Eingebung. Er ging zu dem erhöht thronend essenden Abt, verbeugte sich tief und wartete, bis er nach seinen Wünschen gefragt wurde. Dann sagte er vorwurfsvoll: »Meine armen Mitbrüder haben keine Maus zum Wein bekommen.« Somit

war das Problem höchst elegant gelöst, wie die Mär verlautet. Überhaupt spielte der Wein und seine Güte im schlichten Trappistenleben mit Recht eine bedeutende Rolle, und jedes Jahr fuhr zum Einkauf desselben eine Mönchskommission nach Rioja.
Meine Verbindung mit Maria funktionierte leider schlecht. Aus Sicherheitsgründen wollten wir der Post Briefe nicht anvertrauen, und so mußte ich warten, bis mich Don Eduardo oder Don David persönlich in Cardeña einmal im Monat besuchte, dann aber umfangreiche, bücherdicke Briefe von Maria mitbrachte, um von mir gleichgewichtige wieder mitzunehmen. Dies war schon sehr schlimm, und ich litt darunter. Aber ich durfte doch nichts unterlassen, was unserer Sicherheit förderlich sein konnte. Denn in Spanien wurde immer aktiver nach Nazis geforscht, und ich stand ja auf der Liste unter den ersten 25 von insgesamt 600. An einen Besuch Marias bei mir im Kloster war vorläufig nicht zu denken. Denn auch ihre Schritte beobachtete man sehr genau. Den Spaniern darf man deshalb keinen Vorwurf machen. Sie standen unter dem enormen Druck der Alliierten und der UNO. Wenn sie nicht kollaborierten, bekamen sie einfach weniger Benzin und Getreide. So war Spanien in diesen Belangen hoffnungslos den Demokratien der Sieger ausgeliefert.
Einige Wochen lang arbeitete ich auch allein in der elektrischen Klostermühle. Das war mir damals eine der liebsten Beschäftigungen. Die Bauern brachten dicke Säcke mit Körnern, die von mir gemahlen wurden. Als Entgelt behielt ich den üblichen Anteil des Endproduktes zurück. Aber um meine Klosterkameraden noch mehr zu bevorteilen, hatte ich mir ein besonderes System ausgedacht. Sobald der Trichter der Mühle leer war, stellte ich die Mühle ab und übergab nach Entnahme unseres Anteiles den Sack an den Kunden. Sobald dieser weggegangen war, ließ ich die Mühle weiter auslaufen, so daß noch der letzte Rest, der zwischen den Steinen gelegen hatte, herausrieselte, und schüttete diese paar Hand voll in die Klostersäcke. Dies machte beim Kunden wenig, für uns aber mit der Zeit eine Menge aus. Ich war stolz auf meinen frommen Trick, denn: »Seid klug wie die Schlangen«, meinte schon der Apostel Paulus, und »Du sollst dem Ochsen beim Dreschen nicht das Maul verbinden«, sagte der Herr.
Viele der Mahlprodukte kamen zu den Schweinen und Hühnern. Nun fragt sich wohl der Leser, wozu Hühner und Schweine, wenn wir weder

Fleisch noch Ei essen durften? Doch produzierten die Trappisten solche Dinge, um sie zu verkaufen und um dann das Geld für wohltätige Zwecke zu verwenden oder dem Bischof zu schicken. »Jejunium christianorum refectio pauperum.« (Wenn Christen fasten, dann sollen Arme gelabt werden.) Hier galt eben diese alte Regel noch wie bei den ersten Christen.

Keine große Meinung haben spanische Pfarrer und Mönche von Nonnen. Sie halten diese durchwegs für etwas beschränkt und schrullig. Doch es gibt da großartige Ausnahmen. Einmal nahm mich Padre Carlos in seinem Auto mit nach Burgos, um das altehrwürdige Kloster »Las Huelgas« zu besuchen. Die Äbtissin dieses Klosters hatte Fürstenrang, und schon im Mittelalter hatte »Las Huelgas« politisch eine hervorragende Rolle in Kastilien gespielt und war reich mit Privilegien ausgestattet worden. Padre Carlos brachte mich dort an ein Gitter, hinter welchem nun die Äbtissin höchstpersönlich erschien, und ich durfte mit ihr sprechen. Aus meinem Herzen machte ich keine Mördergrube, und so unterhielten wir uns ausgezeichnet. Sie erzählte mir, daß sie noch nie ein Auto gesehen habe, da sie schon über vierzig Jahre in der Klausur lebe. Die Flugzeuge aber, die über den Garten flögen, wären ihnen wohlbekannt, meinte sie herzlich lachend. Ich war von dieser Unterhaltung mit der gebildeten alten Dame entzückt und sehr beeindruckt. Wieviel Ruhe und Zufriedenheit strömte doch von dieser Fürstin einer anderen Welt aus!

Padre Carlos nahm mich auch manchmal zu Bauern mit, um Kühe zu kaufen. Ich galt dann offiziell als »Fray Ricardo, el Irlandés«. Auf den ersten Blick hielten mich die Leute wegen meiner Größe aber oft für einen Basken. Doch solche Exkursionen waren selten.

6

Wir mußten immer mehr aufpassen. Zeitungs- und Radionachrichten stimmten bedenklich. Ja, es kam so weit, daß man schon fürchten mußte, es würden Klöster befragt werden. Die alliierte Presse drohte ohne Unterlaß. Nach langer Überlegung und Gewissenserforschung sagte ich eines Tages im September zu Padre Carlos, ich dankte von Herzen für all die große Güte und Hilfe, doch ich bäte, mich zu entlassen, da ich für das Kloster bereits eine unzumutbare Belastung sei. Ich hätte vor, im Gebirge irgendwo einen einsamen Unterschlupf zu suchen.

Nun, Padre Carlos lehnte dies rundweg ab, und fragte mich, ob ich verrückt wäre, denn die spanischen Berge hätten im Winter ein schauerliches Klima. Es gäbe sogar Wölfe dort. Er hätte sich auch schon Gedanken darüber gemacht, daß jetzt irgend etwas geschehen müsse, und da habe er eine recht brauchbare Lösung gefunden. Im großen viereckigen Turm, links vom Portal, gäbe es auf der Höhe des vorletzten Stockwerkes ein einsames Zimmer mit Vorraum, das nie betreten oder benützt würde. Der einzige Nachteil sei, daß man dort nicht richtig heizen könne, außer eventuell mit einem kleinen Elektrorechaud. Padre Bernardo und er hatten sich nun folgendes überlegt: Ich möge in den nächsten Tagen um meine Entlassung »zurück in die Welt« nachsuchen, da ich keine rechte Berufung fühle, und mich dann von der Gemeinschaft offiziell verabschieden, um mich sodann auf Schusters Rappen mit meinem kleinen Koffer in Richtung Burgos auf den Weg zu machen. Sobald ich außer Sichtweite gelangt sei, solle ich mich im nächsten Wald verstecken und gegen Abend, so um zehn Uhr, in der Finsternis über die Klostermauer in den Garten einsteigen und dann zur hinteren kleinen Klosterpforte schleichen. Dort würde er mich gemeinsam mit Padre Bernardo, dem Scillerero, in Empfang nehmen und in das Turmzimmer hinaufführen, wo sie beide alles vorbereitet hätten. Dort oben könne ich dann ungestört ein paar Monate abwarten, bis die Lage sich beruhigt habe. Das Essen würde er

selbst jeden Abend bringen, nachdem die Mönche schlafen gegangen waren. Den Koch müsse er allerdings informieren, aber der sei ja schon seit langem mein großer Freund, absolut verläßlich, und außerdem würde er ihn bei brennenden Kerzen auf das Kruzifix zu absolutem Schweigen verpflichten.
Ich war gerührt. Dieser Vorschlag war wirklich das Ei des Kolumbus. Denn keine Staatsautorität würde es im damaligen so katholischen Franco-Spanien gewagt haben, ein Kloster zu durchschnüffeln. Also tausend Dank, dir, lieber Padre Carlos, und auf in den Turm!
Nach dem Mittagessen verabschiedete ich mich demutsvoll von meinen Klostergenossen und erklärte ihnen, ich wäre nicht würdig und fühle leider nicht die ernste, heilige Berufung fürs Mönchsleben. Traurig nahmen das die Brüder und Patres zur Kenntnis, und nach Segnung durch Padre Carlos, der blendend mitspielte, nahm ich mit meinem kleinen Köfferchen offiziell Abschied, verließ das Klostertor in Richtung Burgos und schlug mich nach Respektsabstand seitwärts in die Büsche. Bald hatte ich ein schönes Plätzchen im Wald am Rande von großen Feldern gefunden, legte mich auf die faule Haut und sah dem unermüdlichen Jagen der Habichte und Bussarde zu. Langsam wurde es Abend, und mit ihm kam ein nebliger Nieselregen auf. Ich dachte, das macht ja nichts, denn mit dem Widerschein der Lichter von Burgos könnte ich mich auch im Finstern einigermaßen orientieren. Und die Nacht kam schnell, doch zu meinem Entsetzen sah ich nicht einen Widerschein von Lichtern, sondern deren zwei! Ich wußte nun nicht mehr, was Burgos war und was nicht. Bei dem zweiten Licht konnte es sich nur um den Militärflughafen handeln, aber seine Lage war mir unbekannt.
Ich ging, ich lief, stolperte über Zweige und kam nicht mehr richtig weiter. Endlich, nach Stunden, stieß ich auf eine Straße, ohne zu wissen, ob ich nun nach links oder rechts gehen sollte. Ich mußte wohl mehrfach im Kreise gelaufen sein. Mir war dies schrecklich peinlich, denn ich konnte mir gut vorstellen, daß Padre Carlos und Padre Bernardo völlig verstört und frierend auf mich warten würden, war es doch bereits lange nach Mitternacht! Endlich sah ich die Konturen eines Bauernhauses. Kurzentschlossen schlug ich dort an die Balken des Fensters und fragte nach dem Weg zum Kloster, »wo

ich einen Verwandten von mir besuchen will«. Ich wäre Baske und hätte den Weg verloren.
Der anfangs etwas mißtrauische Bauer glaubte mir schließlich, gab mir die Richtung an, schüttelte den Kopf, brummte und schlug das Fenster wieder zu, während ich mich im wahrsten Sinne des Wortes in Trab setzte. Etwa gegen zwei Uhr morgens kam ich schließlich zur Pforte. Vor Kälte bibbernd und voll Sorge hatten die guten Padres die ganze Zeit auf mich gewartet. Sie begrüßten mich wie einen verlorenen Sohn, hatten sie doch schon das Schlimmste befürchtet! Flugs ging es hinauf ins Turmzimmer, denn bald begann um solche Zeit das erste Beten vor der Morgendämmerung und das Werken der Trappisten. Die guten Padres hatten für mich ein eisernes Bett, zwei Stühle, zwei Kübel, Decken, ein paar grobe Leintücher, eine Taschenlampe und einen kleinen Elektrokocher besorgt. Es fehlten nicht Unmengen von Würsten, Eiern, Äpfeln, ein Bohneneintopf, Brot und Wein und – last not least – ein paar unvermeidliche Tizona-Flaschen. Der rührende Padre Carlos hatte auch Zigaretten besorgt sowie einen Stoß von Zeitungen.
Als die Morgendämmerung kam, sah ich mich genauer um. Der Raum maß vier auf sechs Meter und hatte auch ein Vorzimmer, das rund halb so groß war. Hier ließ es sich leben. Nur Licht durfte ich nicht machen und ja keinen Lärm. Lüften mußte ich des Nachts auf der Nordseite zum Garten hin, der zur Klausur gehörte, und wo sich um diese Zeit niemand aufhalten konnte.
Auf dem Rechaud wärmte ich nun die kalten Bohnen wieder auf, bedeckte den Tisch mit Zeitungspapier und griff kräftig zu, ohne den Wein zu vergessen. Dann verschlief ich fast den ganzen Tag. Des Abends aber, als die Dunkelheit kam, wurde ich lebendig wie die Mäuse, die mich bald besuchten. Glücklicherweise besaß ich dicke Wollsocken und konnte in diesen lautlos herumlaufen. Zuerst im Kreise, später sogar in Ellipsen und Vierecken und nach Wochen schließlich in Achtern oder vor-, seit- und rückwärts. Ich machte Liegestütze und überhaupt alle möglichen Freiübungen, die ich in der Schule oder beim Militär gelernt hatte.
Doch noch war es nicht so weit. Es war mein erster Tag im Turm. Pünktlich um neun Uhr abends kam Padre Carlos, der de-facto-Abt höchstpersönlich, mit dem Eßgeschirr angeschlichen, nachdem er

vorher an der Türe das verabredete Kratzzeichen gemacht hatte. Wir fielen uns wie Vater und Sohn in die Arme, er freute sich riesig über den gelungenen Streich und erklärte immer wieder: »Hier bist du ganz sicher, mein Lieber. Hier können dir die bösen Sieger, diese Bolschewikenfreunde, nichts antun. Hier bleibst du einfach so lange, bis die Luft wieder rein ist.«
Gemütlich rauchten wir einige Chesterfield, tranken ein paar kleine Schnäpschen und kommentierten die neuesten Nachrichten der Zeitungen. Einen bescheidenen Radioapparat mit Kopfhörern hatte Padre Carlos ebenfalls mitgebracht. Das war natürlich ganz prima. Nun konnte ich untertags Radio hören, das eiserne Bett war eine glänzende Antenne, und schon war ich »Rapunzel« wieder mit der Welt verbunden.
Unweit des Turmzimmers befand sich am Gang ein selten benützter »halbmilitärischer« Waschraum. Dort wusch ich mich schnell und brachte einen Kübel voll Wasser zurück, während Padre Carlos Schmiere stand. Das klappte bestens. Hatte ich aber einmal während der Nacht zu viele Abwässer zu beseitigen, so beförderte ich zur Geisterstunde den Kübelinhalt in hohem Bogen beim Fenster hinaus in den Gemüsegarten.
Bevor der Tag dämmerte und ich wieder ins Bett kroch, las ich noch etwas bei Morgenlicht, um dann bis zum Abend durchzuschlafen. Ich war ja noch jung! In der Nacht aber guckte ich auf alle Sterne. Der große Bär, die Cassiopeia, das Bild des Orion, der Sirius, strahlend in den klaren kastilischen Nächten, sie alle sind mir unvergeßlich.
Was ich am meisten brauchte, war natürlich Lesestoff. Auch dafür hatte Padre Carlos eine Patentlösung. Es gab in der Stiftsbibliothek das offizielle spanische Konversationslexikon, den »großen Espasa«, mit über fünfzig Bänden zu über tausend Seiten jeder, der jedoch kaum benützt wurde, da die Trappisten nach schwerer körperlicher Arbeit in der Landwirtschaft nur ungern Bücher lasen. Ich hingegen hatte hier Zeit in Fülle, und in den folgenden sechs Monaten wurde so ziemlich der ganze Espasa mit also fast 50000 Seiten von mir durchgeblättert und teilweise verschlungen. Ich beschäftigte mich außer mit Geschichte und Kunst auch etwas mit Mathematik, und viele Dinge, die ich in der Schule trotz aller Bemühungen der Pro-

fessoren und Hauslehrer nicht lernen wollte, waren für mich jetzt begehrter Nachhol-, Lese- und Lernstoff.
Eines Abends hörte ich die Berichte von den Nürnberger Prozessen, die mich mit Schaudern erfüllten. Zum ersten Mal hörte ich einigermaßen glaubhaft von der geradezu industriellen, systematischen Judenvernichtung und den gewaltigen Hekatomben der Kriegsopfer. Ich konnte mir nun vorstellen, daß es nach all diesen grauenvollen Geschehnissen doch etwas länger dauern würde, ehe ich wieder auftauchen konnte, und dies hob meine Stimmung in keiner Weise.
Sehr düster wurden die Allerheiligen- und die Allerseelentage. Im Radio brachten die Spanier ganz schreckliche Todes- und Gruselgeschichten, und um meinen Turm herum heulte der Wind und schlug der Regen in Schüben gegen das Fenster. Dazu dröhnte von ferne die schwere Glocke der Karthause von Miraflores, wie alljährlich üblich in jenen Nächten. Ich muß offen gestehen, mir war dabei gar nicht wohl zumute, und ich kroch tief unter meine Decke. »Ich glaube nicht an Geister, doch habe ich große Angst vor ihnen«, pflegt der Spanier zu sagen. Erst der neue Tag vertrieb meine Traurigkeit. Ausnahmsweise schlug ich zur Beruhigung zwei Spiegeleier mit Speck in die Pfanne. Außer einem guten Gewissen ist ein voller Magen ein schönes Ruhekissen. Und dafür fehlte es an nichts. Padre Carlos sorgte wahrhaft mütterlich für mich.
Allein, die Tage vergingen so endlos langsam. Hinzu kamen schlechte Radionachrichten und wenig Nachricht von zu Hause. Schwer lastete die Sorge um die Kinder und Maria auf mir, die nun alles alleine machen mußte. Wie sollte ich denn hier vom Turm aus helfen? Was konnte ich nur tun? Ein Mann von 35 Jahren in Saft und Kraft einsam und eingesperrt in einem Turm in Hochkastilien! Es war einfach zum Verzweifeln! Ich wurde immer trübseliger. An meinen Schläfen erschienen die ersten weißen Haare. Und als Weihnachten kam und mir Padre Carlos ein armseliges, stacheliges Bäumchen brachte, konnte ich nicht mehr und heulte los an seiner Brust. Jetzt kamen auch ihm die Tränen, und da mußten plötzlich wir zwei gestandenen Männer wieder herzlich lachen. Und hinunter gings in der nächsten Mitternacht mit Padre Carlos ganz leise hinab in die große, alte Kirche, wo Padre Bernardo für mich allein eine stille Messe las und mich so mit Liebe und Freundschaft wieder aufrichtete. Die beiden Patres mußten diese

nächtlichen Stunden des raren Schlafes, die ihnen die harte Regel ließ, nun auch noch opfern! Ich schämte mich und machte mir dann wieder schwerste Vorwürfe. Denn ich hatte doch überhaupt kein Recht zu jammern, wenn ich an all den Tod und Hunger in der Heimat dachte. Immer hatte ich mehr nach außen gelebt und Abwechslung und Abenteuer gesucht – jetzt aber war ich mit mir einsam und mußte einfach mein Inneres in Ordnung bringen und allein fertig werden mit all meinen Problemen. Eine harte und gerechte Strafe war das.
Nun wurden die nächtlichen Kirchenbesuche einmal wöchentlich zur Regel. Ich schlich schon allein voraus hinunter durch endlose finstere Gänge, wartete beim Schein des Ewigen Lichtes an den Gräbern der Familie des Cid und meditierte über diesen großartigen Mann und seine noble Zeit.
Padre Carlos oder Padre Bernardo kamen auf diese Weise zu einer vierten Messe am Tage, da ja die Trappisten täglich um vier Uhr früh, um sieben Uhr und um zehn Uhr ein prachtvoll gesungenes ergreifendes Hochamt feierten! All dies, die Vesper, die herrliche Arbeit und abends nach dem Essen die Completas mit dem wunderschönen Ave Maria, das fehlte mir so sehr im Turm. Wie gerne hätte ich da teilgenommen, obwohl ich früher oft geseufzt, ja dabei halb geschlafen hatte. Einmal war ich vom Abt bei der Vesper richtig eingeschlummert ertappt worden. Ich bat um Vergebung. Doch da sagte der gute Padre Carlos: »Mein Sohn, du hast dies ja nicht absichtlich getan und daher doppelt profitiert, denn die Vesper wurde dir im Himmel sicher angerechnet, und ein guter Schlaf ist auch was Schönes.«
Wir verstanden uns so gut, wir beide, ja, er wurde mein zweiter Vater und schlug mir vor, ich solle im Kloster bleiben und meine Maria solle Nonne werden. Das wäre doch eine gute Lösung. Um die Kinder könnte sich ein anderes Kloster kümmern, und im folglich »höchstwahrscheinlich sicheren« Himmel wären dann alle wieder in Ewigkeit fröhlich beisammen! Na, da war ich nicht ganz so überzeugt und verwies bedauernd auf meine bescheidenen, durch Voltaire angefressenen Qualitäten und auf Marias eisernen Willen als unvergleichliche Familienmutter. Die würde mir schön den Marsch blasen. Ya lo creo!
Padre Carlos kam also täglich zu mir und berichtete tausend Dinge, die wir dann angeregt besprachen. Er war die souveräne Ruhe selbst, wie sich dies für ihn als absoluten Monarchen geziemte. Doch einmal kam

er völlig verstört mit hochrotem Gesicht! Etwas Schreckliches war passiert, nämlich das Allerpeinlichste für einen Abt! Er hatte vor der gesamten Gemeinschaft im Kapitelsaal einen jungen Mönch etwas über Gebühr zusammengestaucht, so daß der vor ihm mit gesenktem Haupt Kniende schließlich ganz vernichtet war. Da plötzlich warfen sich einige ältere Mönche, um Vergebung bittend, stumm und flach, wie dies in einem solchen höchst seltenen Fall Tradition ist, auf den Boden, und donnernd folgte die ganze Gemeinschaft. Ein erschütternder, nobler, dabei wohl auch gerechter Vorwurf und eine treffende Kritik. Padre Carlos war wie vom Blitz gerührt, befahl bittend, doch wieder aufzustehen und erflehte, nun seinerseits kniend, Vergebung für seinen so sündhaft ungerechten Zorn. Die ganze Nacht konnte er sich nicht mehr beruhigen. Eine harte Lehre war dies für unseren liebenswerten Choleriker!

Schon im November war das Wetter sehr schlecht geworden, und im Dezember heulte dann ein eisiger Wind um den Turm, und die Schneeflocken wirbelten. Durch die trüben Fensterscheiben, die ich nicht putzen durfte, da dies aufgefallen wäre, sah ich eine trostlose, fast sibirische Landschaft. Cardeña liegt ja in rund tausend Meter Seehöhe und hat ein rauhes Klima. Über die trockenen baumlosen Ebenen Kastiliens fegt dann der Sturm mit Elementargewalt. Dafür sind tiefe Einschnitte und Täler, die diese Ebene durchbrechen, um so lieblicher. Hier sprießt und grünt es im Frühjahr, Sommer und Herbst, gespeist von herrlichen Brunnen und Quellen.

In einem solchen Tal also thronte unser Kloster und ragte mit seinen gewaltigen Türmen hoch heraus. Ja, diese Brüder des hl. Benedikt hatten sich auch hier den richtigen Platz ausgesucht.

Die Legende berichtet, daß das Kloster von einer verzweifelten Westgotenfürstin gegründet worden sei, da sich ebendort an dem eiskalten Quell deren Sohn nach einer wilden Eberjagd unmäßig und zu Tode erfrischt habe. Als Jahrhunderte später die Mauren Spanien eroberten, ermordeten sie die Mönche und zerstörten das Kloster, das nach den ersten Vorstößen der Reconquista, der Wiedereroberung, Stein für Stein, Mauer für Mauer – nun aber durch moslemische Gefangene – wieder aufgebaut wurde. Mehrfach wogte im Laufe des Mittelalters der Kampf hin und her, und häufig wurde das Kloster ein Opfer des Krieges oder der Flammen. Heute sind verschiedene Stile in seinen immer wieder aufgebauten Mauern und Gebäuden nachzuweisen. Das jetzige Bauwerk zeigt Frühbarock, nur die Kirche blieb in ihren Hauptelementen gotisch. Zwei gewaltige vierkantige Türme des Klosters sind aus schweren Quadern kunstvoll gefügt. Und einen dieser Türme bewohnte ich jetzt. Sein oberes Geschoß wurde mein einsames Reich für viele Monate.

Weit hinaus reichte der Blick in die Ebene Kastiliens, fern am Horizont lagen die Berge Sorias und Leóns. Im Frühjahr und im Herbst war diese Aussicht ein Genuß, der Blick hinab ins Tal, in den Garten zu friedlich werkenden Mönchen durchaus romantisch! Jetzt aber, mitten im Winter, war der Ausblick alles andere als lieblich, doch mein Zimmer vermittelte eine gewisse Geborgenheit. Wenn es nur nicht so schrecklich kalt gewesen wäre! Die trüben Scheiben der alten Fenster waren fast durchwegs nur Stückwerk, und es fehlten an mehreren Stellen faustgroße Teile. Sehr viel durfte ich nicht mit den am Boden herumliegenden Scherben reparieren – das wäre zu sehr aufgefallen. Doch mit Papier und Klebestreifen und vorgetäuschten Spinnweben flickte ich die bösesten Stellen.

Mein windumheulter Turm war nicht zu heizen, die kleine Tausend-Watt-Kochplatte hatte eigentlich nur symbolische Wirkung. Also mußte ich mich des öfteren im Bett aufwärmen, wobei mir eine Wärmflasche dann beste Dienste erwies. Natürlich hatte ich doppelte, dicke Wollsocken, zwei oder drei Mechanikeroveralls übereinander angezogen und die »strategischen Stellen« zusätzlich noch mit Zeitungspapier ausgestopft. Das ging. So tapste ich zwischen meinen vier Wänden herum – ein unförmiger Koloß, ähnlich dem Michelin-Mann der Reklame.

Wenn ich auf- und ablief, zählte ich die Kilometer und machte auf diese Weise eingebildete Reisen zwischen den schönsten Stätten Europas, denn was tut man nicht alles, um die Zeit totzuschlagen! Und Kniebeugen, Liegestütze waren nach wie vor das Um und Auf, um zu verhindern, daß die Eiseskälte in die Knochen kroch. Was hätte ich damals für eine vernünftige, körperliche Arbeit gegeben! Doch gewöhnte ich mich langsam an derlei sinnlose, aber aufwärmende Beschäftigungen und las und las, soviel ich konnte. Über mein vergangenes Leben machte ich Notizen, und diese zehn hartgebundenen, buchartigen Hefte liegen jetzt, vierzig Jahre später, gealtert und

vergilbt vor mir. Sie dienen, da sie frisch unter dem Eindruck der Ereignisse geschrieben wurden, als besonders wertvolle Grundlage auch für dieses Buch. Der befreundete Pfarrer hatte sie während der kritischen Nachkriegsjahre hinter dem Hochaltar versteckt, und später brachte sie Don David bei seinem ersten Besuch in Hinterthal, Ende der sechziger Jahre, mit anderen Erinnerungsstücken wieder zu uns.
Doch zurück zum Turm in Hochkastilien! Viel unangenehmer als die Kälte war die Unmöglichkeit, irgend etwas Nützliches für Maria und die Kinder zu tun, deren Situation immer problematischer wurde. All dies machte mir schwere Sorge. Die meiste Zeit des Tages weilten meine Gedanken natürlich bei ihnen. Begierig hörte ich politische Radiosendungen in der vergeblichen Hoffnung, ein Abflauen des alliierten Rachechors zu entdecken. Doch das Gegenteil war der Fall. Der Nürnberger Schauprozeß lief auf vollen Touren, und die von der Achse verübten Greuel, ob sie nun wahr, übertrieben oder falsch waren, wurden mit Eifer und Empörung verbreitet. Die zahlreichen alliierten Schandtaten im Schutze von höchst verdächtig eiligen »Befreiungsamnestien« in Ost und West wurden natürlich ganz ungeniert unter den Teppich gekehrt. An ein Wiederauftauchen meiner Person war wohl auf Jahre hinaus kaum zu denken. Bald konnte ich mir in dieser Hinsicht überhaupt nichts mehr vormachen. Das hob natürlich meine Stimmung keineswegs und machte meine Lage noch verzweifelter, wenn ich daran dachte, daß Maria jetzt alle Probleme mit Kindern, Haus, Werkstatt und Garten und der verteufelten Finanzsituation ganz allein auf dem Hals hatte. Ja, sie wollte sogar noch rührenderweise für ihren »zerfrorenen« Gatten im Turm sorgen und ließ mir bei den seltenen Besuchen von Don David oder Don Eduardo noch teure Sachen oder Leckerbissen zukommen. In ihren reizenden und von mir so sehnsüchtig erwarteten, buchdicken Briefen verschwieg sie ihre eigenen Sorgen oder bagatellisierte diese.
Der Januar kroch langsam dahin. Ich jagte die restlichen Fliegen mit einem dünnen, spitzen Stock so kompliziert wie möglich, um mich dann am letztendlichen Halali herzlich zu freuen. Doch ganz einsam war ich nicht. Durch Brosamen angelockt, hatte sich eine Maus eingefunden, die ich fütterte, die bald zutraulich und zahm wurde und mir natürlich enorm Spaß und Freude machte. Was ist doch so ein Mäuslein für ein herziges Tier mit seinem samtweichen Pelz und den

lebhaften, klugen Augen! So hatte ich untertags schon etwas lebendige Unterhaltung.
Nachts kam dann pünktlich der rührende Padre Carlos, um mit mir zu politisieren und zu plauschen, ein paar Zigarettchen zu rauchen und sich einen kleinen Likör zu genehmigen. Er hatte es ja im Gegensatz zu Padre Bernardo etwas leichter. Er konnte die wertvollen Stunden des – ach so kostbaren – Trappistenschlafes, die er mir opferte, untertags wenigstens teilweise durch heimliche Nickerchen in seinem einsamen Büro nachholen, während es für den Scillerero, den Siegelbewahrer, Padre Bernardo, solch illegalen Büroschlaf niemals geben konnte. Er kam logischerweise viel seltener zu einem nächtlichen Tratsch. Dann brachte er mir jedesmal, da er jünger und kräftiger war als Padre Carlos, neue schwere Bände des Konversationslexikons und nahm die alten, ausgelesenen wieder zurück. Rührend versorgten mich also die beiden Patres und auch der eingeweihte Koch mit allen möglichen Leckerbissen, die sie selbst nicht essen durften. Bei Gott, diese Mengen von Würsten, Speck, Eiern und Konserven, Likör und Wein waren natürlich eine Riesengefahr, versoffen oder dick zu werden.
Um solches zu verhindern, rationierte ich meine Vorräte sehr genau, trank viel Tee oder heißen, dünnen Kaffee und erlaubte mir nur an Sonn- und Feiertagen kleine Exzesse, und um zusätzlich noch etwas »Sinnvolles« zu tun, ließ ich mir einen richtigen Vollbart wachsen, der im Laufe der Monate ganz beachtlich gedieh.
Ja, jener Januar hatte es in sich. Eiskalt, düster, deprimierend war die Atmosphäre nicht nur im Turm, sondern auch draußen in der Welt. Mit jedem Tag wurde mir klarer, daß ich versuchen mußte, mit Frau und Kindern auf irgendwelchen Schleichwegen Argentinien zu erreichen, wo mich mein lieber Freund, Oberst Carlos Alberto Velez, der ehemalige Militärattaché in Madrid, inzwischen nach Argentinien zurückgekehrt, mit Sicherheit erwartete. Diese Hoffnung, Europa zu entrinnen, beschäftigte mich Tag und Nacht. Über Umwege und über Don Eduardo schickte ich einen reichlich verklausulierten Brief nach Argentinien, nachdem alle an verschiedenen Stellen unternommenen Versuche, meine Situation in Spanien zu normalisieren, restlos gescheitert waren. Wir mußten also mit Geduld und guter Vorbereitung, ohne riskante Eile, langsam in Spanien abrüsten und versuchen, womöglich auf getrennten Wegen Südamerika zu erreichen.

Doch bis dorthin war noch ein weiter Weg. Zunächst mußten wir abwarten, bis Elizabeth ein reisefähiges Alter erreicht hatte, und ich mußte im Turm ausharren, bis die alliierten Such- und Auslieferungsbemühungen in Spanien wieder etwas zur Ruhe gekommen waren. Padre Carlos blieb eisern entschlossen, mich nicht herauszugeben. Wie er mir später erzählte, hatte er etwas vorbereitet: Im Falle einer Hausdurchsuchung sollte sich ein genau instruierter Klosterbruder absichtlich etwas ungeschickt und ausländisch betragen, um die Behörden irrezuführen, damit diese mit einem falschen »Alemán« befriedigt abzögen. Inzwischen hätte Padre Carlos Zeit gewonnen, mich in ein anderes Versteck oder Kloster zu verlagern, während die Häscher mit großer Verspätung und wohl etwas verärgert, den falschen Mönch wieder hätten herausrücken müssen. So hatte er an alles gedacht, dieser großartige, alte Baske. Mein Gott, bin ich ihm dankbar!
Bald kam der Monat Februar. Padre Carlos begrüßte ihn mit dem alten, spanischen Vers »En el mes del Febrero busca la sombra el perro«. Frei übersetzt: »Im Februar zur Sonnenstund, sucht den Schatten schon der Hund.« Überhaupt war Padre Carlos ein Brunnen der Weisheit, der Sprichwörter und des gesunden Menschenverstandes. Er erzählte mir Kloster- und Trappistenwitze und viele kleine, typische Erlebnisse eines Mönchsdaseins, teils amüsanter, teils ernster Natur. Nicht gut zu sprechen waren die Klosterbrüder auf die so scharfe Regel ihres Gründerabtes, Abbé de Rancé, der in seiner Jugend ja kein Heiliger gewesen war. Sie sahen nicht recht ein, warum sie für sein flottes Leben durch eine überstrenge Regel mitbüßen sollten. So gab es kritische Trappistenwitze wie: »Ein Trappist trifft den anderen und begrüßt ihn mit ›morir tenemos‹, worauf der andere antwortet: ›Ya lo sabemos‹, oder ›ya lo veremos‹.
Frei übersetzt: ›Bedenket, daß wir sterben müssen!‹ Darauf der andere: ›Eh schon wissen, eh schon wissen!‹«
»Für uns steht schon das Grab bereit!«
Darauf der andere: »Wir werden sehen, noch ist es Zeit!«
So eine Klostergemeinschaft ist durchaus vergleichbar mit einem großen Regiment, dessen Oberst dem Abt entspricht. Neid und Intrigen gibt es natürlich auch hier unter heiligen Männern, die aber in ihrer überwiegenden Zahl beeindruckende Frömmigkeit und großartigen Opfermut beweisen. Das dumme Geschwätz über ein gemütlich-

fröhliches Klosterleben habe ich in Cardeña nicht bestätigt gefunden. Auch nicht bei meinen Lehrern, den Benediktinerpatres des Schottengymnasiums in Wien.
Sehnsüchtig sah ich täglich immer wieder zum Fenster hinaus, selbstverständlich durch ein großes Leintuch gedeckt. Mein besonderes Interesse galt dabei einem kleinen Wildrosenstrauch, der sich in den Ritzen zwischen den gewaltigen Quadern des Turms – wahrscheinlich seit langer Zeit – als Zwergwuchs angesiedelt hatte. Ob seine Knospen vielleicht schon bald grün würden? Doch nichts dergleichen! Noch blieben sie winterhart verschlossen.
Mit dem 11. Februar kam mein 36. Geburtstag. Ich hoffte natürlich auf Post von Maria, sagte aber nichts. Padre Carlos war an den Tagen davor außerordentlich guten Mutes und bester Stimmung, ohne daß ich mir erklären konnte, warum er so fröhlich war. Wahrscheinlich befand sich wieder ein guter Kauf von Kühen oder irgendein anderes Projekt in geistiger Vorbereitung. Ich bohrte nicht und dachte mir, er würde damit schon herauskommen. Natürlich freute ich mich über seinen Humor, so wenig ich auch selbst Grund zur Fröhlichkeit hatte, denn die Einsamkeit und Tatenlosigkeit nagte und nagte. Auch war es mir langsam peinlich, den guten Mönchen so ganz ohne Gegenleistung noch länger zur Last zu fallen. Meine Stimmung war also nicht rosig. Es war auch keine Post gekommen, denn weder Don Eduardo noch Don David waren erschienen. Mit meinen Gedanken war ich daheim in Santillana bei Frau und Kindern. Der Abend kam, das Klosterleben konnte ich genau an dem Klingeln und Bimmeln der verschiedenen Glocken verfolgen. Es wurde zum Ave geläutet, jetzt sangen sie die Completas, und dann wurde mit großem Knarren vom alten Hermano Barnabé die Klosterhauptpforte zugestoßen und energisch verriegelt. Dies alles hatte ich von meinem Turm aus gut feststellen können. Nun breitete sich, wie gewöhnlich, völlige Stille aus, und ich vermutete bald alles in tiefstem Schlaf.
Doch plötzlich hörte ich ein merkwürdiges Schieben und Scharren, und schon kratzte es, dem verabredeten Zeichen entsprechend, an der Tür. Ich öffnete und war platt vor Staunen. Hinter dem mächtigen Padre Carlos erschienen in braunen Kutten mit langen Bärten fünf Klosterbrüder der dienenden Klasse, meine alten und guten Freunde, die Hermanos: Barnabé der Bienenzüchter, Ceferino der Koch, Fede-

rico der Likörfabrikant und noch zwei andere, an deren Namen ich mich nicht mehr erinnere. Sie stürmten auf mich zu, umarmten mich und sprangen, den Umständen entsprechend, leise an mir empor, waren sie doch alle viel kleiner als ich! So kam ich mir fast wie Schneewittchen unter den Zwergen vor und war ganz sprachlos vor Staunen. Fragend und nicht ganz vorwurfslos sah ich Padre Carlos an. Der aber meinte lachend, alles wäre in Ordnung, und die Geheimhaltung gesichert. Jetzt müsse mein Geburtstag gefeiert werden. Und flugs brachten die emsigen Heinzelmönche eine lange Tischplatte mit zwei Böcken herein, ferner Körbe mit Geschirr und Bestecken, mit Wein und Brot, ja auch Zigarren kamen und, last not least, köstlicher Braten und sogar eine Torte. Schnell war alles aufgedeckt, die Fenster wurden mit Decken verhangen, Kerzen angezündet, und schon war meine traurig-bescheidene Bleibe in einen kleinen Bankettsaal verwandelt.

Die Freude der Mönche war enorm. Dieses abenteuerliche Geheimbankett war so richtig nach dem Herzen der Spanier und für unsere Klosterbrüder natürlich ein ungeheures Erlebnis, da der Abt für diesen Abend die Regel bezüglich der Abstinenz von Fleisch, Ei und Fisch außer Kraft gesetzt hatte. Ein geradezu säkuläres Ereignis also im Leben dieser guten Menschen, eine Ausnahme, die im allgemeinen nur bei der Einweihung einer neuen Kirche gestattet wurde. Doch so ein Trappistenabt ist auf Lebenszeit unumschränkter Herr und Gebieter. Er hat nur einmal im Jahr dem Abt des jeweiligen Mutterklosters Rechenschaft abzulegen, wenn dieser als Visitator kommt.

Meine alten Kollegen hatten nun viel zu fragen und waren glücklich, mich wiederzusehen. Sie schworen, sie hätten vorher nichts gemerkt und fühlten sich geehrt, »eine so wichtige Persönlichkeit wie mich in ihrer Mitte zu haben« und so weiter.

Padre Carlos hatte nämlich die fünf Mönche am Nachmittag in eine kleine Kapelle befohlen und bei brennenden Kerzen die absoluteste Geheimhaltung schwören lassen. Er hatte ihnen erzählt, daß ich ein deutscher erprobter Freund Spaniens sei, dessen Auslieferung nach der Niederlage nun Bolschewiken und Freimaurer verlangten. Er sei aber nicht gewillt, mich diesen Feinden des Glaubens auszuliefern, und so müßten sie nun alle zusammenhalten, mich und meine Familie zu retten.

Jedes Mittel sei jetzt gerecht, um mich vor dem Zugriff der Behörden zu retten, die mich leider suchen müßten, da der Druck der Siegermächte auch in Spanien übermächtig geworden sei, und es wäre sogar die schandbare Aufgabe der Polizei geworden, gegen die Deutschen vorzugehen. Sie aber, die Diener Gottes, hätten die Pflicht, den besiegten Kameraden in Not beizustehen. Man dürfe doch nicht vergessen, daß es gerade die Deutschen gewesen wären, die mit der Legion Condor entscheidend zum Sieg der guten Sache in Spanien beigetragen und die Gläubigen und den Klerus vor den Gottlosen und einem schrecklichen Schicksal errettet hätten!
Dies machte Eindruck und überzeugte, denn jeder Mönch wußte sehr wohl, welch schlimmes Los sie bei einem Sieg der sogenannten Republikaner getroffen hätte.
Das prächtige Essen wurde also mit Begeisterung begonnen und alsbald restlos vertilgt. Bei Cognac, Likör und Zigarren feierten wir so lustig, aber auch so leise wie möglich bis spät nach Mitternacht. Unter vielen Umarmungen verabschiedeten wir uns schließlich, und das Geschirr und alle Reste wurden lautlos in Tücher gehüllt und in großen Körben verstaut. Jeder schlich dann in sein Bett, und nach mehr als kurzem Schlaf begann um drei Uhr früh für meine Freunde wieder das harte und entsagungsvolle Leben der Gemeinschaft.
Von den anderen Klosterbrüdern hatte tatsächlich niemand etwas bemerkt, denn der spärliche Trappistenschlaf ist nach schwerer Arbeit tief und todesähnlich. Oft hatte mir Padre Carlos versichert, das schlimmste am Trappistenleben wäre die dauernde Schläfrigkeit. Denn die kurze Nacht und die kleine Siesta wären völlig ungenügend. Dies sei eben ein Opfer, das sie dem Herrgott darbrächten, im übrigen aber wäre diese Kasteiung lange nicht so arg, verglichen mit dem Opfer der Kartäuser, die zwar Fisch und Fleisch essen durften, aber völlig in Einsamkeit lebten, und deren kurzer Schlaf jede Nacht Punkt zwölf Uhr auf eine Stunde unterbrochen werde, damit sie der Mitternachtsmesse beiwohnen könnten.
Padre Carlos versicherte mir, daß diese brutale Unterbrechung für die Karthäuser bei weitem das schlimmste sei. So sei das eben, der Herrgott aber würde es ihnen lohnen, und alle Annehmlichkeiten, auf die man auf Erden verzichte, trügen dann überreiche Frucht im Jenseits. Manche Trappisten hatten während des Zweiten Weltkrieges

oft freiwillig auf ihren Wein verzichtet, um durch dieses Opfer dem Sieg der Deutschen, also der guten Sache, und dem bewährten Freunde zu dienen. Schade, daß Hitler dies nicht erfahren hat. Was würde er wohl gesagt haben, der auf diesem Auge so blind war?
Von dem großen Erlebnis des nächtlichen Geburtstagsbanketts zehrte ich moralisch noch lange. Ich war beglückt, ja, innerlich wieder aufgerichtet und fühlte mich auch nicht mehr so verlassen. Dies um so mehr, als mich nun mancher der Brüder als Geheimnisteilhaber in Abständen besuchen durfte. Da auch Don Eduardo bald mit Post von Maria gekommen war, verliefen die letzten Monate im Turm erheblich angenehmer. Ja, sogar der Rosenstrauch in der Mauerritze begann zu knospen! Ende Februar war es dann nicht mehr zu leugnen: Der Frühling lag in der Luft! Die Vögel sangen und vor allem: Es war nicht mehr so bitterkalt.

7

Schließlich nach Ostern meinte Padre Carlos, jetzt wäre es genug des bösen Spieles. Er habe von Vertrauensleuten gehört, man suche nicht mehr so stark nach den Besiegten, und Francos Position wäre mit der Verschlechterung der amerikanisch-russischen Beziehungen wieder wesentlich stärker geworden. Ich solle daher meine Sachen zusammenpacken und aufräumen, am nächsten Sonntag nachts aus dem Turm schleichen, mich erst im Wald verstecken und schließlich im Laufe des Vormittags mit meinem Köfferchen anscheinend reumütig wieder zum Kloster angetrabt kommen. Dort würde er im Garten so gegen neun Uhr mit einem Großteil der Brüder arbeiten. Ich solle sehr demütig auf ihn zuschreiten und bitten, mich wieder aufzunehmen. Man möge es doch, bitte, mit mir noch einmal versuchen!
Hierauf würde er dann nach kurzer Überlegung mir eine salbungsvolle Rede halten und mich nach ernsten Ermahnungen wieder als Postulante, also als Probenovizen, in die Gemeinschaft aufnehmen. Er werde mich aber auch darauf hinweisen, daß die Regel einen dritten Versuch nicht mehr zulasse, und ich nach Ablauf der neuen Probezeit eine endgültige Entscheidung treffen müsse. Padre Carlos bat nach diesen Instruktionen, ich möge unbedingt ernst bleiben und ja nicht lachen. Ich schwor, und natürlich lachten wir nun auf Vorrat voraus.
Nach ein paar Tagen war es dann soweit. Alles verlief problemlos und wie geplant. Demütig meldete ich mich im Garten bei Padre Carlos und bat, nach Vorschrift kniend, vor der baß erstaunten Versammlung der Mönche um Wiederaufnahme. Nur meine alten Freunde konnten ein leises Lächeln nicht verbergen. Und natürlich wurde das verlorene Schaf mit Freuden begrüßt. Das harte Klosterleben, das nun wieder begann, war geradezu eine Erlösung! Ich konnte herumlaufen, mich bewegen, ich konnte arbeiten! Ich lief zur Mühle, zu den Bienen, in die Ställe, ich machte Pläne für eine neue Düngergrube und Wasserinstallationen, für elektrische Leitungen und für weiß Gott was alles! Kurzum, ich war wieder beschäftigt und verlor bald meine bleiche

Turmfarbe. Endlich sah ich wieder mit Optimismus in die Zukunft und war im Herzen voll Dankbarkeit für das Wirken dieser großartigen Mitmenschen. Irgendwie mußte ich doch meinen Dank beweisen! Da mußte einfach etwas geschehen! Und richtig: Da kam mir eines Tages eine großartige Idee. Die »Calibres«, die versteckten Lehren. Natürlich, das war es!

Ich besaß ja noch diese minutiösen Aufzeichnungen der Maße, Gewichte, Legierungen und Herstellungsmethoden und so weiter für ein bereits vor Jahren an die Spanier geliefertes, kleinkalibriges Flakgeschütz der Brünner Waffenwerke. In Plänen, Heften und Büchern war alles, was man wissen mußte, um dieses Geschütz und seine Munition selbst zu fabrizieren, in spanischer Sprache genau aufgezeichnet. Die Spanier hatten nämlich vor Jahren diese Geschütze gekauft und von uns immer wieder Ersatzbestandteile und Munition bezogen. Daher war es nur zu verständlich, daß sie mit ihrer hochentwickelten Waffenindustrie nunmehr dieses Geschütz selbst herstellen wollten, zumindest aber die so sehr fehlenden Ersatzteile und die Munition.

Jahrelang hatten sich die Verhandlungen hingezogen und waren vor Kriegsende nicht mehr zum Abschluß gekommen. Ich aber dachte nicht daran, dem Sieger die Unterlagen zu überreichen. So hatte ich diese in mehreren Kisten aufbewahrten Papiere und Pläne bei zuverlässigen Freunden an einem geheimen Ort versteckt. Wenn es mir nunmehr gelang, über Padre Carlos mit einem hochgestellten Offizier in Kontakt zu treten, dann mochte es weiter gelingen, zu einem für beide Seiten vernünftigen Abschluß zu kommen. Für meinen Teil wollte ich die Verluste durch mein erzwungenes Untertauchen rückerstattet erhalten, den Freunden, die mir geholfen hatten, etwas geben und meinem seinerzeit in Madrid an Kinderlähmung erkrankten und gelähmten Ingenieur, der sich in der Ostzone befand, eine ordentliche Unterstützung zukommen lassen. Natürlich sollte dabei auch noch so viel herausspringen, daß ich mich mit meiner Familie von Spanien nach Südamerika absetzen konnte, damit sich unsere Situation normalisierte und gleichzeitig auch die Spanier entlastet waren. Um dies alles durchzuführen, genügte ein Bruchteil des wahren Wertes. Es sollte kein »Geschäft« werden, und es wurde auch keines – dafür sorgte schon die Knausrigkeit des spanischen Generalstabes. So bat ich nach einigen Tagen Überlegung Padre Carlos um eine längere Unterredung

und erklärte ihm den Schlachtplan. Sofort war er Feuer und Flamme und fand schnell »die richtige Lösung und den richtigen Weg«.
Der Generalkapitän von Kastilien war damals General Yagüe, ehemaliger Chef der spanischen Fremdenlegion, ein sehr beliebter, schneidiger, hervorragender Frontoffizier und Feldherr, der im nahegelegenen Burgos seinen Sitz in der Capitanía General hatte. Padre Carlos ging zu ihm. Er kannte ihn natürlich und konnte mit ihm als Ranggleicher reden. Äbte und Bischöfe haben ja in Spanien Generalsrang.
Padre Carlos erklärte Yagüe ungefähr folgendes: Er wisse unter dem Siegel des Beichtgeheimnisses von der Existenz eines großen Paketes mit den Herstellungsmethoden für das Flakgeschütz ZB 60, das ihm, Yagüe, natürlich nicht unbekannt sein könne. Er dürfe nicht sagen, wer es hätte und wo es sich befände, aber er könne einen Kontakt herstellen, wenn Yagüe ihm mit seinem Ehrenwort als Generalkapitän von Kastilien die Zusicherung gäbe, seinen Gewährsmann zu schützen, weder zu verfolgen noch zu verraten oder irgendwie unter Druck zu setzen.
Yagüe zeigte sich natürlich sofort interessiert. Er kannte diese Geschütze, wußte genau um die Schwierigkeit der Ersatzteilbeschaffung und gab das gewünschte Ehrenwort! Nun waren beide gebunden, der Abt und der General. Der Abt durch das Beichtgeheimnis, der General durch sein Ehrenwort als Generalkapitän von Kastilien. Die Verhandlungen konnten sofort beginnen und Yagüe, über meine Person und Lage aufgeklärt, wünschte mich persönlich, aber inoffiziell zu sprechen.
Padre Carlos besorgte nun ein Auto mit verläßlichem Fahrer, ich zog mir zur Tarnung einen blauen Mechaniker-Overall an, und so erschien Padre Carlos, mit mir als dienendem Chauffeur oder Mechaniker, in der Militärkommandantur von Burgos, wo wir beide als etwas komisches Gespann die erstaunten Blicke höherer Offiziere auf uns zogen. Der Capitán General empfing uns sofort, begrüßte uns herzlich und erklärte mir, er sei schon immer ein Freund Deutschlands gewesen, ja, es sei ein Jammer, daß wir den Krieg verloren hätten. Aber nun zur Sache, er sei ein Troupier und kein Fachmann für Artillerie. Bevor man über einen Abschluß sprechen könne, müßten zuständige Herren des Generalstabes die Pakete auf ihren Wert untersucht haben. Trotzdem fragte er mich, was ich für die Sache haben wolle. Ich erklärte

ihm, ich wäre immer ein Freund Spaniens gewesen, befände mich in dieser Zwangslage, und es sei mir sehr peinlich, verschiedenen geistlichen Herren Ausgaben verursacht zu haben. Ich hätte nur die Absicht, diesen und anderen Freunden die Kosten rückzuerstatten, dazu aber auch etwas Geld zu erhalten, um mit meiner Familie nach Südamerika verschwinden zu können. Ich ersuche daher in diesem Sinne um behördliche Erleichterungen für meine Familie und für meine Person und erwarte soweit wie möglich sein Wohlwollen und auch tatkräftige Hilfe. Ferner hätte ich noch meinem ehemaligen Büroingenieur gegenüber Verpflichtungen. Er sei in der Ostzone schwer krank. Und last not least hätte mich ein linksgerichteter Bildhauer und Freund über die Berge zum Kloster gebracht. Ich müsse auch für diesen Mann etwas tun, um meine Dankbarkeit zu beweisen. Ich wüßte, daß sein Bruder, ein überzeugter und begeisterter Kommunist, zu dreißig Jahren Kerker verurteilt, in einem Zuchthaus in Kastilien einsäße. Ich bäte daher, im Rahmen dieses Geschäftes um Begnadigung des Bruders meines hilfreichen Freundes.
Diese letzte Bedingung gefiel Yagüe gar nicht. Doch ich bestand darauf, und es folgte eine hitzige Diskussion. Dann donnerte der General, ich solle mich nicht in spanische Probleme einmischen. Schließlich wurde er ganz böse und fragte mich, ob ich mir klar darüber wäre, daß er mich jederzeit festnehmen lassen könne. Kalt antwortete ich, das könne er sicher nicht, denn ich befände mich durch das Ehrenwort eines Generalkapitäns von Kastilien in allerbester Sicherheit. Das saß! Meine Entgegnung gefiel dem alten Haudegen über alle Maßen. Versöhnt versprach er mir, sollte es zu einem Abschluß kommen, sich mit seinem ganzen Einfluß für Julian Otero, so hieß der Bruder meines Freundes, einzusetzen. Er hat später dann auch Wort gehalten, und Julian kam frei.
Padre Carlos, der Generalkapitän und ich tranken noch einen kleinen Kaffee. Beeindruckt durch die Persönlichkeit Yagües verließen wir, wegen meines Aufzuges auch diesmal wieder von staunenden Offiziersblicken begleitet, die Capitanía General. Ohne weitere Schwierigkeiten erreichten wir das Kloster, wo mein Postulantenleben bis in den Sommer ohne besondere Vorkommnisse verlief. Ich grub also weiter Bäume aus, arbeitete in der Mühle, half im Stall und bei den Hühnern, fungierte als Maurer und Elektriker, kurzum, ich war erneut im

Einsatz und konnte etwas leisten. Das war für mich die Hauptsache. So vergingen die Tage wieder etwas schneller.
Anfang Juni erschienen endlich zwei Offiziere des Generalstabs und untersuchten in Anwesenheit von Padre Carlos zwei Tage lang minutiös die auf Schleichwegen herangeschafften Kisten mit den Lehren. Man verließ beeindruckt, zufrieden und reichlich bewirtet das Kloster.
Ein paar Monate später traten abermals zwei Offiziere des Generalstabs auf, sprachen mit mir und handelten meinen Preis erheblich herunter. Mir blieb nichts anderes übrig als zu akzeptieren. Irgendwelche Zusicherungen bezüglich meiner Sicherheit wurden mir nicht gegeben. Die Offiziere sagten, das wäre eine Sache des Außenministeriums, und da könnten sie sich absolut nicht einmischen, doch würden sie mich nicht verraten. Ich sollte gut achtgeben und zusehen, so bald wie möglich das Land zu verlassen. Sollte ich aber erwischt werden, könne sich der Abt immer noch an sie wenden, und dann würden sie schon im eigenen Interesse gezwungen sein, mir – so weit sie konnten – zu helfen.
Das allerbeste für mich wäre es, im Kloster weiter auszuharren und abzuwarten, bis sich der Verfolgungsrummel der Alliierten gelegt hätte. Dann sollte ich mich so leise wie möglich nach Südamerika verdrücken.
Definitive Zusagen konnten mir diese Offiziere aber noch nicht geben. Unsere Abmachung bedurfte nämlich der Zustimmung des Heeresministeriums, die dann noch lange auf sich warten ließ. Doch der Coup war gelandet, die Nachricht vom »Material« an die richtige Adresse gelangt, und Spanien kam auf diese Weise billig zur Lösung eines lästigen Problemes. Mir sollte es recht sein. Ich hatte in diesem Krieg nie persönliche Vorteile erringen wollen. Dazu war mir der Anlaß zu traurig, und ich hätte es für schäbig gefunden, große Geschäfte zu machen, wo in dieser Zeit Kameraden zu Hause um jedes Stück Brot bangten. Eine neue Chance für meine Familie unter der Sonne Argentiniens war alles, was ich erhoffte. Und meine Kanone, die sollten sie nicht haben, diese verfluchten Sieger.
Das Leben in Cardeña ging inzwischen seinen normalen Lauf. Doch zwei außergewöhnliche Erlebnisse möchte ich noch erwähnen, das schreckliche Unglück in der Sandgrube und das königliche Sterben eines Klosterbruders:

Eines Tages sollte ich mit zwei Brüdern zu einer Sandgrube marschieren, um dort zu arbeiten. Doch Padre Bernardo schickte die zwei voraus und hielt mich zurück, da wir beide noch etwas an elektrischen Leitungen zu richten hatten. Als wir ein paar Stunden später zur Sandgrube gehen wollten, erfuhren wir, daß diese eingestürzt war und von den beiden Brüdern nur einer aus dem Sand hatte gerettet werden können. Niemand hatte daran gedacht, bei dem Toten moderne Wiederbelebungsversuche zu machen, sondern ihm wurde nur für den Fall, daß noch ein Funken in ihm sei, schnell die Generalabsolution erteilt. Dies Vorkommnis erhellt sehr gut die Einstellung der Mönche. Alles ist auf das Jenseits ausgerichtet und auf einen guten christlichen Tod. Das Leben hat wenig Bedeutung. Ja, man durfte es sogar durch Kasteiungen und Fasten bis zur Hälfte verkürzen. Das Leben eines Trappisten war damals unendlich hart. Er rackerte und schindete sich für das Jenseits. Er gehörte gewissermaßen zu Gottes Hofstaat und lobte Ihn für sich selbst und stellvertretend auch für alle Sünder und Lauen. Ein christlicher Tod war daher Erlösung, ein glorreicher Abschluß – ja, ein Fest. Daher schien es gar nicht tragisch, wenn einer der Trappistenmönche starb. Ganz schrecklich aber wäre es für einen von ihnen gewesen, ohne Absolution zu sterben. Wiederbelebungsversuche waren daher bei weitem nicht so wichtig wie das kirchliche Generalpardon in aller Form und Gültigkeit.

Mich hat damals das Unglück in der Sandgrube sehr erschüttert, denn hätten Padre Bernardo und ich uns nicht verspätet, weiß Gott, ob es nicht auch uns getroffen hätte. Was dann mit Maria und den zwei Kindern? Das Leichenbegängnis des Verunglückten war ergreifend.

Noch beeindruckender aber war in jenen Tagen das Sterben und Begräbnis eines der ältesten Patres. Dieser hatte pflichtbewußt ein Leben des Betens, der Kasteiungen und der Arbeit geführt, so wie es der hl. Benedikt mit seinem »Ora et labora« meinte und so wie der hl. Bernhard die strikte Observanz seiner reformierten Regel befahl.

Alter und Krankheit hatten diesen Mönch schließlich auf das Sterbebett geworfen. Nun war er der Krönung seines Lebens nahe und die Hauptperson im Kloster. Um sein Bett herum versammelte sich die Gemeinschaft in abwechselnden Schüben, betete und sang. Der pflichtgemäß herbeigerufene Arzt war nebensächlich, wichtig war allein die große Abschiedsfeier in Erwartung eines neuen, glorreichen

)er Autor als Kloster-Müller

)as Kloster San Pedro de
:ardeña. (Im linken Turm das
'ersteck des Autors)

Der Capitán General de Castilla,
Don Juan de Yagüe y Blanco

Der Autor al
Mönch verkleide

Der Autor mit Padre Carlos (links) und Padre Bernardc
(rechts)

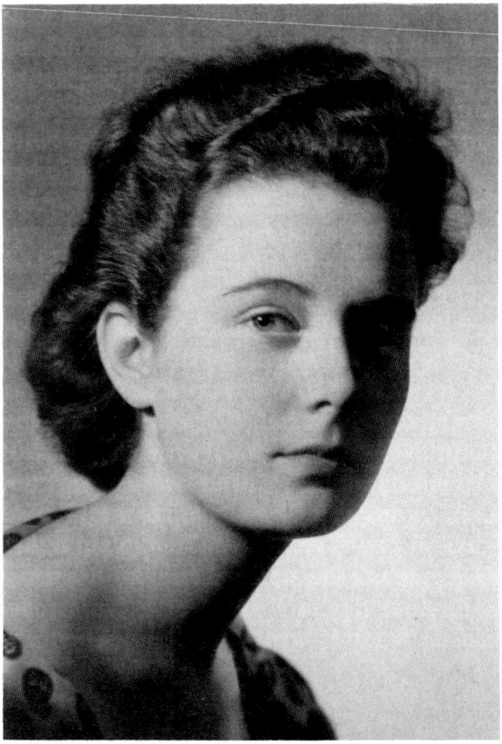

Die Frau des Autors

Maria mit den Kindern auf der Überfahrt nach Argentinien

Lebens. Der Sterbende schien gar nicht unglücklich, und Padre Carlos sagte mir: »Wir Trappisten haben ein Leben wie Hunde, aber wir sterben wie Könige.« So war es auch. Man brachte das Allerheiligste, Weihrauch wurde entzündet, und umgeben und fast beneidet von seiner ganzen großen Familie, nämlich der Gemeinschaft des Klosters, schlummerte der Sterbende selig hinüber in das Land der großen Hoffnung.

Am nächsten Tage folgten die Totenzeremonien mit Hochamt, Feierlichkeiten und Pomp. Dann kam das Begräbnis bei Nacht im inneren Friedhof, umgeben vom gewaltigen Klosterbau. Brennende Fackeln warfen gespenstisch die Schatten der Kuttenträger an die Wände, und die dumpfen Gesänge der Patres und Fratres hallten in den Klostermauern. Der Tote wurde auf einer Bahre einhergetragen und mit der übers Gesicht gezogenen Kapuze sarglos in die Grube gesenkt. Schwer fielen die Schollen auf seinen Leib, und schließlich wurde das Erdreich eingeebnet. Der Rest war Schweigen und ein schlichtes Kreuz aus Holz. Niemand weinte, schluchzte oder zeigte gar Trauer. Es war ja nur ein Mitglied der Gemeinschaft durch die Gnade Gottes in das zukünftige, endgültige, himmlisch-herrliche Leben vorausgegangen.

Während wir normalen Menschen mit zunehmendem Alter immer mehr Leiden und Unbill empfinden, unser Leben weniger schön wird, und der Tod mit Schrecken droht, nähert sich der Trappist dem Ende in aufsteigender Erwartung. Für ihn bedeutet der Tod einen glorreichen, besseren Beginn. Ihm künden die Unbilden des Alters den baldigen Himmel und weisen nicht hinab ins Grab.

Aus dem Turm befreit, gefiel mir das Leben im Kloster zusehends besser! Bald kam ein herrlicher, heißer Sommer. Die Klostermauern spendeten Kühle ganz nach Wunsch. Im Garten und auf dem Feld war das Klima paradiesisch. Die Luft war erfüllt vom Duft des Wildlavendels, die Vögel sangen, das Getreide stand in stolzer, goldener Pracht. Es kamen auch verschiedentlich Besuche, darunter der Abt von San Isidro, dem Mutterhaus, zur Inspektion, wie es seine Pflicht war. Denn die Gründerklöster müssen jedes Jahr regelmäßig die Töchterklöster inspizieren. Dabei wurde auch jeder Mönch eine halbe Stunde lang angehört und befragt. Der visitierende Abt machte sich dabei Notizen, und jedes dritte Jahr fand im ältesten Kloster, in Citeaux in Frankreich, ein Generalkapitel statt. Dort trafen sich dann alle Äbte des

Ordens. Einer nach dem anderen mußte vortreten und sich, demütig kniend, das Urteil seines visitierenden Abtes anhören. Dies war der »Dies irae«, der Tag der Abrechnung, den jeder der unumschränkt regierenden Äbte fürchten mußte, denn da blieb nichts geheim, und alles kam heraus.

Solch heilsame Angst verhinderte also, daß die allmächtigen Äbte zu Tyrannen wurden. Das war auch bitter notwendig, denn Trappistenäbte werden auf Lebenszeit gewählt. Ein Mönch, der seinen Abt nicht mehr ertragen kann, hat nur eine Hoffnung, nämlich sich in ein anderes Kloster versetzen zu lassen.

Es ist immer leicht, sich von einem milden Orden in einen strengeren versetzen zu lassen, aber nicht umgekehrt. Da Trappisten und Kartäuser schon zu den strengsten Orden gehörten, gab es hier keine besonderen Möglichkeiten, doch innerhalb des Ordens konnte man sich von einem Kloster in ein anderes versetzen lassen, das heißt, so man Glück hatte und die Genehmigung bekam. Das aber war oft gar nicht einfach. Es war nämlich die Gebundenheit an den Ort eines der wesentlichsten Prinzipien in der Regel des hl. Benedikt, und diese wurde jeden Tag im Kapitel vorgelesen und enthielt u.a. so weise Sprüche wie »Stultus verbis non corrigitur« (der Dumme kann nicht mit Worten gebessert werden) und »corruptio optimi pessima« (wenn ein hervorragender Mensch sich korrumpiert, kommt er zu schrecklichen Tiefen). Letzteres trifft wohl auch auf Hitler zu! Ja, San Benito war ein weiser Mann und wußte, warum er seine Regel erst mit achtzig Jahren schrieb.

Bald lernte ich die Äbte von Cóbreces und San Isidro aus Palencia kennen. Für sie war ich ein hochinteressanter Fall, und sie genossen es, wenn ich aus meinem vergangenen Leben erzählte. Etwas Kontakt zur großen Welt und zur hohen Politik war durchaus gefragt. Die Äbte waren politisch gut informiert – ganz im Gegensatz zu den anderen Mönchen, die nie Zeitung lesen durften. Das Wichtigste erfuhren sie schon während des Essens im Anschluß an eine monoton vorgetragene Heiligengeschichte, und Tages-Nachrichten von Bedeutung wurden dann mit derselben Monotonie heruntergeleiert. Mit Intonation und mit Schwung vorzutragen, widersprach der demutsvollen Bescheidenheit eines braven Mönches.

Der Herbst brachte endlich Nachricht aus Madrid. Zwei Generalstabsoffiziere kamen, um mich und »los calibres del cañon« abzuholen. Wir fuhren vorsichtig (sicherheitshalber zwei Militärautos), um mit der problematischen Doppellast ja keinen Unfall zu riskieren. Aus den Gesprächen der Offiziere konnte ich entnehmen, daß dem Ministerium bei dem Abschluß mit mir nicht wohl zumute war. Sie hatten Angst davor, mit dem eher anglophilen Außenministerium Schwierigkeiten zu bekommen und baten mich, in Madrid bei Freunden unterzutauchen. Sie würden mir dann das Geld dorthin bringen.

So fuhr ich also zu unseren lieben Freunden Draganoff, der Familie des so hervorragenden, in Sofia ermordeten bulgarischen Gesandten. Das Wiedersehen war überaus herzlich, und man tat alles, um mir den kurzen Aufenthalt so angenehm wie möglich zu machen. Dabei war die Lage der Familie schwierig genug. Den Vater hatte die neue kommunistische Regierung in Bulgarien erschießen lassen, und die anderen mußten nun zusehen, wie sie sich eine neue Lebensbasis schaffen konnten. So hielten sie sich später mit einem Blumenladen in einem eleganten Viertel tapfer über Wasser. Die Mutter starb bald, und der Sohn Slavi, ein reizender, talentierter junger Mann, wurde später ein hervorragender Flugzeugkonstrukteur in Deutschland. Eines Tages jedoch wurde er unter geheimnisvollen Umständen tot aufgefunden – wahrscheinlich von einem östlichen Spionagedienst ermordet. Nur Didi, die Tochter, unsere liebe Freundin, lebt noch.

Während ich also bei Draganoffs wohnte, erfüllten die Militärs tadellos alle Abmachungen und brachten mich dann wieder ins Kloster zurück. Die Offiziere waren sehr erleichtert, daß das Außenministerium gar nichts bemerkt hatte, und sie schärften mir immer wieder ein, ich solle bald das Land verlassen. Das wäre bestimmt das beste für alle Seiten, denn in Spanien hätte ich doch auf Jahre hinaus keine Möglichkeit und Zukunft. Das war natürlich richtig. Kurzentschlossen schrieb ich also nach Argentinien an meinen alten Freund, Oberst Vélez, den ehemaligen argentinischen Militärattaché in Madrid, der mich schon im Krieg oft aufgefordert hatte, nach dem »doch mit Sicherheit zu erwartenden Zusammenbruch« mit meiner Familie nach Argentinien auszuwandern, denn man brauche dort solche Leute wie uns.

Es dauerte nicht lange, da kam auf krummen Wegen die Antwort des Obersten. Er bat um unsere Geburtsdaten und um Abschriften einiger Personaldokumente, damit er über Freunde ein »libre desembarco«,

also eine definitive Einreisebewilligung für Argentinien besorgen könne. Es war also nicht ganz so einfach. Zwar hatte ich nun Geld für die Reise, aber noch lange nicht alle Papiere beisammen. Padre Carlos, Don Eduardo, Maria und ich kamen schließlich zur Ansicht, daß es am besten wäre, ich führe wieder nach Santillana zurück und wartete dort ab. Fürs erste könnte ich bei Don Eduardo wohnen und dann heimlich in unser Haus in Santillana übersiedeln, um im Dachboden versteckt die Monate bis zur Abreise zu verbringen.
Gesagt, getan. Ohne großes Aufsehen verabschiedete ich mich von meinen nächsten Kollegen in Cardeña und fuhr mit Don Eduardo und dem Abt von San Isidro, also unter hochoffizieller Bedeckung, wiederum als Pfarrer verkleidet nach Santillana zurück. Wir wurden nirgends aufgehalten, und vor so hohen Persönlichkeiten salutierten die obligaten, uns anhaltenden Streifen der Guardia Civil mit Respekt. Blitzartig sauste ich in das Haus des Pfarrers Don Eduardo am Hauptplatz in Santillana del Mar und wurde trotzdem von Mariano, dem Gatten unserer ehemaligen Perle, der treuen Carmen, erkannt. Der schwieg aber äußerst diskret und tat auch so, als ob er nichts bemerkt hätte. Die Spanier haben ja viel Takt und sind verläßliche Amigos. Bei Don Eduardo blieb ich nur kurz. In einer hellen Mondnacht, spät nach Mitternacht, bezwang ich mit dicken Decken die mit Glasscherben bewehrte hintere Gartenmauer des Pfarrhauses und ließ mich ein paar Meter, so leise wie möglich, auf das Kopfsteinpflaster fallen, nicht ohne mir vorher an einer Heckenrose die Hose aufgerissen zu haben. Auf leisen Tennisschuhen schlich ich die Wände entlang durch den Ort zu unserem Haus. Auf das verabredete Kratzzeichen öffnete Maria das uralte Tor, und wir fielen uns in die Arme. Stundenlang mußte Maria über ihre Zeit, ihr Leben in Santillana, erzählen, aber zuallererst schlichen wir zu den Kinderbetten, wo ich unsere Tochter Elizabeth, herzig schlafend, zum ersten Mal sah. Sie war schon über eineinhalb Jahre alt! Wir waren so glücklich, wieder beisammen zu sein!
Nur gab es jetzt ein neues Problem, nämlich Wolfi, der inzwischen drei Jahre alt geworden war und schon reden konnte! Er durfte fürs erste auf keinen Fall erfahren, daß sein Vater im Hause war. Also mußte ich während des Tages strikt im Dachboden bleiben und überhaupt nicht in Erscheinung treten. Denn würde Wolfi mich sehen und erfahren,

wer ich war, dann erzählte er mit Sicherheit all seinen Freunden auf der Straße davon. Das mußte ich unter allen Umständen verhindern, und deshalb blieb ich tagsüber als Verbannter auf dem Dachboden. Das war nicht sehr amüsant. Nachts aber, wenn die Kinder schliefen, stieg ich hinunter und hatte das Glück, wieder mit Maria zusammen zu sein, ja ich konnte am späten Abend auch Don Eduardo sehen und andere verläßliche Freunde.

8

»Mummy«, meine liebe Schwiegermutter, war auf ihrer Rückreise von den USA nach Österreich zu einem kurzen Besuch bei uns in Santillana eingetroffen. Nun gab es tausend Dinge zu erzählen. Mummy berichtete von den schrecklichen Zeiten der russischen Besetzung in Österreich und davon, was sie alles mit meinem Schwiegervater gemeinsam durchgemacht hatte. Sie erzählte von meinen Eltern, von Verwandten und Freunden, von viel Unglück, aber auch von mancher Freude.

Mehr als aufregend waren ihre Erzählungen über die letzten Kriegsjahre, den Zusammenbruch und den Einmarsch der Roten Armee. Mummy, die zartfühlende Southern-Lady, überstand diese schwere Zeit erstaunlicherweise ganz hervorragend, und der Pioniergeist ihrer großartigen Vorfahren – ich denke da besonders an General Toombs – wurde in ihr wieder lebendig. Er war jener Senator und Secretary of State der Südstaaten gewesen, der sich weder im Kampf noch nach der Niederlage von den Yankees unterkriegen ließ und auf seinen Grabstein zu schreiben befahl: »Here lies an unreconstructed rebel«!

Mummy erzählte davon, wie die letzten Kriegsjahre für sie immer schwerer geworden waren, und sie und mein Schwiegervater, als sich der Krieg dem Ende zuneigte, gerne das Angebot unseres Schwagers Hubert v. Breisky angenommen hatten, Wien zu verlassen und nach Klosterneuburg in die Villa seines verstorbenen Onkels zu ziehen. Außer einer Krankenschwester, die Onkel Breisky bis zu seinem Tode gepflegt hatte, und einem sehr korrekten, einquartierten deutschen Hauptmann wohnte niemand mehr in der Villa. Der Hauptmann war zu jener Zeit gerade dabei, seine Sachen in Ordnung zu bringen und abzurüsten. Er tat das mit penibler Genauigkeit, verabschiedete sich und ward nie mehr gesehen.

Überall zog sich die großdeutsche Wehrmacht zurück, feuerte noch einige Kanonenschüsse in die Gegend, die sich anschließend für kurze Zeit in ein Niemandsland verwandelte. Gespenstische Ruhe vor dem

Sturm lastete bleiern auf allen Gemütern. Da, plötzlich erschienen Kosaken auf kleinen Pferden, und schon hörte man von ferne das Rattern und Mahlen der Panzerketten. Meine Schwiegereltern hatten in Erwartung der Ereignisse die eiserne Ration an Büchsen, Gläsern und Flaschen vorsichtigerweise im Brunnen des Hauses versenkt, während Mummy ihren Schmuck und die Wertgegenstände in einem kleinen Handkoffer untergebracht hatte, um diesen – wie sie meinte – notfalls wirkungsvoll mit ihrem amerikanischen Paß zu verteidigen. Vorsorglich hatten sie noch eine amerikanische Fahne geschneidert, die gemeinsam mit einer weißen Fahne den Russen Vertrauen und Respekt einflößen sollte.

Als sich nun die russischen Panzer näherten, verließen Marias Eltern das Haus und machten sich durch Fahnenschwenken auffällig bemerkbar. Ein russischer Oberst stoppte schließlich seinen Panzer und schritt, begleitet von zwei Offizieren, deren einer ein roter Rumäne war, auf die älteren Herrschaften zu, die sich nun auch phonetisch zu erkennen gaben: »Americans, Amerikaner, Amerikanski, Américains«! Das interessierte aber den russischen Oberst weniger als die schöne Armbanduhr meines Schwiegervaters, die er unbedingt »befreien« wollte. Mein Schwiegervater wehrte sich energisch, doch der sowjetische Oberst hob bedeutungsvoll seine Pistole, und Vater übergab auf energisches Drängen Mummys dem übermächtigen Sieger die Armbanduhr. Das allein wäre noch zu ertragen gewesen, hätte sich nicht inzwischen der rumänische Major für das Handköfferchen interessiert, das meine Schwiegermutter verzweifelt und unter Schwenken ihres amerikanischen Passes verteidigte. Doch Amerika war weit, und der rote Zar so nahe. Das Köfferchen wurde mit rauher Hand geöffnet, sehr zur Freude des Befreierkleeblattes geleert, und Perlen und Familienschmuck verschwanden flugs in deren Taschen.

Der Abschied war dann kurz und unprotokollarisch, und auf Nimmerwiedersehen entschwanden die drei »Befreier« und Expropriateure. Wie die Carpet-Beggars aus »Gone with the Wind«, empörte sich Mummy! So also wurde der Schmuck vergesellschaftet, während Konserven, Wein und Einmachgläser, vom Kapitalismus unerlöst, im Brunnen verharren mußten.

Doch das war nur ein Vorspiel. Bald kamen viel schlimmere Zeiten. Die Besuche der Befreier häuften sich. Die gar nicht mehr so junge

Krankenschwester wurde entdeckt und hemmungslos von ganzen Gruppen vergewaltigt, was ausgerechnet vor dem großen Bild der Madonna geschah. Mummy hingegen wurde gezwungen, für die Befreier Klavier zu spielen. Sie tat das mit so traurig schönen Weisen, daß sie durch Vater abgelöst wurde, und man von ihm verlangte, auf dem Klavier den Radetzkymarsch und andere Musik zu hämmern. Das gefiel dann den Mannen von »dear Uncle Joe« schon besser. Als einmal ein recht freundlicher, sibirischer Offizier »vorbeikam«, beschwerten sich meine Schwiegereltern bitter über die Behandlung, die der armen Krankenschwester zuteil wurde. Darauf sagte er nur: »Europa ist Europa und Asien eben Asien.« Doch sorgte er dafür, daß diese Barbareien zunächst einmal aufhörten. Man kann nicht sagen, daß meine Schwiegereltern persönlich schlecht behandelt wurden, wenn auch die häufigen Besuche ziemlich kraftvoll und brutal waren. Ja, einmal fuhren die Russen, voll des Bacchus, mit Pferd und Wagen sogar den Gartenzaun nieder, ohne das Tor zu belästigen.
Mummy wurde in dieser Zeit sehr an das barbarische Gehabe der siegreichen Yankees in den Südstaaten erinnert, und es mag für sie ein gewisser Trost gewesen sein, ähnliches wie ihre Vorfahren durchmachen zu müssen. Die Taktik der verbrannten Erde und des Unconditional surrender waren ja die brutale Erfindung der demokratischen Nordstaaten gegen die aristokratischen Südstaaten, und der »Befreier-Yankee« hat sich damals nicht viel besser betragen als später der russische Gleichmacher.
Es ist interessant, daß in den sechziger Jahren des vorigen Jahrhunderts gleichzeitig in Europa und Amerika zwei hochgebildete Völker durch militärische und technische Übermacht in den Staub getreten wurden, und dies aus ähnlichen, wenn auch gegengerichteten Gründen: Die Südstaaten durch die Nordstaaten, weil sie einen Staatenbund verließen, und Österreich durch Preußen, weil es sich nicht aus einem solchen hinausdrängen lassen wollte.
Weiter erzählte meine Schwiegermutter, daß täglich neue Russen gekommen wären und immer wieder nach Uhren und Beute gesucht hätten. Es war aber praktisch nichts mehr da, was hätte »befreit« werden können. Als eines Tages ein Offizier der neuen rotrumänischen Armee, empört darüber, daß er nichts Interessantes ergattern konnte, das Bibliothekszimmer ganz genau untersuchte und einfach

mit dem Arm hinter die Bücher fassend ganze Reihen davon auf den Boden donnerte, ergab es sich, daß hinter der obersten Bücherreihe fein säuberlich zusammengepackt eine deutsche Hauptmannsuniform nebst einer Hakenkreuzfahne versteckt war und, sich entfaltend, auf den Boden fiel. Das war nun eine Katastrophe! Der Rumäne und die ihn begleitenden Russen stießen wilde Drohungen aus, stampften und tanzten vor den Augen meiner entsetzten und völlig unschuldigen Schwiegereltern mit ihren Stiefeln auf Uniform und Hakenkreuzfahne herum. Der deutsche Offizier, der vorher in diesem Haus einquartiert gewesen war und alles so sauber und adrett hinterlassen hatte, war auf die glänzende Idee gekommen, seine Ausgehuniform und die Fahne für den Endsieg einstweilen hinter der obersten Bücherreihe todsicher zu verwahren. Nur mühsam gelang es meinen Schwiegereltern, die tanzenden Sieger zu beruhigen und mit Mummys amerikanischem Paß einer Verhaftung zu entgehen. Der schützende sibirische Offizier war versetzt worden, und jeden Tag kamen neue Leute. Bald jedoch gab es unter den Mannschaften etwas mehr konstante Besucher, die bereits in Klosterneuburg stationiert waren. Sie fanden Zutrauen zu meinen Schwiegereltern, die so gut Musik machen konnten, und brachten sogar fleißig Lebensmittel mit, ja, sie zwangen sogar die sehr genügsamen alten Herrschaften, doch ordentlich zu essen, und wurden richtig böse, wenn sie das nicht taten. Auch diese kindlich-netten Seiten sollen hier nicht unerwähnt bleiben.
In Wien hatten inzwischen die Sieger nicht schlecht gefeiert. So war mit der Zeit ein empfindlicher Mangel an Trinkgefäßen eingetreten, da diese nach dem Austrinken meist nach rückwärts an die Wand geschmettert wurden. In der Nußdorfer Brauerei trank man bereits aus den merkwürdigsten Gefäßen, die ich hier nicht näher beschreiben will. Meine Eltern in Wien schützte der vorzügliche Weinkeller meines Vaters beim Einmarsch der Russen vor gröberem Ungemach. Meine Eltern wohnten im sechsten Stock in einer Penthousewohnung mit Dachgarten. Da der Lift ausgefallen war und die Russen sich zuerst in Papas Weinkeller stärkten, kam dann gottlob keiner die sechs Stockwerke hoch. Meine Schwester Luiselotte entging russischen Liebeswünschen dadurch, daß sie sich in die Infektionsabteilung eines Spitals legte, wie ihr das ein befreundeter Arzt geraten hatte. Die meisten jungen Mädchen ihres Alters machten sich, wenn sie auf die Straße

mußten, so häßlich wie möglich. Also ein völlig neues Gefühl für das schöne Geschlecht!
Auch Mummy vermummte sich, und zweimal gelang es ihr, als Mönch verkleidet, mit grauer Kutte, ihr volles, schönes Haar unter einer Baskenmütze versteckend, große Mengen Gemüse aus Vaters Garten in einem Rucksack, schwer bepackt, zu Fuß von Klosterneuburg bis Wien zu tragen. So half sie alten Freunden, Speisezettel und Vitaminversorgung aufzubessern.
Später, als wieder Verkehrsmittel funktionierten, beschloß Mummy, den Versuch zu machen, in ihre eigene Wohnung im Zentrum von Wien zu gelangen. Dazu mußte sie erst einen Vorortzug nehmen, der dampfbetrieben und überfüllt war. Sie, die immer die Liebenswürdigkeit selbst war, keinem Menschen ein hartes Wort zu sagen vermochte, ja nicht einmal ihre Überseekoffer abschloß, um ja niemanden durch Mißtrauen zu beleidigen. Sie also verlor ihre Contenance, als sie mitansehen mußte, wie ein junger Mann rücksichtslos sich im Zug einen Weg bahnte und dabei eine junge Frau mit einem Säugling zur Seite stieß. Da sprang sie auf diesen Mann los und schubste den völlig Überraschten mit Kniestößen den Gang des Waggons entlang. Donnernder Applaus der erstaunten Zuschauer! Und sofort wurde ihr sogar ein schöner Sitzplatz angeboten. So war Mummy! Es gab Augenblicke der Energie und Zähigkeit, und da sprach aus ihr der schon gerühmte Pioniergeist ihrer Vorfahren. Diese Energie hatte sie aber nur, wenn sie glaubte, im Interesse anderer handeln zu müssen.
Nun also war Mummy bei uns in Santillana, und es war herrlich, sie wiederzusehen! Als sie im Sommer 1946 zum ersten Mal dorthin gekommen war, durfte ich sie nicht sehen, da ich noch streng versteckt in der Colegiata saß. Jetzt aber genossen wir das Wiedersehen um so mehr. Wir beide haben uns immer so glänzend verstanden! Sie befand sich nun auf der Rückreise von den USA, wo sie über ein gutes Jahr ihre Verwandten in Georgia besucht hatte. Die Erlaubnis zu bekommen, von Wien über Spanien und Portugal nach USA zu reisen, war mehr als schwierig gewesen. Als die Schwiegereltern nämlich Klosterneuburg verlassen hatten und wieder in Wien wohnten, nahm das Fragen der neuen amerikanischen Behörden kein Ende. Wieso hatte sie als Amerikanerin unter der erschröcklichen Naziherrschaft ungeschoren überleben können. Man vermutete Sympathie für den Natio-

nalsozialismus bei ihr, die sie doch – bei Gott – niemals hatte. Als sie eines Tages wieder einmal von einem sehr unangenehmen CIC-Offizier, der natürlich österreichischer Emigrant war, in ihrer Wohnung vernommen wurde, klingelte es an der Tür und herein trat ein in jeder Hinsicht hoher amerikanischer Offizier des Stabes von Mark Clark, der Grüße des Generals überbrachte und sich nach ihren Wünschen und Befinden erkundigte. Der CIC-Inquisitor verkrümelte sich auf der Stelle und ward nie mehr gesehen. General Mark Clark hatte nämlich enge Beziehungen zu Mummys Familie in Georgia und überbrachte auch Grüße von deren Bruder Blanton, der Judge und Vicepresident der Southern Insurance Company, also eine wichtige Persönlichkeit in Georgia war.

Trotz dieser nunmehr besseren Beziehungen war es für Mummy sehr schwierig gewesen, ein Ausreisevisum zu bekommen. Unter finsteren Drohungen hatte sie hoch und heilig versprechen müssen, in Amerika absolut nichts von der wahren Situation Österreichs unter russischer Herrschaft und von den himmelschreienden Vorkommnissen bei dem Einmarsch der Befreier zu erzählen. Stalin war damals noch immer »dear Uncle Joe«, aber nicht mehr lange.

Maria und ich feierten mit Mummy diese Tage beziehungsweise Nächte, so gut wir konnten, und des Erzählens war kein Ende. Wolfis wegen mußte ich ja tagsüber auf dem Dachboden schlafen oder wenigstens dort Ruhe geben, um mich nicht zu verraten.

Doch eines Tages geschah das Malheur! Ausnahmsweise war ich die Stiege heruntergeschlichen. Wolfi sollte um diese Zeit in seinem Zimmer schlafen. Auf der Straße zog eben eine Musikkapelle vorüber. Conchita, unsere treue Hausgenossin, hing vor Begeisterung so weit aus dem Fenster heraus, daß ich nur mehr das rundliche Fahrgestell sah. Da plötzlich erschien ganz unprogrammgemäß Wolfi, der aus dem Gitterbett herausgeklettert war, und ertappte mich. Ich stülpte mir flugs den Papierkorb über den Kopf, krümmte meine Finger zu Krallen und kroch wie ein scheußlich grunzendes Untier am Boden herum. Doch Wolfi war leider wenig beeindruckt. Also mußte ich schleunig Conchita mit einem Besenstiel vom Fenster herunterklopfen. Sofort nahm sie sich Wolfis an und zog ihn aus dem Verkehr.

Dieses Erlebnis zeigte uns aber, daß wir nicht so unbekümmert weitermachen durften. Irgendwann einmal würde mich der im Hause

herumtobende Wolfi doch entdecken. So beschlossen wir, daß ich jetzt, wenn auch unter falschem Namen, auch für die Kinder auftauchen müsse, und zwar legte ich mir den Namen einer Ortschaft in der Umgebung zu, wo viele Freunde wohnten. Ich nannte mich »Comillas«, und war ab sofort für jedermann im Haus und für alle besuchenden Freunde ausnahmslos und immer der »Comillas«. Das klappte, und der kleine »Wolfilito« plauderte in seiner Kindersprache manchmal auch im Ort von »Comillas«, worauf die Leute sagten: »Jaja, das ist ein schönes Dorf, dort habt ihr viele Freunde, und da wohnen ja auch die lieben alten Tanten Güell, die dir sicher immer Süßigkeiten schenken. Klar, daher plappert der Kleine oft von ›Comillas‹. Wie nett!«
Also ich hieß von nun ab »Comillas« und behielt diesen Namen bis zu meinem Wiederauftauchen in Argentinien bei.

Doch zurück zu den Zeiten von Santillana. Unsere finanzielle Situation war alles eher als rosig, und die Einnahmen der Tischlerei sehr gering. Allerdings hatten wir auch nicht viele Ausgaben, denn der Garten brachte eine Menge Gemüse, das Haus kostete uns nichts, Milch und Fisch waren billig, und mit dem Pfarrer zusammen mästeten wir ein Schwein. Das schönste aber: Steuern zahlten wir praktisch überhaupt keine.
Trotzdem: Unser Zustand wurde immer unhaltbarer, und außerdem kam ein Riesenproblem auf uns zu: Für den nächsten Herbst erwartete Maria ihr drittes Kind. Da ich aber offiziell gar nicht da war – wer war dann der Vater? Am Ende gar der junge Pfarrer, der Doña Maria täglich besuchte?
Mich machte die erzwungene Untätigkeit im wahrsten Sinne des Wortes krank. Ich wurde nervös, bekam eine böse Furunkulosis, Verdauungsstörungen, gab mir selbst Penicillinspritzen, kurzum die Lage schrie nach Änderung. Und die war in Spanien nicht zu erwarten. Also auf nach Argentinien! Glücklicherweise kam bald vom alten Freund, Oberst Vélez, das ersehnte Dokument der freien Einreise, das »Libre desembarco« für Maria, die Kinder und mich.
Prinz Max Hohenlohe half uns sehr bei der Vorbereitung dieser Reise. Bald kam uns auch Padre Carlos besuchen und wir waren überglücklich, ihn verwöhnen zu können. Wir richteten ein Zimmer für ihn sehr

fein ein und dachten an alles, mußten aber zu unserem Erstaunen feststellen, daß das Bett in der Früh unberührt war. Auf unser Fragen meinte Padre Carlos lachend: »In so einem weichen Bett kann ich überhaupt nicht schlafen. Darin ertrinke, ersticke ich geradezu. Ich bin doch harte Trappistenbetten gewohnt und habe auf dem Bettvorleger prima geschlafen!«
Wir lachten sehr. Padre Carlos war rührend besorgt um uns und voll von Plänen für unsere Zukunft. Don Eduardo, Don David und er besprachen alles, hatten tausend Ideen und glänzende Lösungen für manche unserer Probleme. So wurde beschlossen, daß Padre Carlos mich gemeinsam mit dem Abt von San Isidro zu gegebener Zeit mit dem Auto nach Bilbao bringen würde, wo ich bis zur Einschiffung in der Wohnung seines Bruders versteckt leben könnte.
Oft bekamen wir Besuch von Elizabeths Taufpaten Fernando Mazón. Er war unverheiratet, kinderlieb und genoß Wolfis urwüchsige Aussprache in seinem echten Dialekt, den er auf der Straße gelernt hatte. Er konnte sich schieflachen, wenn Wolfi Kraftausdrücke von sich gab. So sagte er eines Tages: »Wolfi, fluch einmal!«
Wolfi sagte: »Scheiße!«
»Prima, und jetzt noch einen Fluch.«
Darauf Wolfi: »Noch einmal Scheiße!«
Das alles fand unser Fernando richtig und herrlich.
Wir gaben manchmal kleine Essen unter Assistenz der befreundeten Pfarrer, und Maria gab im Fasching 1948 sogar einen kleinen Hausball, zu dem wir allerdings die Pfarrer nicht einluden. Auf dem Ball waren alle Teilnehmer maskiert – ich als Teufel, denn wenn ich in dieser Nacht hätte fliehen müssen, wäre die Maske eines Teufels oder Gespenstes bei den abergläubischen Montañesern wohl das sicherste gewesen. Unser Fest war ein Riesenerfolg, und wir genossen es in vollen Zügen. Nur im Volk kommentierte man, es wäre nicht schön von Doña Maria, sich in der Abwesenheit ihres Gatten so fröhlich zu unterhalten! Aber unsere Freunde hielten alle dicht, auch Conchita, unser Hausmädchen, diese treue Seele, die wir gerade unlängst in Santillana nach Jahren wieder in unsere Arme schließen durften.
Besonders lustig waren die Pfarrer der Umgebung. Sie und wir genossen jedes Beisammensein, und wir freuten uns, ihnen auch die Stärken der österreichischen Wildküche demonstrieren zu können. Denn Spa-

nier haben wenig Ahnung, welch köstliche Wildgerichte man mit Sauerrahm und Preiselbeeren hervorzaubern kann.
Der Apfelstrudel war erst recht ein voller Erfolg! Fröhlich sprachen die Pfarrer dem Essen, aber auch dem Bacchus zu. Ein Witz jagte den anderen, und am Schluß wurde gesungen. Oberst Zulukidse, Adjutant des Prinzen Bagratión, des Gatten der Infanta Maria Paz, fiel dann mit tiefem Baß auf georgisch in lateinische Klerikergesänge ein. Ich brummte deutsche Landsknechtlieder dazwischen. So vereinten sich die einzelnen Kakophonien zu einem akzeptablen, ja fast harmonischen Ganzen. Maria lachte und dämpfte unseren Lärm, während wir uns der Wichtigkeit unserer Rolle sehr bewußt waren.
Die Nachbarn aber sagten nichts zu solchen Besuchen, denn ein Aufmarsch von mehreren Pfarrern ließ jede Kritik verstummen.
Das Frühjahr kam und mit ihm die letzten Papiere für uns. Um Maria sorgte sich Prinz Hohenlohe rührend. Sie sollte mit den Kindern in Cádiz den Dampfer »Juán de Garay« nach Argentinien nehmen. Für die Beschaffung eines spanischen Passes wollte er gemeinsam mit dem Gouverneur von Cádiz, Valcarcel, einem verläßlichen Deutschenfreund, schon alles vorbereiten. Ich hingegen sollte in Bilbao, also im Norden des Landes, ein Schiff der baskischen Linie Aznar nehmen, und zwar ein kombiniertes Schiff für Fracht und Touristen. Es hieß »Monte Urbasa« und hatte nur zwanzig Kabinen. Der Reeder dieser Linie hieß José Luis Aznar. Wir kannten ihn seit Jahren, hatten ihn allerdings in letzter Zeit nicht mehr gesehen. So suchte ihn Max Hohenlohe auf und bat, er möge für uns etwas tun. Aznar könne sich nun dankbar dafür erweisen, daß ihn während des Bürgerkrieges die Deutschen aus seinem Kellerversteck heraus gerettet hatten.
Es war nämlich damals folgendes passiert: José Luis Aznar mußte sich bei Ausbruch des Bürgerkrieges als »Kapitalist« verstecken. Als später ein deutsches Kriegsschiff nach Bilbao kam, um deutsche Staatsangehörige heimzuholen, sandte Aznar dem Kapitän eine Botschaft, in der er seine mißliche Lage schilderte und bat, ihn zu retten. Der hilfreiche Kommandant schickte sofort die Uniform eines deutschen Seeoffiziers, und ohne von den rotbaskischen Behörden gehindert zu werden, erreichte José Luis Aznar als deutscher Leutnant zur See den rettenden Kreuzer. Eingedenk dieser Tatsache war er nun sofort bereit, mich aus Spanien herauszuschleusen, ja er gestattete uns sogar, soviel

Gepäck und Fracht, wie wir nur irgend wollten, mitzunehmen. Denn die Schiffe von Europa nach Argentinien nehmen meist nur leichte Spezialwaren an Bord und sind halbleer, während sie auf der Rückfahrt mit Getreide, Ölkuchen und Fleisch voll beladen sind.
Unser Compagnon, Jesús Gonzalez Junco, war natürlich nicht in der Lage, unseren Anteil an den Talleres Montañeses abzukaufen, und so blieb nichts anderes übrig, als unsere Ansprüche in Ware befriedigen zu lassen. Mit mehreren Lastautos wurden auf Umwegen, so daß Jesús Gonzalez es nicht merkte, größere Möbelmengen zuerst nach Cardeña und dann nach Bilbao geschafft. Ein Teil dieser Möbel ging an das Kloster, ein anderer Teil an Don David, der Hauptteil aber kam ins Frachtlager von Aznar nach Bilbao, um dann gemeinsam mit mir nach Argentinien verschifft zu werden.

9

Langsam näherte sich der Tag des Abschieds. Maria fuhr ganz offiziell mit den Kindern zu Hohenlohes nach dem Quexigal. Doch auf dem halben Weg dorthin trafen wir in Cardeña zusammen, um gemeinsam dort zwei Tage zu verbringen und uns von den guten Patres und Klosterbrüdern zu verabschieden und um ihnen Dank zu sagen für all ihre Güte.
Die Klosterleute waren rührend. Wir wurden umhegt, gepflegt und geradezu gemästet. Es gab dann noch ein großes Abschiedsessen, an dem auch einige Patres und Fratres teilnehmen durften, und dabei fehlte es natürlich auch für sie nicht an herrlichen Gerichten aus Fleisch, Fisch und Ei.
Die Kinder aber waren voll des Staunens, genossen alles sehr, und wieder schoß unser Wolfi mit einer treffenden Bemerkung zum Gaudium aller den Vogel ab: Gerade als wir uns schwungvoll unterhielten und Padre Carlos herzerfrischend zulangte und schmauste, ertönte wieder einmal dieses zum Beten rufende Gebimmel in den Gängen. Doch Padre Carlos machte keine Anstalten und überhörte geflissentlich diese lästigen, so frommen Signale. Da zupfte ihn Wolfi an der Kutte und rief: »Padre, so geh' schon beten, draußen bimmelt es!«
Wir alle und ganz besonders die Mönche wieherten vor Lachen, denn Wolfi hatte den Nagel auf den Kopf getroffen. Padre Carlos bekam natürlich rote Ohren, doch lachte er mit, daß ihm der Bauch wackelte.
Nach zwei Tagen und einem stimmungsvollen Gottesdienst schlug die Stunde des Abschieds. Mir war wehmütig ums Herz. Ich hatte alle Freunde dort, das Kloster, den Garten und die Berge, ja sogar den peinvollen Turm ins Herz geschlossen. Wir winkten und winkten den am Portal versammelten Mönchen gerührt und ergriffen bis zur letzten Kurve zu.
In Madrid gingen wir zu den Draganoffs, wo wir unauffällig wohnen konnten. Mutter Draganoff, Didi und Slavi waren reizend wie immer und nahmen uns vierköpfige Familie in ihrer winzigen Wohnung auf.

Die Offiziere des Generalstabs kamen pünktlich und brachten das letzte Geld.
Maria und ich genossen jede Stunde, jede Minute, die wir noch miteinander hatten. Nach zwei Tagen kam die Trennung, und sie traf uns schwer. Immer wieder umarmten wir uns und überschütteten uns mit Ratschlägen für das große Abenteuer der Flucht über den Äquator nach Übersee, mitten durch die angelsächsischen Geheimdienstkontrollen hindurch. Ob dieses Abenteuer wohl für uns vier, getrennt, auf verschiedenen Wegen, gelingen konnte?
Maria, wieder allein mit den kleinen Kindern auf sich gestellt, verließ mich also in Richtung Cádiz. Da packte mich zum dritten Male seit dem Kriegsende die Verzweiflung. Ob wir uns überhaupt je wiedersehen würden? Sabe Diós – Gott weiß!
Padre Carlos war inzwischen mit einem Auto und einem verläßlichen Chauffeur eingetroffen, hatte mich beruhigt und etwas aufgeheitert, und so fuhren wir dann ab nach San Isidro. Der dortige Abt wollte mich nämlich zwecks größerer Sicherheit von dort aus mit nach Bilbao begleiten. In San Isidro wieder herzlicher Empfang, großartiges Essen und eine tief beeindruckende Messe mit den so vertrauten, ergreifenden Chorgesängen. Bis zur Abfahrt mußte ich noch ein paar Wochen warten, denn die »Monte Urbasa« lief später aus als geplant, und ich wollte auch vorher wissen, daß die Einschiffung Marias mit den Kindern in Cádiz geglückt war. Beinahe wäre sie schiefgegangen, und das kam so:
Mit dem Zug in Cádiz angekommen, sollte Maria sich sofort beim Gouverneur melden, um aufgrund der argentinischen Einwanderungspapiere, die auf unsere richtigen Namen lauteten, von den Spaniern einen Paß zur Ausreise zu bekommen. Mit den beiden Kindern an der Hand, erschien sie im Gouverneurspalast, wo sie durch endlose Hallen und prächtige Zimmerfluchten bis zum Allgewaltigen weitergereicht wurde. Der Gouverneur, klein von Statur, doch sprühend vor Temperament und voll Charme, war reizend und veranlaßte das Nötige. Versehen mit allen Stempeln und Genehmigungen diverser Amtsstellen, bei denen Maria jedesmal persönlich zu erscheinen hatte, überreichte der Gouverneur ihr schließlich den funkelnagelneuen Paß. Mit Max Hohenlohe, der mit ihm alles vorbesprochen hatte und rührenderweise zum Abschied aus Madrid für ein paar Stunden gekommen

war, wurden neuer Paß und bevorstehender Abschied in einer kleinen Tasca gebührend gefeiert. Zwar sollte das Schiff vor dem Auslaufen noch einen weiteren Tag im Hafen liegen, aber Maria beschloß, das An-Bord-Gehen bald hinter sich zu bringen, schrieb noch ein paar Abschiedsbriefe und setzte sich mit gutem Gewissen Richtung Hafen in Bewegung.

Bei der ersten spanischen Kontrolle kam das Unglück: Alle Papiere waren in Ordnung, aber wo war die Zustimmung des leiblichen Vaters ihrer Kinder zum Verlassen des Landes? Wie vom Donner gerührt stand sie jetzt da, denn den Vater, den gab es nicht, das heißt er war offiziell unauffindbar. Der Beamte ließ sich durch nichts erweichen, kein Flehen, kein bittender Blick, keine Tränen halfen. Spanische Kinder verlassen nicht ohne Genehmigung ihres Vaters das Land! In wilder Taxifahrt eilte Maria mit den Kindern wieder in den Gouverneurspalast und erzählte, total vernichtet, dem Gouverneur das Vorgefallene. Wie ein wütender Stier lief der kleine Gouverneur im großen Saal auf und ab, klopfte sich immer wieder auf die Stirn und schrie gequält: »Qué hacemos, qué hacemos?« Plötzlich blieb er stehen, ein Leuchten ging über sein Gesicht. Er schaute auf die Uhr, klingelte energisch mehrere Sekretäre herbei, und eine Blitzaktion begann zu rollen. Ungeachtet der beiden Kinder wurde Maria ein neuer Paß auf ihren Mädchennamen ausgestellt, und sie bekam beim erneuten Durchlaufen einer der Dienststellen von eben demselben Beamten, der sie tags zuvor als »Verheiratete« registriert hatte, mit schrägem Blick auf ihren unübersehbar gerundeten Bauch, die hämisch-resignierende Frage gestellt: »Y bien, hoy ya no es casada usted?« (Nun gut, heute sind Sie nicht mehr verheiratet?) Maria hauchte errötend »No«, und der Beamte gab seinen Sanctus. Der Gouverneur soll sich wie ein Kind gefreut haben, und Maria fiel ihm bei der rührenden Verabschiedung um den Hals. Sie hatte gerade noch Zeit, der Gattin des Gouverneurs einen riesigen Blumenstrauß zu schicken und bestieg dann mit beiden Kindern, ohne weiter behelligt zu werden, am 31. Mai 1948 bei strahlendem Wetter das argentinische Schiff »Juán de Garay« und landete am 24. Juni bei Regen, Nebel und Kälte in Buenos Aires.

Mittlerweile war auch für mich die Stunde der Abfahrt nach Bilbao gekommen. Ich hatte mich wiederum als Pfarrer verkleidet und trug auch wieder den viel zu kleinen Hut. Diesmal aber hatte ich wenigstens ordentliche Schuhe und eine schöne Soutane. Natürlich war ich auch mit Brevier und Rosenkranz bewaffnet. So angetan, fuhren wir »geistlichen Herren« über den Paß des Escudo nach Bilbao. Dort verließ uns der Abt mit herzlichen Segenswünschen. Padre Carlos blieb noch mit mir im Hause seines liebenswürdigen Bruders Daniel, und wir verabschiedeten uns zwei Tage lang, wehmutsvoll der gemeinsam verbrachten Zeit gedenkend.

Schließlich war es dann soweit, und es kam der große, entscheidende Moment! Ich sollte mich zunächst als Pfarrer durch die Polizei, den Zoll und sicher auch durch den US-CIC und den englischen Intelligence Service schleusen, um mich dann an einem diskreten Ort in einen Zivilingenieur zu verwandeln. Als solcher sollte ich den Kapitän aufsuchen und an seiner Seite durch alle normalen und geheimen Kontrollen hindurch an Bord der »Monte Urbasa« gelangen. Der Kapitän war noch aufgeregter als ich und schwitzte heftig. Aber es klappte alles wie geplant. Nun mußte ich, bereits auf dem Schiff, stundenlang mit Hammer und Notizbuch so amtlich wie möglich herumlaufen, Rohre abklopfen, Hähne kontrollieren, kurzum den Eindruck eines brav inspizierenden Werksingenieurs hervorrufen. Immer wieder kam der Kapitän an mir vorbei und zischte mir zu: »Circule y no se pare!« (Gehen Sie herum, und bleiben Sie ja nicht stehen!) Hier gäbe es überall Spitzel!

Nun, ich ging brav umher und machte die blödsinnigsten Notizen.

Doch auch diese aufregenden Momente gingen vorbei, und endlich setzte sich das Schiff in Bewegung. Allerdings, ganz gerettet war ich noch immer nicht. Wir mußten nämlich vor Vigo wieder anlegen und später noch die Kanarischen Inseln anlaufen.

Einmal auf hoher See, ging ich sofort in die Bar, um diese so entscheidende erste Etappe mit einigen »Copitas« zu feiern. Da sprach mich auf einmal eine junge Französin an, die mit ihrem Mann ebenfalls nach Buenos Aires auswanderte. Als aber der Kapitän das sah, rief er mich ganz aufgeregt zu sich und sagte: »Um Gottes willen, machen Sie noch keine Bekanntschaften, das ist jetzt viel zu gefährlich. Gehen Sie doch besser hinunter in das Krankenzimmer. Dort werde ich Sie einsperren und nach dem kurzen Aufenthalt in Vigo wieder herauslassen. Erst auf hoher See können Sie machen, was Sie wollen. Ich bin nun mal für Ihre

Sicherheit verantwortlich, und da halte ich es für klüger, wenn Sie sofort von Deck verschwinden!«

So geschah es auch. Ich wurde unverzüglich in das saubere, sehr karge Krankenzimmer eingesperrt und war dort wieder einmal einsam und verlassen, diesmal sogar ohne Besuch und Atzung, ganze zwei Tage und Nächte lang! Der Kapitän hatte mich nämlich prompt vergessen. Ich mußte mich mit Leitungswasser begnügen und wußte nicht recht, was da oben los war. Alarm schlagen wollte ich natürlich nicht, denn: »Der Kapitän wird schon wissen, was er tut.«

Endlich nach zwei Tagen Sorgen und Fasten ging die Tür auf, und mit hochrotem Gesicht erschien der Kapitän, neben ihm der Koch mit einem riesigen Tablett, darauf Schinken, Würste und Brot. Der Kapitän stammelte tausend Entschuldigungen und gestand, daß er mich einfach total vergessen hatte. Ich möge bitte nicht böse sein. Das war ich natürlich auch nicht, interessierte mich erleichtert ausschließlich für das Tablett und verschlang alles – mit dem traurigen Erfolg, daß ich bald wirklich krank war, denn es wurde mir furchtbar übel.

Schließlich in Lissabon angekommen, gingen die Passagiere an Land. Ich hatte mir vorgenommen, meine Schwägerin Hildegard Breisky in Cascais zu besuchen. Sie war allein, denn Hubert war damals verreist. Zur Vorsicht nahm ich mir zwei Taxis, um nicht im Falle einer Panne oder eines Unfalles womöglich noch am Ende meiner Odyssee mein Schiff zu versäumen. Hildegard war trauriger Stimmung. Sie freute sich aber, mich zu sehen und zu wissen, daß wir bald schon in Argentinien in Sicherheit sein würden.

Die freie Bewegung in Portugal genoß ich sehr, und auch bei dem Stopp an den Kanarischen Inseln ging ich von Bord. Dank der Peseten vom spanischen Generalstab leistete ich mir auch hier ein Taxi, um Land und Leute zu inspizieren.

Dann kam endgültig der vorletzte große Moment. Die »Monte Urbasa« stach wieder in See. Nun war ich tatsächlich in Sicherheit und bekam sehr bald zu meiner unendlichen Freude per Funk ein Telegramm, das verkündete, daß Maria mit den Kindern wohlbehalten in Buenos Aires eingetroffen sei. Ich umarmte den Kapitän vor Glück und Erleichterung. Die Reise über den Ozean wurde nun sehr beeindruckend. Ich lebte wie Gott in Frankreich und wohnte in der Lotsenkabine neben dem Kapitän auf der Kommandobrücke. An Bord gab es

ein paar angenehme Passagiere. Darunter auch die fesche, witzige Französin. Ich erzählte ihr, ich wäre Spanier, hätte aber eine französische Großmutter und wäre bei dieser erzogen worden. Ich hätte eigentlich erst richtig Spanisch gelernt, als ich in Bilbao den Militärdienst ableisten mußte. Dann zeigte ich ihr auch meine Dokumente, die erstklassig waren. Darin hieß ich nämlich »Andrés Martínez López«, den es natürlich gab und der keine Ahnung hatte, daß man seine Dokumente heimlich dupliziert hatte. López war von Beruf Möbeltischler und besaß, in zahlreichen Nebendokumenten, sauber eingetragen, sogar Auszeichnungen, die somit auch ich mir, allerdings unblutig, im Marokkokrieg »verdient« hatte.
Nun, die Französin machte eher ungläubig gute Miene zum bösen Spiel und zog es elegant vor, alles zu glauben. Nur der Barkeeper blieb nach wie vor mißtrauisch. Er meinte: »Wenn Sie Spanier sein wollen, dann müssen Sie besser Spanisch sprechen. Sie haben aber doch einen gewissen ausländischen Akzent.«
Worauf ich prompt erwiderte: »Kein Wunder, ich wurde doch in Frankreich als Waisenkind bei meiner Großmutter erzogen und kam, wie gesagt, nur zur Ableistung des Militärdienstes nach Spanien.« Daher wäre mein Französisch besser als mein Spanisch. Doch sei ich Spanier genau wie er und stamme aus Torrelavega.
Damit kam ich erst recht an den Falschen, denn der Barkeeper stammte auch aus dieser Gegend. Nun beschrieb ich ihm Torrelavega, Santander und Santillana. Als ich auch noch die Namen aller Pfarrer der Gegend nannte, gab er sich endlich geschlagen und meinte, ich solle nicht böse sein, aber meine Erscheinung und mein Gehabe wären durch meinen langen Aufenthalt in Frankreich nicht mehr gut spanisch. Bald wurden wir sogar die besten Freunde, und von nun an war ich auch in den Augen des Mannes hinter der Bar ein einwandfreier Sohn Kastiliens. Und nicht lange, dann kam der Tag der Äquatortaufe, darauf die Region der fliegenden Fische und des leuchtenden Meeres. Und endlich erschien, freudig begrüßt, am Nachthimmel das Kreuz des Südens, für mich ein herrliches Zeichen der baldigen Freiheit.
Ich zählte nun die Stunden und Tage und genoß die kühlen Nächte. Immer wieder betrachtete ich bewundernd das Spiel der Wogen und die endlosen Wirbel hinter der Schraube des Schiffes.

Bald näherten wir uns dem südlichen Winter, und es wurde merklich kühler. Es war ja schon Juli, das Klima entsprach also ungefähr unserem Januar. Dann ein großer Moment: Wir erreichten die Mündung des Río de la Plata und kamen gleich darauf an der Insel der Lobos, also der der Seehunde, vorbei. Das Wetter wurde diesig, trüb und richtig winterlich. Am Horizont erschienen nun die Lichter von Montevideo. Dort besuchte ich mit meinen französischen Freunden einige für diese obligate Bars. Doch hatte ich wenig Spaß daran, denn meine Sehnsucht galt der Weiterfahrt nach Argentinien, das heißt meiner Maria und den Kindern. Ich konnte es doch gar nicht mehr erwarten, mit ihnen wieder vereint zu sein und endlich für sie etwas schaffen zu können, war doch, nach der Sehnsucht nach Frau und Kindern, die sinnlose Untätigkeit das Schlimmste der letzten zwei Jahre gewesen.

II

ARGENTINIEN

1948–1958

Erzählt von Pflanzern, Gauchos und Banditen

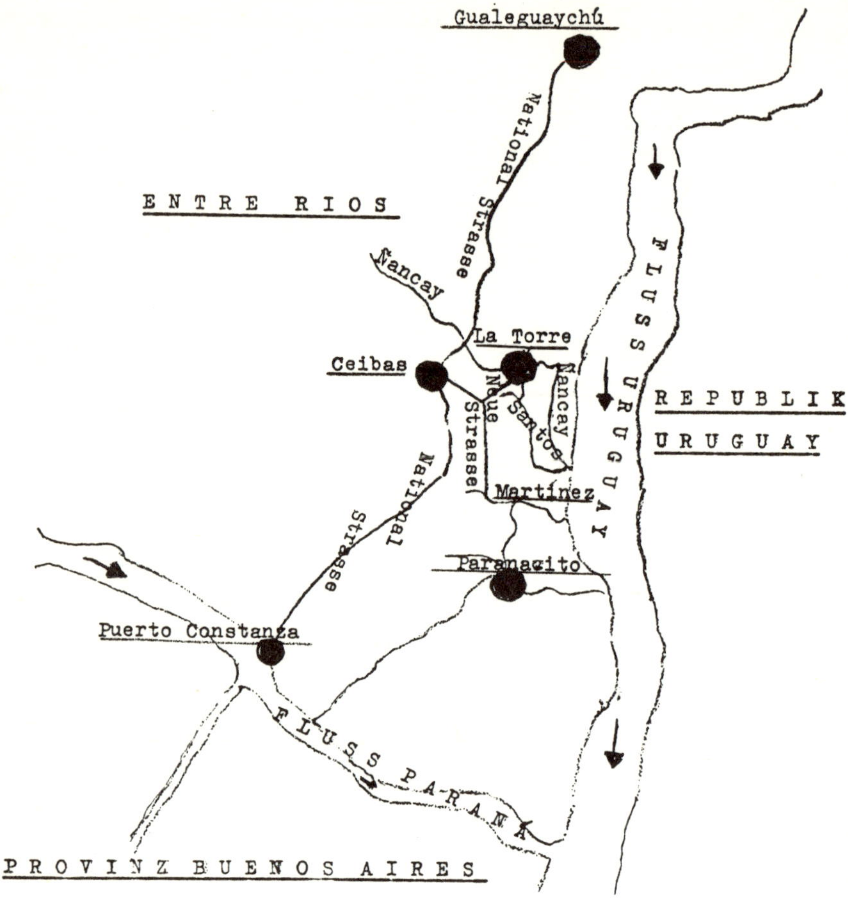
Gualeguaychú
ENTRE RIOS
National Strasse
Ñancay
La Torre
Ceibas
Neue Strasse
Santos
Ñancay
FLUSS URUGUAY
REPUBLIK URUGUAY
National Strasse
Martínez
Paranacito
Puerto Constanza
FLUSS PARANÁ
PROVINZ BUENOS AIRES

1

Nun kam er also, der größte aller Momente, der so sehnlich erwartete! Die »Monte Urbasa« lief in den Hafen von Buenos Aires ein und wurde an die Darsena Norte geschleppt. Es war spät am Abend, doch Mole und Schiff waren hell beleuchtet. Angestrengt starrte ich beim Kapitän von der Kommandobrücke aus in die sich am Ufer stauende Menge und erkannte bald Maria und das Ehepaar Vélez. Schnell packte ich meine Sachen, verabschiedete mich mit Dank und Herzlichkeit vom Kapitän, konnte es mir aber nicht verkneifen, noch zum Barkeeper zu laufen und mich von ihm auf deutsch mit einem strammen »Auf Wiedersehen« zu verabschieden, worauf er mit der Faust auf den Bartisch hieb und lachend ausrief: »Ich hab's ja gleich gewußt! Ich hab's gewußt, aber Sie haben mir so viel erzählt, daß ich am Schluß wirklich nicht mehr wußte, was wahr ist. Also viel Glück! Ich war doch immer für die Deutschen!«
Lachend verließ ich das Schiff und lief, mich durch die Menge boxend, in die Arme von Maria. Da war es nun, das Happy-End! Nicht zu glauben! Und immer, immer wieder umarmten wir uns alle vier, Oberst Vélez und seine Frau Elena, Maria und ich.
Tausend Erzählungen folgten bei einem köstlichen Abendessen. Frei und vereint waren wir überglücklich und lachten über jeden Unsinn. Maria und ich genossen all das in vollen Zügen. Doch bald verabschiedeten wir uns, um allein zu sein, und gingen, um uns auszulaufen und auszusprechen, zu Fuß die endlose, viele Kilometer lange Santa-Fé-Straße bis hinaus nach Belgrano, wo Maria für uns nach langen Mühen und Abenteuern ein neues Nest gefunden hatte. Nun schien alles wieder wunderbar, klar, schön und in guter Ordnung – Gracias a Diós! Doch zu guter Letzt wäre noch beinahe ein Malheur passiert, denn Maria rutschte aus und fiel, mit Miguel fast im siebenten Monat, der Länge nach auf das Pflaster. Starr vor Schreck kam ich zu spät, und ein paar freundliche alte Herren halfen schneller als ich. Zum Glück war nichts Schlimmes passiert. Das hätte noch gefehlt. Und spät nach

Mitternacht trafen wir in der kleinen Pension ein, weckten die Kinder und umarmten diese lieben, doch reichlich verschlafenen Geschöpfe.
Am nächsten Tag kam dann der Moment, meinem Sohn Wolfi zu erklären, wer ich wirklich war. Bis dahin hatte er nur gewußt, daß ich eben der »Comillas« wäre. Ich nahm mir Wolfi beiseite und sagte ihm: »Hör einmal Wolfi« (wir sprachen natürlich damals Spanisch), »ich muß dir jetzt etwas erklären: Ich bin nämlich gar nicht Comillas, ich nannte mich nur so. Ich bin in Wirklichkeit dein Vater!«
Tiefes Schweigen. Darauf auf einmal: »Was! Du bist mein Vater?« Da sagte ich: »Ja, ich wollte dir das nur früher nicht sagen. Das war nämlich damals eine schwierige Zeit, als ich von den Feinden verfolgt wurde und mich verstecken mußte. Und das durftest du als kleiner Bub nicht wissen, damit du es nicht weitererzählen konntest.«
Nun wieder Wolfi forschend: »Und wer hat dich gesucht?«
Da sagte ich: »Na ja, die Polizei!«
Oh je, das war natürlich total falsch gewesen. Wolfi darauf insistierend: »Aha! Und du hast gar nichts Böses gemacht? He?«
Maria begann jetzt zu lachen, und auch mir war komisch zumute, denn wer kann denn schon so etwas von sich behaupten. So antwortete ich: »Na ja, sicher, im allgemeinen habe ich wohl nichts Böses gemacht. Weißt du, es war Krieg, und da mußte man eben schauen, daß man sich verteidigt und schützt, aber ganz im allgemeinen habe ich wohl nichts Böses gemacht.« Daraufhin Wolfi: »Aber die Polizei hat dich doch gesucht!« Und drohend mit dem Finger meinte er verschmitzt: »Na, irgend etwas Böses wirst du schon gemacht haben!«
Nun gab es kein Halten mehr, und wir lachten alle drei aus vollem Hals.
Die Pension im Vorort Belgrano, die Maria gefunden hatte, gehörte einer alten, deutschblütigen, weit entfernt in der Provinz Córdoba lebenden Dame, die dieses Haus mit Garten ihren ehemaligen Angestellten, der Köchin und deren Gatten, vorübergehend gegen kleines Entgelt zur Benützung überlassen hatte. Sich selbst hatte sie nur ein paar Zimmer im oberen Stockwerk für eventuelle Besuche in der Hauptstadt reserviert.
Don José, nun der Pensionsinhaber, war ein besonders netter jüngerer Portugiese, seine Frau Elida eine typische Kreolin. Die Gäste kamen größtenteils aus Deutschland, zum Teil jüngere Offiziere, die sich

glücklich nach Argentinien durchgeschlagen hatten. Sie alle konnten wahre Odysseen erzählen, unter welch sonderlichen Umständen und falschen Namen sie über das Meer gekommen, wie es ihnen gelungen war, den »verdammten Alliierten« ein Schnippchen zu schlagen.
Gleichzeitig mit uns wohnte in der Pension auch Señor Claros mit seiner jungen Tochter Elba, die sich bald mit meiner Frau und vor allem mit unseren Kindern anfreundete. In jeder Hinsicht war sie ein Schatz und stets eine große Hilfe. Auch Señor Claros, Mathematikprofessor mit einem noblen Inka-Gesicht, zeigte größte Sympathie. Er hatte früher als Unterrichtsminister dem nationalistischen Regime in Bolivien angehört, das vom Mob unter Ausschreitungen gestürzt worden war. Fast alle Pensionsinsassen hatten Finanzsorgen, und auch unsere Reserven wurden von Tag zu Tag knapper.
Unsere Hoffnungen, daß sich Carlos Karlowitzer, ein argentinischer Freund von Oberst Vélez, für mich einsetzen würde, da ich ihm ja seine Mutter unter großen Schwierigkeiten und nicht ohne Gefahr für alle Beteiligten während des Krieges aus Deutschland heraus und mit einem englischen Navycert über Spanien nach Argentinien gebracht hatte, erwiesen sich als totale Illusion. Karlowitzer, ein wohlgenährter, wenig sympathischer argentinischer Exporteur, war reich und hatte anfangs große Versprechungen gemacht. Meiner Frau hatte er zwar Rosen geschenkt, aber ihre fünfzig Goldpfund, ihr einziges Bargeld, zu einem miserablen Kurs gewechselt. Mich selbst lud er zum Essen in den Jockey Club ein und erklärte, er könne mir sein ganzes Leben lang niemals genug für meine »noble Tat« danken. Ich möge am nächsten Tag in sein Büro kommen. Dort wurde ich sofort empfangen. Karlowitzer meinte, ich solle mich in der Stadt umsehen und ihm Vorschläge machen. Sollten sie interessant sein, würde er mich gerne finanzieren.
Immer wieder mußte ich ihm erzählen, wie wir seine Mutter aus Deutschland herausbekommen hatten. Sie war nämlich erst in Rumänien ansässig gewesen, von dort aber vor der Roten Armee in Richtung Deutschland geflüchtet. Nur ihr letzter Aufenthaltsort in Rumänien war bekannt. Nun hatte mich Vélez, der mit Karlowitzer geschäftlich befreundet war, gebeten, für ihn die Mutter seines Freundes zu suchen. Fürs erste hatte ich damals in Berlin Schellenberg, beziehungsweise dessen tüchtige Sekretärin mobilisiert, und die veranlaßte wie-

derum SD und Gestapo, nach der alten Dame zu forschen. Schließlich wurde sie in Deutschland gefunden. Sofort sprach ich mit Schellenberg und überzeugte ihn, daß der argentinische Militärattaché für uns wichtig sein könnte und es daher nicht unklug wäre, ihm jetzt gefällig zu sein. Frau Karlowitzer bekam einen normalen deutschen Paß, obwohl sie Halbjüdin war, und fuhr ganz offiziell zur Kur nach Spanien. Ich versprach allen zuständigen SS-Beamten hoch und heilig, die Dame nach deren Gesundung pünktlich wieder zurückzusenden. Natürlich hatte ich Schellenberg nichts davon gesagt, daß diese Frau sofort nach Südamerika gebracht werden sollte.

In Madrid bemühte sich Vélez unverzüglich bei der englischen Botschaft, für den deutschen Paß ein englisches Navycert zu bekommen, damit Frau Karlowitzer, Richtung Buenos Aires in Marsch gesetzt, nicht von einem englischen Kontrollschiff von Bord geholt werden würde. Ich hatte vor, bei Rückfrage Schellenberg zu erzählen, daß die Frau schwer krank geworden wäre und in einem nordspanischen Bad weile.

Alles klappte zunächst bestens, nur als Frau Karlowitzer auf der englischen Botschaft erscheinen mußte und dort überzeugend erklären sollte, daß sie nie mehr nach Deutschland zurück wolle, verplapperte sie sich total. Denn als der Engländer abschließend fragte, ob sie die Absicht habe, jemals nach Deutschland zurückzukehren, erklärte die Alte begeistert: »Natürlich möchte ich das, sobald wieder Frieden ist.« Nur mit Mühe gelang es Vélez, diese Erklärung als Folge eines Hörfehlers darzustellen, und grinsend ließ sich der Engländer breitschlagen, das Navycert doch zu erteilen.

Immer wieder versprach mir Karlowitzer das Blaue vom Himmel, und ich müßte ihm nur endlich »brauchbare« Vorschläge machen. In der Folge war ich bald nicht mehr im großen Salon oder im Wartezimmer erwünscht, sondern mußte bereits die Bank im Korridor drücken, wenn ich bei ihm vorgelassen werden wollte. In Karlowitzers Augen hatten meine Vorschläge stets einen Haken, und mit der Zeit schmolzen meine letzten Bargeldreserven dahin. Nach zwei Monaten hatte ich es satt und sagte meinem »Gönner« schließlich unverblümt: »So geht das nicht weiter, Sie halten mich hin, Sie führen mich an der Nase herum. Geben Sie mir bitte das Geld zurück, das ich für Ihre Mutter ausgelegt habe. Ich werde mich jetzt selbst durchschlagen!«

Ich hatte für Frau Karlowitzer damals während des Krieges die Überfahrt bezahlt und auch sonst alle Kosten dieser Aktion übernommen. Der fette Krösus zahlte schließlich mit Stöhnen und Seufzen. Ich knallte die Tür, und es war nun an mir, eine neue Arbeit zu finden.
So versuchte ich zunächst, mit dem Schwiegersohn von Oberst Vélez, einem etwas vagen, aber sehr gutmütigen Bonvivant, Im- und Exportgeschäfte zu machen. Es stellte sich jedoch bald heraus, daß dieser Mann, der als Marineoffizier gefeuert worden war, lediglich sündteure Telegramme in alle Erdteile schickte und lange feuchte Geschäftsbesprechungen hielt oder zu Gelagen lud, bei denen er voll Begeisterung als Hobbykoch auftrat. Aber stets blieben seine Aktionen ohne Ergebnis, und wir tätigten nur Luftgeschäfte. Also gab es auch auf diesem Weg kein Weiterkommen.
Inzwischen war Miguel in der Klinik Otamendi zur Welt gekommen, und die Kosten unserer nunmehr fünfköpfigen Familie stiegen fatal. Aber Maria und ich waren überglücklich und dankbar, daß Miguel nach all den Wirren und Sorgen der letzten Zeit kerngesund und kräftig auf freiem Boden zur Welt gekommen war.
Die Sorge, eine einträgliche Arbeit zu finden, wuchs von Tag zu Tag. Einige Kunstgegenstände hatten wir ganz gut verkauft. Doch mit Kunsthandel selbst, so schien es, war hier nichts anzufangen. Einen Monat lang bemühte ich mich, aus einem Klingeltransformator ein elektrisches Feuerzeug für den Hausgebrauch herzustellen. Die Sache klappte nicht schlecht. Es gelang mir, mit diesem Klingeltransformator die Netzspannung von 110 Volt auf 1,8 Volt mit hoher Stromstärke herunterzutransformieren und dabei einen zur S-Schlinge gedrehten Draht gut zum Glühen zu bringen. Das Ganze verpackte ich in ein Blechgehäuse, das einem Dunhill-Tischfeuerzeug sehr ähnlich sah. In unserem einzigen Familienschlafzimmer, wo wir zu fünft wohnten, lagen Drähte herum, am Tisch war ein kleiner Schraubstock angebracht, und ich wickelte Spulen und baute Transformatoren, während Maria Miguel stillte und Wolfi und Elizabeth herumtobten. Doch da bekam Wolfi zu allem Überfluß Scharlach, und meine Elektrowerkstatt verwandelte sich vollends in ein Kranken- und Kinderzimmer, da der herbeigerufene Kinderarzt uns dringend riet, die Sache streng geheim zu halten, denn sonst dürfe Wolfi nicht bei uns in der Pension bleiben, sondern müsse schnurstracks in die Infektionsabteilung.

Doch dazu, so gestand er, könne man beim besten Willen nicht raten. Damals gab es ja noch kaum Penicillin, und es hatte Wolfi schwer erwischt. Gottlob überstand er aber alles gut und ohne andere anzustecken – nur aus meinem Feuerzeug wurde im Endergebnis nichts.

Kein Mensch wollte mir Geld leihen. Die anderen deutschen Pensionsinsassen, Puck Kauntz und Leutnant Krause, hatten sich ihrerseits darauf verlegt, elektrische Heizkissen mit leuchtenden magischen Kontrollaugen herzustellen. Auch diese Sache platzte, denn Frau Offermann, die das erste Modell geschenkt bekam, verbrannte fast in ihrem Bett. Die Produktion wurde eingestellt, und Hunderte von Schachteln, die bereits als Verpackungsmaterial auf Vorrat gekauft worden waren, lagen noch Jahre später auf dem Dachboden der Pension herum.

Auch der zweite Produktionsversuch von Puck und Krause mißlang. Sie hatten ein neues Gerät erfunden, in dem man mit Knie oder Ellenbogen ideal »Kalt-warme Wechselbäder« nehmen sollte. Das Ganze funktionierte höchst modern elektrisch. Endlich fand sich ein Geldgeber, dem die Erfindung vorgeführt werden mußte. So besuchten sie diesen dicken, mit Brillantringen bestückten Kreolen in seinem Stadtbüro und stellten dort sofort das erste Modell auf. Dann verkündeten sie: »Señor, am besten ist, Sie machen gleich selbst eine Probe.« Der gutgläubige, den Deutschen blind vertrauende Mann zog seinen Rock aus und tauchte seinen Ellenbogen in das kalte Becken. Nun tönte Puck Kauntz: »Passen Sie auf, Señor, jetzt schalten wir auf heiß.«

Das geschah mit unerwartet heftigem Erfolg, denn mit Brüllen und Schreien und verkrampften Bewegungen warf sich der Kapitalist in die Höhe und landete mit dem elektrischen Apparat, Wechselbad, Wanne und Wasser auf dem Fußboden. Schnell riß Puck den Stecker aus der Wand, doch wutentbrannt verfolgte das Opfer unsere beiden Freunde bis auf die Straße. Da blieb ihnen nichts anderes übrig, als unter Zurücklassung ihrer Erfindung zu flüchten. Also kam es auch bei diesem hervorragenden Gerät nicht zur Großproduktion.

Nach mehreren verkrampften Versuchen, zu Arbeit und zu dringend benötigtem Geld zu kommen, lernten wir unter zahllosen Immigranten auch Gino Monti kennen, der sich unterwegs »gegraft« hatte. Seine damalige Frau war eine sehr nette Kreolin aus dem Mittelstand. Gino hatte gute Beziehungen zur Umgebung von Peron. Dessen Berater, Señor Freude, war ein Deutsch-Argentinier, der den neuen Staatsnachrichtendienst aufgezogen hatte und sich für mich interessierte. Ich aber lehnte rundweg ab.

Eines Tages bekam Monti von Evita Peron den – großen – Auftrag, für ländliche »Erste-Hilfe-Stationen« von den einschlägigen Unternehmen Möbel zu besorgen. Der Auftrag sah gigantisch aus, und Gino bot mir an, mitzumachen; wir fühlten uns schon als Millionäre und gingen stolz von einem Geschäft zum anderen, um diese Aufträge zu vergeben. Doch überall erklärte man uns, man würde niemals Bestellungen vom Staate und schon gar nicht von Evita annehmen. Zwar seien die Aufträge groß und interessant, aber man stehe später unweigerlich vor dem hoffnungslosen Problem, das Geld einzutreiben.

Also war auch das wieder nichts! Nun versuchte ich doch noch einen Kunsthandel aufzuziehen, aber leider hätte man zu große Gelder gebraucht, um ordentlich beginnen zu können. So nahm der Stand unserer Finanzen eine unaufhaltsame Wendung zum Bösen. Da erschien eines Tages Harald Siebeneichner, ein Mann von großer Entschlossenheit, österreichisch-ostpreußischer Abstammung und voller Pläne. Maria hatte ihn auf dem Schiff kennengelernt und uns zusammengebracht. Er erzählte mir, daß er im Binnenhafen von Buenos Aires, San Fernando, einen wohlbeleibten Halbindio kennengelernt habe. Der Mann sei sichtlich etwas merkwürdig, doch seine Frau wäre Deutsche und hieße Elsa Schlegelmilch de Hutzler. Siebeneichner erzählte, daß er sich lange mit diesem Herrn Cheves unterhalten habe und dieser von einem riesigen »camp« geschwärmt hätte, das er in Entre Ríos weitab von Buenos Aires besäße. Es handele sich um rund fünftausend Hektar. Gekonnt habe er den großen Gönner gespielt und gesagt, er habe selbst keine Kinder, daher wäre es wunderschön, wenn er junge Deutsche finden könnte, die draußen die Aufschließung seines Landes in Angriff nehmen könnten. Er sei reich, und es würde ihm ein Vergnügen sein, solchen jungen Deutschen, die entschlossen wären, dort anzufangen, dieses Camp zu äußerst günstigen Bedingungen zu verkaufen und sowohl finanziell als auch mit Rat und Tat zur Seite zu stehen. Die Grundstücke lägen im nördlichen Delta des Paraná im Bundesstaat Entre Ríos. Um dorthin zu gelangen, müsse man mit einem kleinen Schiff zunächst quer durch das Delta, dann ein Stück den Río Uruguay hinauf und schließlich den wichtigsten Fluß der Gegend, den Ñancay, flußaufwärts fahren. Ich selber hatte schon viel von diesem Delta gehört, vor allem von unserem Zahnarzt, mit dem ich einmal das Delta besucht hatte und der mir gleich mehrere Grundstücke hatte vermitteln wollen.

Siebeneichner organisierte einen Treff mit diesem Señor Cheves, der mir keinen überzeugenden Eindruck machte, doch zeigte er Karten und Fotografien von einem großen Camp mit imponierenden Baumgruppen, Sümpfen und Wasseradern und erzählte, daß die Wasserfrage problemlos sei. Andererseits läge in den Sümpfen metertief Schwarzerde, man brauche nur das Wasser abzuleiten. Unser Interesse stieg gewaltig! Wir insistierten, daß wir bald dieses Camp in natura sehen wollten. Cheves aber fand alle möglichen Ausflüchte und Ausreden, um unseren Besuch dort hinauszuzögern.

Viel später erst kamen wir darauf, daß der wahre Grund folgender gewesen war: Man konnte jene Flüsse nie vor Herbst befahren, da sie durch die ungeheuer wuchernden Camalotes (das sind schwimmende Schlingpflanzen) vor Einbruch von Winter und Frost völlig unpassierbar waren. Also mußten wir nichtsahnend noch zuwarten.

Inzwischen verging die Zeit in Buenos Aires ziemlich langsam. Wir versuchten weiter, Geschäfte zu machen, aber man gab nur Geld aus, und unaufhaltsam kamen wir in Schulden. Bei Gino Monti in seiner prunkvollen Wohnung sahen wir eine ganze Menge interessanter Existenzen aus Europa, darunter den ehemaligen Frankenfälscher Fürst Windisch-Grätz, der nach dem Ersten Weltkrieg Rache für Trianon an Frankreich nehmen wollte, indem er in großem Stil Francs zu fälschen begann. Weiter sahen wir den gestürzten jugoslawischen Ministerpräsidenten Stojadinowitsch, der für uns interessant war, mit all seinen Ausführungen über die Hintergründe des Sturzes der legalen alten Regierung und über seine Zusammenarbeit mit den Deutschen. Auch Clemens Krauss und Viorica Ursuleac lernten wir dort kennen.

Falsche Legitimation des Autors als Mitglied der Franco-Garde

F. E. T. y de las J. O. N. S.

GUARDIA DE FRANCO

Apellidos MARTINEZ LOPEZ

Nombre ANDRES

Domicilio Travesia A. Mendoza

Fecha 16 Enero- 944

El Interesado, El Jefe Provincial,

V.º B.º:

El Lugarteniente,

Der kombinierte Schnellfrachter »Monte Urbasa«

Der Autor mit einem Knoblauch-Lei

Doppelseite vorher: Der Autor mit Peón Martine
und Ñancaylandschaften

Unser erster Rancho mit »Speiseveranda«

2

Im Herbst des Jahres 1949 war es endlich soweit, daß Cheves bereit war, uns sein Land zu zeigen. Wir stiegen in Tigre in seine alte verlotterte Chata, das war ein Zehn-Tonnen-Frachtboot mit einem hustenden Dieselmotor. So fuhren wir quer durch das ganze Delta. Wir, das waren Siebeneichner, der junge Leutnant Krause und ich. Bald waren wir begeistert von dieser Exkursion, die uns über den Río Paraná nach dem kleinen Deltadorf Paranacito führte. Von dort aus ging es dann weiter flußaufwärts bis zum Río Martínez. Und dann kam der große Moment, als wir die Auen des Deltas verließen und mit dem Boot auf den gewaltigen Fluß Uruguay hinausfuhren. Der ist dort ungefähr elf Kilometer breit, ja fast ein Meer von seltener Pracht. Wir tuckerten flußaufwärts bis zu einem riesigen Eukalyptusbaum, der die Mündung des Río Ñancay, des Teufelsflusses, markierte. Den fuhren wir also flott hinauf, nur wenige schwimmende Wasserhyazintheninseln kamen uns noch störend entgegen. Dann bogen wir links in einen kleineren Fluß ein, der Santos-Grande hieß. Bald sahen wir auf Pfählen eher armselige Hütten bescheidener Pflanzer. Überall waren rechts und links Pappeln und Weiden gepflanzt. Mit der Zeit lichtete sich dann dieser Wald, und immer schütterer wurde die Vegetation, bis auf mächtige Ceibos am Ufer. Das sind große, dicke, stachelige Bäume aus der Familie der Leguminosen, die im Frühjahr herrlichste große rote Blüten tragen.

Endlich erreichten wir das Camp des Herrn Cheves, wo eine halbverfallene Hütte stand. Die Nacht darin werde ich kaum jemals vergessen. Noch nie haben sich an mir so viele Flöhe gelabt wie in besagtem »Rancho«.

In der Umgebung weidete eine kleine Schafherde, und schnell war ein Hammel gebraten. Es war dies das erste »Asado« in meinem Leben, und viele weitere sollten folgen.

Beim Aufstehen in der Früh sahen wir auf unseren Beinen wieder Heerscharen von Flöhen in kupfrigen Farben, die mit einer Art

metallischem Klang herumsprangen. Zum Frühstück gab es natürlich Mate, und das Rohr der »Bombilla« ging von unseren Mäulern in die unappetitlichen von Cheves und seinem zahnlosen Peón. Die harten Galletas, so heißt dort der Schiffszwieback, und gestockter, kalter Hammelbraten waren auch nicht animierend. Doch bald hatten wir die Pferde gesattelt und trabten fröhlichst in die Morgendämmerung.
Der Weg führte stets über Albardone, das sind die erhöhten Ufer zu beiden Seiten der Flußläufe. Wenn nämlich jene Flüsse oder, besser gesagt, Auarme bei Überschwemmungen über die Ufer treten, so lagern sie den größten Teil Schlick oder Sand in der Nähe ab. Solchermaßen sind dann die Flüsse eingefaßt von Ufern, die ungefähr eineinhalb Meter höher liegen als die Flüsse selbst oder die großen Sümpfe. Letztere werden Esteros genannt. Das Wasser in den Flüssen ist normalerweise faul und warm. Da gedeihen nur verschiedene Binsen und Schilfsorten. Doch unendliche Mengen von Vögeln, aber auch von Fröschen, Würmern und Insekten leben in diesen Esteros. Bei Sonnenaufgang beginnt ein lautes Schnattern, Zwitschern und Kreischen all dieser Vögel, und es wird behauptet, daß in keinem Land der Erde so viele verschiedene Vogelarten zusammen leben wie in diesem Delta Argentiniens. Doch auch zahlreiche Schlangen leben dort, sowohl harmlose als auch eine sehr gefährliche, giftige Art, die ungefähr zwei Meter lange Yarraraca, die sich sowohl durch Eier als auch durch lebend geborene Junge fortpflanzen kann.
Das Verhältnis der Albardone zu den Esteros beträgt ungefähr eins zu zehn. Auf diesen Uferwülsten, die meist so an die dreißig Meter breit sind, wachsen dann die verschiedensten Bäume, zum Beispiel der Curupí, eine Art Gummibaum, aus dessen Rinde bei Verletzung weißer Saft fließt, dann der schwarze Lorbeer, der sogenannte Laurel Negro und noch viele andere Bäume des Monte Blanco genannten Uferwaldes. Auf den höheren Teilen steht der Espinillo, ein Hartholz aus der Familie der Leguminosen, der bizarr wächst, nicht groß wird und im Frühjahr mit seiner samtigen, gelben Blütenpracht das Herz erfreut. Sein Holz eignet sich großartig als Brennmaterial. Lange Zeit war das Schlagen des sogenannten Monte Blanco und der Espinillos die einzige Produktion des Deltas.
Die höheren Stellen der Albardone haben wenig Humus und sind manchmal auch etwas salzig. Man kann sie als bescheidene Viehwei-

den benutzen. Doch die Billionen von Moskitos, die im Morgengrauen und der Abenddämmerung über Viehherden und Menschen herfallen, machen einen Viehzuchtbetrieb nicht unproblematisch. Trotzdem besitzen einige einheimische »Negros«, wie man die Leute dort nennt, etliche hundert Stück Vieh. So auch Herr Cheves mit seinen viertausend Hektar Sumpfland. Die Hüter dieser meist aus Pferden bestehenden Herden wohnten in sehr primitiven Ranchos. Hauptaufgabe der vielen Pferde war es, das Buschwerk niederzuhalten, wie man uns erklärte.

Wir ritten also fröhlich in einen wunderschönen Tag hinein. Überall flogen Papageien, Tauben, Reiher und alle möglichen prachtvollen Vögel herum, und aus den Sümpfen erklang der metallische Schrei der Gallineta. Den ganzen Vormittag ging es nun teils im Galopp, teils im Trab die Albardone entlang. Immer bot sich das gleiche Bild: Sümpfe, Schilf und Espinillos, hie und da offenes Gelände mit spärlichem Graswuchs und einigen Rindern. Dann in tieferen Lagen wieder etwas Monte Blanco, durchwachsen mit dem Gummibaum Curupí.

Da erzählte uns Cheves, daß während des Krieges ein deutscher Professor sich für diesen Baum ganz besonders interessiert habe, um den Saft anzuzapfen und aus dem restlichen Holz etwas Kohle zu machen. Er wüßte nicht genau, für welchen Zweck dieses der Professor aus Deutschland vorgesehen hätte, aber es mußte eine ganz wichtige Sache gewesen sein, die nur durch den schlechten Ausgang des Krieges nicht zum Tragen gekommen war.

So lauschten wir den Ausführungen des großen Fachmannes Cheves, und wir hieben immer wieder mit Buschmessern tiefe Kerben in die verschiedensten Curupí-Stämme, um die weiße Milch zu bewundern. Schon sahen wir uns als Unternehmer einer großen »Curupíverwertungsgesellschaft«. Natürlich blieb dies alles ein Traum. Denn das einzige, wozu man diesen Baum verwenden konnte, war das Herausschneiden sehr schlechter Bretter, aus denen wir später einmal aus traurigem Anlaß einen Sarg zimmerten. Zu einer positiven Verwendung ist es selten gekommen.

Als wir dann am Nachmittag den äußersten Zipfel des gigantischen Camps erreichten, stieg Cheves mit bedeutungsvoller Miene vom Pferd und steckte schweigend etwas Erde in die Tasche, die er von einem gelben, unbewachsenen Fleck abgekratzt hatte. Er sprach dabei

kein Wort und tat nur sehr geheimnisvoll. Bald fragte ihn Siebeneichner, der es vor Neugier nicht mehr aushielt, warum er denn diese Erde aufgesammelt habe und was er damit bezwecke. Anscheinend nur widerwillig verriet Cheves, daß ein deutscher Fachmann diese Sorte Erde einmal genau untersucht und wohl ganz große Dinge damit im Sinne gehabt hätte. Mehr wüßte er allerdings nicht. Es wäre wohl während des Krieges von erheblicher Bedeutung gewesen! Natürlich spielte er nur Theater, um uns Gringos lange Zähne zu machen!
Weiter ging unser Ritt in großen Spiralen und Wendungen. Später konnten wir feststellen, daß Cheves uns absichtlich kreuz und quer durch das Camp geführt hatte, um uns so einen größeren Eindruck zu vermitteln. Aufgeritten und völlig groggy kamen wir spät nach Sonnenuntergang wieder zu unserer »Ranchada«. Dort hatte ein Peón schon ein gutes Asado gebraten, auch fehlte es nicht an Rotwein, Zwiebeln und Knoblauch. Als Beilage hatten wir wieder diese harten Galletas, die im übrigen frisch gar nicht so übel sind.
Am nächsten Tag tuckerten wir noch durch die Flüsse Ñancay, Santos Chico und Santos Grande, um uns das tiefere Land, das sogenannte »Campo Bajo«, anzusehen. Dies war Schwemmland jüngeren Datums. Die Albardone, etwas niedriger als sonst, schienen dort fruchtbarer und waren dicht mit Uferwald und den verschiedensten Schlingpflanzen und Schilfen bewachsen. Die tiefen Esteros hatten eine gute Humus-Torfschicht, waren mit Schilf bedeckt und dehnten sich von den Wasserläufen Santos Chico und Santos Grande bis zum Unterlauf des Ñancay.
Cheves meinte, und da sagte er ausnahmsweise einmal die Wahrheit, diese Campos wären bedeutend besser und wertvoller, weil sie sich für Pflanzungen von Weiden und Pappeln hervorragend eignen würden, sobald man einmal den Monte Blanco gerodet und die Sümpfe drainiert habe.
Natürlich gefiel uns damals das hohe Land besser. Dort schien mehr los zu sein, dort gab es ganze Herden von Vieh, dort konnte man reiten, während man sich im tiefen Land per Kanu vorwärtsbewegen oder in Gummistiefeln mühsam einen Weg stapfen mußte, den man sich zuvor mit der Machete erst freizuhauen hatte. Das tiefere Land befand sich hauptsächlich auf der eintausend Hektar großen Flußinsel zwischen Santos Chico, Santos Grande und Ñancay, wovon Cheves auf

dem nördlichen Teil ungefähr fünfhundert Hektar besaß. Eine direkte Verbindung mit dem Festland war theoretisch möglich, doch Wege gab es noch kaum. Bis zur nächsten Landstraße lagen noch zwanzig Kilometer Sumpflandschaft, durchzogen von Wasserläufen mit ihren schlecht begehbaren Uferwülsten, den Albardonen. Nur hoch zu Roß oder mit hochrädrigen Karren konnte man da einigermaßen durchkommen.

Am zweiten Tag war dann nicht mehr viel Neues zu sehen, und Cheves schwieg bedeutungsvoll. Er meinte nur, er wäre ein alter Mann, der sich nicht mehr um dieses riesige Land kümmern könne, ja, er wäre bereit, uns oder den Leuten, die wir brächten, einer Gesellschaft zum Beispiel, den ganzen Besitz zu verkaufen. Andererseits aber würde er auch darauf eingehen, uns nur einen Teil seines Landes zu verkaufen. Er schätze, daß für uns das tiefere Land wohl das praktischere sei. Das höhere Land bräuchte sicher zur Erschließung bedeutend größere Investitionen, und da wolle er nicht mit eigenem Geld einsteigen. Ja, er müsse sich das alles im übrigen noch einmal sehr gründlich überlegen, und wir sollten jetzt erst mal in Buenos Aires zusehen, ob wir das Geld auftreiben könnten. Dann wäre er zu weiteren Gesprächen bereit. Er müsse uns aber besonders darauf aufmerksam machen, daß er es unter keinen Umständen dulden würde, sollten wir selbständig auf das Camp fahren, um uns bei Nachbarn über Lage, Wert oder Preis zu erkundigen. »Dann wäre es ein für allemal mit der Freundschaft aus!«

Ich muß gestehen, wir waren von der Entschlossenheit dieses Mannes sehr beeindruckt, vor allem ich. Siebeneichner hatte eigentlich vor, heimlich doch noch einmal nach Entre Ríos zu fahren und in der Gegend herumzuhorchen. Ich bat ihn aber, davon Abstand zu nehmen, denn er würde nur wertvolles Porzellan zerschlagen, und wenn Cheves von seinen Absichten zurücktreten sollte, dann säßen wir ohne Camp auf dem trockenen. So eine günstige Gelegenheit fände sich nicht so leicht wieder, und im übrigen sei dieses Land doch grandios und entspräche unseren kühnsten Träumen. Das wichtigste wäre jetzt, das Geld aufzutreiben.

Ich selbst hatte nicht viel und Siebeneichner noch weniger. Aber glücklicherweise besaß Maria noch fünftausend Dollar von ihrer Großmutter, die bei einem Onkel in den USA als Trustfonds angelegt waren.

Siebeneichner drängte nun sehr darauf, ich solle doch »diese Piepen locker machen«. Das war aber gar nicht so einfach, denn Maria hatte ja leider einen »obnoxious German« geheiratet, und nach den Dumbarton-Oaks-Bestimmungen durften solche Gelder die USA nicht offiziell verlassen. Nach unendlichen Schwierigkeiten und auf Umwegen gelang aber endlich der Transfer des Geldes, und wir konnten Cheves definitiv fragen, was er für das Land verlange. Er nannte uns einen Preis für die siebenhundert Hektar tiefes Land. Für das höhere Land verlangte er weniger, doch da es sich um dreitausend Hektar handelte, ergab das eine gewaltige Summe, und für dieses Land, so erklärte uns Cheves, könne er uns keinen Kredit geben. Da müßten wir bar bezahlen. Beim tiefen Land hingegen gäbe es Zahlungserleichterungen.

Erst viel später wurde uns klar, warum er beim hohen Land keine Zahlungserleichterungen geben wollte. Dort gab es nämlich wenig zu investieren, und er hätte im Falle unserer Zahlungsunfähigkeit außer Schwierigkeiten nichts gehabt. Beim tiefen Land hingegen konnte er Zahlungserleichterungen geben, da wir, um dieses Land verwerten zu können, sofort mit der Rodung und vor allem mit der teuren Drainage und dem Durchstechen der Albardone beginnen müßten. Diese Arbeiten aber würden, falls wir finanziell zusammenbrächen, ihm als Verbesserungen oder Meliorationen bleiben und somit einen Gewinn für ihn ergeben.

Ich weiß nicht, welcher Schutzengel uns zu dem Erwerb des tiefen Landes riet, denn das war das absolut richtige: Es war leicht unterteilbar, und wir konnten es bei Geldmangel später stückweise abverkaufen, was beim Festland nicht möglich gewesen wäre.

Inzwischen hatte ich einen Universitätsprofessor namens Lenzoni kennengelernt. Dieser war ein junger, aktiver Mann, der in der ersten Regierungszeit von Peron Interventor, also Zwangsgouverneur der Zentralregierung gewesen war und so noch über einigen Einfluß verfügte. Bald sicherte er uns zu, sich mit dem Kauf von zweihundert Hektar zu beteiligen. Das war für uns besonders wichtig, denn Cheves wollte seine siebenhundert Hektar Tiefland nicht teilen, sondern nur geschlossen verkaufen. Siebeneichner und ich überlegten und diskutierten endlos, welchen Preis man Cheves vorschlagen sollte. Ich meinte, man müsse etwas mehr als die Hälfte seiner Endforderung

bieten: also 130 Pesos. Siebeneichner hingegen meinte, das wäre noch viel zu viel, man müsse weniger bieten.
Ich war aber zu sehr von dem Land und der guten Gelegenheit eingenommen und wollte alles tun, um nur ja nicht eine Verbitterung bei Cheves hervorzurufen. Also kauften wir das Land für 130 Pesos pro Hektar. Später zeigte es sich leider, daß Siebeneichner recht gehabt hatte und es klüger gewesen wäre, viel weniger zu bieten. Ich war eben noch zu sehr ein »Gringo«. Als ich Cheves viel später einmal traf und ihn fragte, um welchen äußersten Preis er uns das Land verkauft hätte, kam frisch und fröhlich die Antwort: »Wissen Sie, ich war damals in großer finanzieller Verlegenheit, denn mein Land stand knapp vor der Zwangsversteigerung.«
Da stiegen mir die Haare zu Berge. »Señor Cheves«, sagte ich, »wir haben ja doch nur 130 Pesos gezahlt!«
»Ja, das war für mich sehr günstig.«
»Na ja, hätten Sie es auch um die Hälfte hergegeben, also um 65 Pesos?«
»Klar, klar!«
Wieder ich: »40 Pesos?«
»Auch.«
Ich: »30 Pesos?«
Da lachte er: »Na ja, wissen Sie, praktisch um jeden Preis, mir blieb ja gar nichts mehr übrig. Aber es war sehr nett von Ihnen, mehr als die Hälfte meines Angebotes von 250 Pesos zu akzeptieren. Das hat mich wirklich überrascht. Wie gesagt, es war nett von Ihnen.«
Ich wiederum hatte mich damals, als wir das Land kaufen wollten, bemüht, Cheves mittels einer langen Rede auf einen niedrigen Kaufpreis einzustimmen, ohne ihn zu vergrämen: »Schauen Sie, Señor Cheves, Ihr Camp hat uns gut gefallen, und wir schätzen es, daß Sie uns entgegenkommen wollen. Das haben wir auch dringend nötig, und es freut uns, daß wir mit einem Mann verhandeln können, der deutschfreundlich ist wie Sie und der jungen Menschen Gelegenheit zur Arbeit gibt, aber 250 Pesos pro Hektar sind für uns absolut zuviel. Die können wir unter keinen Umständen aufbringen. Nehmen Sie es uns bitte nicht übel, wenn wir nur ein paar Pesos mehr als die Häfte geben können. Ich denke, 130 Pesos pro Hektar sind für uns das alleräußerste, auch wenn das Camp mehr wert sein mag.«

Cheves hatte uns daraufhin lange angesehen und dann mit ernster Miene gesagt: »Gut, – está bien –, ich akzeptiere den Preis, denn Sie sind tüchtige junge Leute, und ich wünsche Ihnen viel Glück. Gehen wir also gleich zu meinem Notar und machen das Boleto.«
Ein Boleto ist ein schlichter Vorvertrag, den man jederzeit an andere Leute weitergeben kann. Es kommt manchmal vor, daß auf so einem Boleto vier bis fünf Weiterverkäufe vermerkt sind. In unserem Boleto stand nun, daß wir fünf Prozent anzahlen und den Rest in drei kleinen Quoten pro Jahr binnen der nächsten fünf Jahre abzuzahlen hätten. Es wurde eine in Argentinien übliche »Hipoteca Leonina«, auf deutsch »Löwenhypothek«, errichtet. Diese berechtigt den Verkäufer im Falle der Nichtbezahlung von Quoten oder sogar nur von Zinsen, sofort die Bezahlung des Gesamtbetrages zu verlangen, wobei dann alle bis dahin geleisteten Zahlungen verfallen. Da wir aber Lenzoni mit seinem Kaufversprechen im Hintergrund hatten, gab es keine großen Ängste für das erste Jahr. Denn mit dem Verkauf von zweihundert Hektar an ihn konnten wir die ersten Quoten leicht bezahlen.
Wie sich später herausstellte, wollte uns Cheves aber gemein betrügen. Als wir nämlich eines Tages wieder einmal unsere Zinsen bei ihm in San Fernando abliefern wollten, ließ er sich verleugnen. Immer näher rückte der Tag der Fälligkeit, und jedesmal wenn wir Cheves besuchen wollten, teilte uns seine Lebensgefährtin Elsa Schlegelmilch de Hutzler mit, er sei »unterwegs« oder »gerade fortgegangen«.
Einmal aber merkte ich, daß irgend jemand in der Küche seines Hauses herumrumorte, und mein Instinkt sagte mir, daß dies der gute Cheves selbst sein müsse. Um keine weitere Zeit zu verlieren, eilte ich sofort zu Lenzoni und erzählte ihm, was vorgefallen war. Er beruhigte mich und bot an, das Geld persönlich am nächsten Tag noch rechtzeitig beim Notar Cinivoglio zu deponieren.
Einige Zeit später traf ich ihn wieder und fragte ihn, ob alles in Ordnung gegangen wäre. Errötend erzählte Lenzoni, daß er vergessen hätte, am Fälligkeitstag das Geld beim Notar beziehungsweise bei Gericht zu deponieren und, wie er dann verspätet bei Gericht feststellen mußte, hatte Cheves am Tage nach der Fälligkeit pünktlich um 8 Uhr morgens gerichtlich protestiert und geklagt.
Lenzoni beantwortete diesen faulen Trick mit einem alten Trick seinerseits. Er raste zu Cheves' Notar, der aber Gott sei Dank noch

keine Ahnung von der Lage hatte. Lenzoni sprach mit ihm des längeren über Politik und über tausend Dinge, und der Notar fühlte sich hochgeehrt durch seinen Besuch und seine Ausführungen. Ganz nebenbei erklärte Lenzoni schließlich, daß da noch etwas zu erledigen wäre. Die Alemanes, die neuen Besitzer des Camps, hätten das Geld zur Bezahlung der Zinsquoten bei ihm deponiert, da sie Cheves nicht erreichen konnten und wieder aufs Land hinaus mußten. Er, Lenzoni, wolle nun dieses Geld für Cheves ihm, dem Notar, übergeben. Cinivoglio sagte »No faltaba mas«, was soviel heißt wie »mit größtem Vergnügen« und nahm das Geld in Verwahrung. Gleichzeitig hatte ihm Lenzoni eine Empfangsbestätigung überreicht, die auf den vorigen Tag datiert war und die der gutgelaunte Notar ahnungslos unterschrieb. Er bekam am nächsten Tag vom wütenden Cheves prompt zu hören, daß er gar kein Recht gehabt hätte, das Geld noch entgegenzunehmen. Wohl oder übel mußte der Notar nun aber zu unserem Standpunkt und zu dem von ihm unterschriebenen Datum stehen. Cheves hatte somit seinen Meister gefunden.

Doch zurück zum Kauf des Camps. Wir standen also nicht in bester Beziehung zu unserem »Gönner« Cheves. Der Campkauf aber erregte in der »Pension Don José« – unserem Domizil – das größte Aufsehen. Binnen kurzem hatten wir mehrere Interessenten unter den Europa-Flüchtlingen. Sie alle zeigten guten Willen, fanden die Sache prima und waren bereit mitzuarbeiten. Leider hatte aber niemand Geld. So suchten wir die Tüchtigsten aus: allen voran einmal den lieben Freund Puck Kauntz, einen Siebenbürger, der glänzende Beziehungen zum ehemaligen Minister Lago-Marsino beziehungsweise zu dessen Frau nachweisen konnte. So etwas war damals sehr wichtig. Lago-Marsino versprach sogar, ihm einen Jeep zu leihen.

Andere Interessenten ließen wir zunächst noch warten. Vorerst einmal war es wichtig, das Land dort näher kennenzulernen und fest in Besitz zu nehmen. Aus diesem Grunde machte ich mit Siebeneichner aus, daß ich mit einem Boot zum Camp fahren würde, während er mit dem Fährschiff nach Puerto Constanza und weiter mit dem Omnibus die Nationalstraße Nr. 18 bis Ceibas im Norden hochfahren wollte, um dann von dort nach Süden durch die Sümpfe bis zu unserem Camp durchzustoßen.

Dies schien uns damals ein recht abenteuerliches Unternehmen. Siebeneichner versprach, sogar ein Bett mitzubringen, denn »diese bloßen Bretter im Rancho sind unerträglich gewesen«. Als Treffpunkt machten wir den »Cerro de los Indios«, den sogenannten Indianerhügel aus, den die Ureinwohner als Zufluchtsort bei Hochwasser und als Grabstätte für ihre Toten angelegt hatten.
Es gab in der Gegend mehrere solche Indianerhügel. Einen haben wir aufgegraben, fanden aber nur Knochen, Tonscherben und unzählige Mengen von Muscheln und zertrümmerten Schneckenhäusern. Das Leben der Guaranís im Delta muß eher trist gewesen sein. Außer Meerschweinchen, Fischen, Muscheln und dem Carpincho, dem Wasserschwein, gab es wohl kaum etwas zu essen. Die Guaranís sollen früher auch gerne Menschen gefressen haben. Sogar Solis, den Entdecker Uruguays, sollen sie Anfang des 16. Jahrhunderts unweit von unserer Gegend verspeist haben.
Doch zurück zu meinem Treffen mit Siebeneichner, dem »Siete Robles«, wie er sich nun nannte, der die »Nordpassage« ausprobieren wollte. Pünktlich wie abgemacht erschien er um zwölf Uhr mittags. Ohne Hemd und knallrot mit gewaltigem Sonnenbrand saß er auf seinem Pferd, auf dessen Rücken ein großes Bettgestell quergeschnallt war. Er begrüßte mich mit den Worten: »Mr. Spitzy, I presume.« Da lachten wir beide und kamen uns großartig vor.
Der Peón, der mich begleitete, lachte sich schief, als er den Gringo ohne Hemd und Hut erblickte. Siebeneichner lud sein Bett – kein Himmelbett natürlich, sondern ein sehr unromantisches Drahtgestell – vom Pferd, und auch ich hatte so etwas, allerdings bequem per Schiff, herbeigebracht. Das praktischste wäre freilich ein landesübliches »Catre« gewesen, das ist ein zusammenklappbares Gestell mit flacher Leinenbespannung.
Von seiner »Nordpassage« konnte Siebeneichner nichts Gutes erzählen. Zuerst, ab Ceibas, wäre der Weg noch passabel gewesen, dann aber hätte er in einem wilden Sandpfad geendet. Von dort aus führe ein Damm über einen riesigen Sumpf hinweg zum sogenannten Chalet de Ruiz. Dieser Ruiz sei ein Universitätsprofessor und besäße eine Estancia von insgesamt fünftausend Hektar. Von dort ab ginge es dann aber übel weiter, und man müsse immer wieder durch Flüsse reiten. Da er frühmorgens losgeritten war, hätten ihm die Moskitos ganz

schauerlich zugesetzt, und sein ramponierter Zustand wäre nicht allein auf den Sonnenbrand zurückzuführen.
Cheves hatte uns erlaubt, vorübergehend in seinem Floh-Rancho zu wohnen. Den freilich hatte ich diesmal mit einer Unmenge Flit grundsätzlich desinfiziert, denn die Amerikaner hatten damals ja, Gott sei Dank, das DDT auch nach Argentinien gebracht.
Bald suchten und fanden wir einen herrlichen Platz für ein Haus: an dem früher beschriebenen Zusammenfluß von Ñancay und Santos Chico, wobei der letztere nichts anderes war als ein Verbindungskanal zwischen Santos Grande und Ñancay; an seiner Mündung gab es eine Furt oder Aguada, und unweit davon, an der Festlandseite, suchten wir schwitzend und über Moskitos fluchend einen Platz für unsere Ranchos aus, der dann – wie wir bald feststellen mußten – viel zu niedrig lag und bei jedem Hochwasser pünktlich überflutet wurde. Mit solchen Fluten war stets zu rechnen, denn die gab es bei stärkerem Südwind immer, doch das wußten wir damals noch nicht, und Cheves hatte nicht viel davon erzählt.
Pflanzer, die wir inzwischen kennengelernt hatten, lachten nur, wenn wir von unseren Plänen sprachen, und hielten uns für Halbverrückte. Ich kann ihnen das auch heute nicht übelnehmen, denn rückblickend war es doch ein Wunder, daß wir dort ganz passabel durchgekommen sind. Dazu nämlich hatten wir mehr Glück als Verstand gebraucht, eine große Portion guten Willens, vor allem aber Zähigkeit und Glauben an den Erfolg.

3

Mit den Überschwemmungen hatte es so seine Bewandtnis. Wenn ein starker Südwind oder gar der »Pampero« blies, dann konnte das Wasser im Río de la Plata schlecht ablaufen und wurde zurückgestaut. Die Wasser im gesamten Flußsystem des Paraná und des Uruguay stiegen dann ganz erheblich, und unser Ñancay floß plötzlich stromaufwärts und ergoß sich über Nebenarme in die Sümpfe, die »Esteros«. Solch ein Ansteigen des Wasserstandes und Rückwärtsfließen der Flüsse fand ungefähr alle zwei Wochen statt. Man nannte das dann eine »Repunte«.

Blies aber aus dem Süden ein richtiger »Pampero«, so kam es zu einer »Creciente« beziehungsweise richtigen Flut. So etwas war schon mehr gefürchtet: Die Wasser strömten dann eilig flußaufwärts. Lästige Baumstämme oder ganze Wasserhyazinthen-Inseln, die »Camalotes«, die wir Tage zuvor Richtung Uruguay flußabwärts ziehen gesehen hatten, kamen zu unserem Leidwesen als alte Bekannte wieder zurückgeschwommen.

Wenn der Südwind aber einmal mit voller Sturmstärke blies, dann galoppierten die Wasser des Ñancay geradezu aufwärts, und gleichzeitig kamen oft noch Regengüsse zur Verstärkung. Solch eine schlimme Überschwemmung nannte man dann »Marea«. Doch die gab es nur alle paar Jahre, und sie war wirklich unangenehm, besonders dann, wenn der Paraná am Ende noch Schmelzwasser aus den Anden führte oder der Uruguay schon geschwollen aus Brasilien kam.

Als erstes Anzeichen solcher Überschwemmungen hörte man den kalten Pampero durch die Bäume rauschen und an unseren Dächern rütteln, und mit Sorge blickten wir dann auf die rückläufige Bewegung der Flüsse. Langsam, aber sicher füllten sich die Esteros, und schließlich wurden auch die höheren Albardone mit Wasser bedeckt. Nun hieß es eilends das Vieh in Richtung Festland treiben. Oft kam man dabei zu spät, wie verschiedene Peone und Einwohner uns Neulingen berichteten. Das Vieh ersoff dann jämmerlich und blieb in den Bäu-

men hängen. Manchmal baumelten die Gerippe jahrelang in den Kronen.
Nun, wir waren ja Neuankömmlinge und Gringos voller Optimismus, und so nahmen wir diese Warnungen und Erzählungen nicht ganz ernst. Also errichteten wir auf der Uferhöhe nahe des wunderschönen Zusammenflusses von Ñancay und Santos Chico unseren ersten Rancho. Er wurde aus den alten Kisten und Verschlägen, in denen wir einen Teil unserer Möbel und Habseligkeiten von Spanien nach Argentinien gebracht hatten, zusammengenagelt und maß etwa sechs auf vier Meter. Darin bauten wir acht Betten auf, ganz militärisch, nämlich paarweise übereinander angeordnet. Diese Hütte stand unter einer mächtigen alten Trauerweide und bot uns wenigstens etwas Schutz gegen den Regen. Das Dach war aus primitivster Wellpappe, und durch die Wände, die auch nur aus Brettern und Wellpappe bestanden, pfiff der Wind und summten die Moskitos fröhlich ein und aus. Dagegen versuchten wir uns mit Moskitonetzen zu schützen. Es stellte sich aber bald heraus, daß man sich in diesen Netzen heillos verwikkelte und kaum Luft bekam, die, ohnedies schon feucht und stickig, auf engstem Raum noch durch acht Männer mit deren Düften angereichert wurde. So kämpften wir uns erschöpft durch manche Nacht, und erst die Morgenkühle brachte Linderung und köstliche, endlich moskitofreie Frischluft. Doch leider nur für kurze Zeit, denn bald hieß es aufstehen.
Inzwischen waren also auch einige Kollegen aus Buenos Aires zu uns gestoßen, das heißt Puck Kauntz und Teodoro Gulatz, ein junger Ostpreuße, der für alles zu gebrauchen war, großartig kochen konnte und der uns mit seinen russischen Fluchtgeschichten und fröhlichen Gesängen sehr unterhielt. Auch Krause, der ehemalige Panzerleutnant, war mit von der Partie, aber nicht für sehr lange. Als eine Stütze unseres Unternehmens erwies sich Ivar Tofte, ein besonders netter Riese aus Norwegen, ehemaliger Freiwilliger der Waffen-SS-Division Wiking. Die Kälte von Stalingrad in den Knochen versuchte er – sehr zum Staunen der Einheimischen – durch eifriges Sonnen zu vertreiben. Ein richtiger Argentinier hält ja die Sonne für etwas Übles. Besser fanden sie schon seinen Durst. Denn Ivar trank bis zu sechs Flaschen Rotwein pro Tag, alles unter dem Motto: »Die Kälte von Stalingrad muß wieder raus.«

Tofte war ein prima Kerl. Er sah großartig aus, war fast zwei Meter lang, treuherzig und ausgesprochen gutmütig. Optisch war er das Idealbild eines jungen Germanen, sozusagen »die vom Reichsführer SS befohlene Ausführung«, wie das damals geheißen hatte. Seine Flucht aus Norwegen war abenteuerlich gewesen, und nur mit Mühe war er den Verfolgungen der sogenannten Widerständler entkommen, die kein Verständnis für seine jugendlichen Schwärmereien gezeigt hatten. Er wollte nur zwei Dinge: den Bolschewismus im Osten bekämpfen und ein Großgermanisches Reich errichten. Auf seine Landsleute war er deshalb nicht besonders gut zu sprechen und erzählte komische Dinge, zum Beispiel, wie man in Norwegen ohne weiteres akzeptiert hatte, daß die Engländer alle von den Deutschen zurückgelassenen Beutestücke, also Motorräder, ganze Kleinlichtanlagen, Dieselmotoren und allerlei Nützliches auf den Straßen ausbreiteten, um sie dann mit Panzern zu zermalmen. Auf diese Weise, so vermutete er, wollten sie für den englischen Export in Norwegen Platz und Bedarf schaffen.
Natürlich hatte jeder von uns Neuankömmlingen viel zu erzählen. Es war ja nicht leicht gewesen, durch die Maschen der verfolgenden Alliierten zu schlüpfen und Südamerika zu erreichen. Jene Kameraden, denen es gelungen war, in das rettende Argentinien Perons zu entkommen, waren ja nur ein kleiner Bruchteil der großen Masse, die es versucht hatte.
Politisch waren wir uns ziemlich einig und hielten von der staatsmännischen Weisheit der Churchills und Roosevelts herzlich wenig. Kritiklose Nazis aber gab es unter uns nicht. Für uns war der letzte Krieg unverantwortlich, ja purer Wahnsinn gewesen. Ich steckte auch meinerseits den Kameraden einige Lichter auf, in welch leichtsinniger und geradezu plumper Weise dieser letzte Krieg riskiert worden war. Allerdings stimmten wir auch darin überein, daß die siegreichen Demokraten nicht viel intelligenter waren. So hatten wir keine politischen Probleme miteinander und wollten von Krieg und Politik nichts mehr wissen. Kein Mensch las Zeitung oder war interessiert, eine solche zu bekommen, es sei denn für »hinterlistige Zwecke«. Unsere ganze Arbeit und unser Trachten galt dem faszinierenden Abenteuer, hier eine neue Heimat zu schaffen.
Mit Beil, Spaten und Buschmesser gingen wir an die Arbeit und

rodeten den ganzen Albardon um den Rancho herum. Bei dieser Gelegenheit stießen wir manchmal auch auf Schlangen und beachtlich große Spinnen. Unvergeßlich die erste Bekanntschaft mit einem Nest von Camoatizes, einer überaus stechwütigen kleinen Bienenart.
Da war gerade ein älterer Norweger namens Kussius zu unserer Gruppe gestoßen, der mit seinem weißen Haarschopf wie Gerhart Hauptmann aussah. Mit ihm erschien auch sein Freund Holter, den wir immer »Buchholter« nannten, denn so sah er aus. Er hatte einen »amtlichen« Vogelkopf, stiefelte meist mit Krawatte und Stehumlegkragen herum und gab auch prompt als erster auf. Zur Entschuldigung meinte er, diese Gegend wäre für seine Frau unzumutbar. Er könne sie ganz unmöglich hierher nachkommen lassen. So wurde er mit Schmunzeln auf ein Pferd gesetzt, um dreißig Kilometer quer durch die Sümpfe bis zur nächsten Busstation Ceibas zu reiten, begleitet und geführt vom braven Peón Barrios.
Dieser schilderte dann nach Rückkehr köstlich, doch voller Respekt, wie Holter nach zehn Kilometern nicht mehr weiterreiten, sondern zu Fuß gehen wollte. Das jedoch war infolge der großen Esteros völlig unmöglich. So band Barrios den armen Holter, dessen Hinterteil beidseitig aufgeritten war, kurzentschlossen mit dem Bauch auf das Pferd und lieferte ihn am Ende als gebrochenes, jammerndes Bündel, aber pünktlich in der Kneipe von Ceibas an der Busstation ab.
Freund Kussius hingegen war trotz seines Alters viel unternehmender und half eifrig beim Säubern der Umgebung. Dabei schwang er zünftig sein Buschmesser und erzählte, daß er hier für die Gauchos eine Messerschmiede eröffnen wolle, ein Handwerk, das er zu Hause schon erlernt hatte. Diese Absicht leuchtete uns ein, denn es gibt nichts, was ein echter Kreole mehr schätzt als ein schön ziseliertes, scharfes Messer. Allerdings, so meinte Kussius, müsse sein Haus mitten in einen riesigen Moskitodrahtkäfig hineingestellt werden. Denn diese Biester hier wären wohl das Gräßlichste, was ihm im Leben vorgekommen sei.
Dabei war Kussius ein großer Bewunderer der Natur, und während wir uns wieder einmal mit dem Buschmesser einen Weg freischlugen, begann er zu dozieren: »Sehen Sie, Herr Spitzy, sehen Sie doch diese prächtigen Farben, diese wunderbaren Vögel, es ist schon fabelhaft ... Nein, schon wieder diese verdammten Biester, verflucht nochmal!«

und fing an, wie ein Wahnsinniger im Gesicht und auf dem Hals herumzuschlagen, um die armen Moskitos zu vertreiben. Bald danach war er wieder beruhigt und fing erneut zu schwärmen an: »Ach sehen Sie nur, mein Lieber, diese herrlichen Wolken, die untergehende Sonne, dieses prachtvolle Licht, diese Stimmung, nein, es ist doch wunderbar! Ach verdammt, schon wieder diese Saubiester, diese verfluchten!« Und erneut begann er, sich wie verrückt ins Gesicht und auf den Nacken zu schlagen.

Wir bogen uns vor Lachen. Er hingegen fand die Sache nie besonders komisch. Restlos erschüttert wurde sein Glaube an den Ñancay durch ein übles Abenteuer mit den schon erwähnten Camoatices, von deren Existenz ich zuvor keine Ahnung gehabt hatte. Diese heimtückischen Kreaturen bauen sich in Lampionform ein graues Papiermachénest von der Größe eines Menschenkopfes und hängen es an einen Busch oder Baum. Eines Tages kamen Kussius und ich an ein solches Nest heran, und schon begeisterte sich Kussius in gewohnter Weise: »Bitte, sehen Sie doch dieses wunderbare Stück Natur! Mit wieviel Intelligenz haben diese kleinen Bienchen ein solch großartiges Ballongehäuse gebaut, und wie emsig fliegen sie ein und aus, nein, so was muß man gesehen haben und wirklich bewun . . .«

Weiter kam er nicht. In diesem Moment nämlich brausten in Pfeilformation wahre Heerscharen dieser kleinen, sehr bösartigen Insekten aus dem Nest und begannen Kussius und mich sowie unseren armen Hund jämmerlich zu zerstechen. Wir warfen unsere Buschmesser durch die Luft, rasten zum Ñancay, warfen uns, obwohl das Wasser noch sehr kalt war, mit Kleidern, so wie wir waren, in den Fluß und tauchten unter. Kaum kamen wir aber mit dem Kopf wieder an die Oberfläche um Luft zu holen, stürzten sich erneut die über uns kreisenden Camoatices auf uns herunter. Wir tauchten pausenlos auf und unter und spritzten, bis die Quälgeister endgültig abzogen. Unser armer Hund war, da er nicht tauchen konnte, jaulend und bellend, von Camoatices verfolgt, im Fluß hin- und hergeschwommen, um schließlich im Schilf am anderen Ufer zu verschwinden.

Für Kussius aber war dies der Schlußpunkt und das Ende seines Abenteuers am Ñancay. Wir bedauerten dies ehrlich, da er ein

prima Kamerad gewesen war, der uns oft gut beraten hatte. Überhaupt waren alle unsere Norweger erfreuliche Erscheinungen und sehr beliebt. Quisling hatte offenbar doch ein paar patente und brauchbare Leute hinter sich gehabt, wenn man es heute auch oft anders liest.
Mit der Zeit wurde unser großer Haufen kleiner. Krause verließ uns ebenfalls, und Puck war bald mehr in Buenos Aires als am Ñancay selbst. Er war dort auf der Suche nach Geld und Projekten und kam eines Tages mit einem Jeep zu uns – per Schiff natürlich. Dieses Auto war vom Minister Lago-Marsino, zu dem er ja gute Beziehungen hatte. Puck war überhaupt beliebt und gerne gesehen in jenem Haus, denn er war sehr unterhaltend und verstand auch eine Menge von Inneneinrichtung und allen möglichen brauchbaren Dingen.
Nun verkündete er die Absicht, mit dem Jeep Esteros zu pflügen. So befestigten wir einen Pflug und fuhren frisch-fröhlich in den – relativ trockenen – Sumpf hinaus. Nach hundert Metern aber versanken Jeep und Pflug hoffnungslos im Sumpf und mußten mit sechs Pferden und langen Lassos auf gute alte Gaucho-Weise wieder herausgeholt werden. Noch ein paar Monate stand der Jeep bei uns herum, bis er schließlich per Schiff rücktransportiert werden mußte, denn es war natürlich völlig ausgeschlossen, ihn durch die nördlichen Sümpfe bis auf die Nationalstraße zu schleppen.
Neben unserem einzigen Rancho – mit den acht Betten und den alten Verschlägen – hatten wir bald vornehm zwei weitere Ranchos gebaut; einer diente als Speisezimmer und der andere als Küche. Diese Hütten bestanden aus Stangen und der sogenannten Paja Espadaña, dem Schwertschilf. Es war dies die ordinärste Schilfart, um Ranchos zu umkleiden und zu decken – und es hielt auch nicht lange. Später deckten wir unsere Ranchos mit Paja Brava, einer im höheren Gelände wachsenden, sehr harten und scharfkantigen Schilfart. Ein so gedecktes Dach hielt leicht zehn bis fünfzehn Jahre. Vorläufig aber war dies für uns ein unerreichbarer Luxus!
Einesteils wuchs die »Ranchada« mit den neuen Ranchos, andererseits wurde unsere verschworene Gemeinschaft immer kleiner. Schon der alte Beck-Bissinger, der Fischer an der Mündung des Martínez (jenes Flusses, von dem aus man in den Uruguay einbiegen mußte, um zum Ñancay zu kommen), hatte mir prophezeit, daß meine Frau, die Kinder und ich als einzige seßhaft werden würden, weil wir Familie

hätten und nicht wie die Flöhe hin- und herspringen könnten. Einmal niedergelassen, müßten wir auch bleiben. Die Junggesellen aber, die mit uns werkten, würden mit der Zeit verschwinden, denn das Leben in diesen Gegenden sei zu hart, und nur der, der einmal mittellos dort gelandet sei, der bliebe und würde sich auf lange Sicht auch durchsetzen. Wie recht sollte er haben, der grobe Alte, der mit seinem Schiff immer wieder auf den Uruguay hinausfuhr und Fettfische fing, die dann in großen Behältern ausgekocht wurden. Manchmal nützte er den ungeheuren Fischreichtum des Flusses, der ja an dieser Stelle volle elf Kilometer breit war, indem er Surubies und Dorados oder im Winter die ausgezeichneten Pejereyes in Mengen fing und nach Buenos Aires verkaufte.

Das Pejerey-Fischen war überhaupt sehr beliebt. Eine Menge von Leuten aus Buenos Aires kam, um diesen relativ kleinen, aber wohlschmeckenden Fisch im Winter zu fangen. Die Dorados aber wiegen bis zu zehn Kilo, und die Surubies werden sogar bis zu vierzig Kilo schwer. Letztere sind ähnlich denen, die wir als Catfisch aus dem »Tom Sawyer« kennen. Der nobelste Fisch, wenn auch nicht der delikateste, war bestimmt der goldschuppige Dorado, der im Winter von Misiones im Norden herunterschwimmt und ein großer Kämpfer an der Angel ist. Er gilt als einer der besten Sportfische überhaupt. Es gab eine Menge davon, und wir fischten sie und andere Raubfische höchst unsportlich mit einer relativ einfachen Methode, denn uns ging es nur darum, genug zu essen zu haben. Zuerst fingen wir kleine Welse, Bagres genannt, und steckten sie als Köderfische an die Angelhaken, die die Größe eines gekrümmten Zeigefingers hatten. Dieser Haken wurde durch die Rückenflosse gezogen, und dann warf man den lebenden Bagre in den Fluß und verwendete als Schwimmer oder Boje einen leeren, gut abgedichteten Fünf-Liter-Ölkanister. Selbstverständlich war oberhalb des Angelhakens ein ordentliches Stahldrahtvorfach angebracht. Das Ende der zehn bis zwanzig Meter langen, dicken Schnur wurde schließlich, vor Einbruch der Dunkelheit, an einem wippenden Ast festgemacht. Sobald nun ein größerer Dorado oder Surubi anbiß, kämpfte er zunächst mit der schwimmenden Blechdose, die mit ihrem Fünf-Liter-Luftraum nur schwer unter die Oberfläche zu ziehen war. Gelang dies aber dem Fisch, dann hatte er zusätzlich noch mit dem hinhaltenden Widerstand eines elastischen Baumastes

zu kämpfen. Dies hatte zur Folge, daß der Fisch am Morgen total erschöpft war. Wir brauchten ihn dann nur noch vorsichtig an Land zu ziehen.
Doch bald wurden wir dieser Fische überdrüssig und verwendeten sie nur noch als Hühnerfutter. Wir wollten Fleisch. So kauften wir ein paar Schafe, die natürlich bald verzehrt waren. Rindfleisch gab es anfangs nur ganz selten, Hühner konnte man nicht oft bekommen, und Schweinefleisch kam wegen der Hitze nur im Winter in Frage. Unsere Hauptmahlzeiten bestanden daher aus Schiffszwieback, diesen harten Galletas, mit sehr viel Corned Beef oder Büchsen-Makrelen in Tomaten. Mit der Zeit aber hing uns auch das alles zum Halse heraus, und wir waren glücklich, wenn es wieder einmal anständiges argentinisches »Bife« gab.
Mit den Nachbarn vom unteren Ñancay oder Santos Grande hatten wir wenig Beziehungen. Die hielten uns ja für eine Bande von Verrückten, die ohnedies sehr bald aufgeben würden. Sie waren fast alle deutscher, zum Teil auch dänischer Abstammung. Es gab auch ein paar Rußland-Deutsche darunter, die aus der Wolga-Republik ausgewandert waren. Sie sprachen einen Dialekt, der nicht leicht verständlich war, und so verständigten wir uns mit ihnen auf spanisch. Sie schämten sich wohl auch etwas, sich mit uns in ihrem Dialekt zu unterhalten, weil sie nicht richtig Hochdeutsch konnten.
An der Mündung des Martínez wohnte, wie schon berichtet, der Fischer Beck-Bissinger. Vor mehr als dreißig Jahren – gleich nach dem Ersten Weltkrieg – war er aus Deutschland nach Argentinien gekommen. Dort hatte ihn ein übler Gütermakler an den Martínez gelockt und ihm ein ziemlich wertloses Stück Land an der Mündung des Flusses angedreht. Voller Vertrauen war er gleich mit seiner ganzen Familie dorthin »aufs Land« gefahren, wie er dachte, aber er kam nur an die Flußmündung und in einen Sumpf. Das Haus, das man ihm versprochen hatte, war ein verfallener Rancho. Millionen von Moskitos fielen sofort über seine Frau und die Kinder her. Mühselig gelang es ihm fürs erste, die Hütte wenigstens dicht zu machen, und da er über keine Insektenbekämpfungsmittel verfügte, die Familie aber fürchterlich jammerte, riß er sich das Hemd vorne an der Brust weit auf, um die Moskitos anzulocken, die er dann mit Schlagen und Klatschen erledigte. Nur so wäre es ihm gelungen, den

größten Teil der Moskitos in den ersten Nächten loszuwerden! Überhaupt erzählte uns jeder der Altsiedler von fürchterlichen Zeiten, die sie anfangs durchgemacht hatten und wie wir es selbst auch nicht besser haben sollten, damit wir die nötige Erfahrung, Härte und genügend Sitzfleisch gewönnen. Auf dem Land in Argentinien sei eben »der Hintern wichtiger als der Kopf«.

Unweit der Mündung des Ñancay wohnte Conrado Weide. Er war schon zu Kaisers Zeiten nach Argentinien ausgewandert und hatte sich zu diesem Zweck als Geiger für die Bordkapelle eines deutschen Luxusdampfers anheuern lassen. Großartig seine Erzählungen, wie der Kapitän voller Mißtrauen die Mitglieder der Kapelle nicht an Land gehen lassen wollte, da er fürchtete, daß viele seiner Musiker die Absicht hatten, in Argentinien zu verschwinden und nur wegen der billigen Überfahrt in die Kapelle eingetreten waren. Es ergab sich aber, daß der Kapitän am argentinischen Nationalfeiertag, dem 25. Mai, eine Teilnahme an den Feierlichkeiten nicht gut verbieten konnte. So beauftragte er den Steuermann, die ganze Musikkapelle in geschlossener Formation offiziell in die Stadt zu führen. Vor Lachen rot im Gesicht, berichtete Conrado gerne und oft, wie die meisten Mitglieder der Kapelle trotz Brüllens und Schreiens des Steuermanns während der Parade verschwanden.

Ein gütiger entfernter Onkel nahm den jungen Weide auf und verfrachtete ihn nach seinem wilden Camp am Ñancay. Dort mußte Conrado von Null anfangen, da einfach nichts vorhanden war. Mühselig rackerte er sich jahrelang vorwärts. Er entwässerte die Sümpfe mit zahlreichen Peonen und kam nicht einmal zum Heiraten, wie er sagte. Frauenmangel aber gab es nicht, und Conrado als fescher Mann kam auch ohne Pfarrer über die Runden, obwohl ihm einmal folgendes schlimme Malheur passierte: In diesen Flüssen gab und gibt es neben dem Wels, dem Surubí, auch eine Art Hecht, der den indianischen Namen Tararira führt. Diese Fische bauen sich eine Art Unterstand und hüten in der Nähe davon ihre Brut. Kommt nun jemand in die Nähe dieses Nestes, so wird er sofort mit scharfen Zähnen rasant attackiert. So geschah es auch unserem Conrado, als er einmal ohne Badehose in die Nähe eines großen Tarariras kam, der den Armen unverzüglich an seiner peinlichsten Stelle biß. Conrado soll stundenlang am Ufer zwischen Schilf und Bäumen brüllend auf- und abgelau-

fen sein. Doch die Zeit heilte auch diese seine Wunde, und er wurde bald wieder Vater.
Später, als Conrado das Land von seinem Onkel erbte und zu unserer Zeit bereits ein reicher Besitzer ausgewachsener Waldpflanzungen war, baute er sich ein schönes Haus mit einer prächtigen Diesel-Elektrizitätsanlage, kaufte ein schnelles Motorboot, eine sogenannte Lancha, eine goldene Uhr, ein Radiogrammophon und vieles mehr, und legte, last not least, ein beeindruckendes Lager an Alkoholika an. Diese wurden auch zu seinem Problem, wie für so viele reichgewordene Pflanzer. Nach harten Arbeitsjahren vertrug der Körper nicht den plötzlichen Müßiggang und den großzügigen Genuß von Alkohol, Zigarren und viel Fleisch. Conrados Gesundheit war bald dahin. Als kluger Mann erkannte er, daß auf seinem Anwesen neben einem Traktor auch eine ordnende und mäßigende Frau fehlte. Um beide Angelegenheiten zu regeln fuhr er mit dem Boot nach Paranacito, der »Hauptstadt«, wenn man so sagen darf, des entrerianischen Deltas, und von dort nach Gualeguaychú, unserer Distriktshauptstadt am Festland. Dort gab es neben einem deutschen protestantischen Pfarrer, der den »Landboten« herausgab, auch ein Hotel und Restaurant »Alemán«, Treffpunkt aller deutschen Delteños sowie aller Rußland-Deutschen vom Hohen Land. Vater Feldkamp leitete dieses Etablissement, ich möchte schon fast sagen, als gemeinnütziges Unternehmen. Er war grobfreundlich, kannte alle Leute und wußte immer Rat. Als Vermittler war er unübertroffen und kassierte von Fall zu Fall auch eine kleine Provision – aber nur von den Leuten, die schon zu Geld gekommen waren.
Nun, an Vater Feldkamp wandte sich unser Conrado mit der Bitte, ihm einen gebrauchten, gut erhaltenen Traktor und eine ebenso empfehlenswerte Frau zu besorgen. Beide Aufträge erledigte Vater Feldkamp binnen kurzer Frist zur größten Zufriedenheit aller Beteiligten, wenn wir den Traktor mit einschließen dürfen, der gar nicht so unwichtig war. Denn Frauen gab es bei den kinderreichen Rußland-Deutschen der höher gelegenen Getreidegegenden in großen Mengen, doch gut erhaltene Traktoren waren Mangelware.
Letzteres hatte seinen besonderen Grund: Für den weichen Boden der Deltas und Sümpfe kam – selbst nach der Trockenlegung – nur ein Traktor mit überbreiten Rädern und besonders robuster Mechanik in

Frage. Dies war der unvergleichliche alte Fordson-Traktor, auf dessen gußeiserner Ölwanne man die Patente aus dem Jahr 1912 und 1916 ablesen konnte. Auch heute noch laufen diese uralten Traktoren einwandfrei und walzen mit ihren durch uns Pflanzer im Eigenbau verdoppelten Hinterrädern das wilde Schilf auf den Pflanzungen nieder. Es sind dies Maschinen mit niedertourigen, robusten Vierzylinder-Viertakt-Motoren, die mit Kerosin, also Petroleum, betrieben werden, deren eigentlich unkomplizierte Magnetzündung uns jedoch dauernd beschäftigte und zur Weißglut brachte.

4

Inzwischen war wieder der Herbst näher gekommen, und wir beschlossen, in der Nähe des Hauses schon ein paar Hektar Pflanzungen anzulegen. Zu diesem Behufe aber brauchten wir Geld. Pucks Versuche, mit einem Jeep den Sumpf zu roden, waren bekanntlich jämmerlich fehlgeschlagen, doch verfügten wir über einige Peone, die nicht Gauchos – also Viehspezialisten –, sondern Pflanzungsspezialisten waren, das heißt, sich mit Gräbenziehen und Wartung der Pflanzungen beschäftigten und auskannten. Diese Pflanzungspeone verdienten ein Vielfaches vom Gehalt der Gauchos, also der Cowboys, dafür aber war ihr Leben lange nicht so gemütlich, romantisch und ehrenvoll. Den Schmerz über diese verlorene Ehre ertränkten sie dafür jeden Samstag und Sonntag in Wein und Schnaps.

Wenn man eine Pflanzung anlegt, muß man zuerst eine »Cancha«, das heißt eine Schneise, für die Entwässerungsgräben ziehen, beziehungsweise in gerader Linie ein paar Meter breit das Schilf beseitigen, damit dann mit der »Pala«, einem viereckigen Spaten, in Würfeln der Graben ausgehoben werden kann. Diese Arbeit wurde gut bezahlt und war auch sehr gesucht, weil in der langen, sauberen Cancha ein erfrischender Luftzug weht und die Füße kühl im relativ reinen Moorwasser stehen. Berufskrankheiten gab es da keine, denn die Moskitos sorgten bestens für ständige Injektionen gegen Rheuma.

Als ich nach Argentinien kam, litt ich unter Rheuma, das seit meinem Aufenthalt im Delta nie mehr aufgetreten ist. Ich führe dies darauf zurück, daß unsere Moskitos während der Sonnenstunden unter den Weidenblättern Schatten suchen und dort sicher Flüssigkeit von den Blättern in irgendeiner Form in sich aufnehmen. Die Weiden, also Salicaceen, produzieren natürlich Salizilsäure, die dann in kleinen, aber stetigen Dosen auf dem Umweg über die Moskitos in unsere Körper gelangte. Malaria gab es gottlob keine.

So gesucht das Grabenziehen, so verhaßt war dagegen das Mähen oder Niederstampfen des Schilfs, denn da stürzten sich Millionen von

Moskitos auf den geplagten Peón. Alle diese Arbeiten wurden nach Maß vergeben. Das Graben nach »Punteada«, das ist der einen Spaten tiefe Aushub pro Quadratmeter, das Mähen oder Stampfen des Schilfes aber nach Hektar.

Auf den Uferwülsten links und rechts der Flüsse und Wasseradern wuchs, da sie höher gelegen waren, regelrechter Urwald, der bereits erwähnte Monte Blanco. Diese erhöhten Ufer mußten als erstes tief durchbrochen werden, also eine sehr schwierige Arbeit, die nicht im Torf, sondern in Sand und Lehm stattfand. Hatte man diese Anfangsmühe aber hinter sich, dann begann die Arbeit des eigentlichen Grabenziehens oder, besser gesagt, des »Torfstechens«. Dabei empfand man eine Art faustischer Genugtuung, den Sumpf auslaufen zu sehen und bald darauf gefestigten Moorboden betreten zu können. Regengüsse und häufige kleine Hochwasser sorgten in der Folge für das Herauswaschen der letzten Säuren, und bald dehnte sich vor unseren stolzen Blicken ein sauberes, durch gerade Gräben entwässertes Feld, das – goldgelb und fruchtbar, ja geradezu jungfräulich – die Aufnahme von Pflanzen forderte. Wieder pro Hektarleistung bezahlt, erschienen dann die Peone mit erfahrenen Vorarbeitern und brachten dünne Drahtseile mit, an denen alle paar Laufmeter Stoffetzen befestigt wurden, um so die Distanz zwischen den Pflanzen vorzugeben. Diese, meist Stecklinge, waren junge Weiden oder Pappeltriebe, ungefähr armlang und ein bis zwei Daumen dick. Sie wurden schließlich entlang der Markierseile blitzschnell über die Hälfte tief in den butterweichen Moorboden hineingestoßen. Auf diese Weise konnten von zwei Mann leicht ein bis zwei Hektar pro Tag bepflanzt werden. Am Albardón, dem höheren Ufer mit dem sandigen Boden, mußte man allerdings mit Eisenstangen Löcher für die Pappelsetzlinge vorstoßen, eine mühselige Arbeit. Außerdem war die Reinigung des Geländes dort wesentlich schwieriger, und alles mögliche Gebüsch, Baumstümpfe, Wurzeln und Ungeziefer machten einem dort das Leben sauer. Doch war man gezwungen, auch die Albardone in Ordnung zu bringen, da sie sonst ein ideales Nest für Schlangen und Wasserratten gewesen wären, wobei die letzteren die böse Angewohnheit hatten, sich bei Hochwasser die Stämme hinaufzuretten und dort – mangels anderer Nahrung – die Rinde abzuringeln und somit die Bäume zu ruinieren. Ich will gar nicht daran denken, wie viele tau-

sende Pflanzen mir auf diese Weise kaputtgemacht wurden! Es waren leider Gottes immer die allerbesten, da sie geilwüchsig den Ratten doppelt schmeckten.
Nun, alle diese Arbeiten kosteten Geld, denn selbst waren wir dafür nicht gut zu brauchen, da uns die Erfahrung fehlte, wohl auch die dumpfe Ausdauer. Leider wollten bei uns alle irgendwie »Chef« sein, denn das harte Leben der Peone erschien uns kaum zumutbar und unter unserem geistigen Niveau. Wohl halfen wir oft, voll guten Willens, doch bald aber ging uns die Luft aus, und wir machten wieder – aus Tarnungszwecken – andere Arbeiten, die in Wirklichkeit gar nicht so eilig waren.
Leider standen unsere Einnahmen auf Null, und die Verbindlichkeiten wuchsen erschreckend. Das große Geld war dahin, und das kleine bald auch nicht mehr vorhanden. In San Fernando und Paranacito konnten wir uns kaum mehr blicken lassen. Die Debatten nach unseren Abendessen am langen Tisch unter der großen Trauerweide vor dem Rancho im Schein trauriger Petroleumlampen oder einer fauchenden, grellen Petroleum-Gaslampe wurden immer hitziger und bissiger. Immer öfter fuhren wir nach Buenos Aires, wo auf mich noch immer Maria und die Kinder warteten.
Sie war in diesen ersten Monaten noch in Buenos Aires geblieben, Miguel war ja noch ein Säugling. Wohl aber hatte ich sie und Wolfi einmal auf Besuch geholt, und wir wurden das letzte Stück über den gewaltigen Uruguay vom befreundeten Sägewerksbesitzer Lutz auf dessen Schiff zum Ñancay gefahren. Während wir ein paar Tage dort in den Ranchos verbrachten, kümmerte sich Lutz um seine eigenen Pflanzungen in der Gegend und belud seine »Chata« mit frischgeschlagenem Blockholz von beachtlichem Durchmesser. Es handelte sich um Rundlinge von alten Trauerweiden und dem sogenannten Sauce Criollo, der dort wild wuchs und eigentlich die einzige einheimische Weidenart war. Kühn wurde bis zum Rand beladen, so daß das Wasser fast an die Bordkanten spülte. Dies war durchaus üblich, aber Lutz, der sehr genau in Gelddingen war, übertrieb diesmal zu sehr.
In bester Stimmung bestiegen wir das Schiff. Ich sehe noch Maria vor mir in ihrem »New Look«-Kleid und Wolfi mit seinem großen, schwarzen Hut auf dem Kopf und einem langen Pampagras-Wedel in der Hand. Bester Stimmung fuhren wir also den Ñancay hinunter. Aller-

dings schien Lutz schon etwas besorgt. Er erklärte, wir hätten schlechten Wind aus Nordosten vom anderen Ufer des Uruguay her. Wenn dieser Wind herrsche, könne man den Strom kaum befahren, weil infolge der elf Kilometer Breite ein starker Wellengang entstehen und das Boot ernstlich gefährden würde. Unser Maschinist unkte schon im voraus. Wir aber hatten es eilig, nach Buenos Aires zurückzukommen, und auch Lutz wollte nicht wertvolle Tage verlieren, indem er mit voll beladenem Boot abwartend an der Mündung des Ñancay dümpelte.
Also wagten wir uns auf den Uruguay hinaus, doch kaum hatten wir abgelegt, da packten uns schon die Wogen.
Bald wurde der Sturm immer stärker, und der Wind heulte wie im Kino. Lutz schrie durch die Böen, so schlimm hätte er sich die Sache nicht vorgestellt. Aber es kam noch schlimmer: Denn da der Fluß seicht war, wurde der Wellengang hart und stoßend. Bald mußten wir fürchten, daß das Boot in einem tiefen Wellental auf Grund knallen und zerbersten würde. Nur mit äußerster Anstrengung konnte Lutz den Bug des Schiffes gegen die Wellen in Richtung des uruguayischen Ufers halten. Obwohl ich als alter Jollensegler und Regattafahrer an Sturm und Wetter gewöhnt war, gefiel mir die Geschichte bald ganz und gar nicht mehr. Das schlimmste war nämlich, daß die Ladung teilweise ins Rollen kam und es zu spät war, die schweren Blöcke festzuzurren. Maria saß bleich, aber gefaßt auf einem Baumstamm und hielt Wolfi fest in ihren Armen.
Endlich entschloß sich Lutz, wenigstens einen Teil der Ladung zu opfern. Damals war ich gut durchtrainiert, und unter Ausnützung der Rollbewegungen des Bootes gelang es mir, eine Menge der an Bord befindlichen schweren Baumstämme in das tosende Wasser zu befördern. Es war für Lutz ein bitterer Entschluß gewesen, der ihm sichtlich schwerfiel, und erst nachdem sein Sohn und ich ihn bedrängten, konnte er sich zu solchem Opfer durchringen. Der junge Lutz, ein kräftiger Bursche von sechzehn Jahren, war mir eine große Hilfe beim Überbordwerfen der Deckladung.
Wäre damals der Motor ausgefallen – wir hätten wohl keine Chance mehr gehabt, heil an das rettende Nordufer zu kommen, und wir wären mitten im Strom, weit von der argentinischen Küste entfernt, unter brechenden Wogen im Seichtgebiet des Stromes schiffbrüchig geworden. Das brave Schiff aber hielt durch, und der besorgte Peón im

Schiffsbauch, der nicht schwimmen konnte, tat sein Bestes, um den Motor bei Laune zu halten.
Aber mit der Zeit verloren die Wellen an Kraft, da wir uns endlich dem uruguayischen Ufer näherten. Bald war es geschafft, doch wir warfen hundert Meter vorher den Anker, denn auch hier war das Ufer flach. Der junge Winfried Lutz und ich schwammen und wateten, die Kleider und das Buschmesser hoch auf dem Kopf, ans Ufer.
Weit und breit keine Seele und keine menschliche Behausung! Endloser Sandstrand flußaufwärts und flußabwärts, dahinter ein dichter Wald von Dornen und Ceibos, von Schlingpflanzen und Unterwuchs gar nicht zu reden. In Anbetracht der mißlichen Lage beschlossen der junge Lutz und ich, mit unseren Buschmessern bewaffnet, den Wald zu durchdringen und nach Menschen zu suchen. Wir wußten, daß am uruguayischen Ufer nach einem ziemlich wilden, wertlosen Uferwald mit Schlingpflanzen und Gestrüpp ein breiter Streifen größerer Viehweiden lag, der dann nach sanftem Ansteigen in große Wiesen und Ackerland überging. Also hackten Winfried Lutz und ich uns zielgerecht durch das dichte Ufergestrüpp. Lianen versperrten den Weg, faule Baumstämme lagen kreuz und quer, und immer wieder mußten wir versumpfte Lagunen durchwaten oder sie umgehen. Endlich weitete sich der Ausblick, und vor uns lag eine große, mit einem hervorragenden Stacheldrahtsystem eingezäunte Weidefläche. In weiter Ferne sahen wir eine Hügelkette mit einer Estancia. Doch zwischen ihr und uns weideten große Herden von Rindern, die uns wenig Freude machten. Aber was blieb uns schon übrig, wir mußten einfach dieses Gebiet durchqueren. Und als wir schließlich an einer größeren Herde von Rindern vorbeikamen, hatten diese so in Reih und Glied Aufstellung genommen, als ob wir die Front einer Ehrenkompanie abzuschreiten hätten. Ich dachte mir, der junge Lutz wird schon wissen, ob sowas hierzulande gefährlich ist oder nicht. So gingen wir nun einfältig diese Reihen entlang, während die vielen Rinder uns finster und mit gesenkten Köpfen nachblickten. Erst nachher kam uns zu Bewußtsein, daß dieser Durchmarsch gar nicht so harmlos gewesen war, und mit Schrecken erfuhr ich dann vom jungen Lutz, daß er sich bei diesem Abenteuer ebenso blind auf mich verlassen hatte wie ich mich auf ihn.
Nach einem zweistündigen Fußmarsch erreichten wir endlich die Estancia. Wir wurden mit dem obligatorischen Hundegekläff empfan-

gen, und erst nach langem Hin und Her erschien der Mayordomo der Estancia – ein Hüne mit schwarzem Schnurrbart – persönlich. Wir erzählten ihm kurz von unserem Unglück, worauf er erklärte, er würde gerne helfen. So gab er uns eine große Ballonflasche mit Benzin, etwas Brot und ein großes Stück Fleisch sowie ein Dutzend rohe Eier und meinte: »Für das Benzin, das Brot und den Zucker verlange ich nichts. Das Fleisch aber müssen Sie bezahlen, das gehört meinem Herrn, das kann ich nicht verschenken.«

Wir waren ob solch großer Ehrlichkeit baß erstaunt, und ich muß sagen, daß mir dieser Mayordomo Zeit meines Lebens ein unvergeßlicher Eindruck geblieben ist.

Nun trugen Winfried und ich die Ballonflasche mit dem Benzin, das Fleisch etcetera auf dem Kopf und kreuzten die Rinderherde an einer etwas sichereren Stelle, nachdem uns der Mayordomo noch eine große Strecke Weges mit seinem Estancia-Lastauto gefahren hatte. Endlich, nach Überwindung der lästigen Sümpfe und des Urwaldes erreichten wir das Ufer und sahen fernab flußaufwärts – wir hatten uns etwas verirrt – unser Schiff liegen, auf dem Maria mit Wolfi, Herrn Lutz und dem Peón in sengender Hitze die vielen Stunden gewartet und sich in Sorge um uns die Augen aus dem Kopf geschaut hatten. Nach einer dreiviertel Stunde mühsamen Ufermarschs im weichen Sand wurden wir mit großem Hallo begrüßt, machten Feuer und versuchten, unser riesiges Stück Fleisch auf einen Stock gespießt zu braten. Doch das schwere Rippenstück fiel immer wieder in den Sand und wurde lediglich auf einer Seite angekohlt, während es auf der anderen blutig blieb. Wir aber waren zufrieden, nunmehr in Sicherheit und mit vollem Bauch im Sand liegen zu können, und langsam zog die Abenddämmerung herauf. Wir steckten Wolfi, der sich besonders tapfer gehalten hatte, in unseren alten Seesack und versuchten alle etwas zu schlafen, aber feuchte Kälte kroch in unsere Knochen.

Während der Nacht blickten wir jedem Licht nach, das auf argentinischer Seite flußauf- oder -abwärts fuhr. Immer wieder bildeten wir uns ein, daß wir wohl dort gesucht werden würden. Herr Lutz erklärte: »Mit Sicherheit sucht jetzt meine arme Frau überall; sicherlich sind das Boote, die sie ausgeschickt hat.«

Als wir aber am nächsten Tag nach einer relativ ruhigen Überfahrt im Morgengrauen in den Martínez einfuhren, mußten wir Frau Lutz herausklopfen, die ganz erstaunt meinte: »Was Kinder, ihr seid schon da? Ich dachte, ihr wäret bei dem Sturm noch am Ñancay geblieben.« Nur mit Mühe gelang es uns, die ungläubige Dame mit Erzählungen von unserer Odyssee zu erschrecken. Wir aber waren herzlich froh, diesem Abenteuer mit heiler Haut entronnen zu sein. Nur die Freude von Herrn Lutz wurde zusehends vom Gedanken an seine »schweren« Holzverluste überschattet.

Für Maria war dieser erste Besuch am Ñancay zur Feuertaufe geworden, und es war ihr nicht zu verdenken, daß sie fortan mit gewissem Respekt weitere Fahrten auf dem Uruguay antrat. Doch der Ñancay hatte sie begeistert, und sie wäre am liebsten gleich mit allen Kindern übersiedelt. Aber vorläufig fehlte es uns noch an Wohnraum.

5

Jede erdenkliche Geldquelle hatte sich bei näherem Hinsehen als unergiebig erwiesen, denn für einheimische Geldgeber war es einfach unfaßlich, daß sich jemand aufs Land setzte, um dort Bäume zu pflanzen und dann acht Jahre zu warten, bis endlich der Ertrag kommen sollte. Solche Bienen- und Ameisenarbeit konnte man eigentlich nur Deutschen zumuten oder ähnlichen »simplen Geistern«. Der Kreole aber liebt, so er Geld und Land hat, den Handel mit Vieh. Baumpflanzungen sind ihm viel zu langsam. Von dieser Seite konnten wir also nichts erwarten. Entfernte Verwandte oder Bekannte unserer Mitarbeiter wollten von unserem Unternehmen ebenfalls nichts wissen. Und sogenannte reiche Onkel, wenn es solche überhaupt gab, erklärten apodiktisch, sie hätten auch einmal klein anfangen müssen, mit Sacktragen oder Ziegelschupfen, und dann Pfennig auf Pfennig gelegt – und kein reicher Onkel hätte ihnen je geholfen. Es wäre daher nur gesund und goldrichtig, wenn auch wir jungen Gringos die Arbeit in Argentinien von der Pike auf kennenlernen müßten.
Wir hatten bereits angefangen, vom Camp, das wir von Cheves erworben hatten, oder besser: für welches erst eine Anzahlung geleistet worden war, Teile weiterzuverkaufen. Von den siebenhundert Hektar waren zweihundert Hektar an Lenzoni gegangen. Er war ja unser Berater und Protektor, also hatten wir nicht viel dafür verlangt, sondern nur den Selbstkostenpreis. Bald waren wir gezwungen, weitere Stücke Land zu verkaufen – dies alles via Boleto oder, besser gesagt, per Vorvertrag. Solche Subverkäufe waren natürlich nicht hundertprozentig einwandfreie Geschäfte, und in Europa wären wir damit knapp am Rande der Legalität gewesen. Das beunruhigte uns auch außerordentlich, denn wir hatten uns noch nicht richtig an die flotten argentinischen Geschäftsmethoden gewöhnt.
Unter diesen mißlichen Umständen fuhr ich eines Tages wieder einmal nach Buenos Aires, um mich auf die Suche nach einer Bank oder einem Geldgeber zu begeben. Das Wiedersehen mit Maria und den

Kindern war herrlich, doch unsere Freude wurde durch die düstere Grundstimmung immer wieder überschattet. Da erschien plötzlich der Deus ex machina: Eines Tages, kurz nach dem Abendessen, setzte sich ein junger, hagerer, gutaussehender Deutscher aus Portugal namens Walter Löbe zu uns. Er erklärte mir, er habe oft unfreiwillig im Pensionsspeisezimmer unsere lauten Gespräche und Diskussionen mitbekommen. Es sei da immer die Rede gewesen von einem immensen Camp, von lächerlich billigen Hektarpreisen, von Halbindianern, von enormer Fruchtbarkeit, kurz auch von Initiative und Abenteuer. Wir hätten von Pflanzern erzählt, die es zu Reichtum gebracht hätten, von der Schönheit des Flusses Uruguay und der Pracht der Stimmung in jenem Lande. Er hätte nun eine große Bitte: bei uns mitmachen zu dürfen.
Ich kannte ihn zwar schon flüchtig – er war auch SS-Kamerad gewesen –, aber jetzt schaute ich ihn von oben bis unten in seinem so penibel adretten Anzug an und erklärte ihm recht unverblümt: »Lieber Freund, von solchen Leuten wie Sie haben wir schon mehrere Typen gehabt, und ich bin auch nicht weit davon entfernt, leider, aber was wir wirklich brauchen, sind Mitarbeiter, harte Arbeiter nämlich, die in die Hände spucken und richtig zupacken, denen keine Arbeit zu dreckig ist und die bereit sind, alles mitzumachen und so zu leben wie die Peone.« Vorläufig aber wolle jeder herumkommandieren und alles besser wissen. Halbchefs hätten wir schon zur Genüge, das einzige, was wir wirklich bräuchten, wären Arbeitskräfte, dazu Geld und dreimal Geld. Emigranten und Flüchtlinge, die ein besseres Leben gewohnt seien und nunmehr auch hier eine gehobene Position suchten, könnten wir nicht brauchen. Die müßten in Buenos Aires bleiben. Da könne man vielleicht noch Geschäfte machen, mir aber wäre es nicht gelungen. Ich wäre froh, auf dem Land zu sein, wo wenigstens die Sorge um Wohnen und Essen vom Tisch sei. Entscheidend hierfür wäre mein Status als Familienvater. Wenn ich Junggeselle wäre, dann würde ich wahrscheinlich in Buenos Aires bleiben und mich schon irgendwie durchschlagen. Für uns wären Leute, die keine harten Landarbeiter seien, nur interessant, wenn sie Geld hätten.
Hierauf antwortete Walter Löbe: »Nun ja – ich habe schon etwas Geld zur Verfügung.« Ein Grinsen meinerseits beantwortete diese Feststellung. »Also wissen Sie, das kennen wir schon! Da ist sicher wieder so

ein Onkel, der alles verspricht und am Schluß doch nichts herausrückt, ›weil wir es nicht besser haben sollen, als er es einst zu Beginn gehabt hatte‹. Diese Figuren sind für uns nichts Neues, und ihre leeren Versprechungen haben wir bereits zur Genüge erlebt. Nein, nein, bei uns soll von unserer Sorte niemand neu dazukommen, eher gehören ein paar Nieten weg. Was wir brauchen, sind nur harte Arbeiter im Camp oder Pinke-Pinke.«

Löbe war sichtlich etwas eingeschüchtert, doch erklärte er: »Ich habe ja momentan nicht sehr viel flüssig bei mir, es sind halt nur ein paar tausend Dollar.«

Wie von der Tarantel gestochen, fuhr ich hoch: »Waas – ja wo haben Sie die denn?«

»Oben im Zimmer, unter der Nachttischplatte.«

Nun blieb mir im wahrsten Sinne des Wortes die Spucke weg. Aber ich erholte mich schnell und fühlte mich – frei nach Wilhelm Busch – »wie neugestärkt, als ich so viel Geld bemerkt«.

Löbe hatte tatsächlich fünftausend Dollar auf seinem Zimmer. Für unsere Verhältnisse ein beträchtliches Vermögen! Es war kaum zu fassen! Wir tranken einige Whiskys und machten sehr bald einen kurzen Vertrag, der ungefähr besagte, daß Löbe als Gründermitglied in unsere Gesellschaft mit einem Betrag von im Moment fünftausend Dollar (der sich aber später noch erhöhen sollte) eintrete.

Die folgende Nacht war seit langem die erste, in der ich wieder gut und durchgehend schlafen konnte. Schon am nächsten Tag fuhren wir zum Hafen San Fernando und machten Einkäufe. Ich bezahlte Schulden und wurde nun wieder von den verschiedenen Geschäftsinhabern ehrfurchtsvoll begrüßt. Sie hatten sofort bemerkt, daß ich einen Gringo mit Geld bei mir hatte. Nachdem ich ihnen Löbe vorgestellt hatte, zwinkerten sie mir zu. Ein ganz besonders Schlauer sagte mir, es wäre nun einmal eine alte Regel, daß der alte Einwanderer vom Neuankömmling leben müsse. Ich hörte die Bemerkung zwar nicht gerne, aber ich genoß meine neue Kreditwürdigkeit. Nun überzeugte ich Löbe, daß ich sofort nach dem Ñancay vorausfahren müsse, um nach dem Rechten zu sehen, ihn aber in drei Tagen wieder abholen würde, um dann unverzüglich mit ihm auf das Camp zu fahren.

In bester Stimmung erreichte ich den Ñancay. Dort empfingen mich die Kollegen wenig diszipliniert mit düsteren Gesichtern. Ich hatte auf der Fahrt beschlossen, ihnen noch nichts vom neuen Glück zu sagen, sondern sie erst einmal zu testen. Also setzte ich mich mit ihnen zum Abendessen mit der Absicht, erst nach Tisch über meinen Erfolg zu berichten. Mit finsterer, trauriger Miene erzählte ich, daß in Buenos Aires wieder einmal alles umsonst gewesen wäre. Die Situation sei alles andere als schön, und wir müßten bald einen harten Entschluß fassen. Zwei unserer Mitarbeiter wurden sofort sauer und unangenehm, während Tofte, der Norweger, rührenderweise erklärte, solange er zu essen bekäme, bliebe er bei uns und würde uns nicht im Stich lassen – wobei er aber hoffe, daß der Wein weiter so billig und reichlich bleibe.

Somit war der Moment gekommen, die Kunde loszulassen. Ich warf statt Worten ein gewaltiges Bündel Pesos auf den Tisch und begann, alle auszuzahlen. Der Erfolg war überwältigend, nur die zwei Säuerlinge, die selbst gekündigt hatten, waren noch saurer geworden. Mit den Loyalen aber feierten wir bis ins Morgengrauen.

Pünktlich drei Tage später holte ich Löbe. Er war bald begeistert vom Camp und durfte dies auch sein, denn abgesehen von allem Initial-Unsinn, den wir gemacht hatten, war das Camp ein guter Kauf gewesen. Es war vielleicht für damalige Zeiten nicht billig, doch rückblickend könnte ich mir auch heute kein schöneres Stück von diesem Delta wünschen als das unsere am Ñancay. Durch Löbes Geld kam unser Unternehmen natürlich auf Hochtouren. Von San Fernando holten wir Schienen, Pappe, Nägel, Draht, kurz alle möglichen Waren, die wir teils brauchten und die teils überflüssig waren wie zum Beispiel Schmalspur-Schienen, die wir nach zwei Jahren mit großem Gewinn wieder verhökern konnten. Unser Kredit aber war mächtig gestiegen.

In großer Eile zogen wir hinter unserem projektierten Bauplatz die notwendigsten Gräben und bepflanzten in einem Schwung fast dreißig Hektar bis zum Flüßchen Lapachillo hin. Genügend Peone strömten nun herbei, wir fuhren zu den staatlichen Pflanzschulen in der Nähe von Buenos Aires, kauften Pinos und Eukalyptus und pflanzten diese in der Nähe des geplanten Hauses, wo sie bald als beachtlicher Wald prangten.

Unter anderem Unsinn hatten wir auch fröhlich ein kanadisches Kanu erworben. Es war zwar wunderschön und angenehm für die Fahrten auf den Flüssen, hielt aber nicht lange zwischen Feuchtigkeit und praller Sonne. Doch war es für Löbe und uns ein Hauptspaß, mit diesem Kanu die Flüsse entlang zu paddeln. Gewehre hatten wir natürlich auch besorgt, darunter eine automatische Browning-Flinte. Kurzum: Mit Löbes Geld und unserem restaurierten Ruf kamen wir erneut in Schwung – sehr zum Erstaunen und auch Neid der Nachbarn.

Mit der Zeit war es mir zu dumm geworden, in dauernder Angst vor den häufigen kleinen Überschwemmungen zu leben, die uns dann frühmorgens dadurch überraschten, daß in unseren Ranchos die Pantoffeln umherschwammen und unter den Betten Frösche quakten. So entschlossen wir uns, als wir endlich Besuch von längst bestellten Ziegelbrennern bekamen, die ersten Ziegel zum Bau eines Turmes zu verwenden. Dieser runde Turm, der unserer Estancia später den Namen »La Torre« verlieh, hatte ungefähr vier Meter Durchmesser und bestand aus einem Erdgeschoß, einem ersten Stock und einem Dachboden. Um die Rundung beim Bau genau ausführen zu können, hatten wir ein langes galvanisiertes Wasserleitungsrohr senkrecht aufgestellt, eingelotet und wie einen Segelmast mit einem waagrechten Großbaum versehen. Das Ende desselben »begleitete« mich dann beim Ziegellegen und wies Abstand und richtige Führung. Nach jeder »Mauerrunde« wurde der »Großbaum« eine Ziegeldicke hochgehißt. Der fertiggestellte Turm bedeutete für uns einen gewaltigen Fortschritt: Unten konnte man kochen und oben – sicher vor Wasser oder Schlangen – schlafen. So konnte ich endlich die Familie kommen lassen. Wir hausten sehr lustig mit den drei Kindern unter dem kegelförmigen Strohdach, während der erste Stock als »Salon« und Arbeitszimmer eingerichtet wurde. Jedenfalls hatten wir von nun an ein sicheres Fluchtlokal bei etwaigen größeren Überschwemmungen.
Die Ziegelbrenner, die mit uns einen Abschluß auf zwei Millionen Ziegel getätigt hatten, erwiesen sich als ein zwar fröhlicher, aber völlig unbrauchbarer Verein. Das beste war noch, wenn sie am Abend Tangos spielten und sangen. Ansonsten war es mit ihnen zum Verzweifeln. Stets hatten sie großen Appetit und Durst, waren dabei unterhaltende, liebe Menschen, doch taten sie so ziemlich alles lieber als Ziegel zu brennen. Allein als Gauchos und Jäger waren sie unübertrefflich.
Um die Masse für ihre »Ziegel« herzustellen, pflügten diese »Fabri-

kanten« erst einmal schwarze Erde auf dem Albardon und schoben diese mit einer Pferdeschaufel zusammen. Unsere Pferde sperrten sie dann über Nacht in einen engen Corral, das ist eine runde Einzäunung aus glatten Drähten, um die nötige Menge an Pferdemist zusammenzubekommen. Schließlich mischten sie Humus, Roßäpfel und Wasser zu einem Brei. Dabei holten sie mit Hilfe der Pferde Wasser aus dem Fluß: Sie formten aus Blech eine breite, ein paar Meter lange Rinne, deren eines Ende mit einem Lasso über einen Baumast mit dem Sattel eines Pferdes verbunden wurde. Dieses Pferd wurde sodann von einem Peón bestiegen und mit Zügel und Sporen vorwärts und rückwärts hin und her bewegt. Dadurch tauchte das andere Ende der Rinne ins Wasser und lief voll, um anschließend emporgehoben zu werden. Auf diese Weise wurde Wasser geschöpft und schoß beim Vorwärtsreiten in einen frisch gezogenen Graben, der in jenen Corral mündete, in dem Schwarzerde und Pferdemist verstreut lagen. Nun jagte man ungefähr ein Dutzend Pferde hinein, die unter Verwünschungen, Brüllen und Peitschenknallen wild im Kreise getrieben wurden, wobei sie mit den Hufen Pferdemist, Wasser und Humus zu einer homogenen Masse mischten. Dieser Brei mußte dann auf Anraten unserer Ziegelkünstler einige Tage ruhen, die zu unserer wachsenden Verzweiflung wieder mit Fressen, Saufen und Gegröle vertan wurden.
Dennoch blieben diese Nächte unter dem Kreuz des Südens unvergeßlich. Kühl und angenehm schmeichelten die Lüfte nach der Dämmerung, sobald sich die Moskitos zurückgezogen hatten. Als unsere Ziegelbrenner dann die melancholischen »Tangos Criollos« sangen, versuchten wir sie vergeblich durch flotte europäische Gesänge und Jodler zu erfreuen.
Endlich, nach ein paar Tagen, hatte der beschriebene Brei die von besagten Ziegelsachverständigen gewünschte Konsistenz und »Reife« erreicht. Das hieß, die guten Leute hatten kein Geld mehr und wollten nun wieder einmal ein wenig arbeiten, um zu einem neuen Vorschuß zu kommen. Also begannen sie mit dem Formen der Ziegel. Dazu hatten sie sich aus Zedernholz mehrere Formen fabriziert, in die sie den Roßmist-Humus-Brei hineinstrichen und schließlich auf glattgestrichenen Boden im Schatten von Bäumen kippten. Nach ein paar Tagen hatten wir einige tausend etwas flach geratene Ziegel, aus denen schließlich ein gewaltiger Meiler gebaut wurde. Zu unserem Erstaunen

aber hatte der Meiler unten nur ein kleines Loch, das in einen Raum mündete, der nicht mehr als ein bis zwei Kubikmeter Holz aufnehmen konnte. Uns war unerfindlich, wie die Leute mit so wenig Brennholz diesen gewaltigen Pyramidenstumpf von Ziegeln brennen wollten. Das Ganze sah etwa aus wie ein viereckiger Kohlenmeiler und war ungefähr drei Meter hoch, während die Seiten gut fünf Meter maßen.
Auf unsere besorgten Fragen erklärten die Ziegelkünstler verschmitzt, daß wir »schon sehen« würden. Also machten sie sich daran, das Brennholz im kleinen Hohlraum des Meilers anzuzünden. Zu unserem nicht geringen Erstaunen brannte dieses Holz bestens, und als es ausgebrannt war, sahen wir zu unserer noch größeren Überraschung, daß der ganze riesige Ziegelmeiler wie eine Zigarre zu glimmen begonnen hatte. Alle organischen Bestandteile dieser trockenen Ziegel – Strohreste aus dem Pferdemist, Humusteile und weiß Gott was alles – glühten wie ein kleiner Vulkan, und in der Nacht sah diese kleine weißglühende Aztekenpyramide gespenstisch und drohend aus.
Von soviel Erfolg beeindruckt mußten wir natürlich wieder etwas Geld herausrücken, und unsere Ziegelkünstler überbrückten die Zeit bis zum Ausglühen und Erkalten des Meilers wieder mit entsetzlich viel Durst, Appetit und Tangos.
Das Produkt hatte die Konsistenz von Bimsstein, und die Ziegel waren reichlich flach ausgefallen. Doch waren sie leicht und boten sicher eine hervorragende Wärmeisolierung.
Später erzählte mir ein argentinischer Grundstücksmakler, daß es ein beliebter Trick und geradezu Brauch sei, auf einem Grundstück vor dem Verkauf alle Bäume zu fällen, mit dem Holz und Humus Ziegel zu brennen, diese Ziegel dann dem Käufer mit dem Grundstück als Baumaterial »besonders günstig« zu verkaufen und später gegen gutes Geld wieder Humus anzuliefern. Jene Leute aber, die Schatten und Bäume vermißten, durften Zedern oder andere große Schattenspender mit Spezialtiefladern heranfahren lassen und dafür nochmals kräftig in die Tasche greifen.
Bald wurde selbst uns Gringos das ganze Ziegeltheater zu dumm. Nach einer erregten Diskussion jagten wir unsere romantischen »Produzenten« zum Teufel und ließen uns dann – auch nicht viel teurer – per Schiff eine Ladung normaler Ziegel aus Buenos Aires kommen.
Doch langsam blühte unser Ñancayunternehmen auf. Walter Löbe

verlegte sich auf Kasse und Buchführung, während ich die praktische Leitung des Unternehmens in die Hand nahm. Bald waren dreißig Hektar bepflanzt, und für das nächste Jahr wurden richtige Großpflanzungen vorbereitet. Walter Löbe nahm erneut Kontakt mit Cheves auf und kaufte von ihm einen zweiten Teil des vierteiligen Besitzes mit ungefähr zweitausend Hektar, auf dem sich auch der sogenannte Indianerhügel befand, der angeblich selbst bei größeren Überschwemmungen, den sogenannten »Crecidas«, niemals unter Wasser stehen sollte. Puck Kauntz fungierte dort noch als technischer Berater auf Löbes Privatbesitz.

Eines Tages fanden wir in einem amerikanischen Buch über Western-Ranchhouses einen wunderbaren Entwurf. Es war dies ein Haus, das an einem See lag und aus einem repräsentativen großen Mittelteil und zwei in einem Winkel von 45 Grad nach vorn geschwenkten Seitentrakten bestand. Der Küchenteil schloß sich nach hinten an und pflanzte sich im rechten Winkel mit Stallungen und Magazinen fort.

Wir beschlossen, diesen Entwurf zur Grundlage für die Planung unseres zukünftigen Hauses zu machen. Ein idealer Platz für den Bau bot sich geradezu an: am großen Knie des Ñancay, in das von außen der Santos Chico mündete. Die Achse des abfließenden Ñancay ließ sich genau durch die Türe des Mitteltraktes und den Kamin in diesem projektierten Saal verlängern. Kurz, eine überzeugende Lösung. Auch wüßte ich noch heute keinen schöneren Platz im Delta. Die beiden gegenüberliegenden Ufer waren mit Urwald bewachsen, aus dem sich auf unserer Seite eine einsame, gewaltige Trauerweide erhob. In Richtung Sonnenaufgang verlor sich der Ñancay in einer eleganten Windung und im Grün seiner Ufer.

Wenn ich jetzt aus der Ferne diesen Platz, dieses harmonische Stück Land und Wasser schildere, packt mich aufrichtig Sehnsucht danach. Stets waren Besucher beeindruckt von der Romantik und Schönheit unseres »La Torre-Ñancay«.

Bald erhoben sich die Hauptmauern des Hauses, und im Mitteltrakt lagen bereits die Träger für den Fußboden des Saales. Da begann eines Nachts der wilde »Pampero« zu blasen und stürzte die hintere Mittelwand in den Saal, wobei das ganze Fußbodengerüst zu Kleinholz zerschmetterte. Also zogen wir diese Mauer noch einmal hoch,

und diesmal aber gleich gemeinsam mit dem gewaltigen offenen Kamin des Saales als Stütze.
Der ganze Hausbau wäre nicht möglich gewesen, wenn wir nicht unerwartet Hilfe bekommen hätten durch das Erscheinen von Erwin Freitag, einem Deutschen aus Polen, und Roberto Sack, einem »Rußland-Deutschen« aus unserer Provinz Entre Ríos. Freitag kam zuerst. Er erschien einfach mit einer »Chata«, also mit einem Lastschiff, und bat fröhlich und lachend um Arbeit. Walter Löbe und mir gefiel dieser junge Mann sofort, und wir haben den Entschluß, ihn zu beschäftigen, nie bereut.
Erwin Freitag lebt heute noch als selbständiger Pflanzer und Bienenzüchter am Ñancay. Während des Krieges hatte er in Italien gekämpft und war in englische Gefangenschaft geraten. Nach einiger Zeit in Lagern in Ägypten wanderte er als »displaced person« nach Argentinien aus. Zuvor aber hatte er in Deutschland die Zimmermannsprüfung abgelegt, also war er hochwillkommen – ein Arbeitstier von gigantischen Qualitäten und absoluter Verläßlichkeit. Wir mußten immer wieder lachen, denn für ihn gab es keinen Sonn- und Feiertag. Sogar des Nachts arbeitete er in seinen neuen Pflanzungen. Alles konnte er vertragen, nur keinen Zeitverlust. Selbst die drei Tage dauernden Hochzeitsfeierlichkeiten Jahre später bezeichnete er als eine »unverantwortliche Zeitverschwendung«.
Löbe war inzwischen nach Europa gereist. Er versprach, einen Freund statt seiner zu schicken. Vorher aber hatte er die wichtigsten Einkäufe für den Hausbau gemacht und diese Waren durch mehrere Lastschiffe herantransportieren lassen. So war es ein leichtes, mit dem Bau fertig zu werden. Nur das Dach machte uns schwere Sorgen, weil dessen Konstrukion wegen der spitz verlaufenden Winkel der Seitentrakte zum Mittelteil nicht einfach war. Aber Fachmann Freitag meisterte dieses Problem großartig.

6

Kurze Zeit nachdem Erwin Freitag und Roberto Sack bei uns eingetroffen waren, beschlossen wir in jugendlichem Übermut, gemeinsam einen Forschungsausflug zu machen. Ausgerüstet mit einem halben Lamm, einigen Flaschen Wein, Buschmessern, Gewehren und hohen Stiefeln bestiegen wir zu dritt unser Kanu. Die Absicht war, eine merkwürdige Waldinsel mitten im großen Sumpf zwischen La Torre und dem Fluß Uruguay zu erforschen. Diese bestand aus ungefähr einem Hektar von mächtigen Ceibos, schwarzem Lorbeer, Curupí und ähnlichen Bäumen, also ein typischer Fall von sogenanntem »Monte Blanco« mit Büschen und Lianen. Von den Bekannten aus der Umgebung war niemand jemals dort gewesen, und dieser kleine Wald sah durch das Fernrohr richtig unberührt und romantisch aus.
Wir landeten alsbald am nächstbesten Ufer, um von dort aus quer durch den Estero zu jenen Bäumen vorzustoßen. Doch der Weg wurde außerordentlich beschwerlich, denn das Schilf des Sumpfes war über drei Meter hoch und mußte mühevoll niedergebrochen werden. Dies erreichte man, indem man sich rückwärts gehend auf das Schilf warf, das dann mit Rauschen und Knistern zusammenbrach. Schon nach zehn Metern mußten wir ermüdet wechseln. Schwitzend und schwer atmend erreichten wir schließlich die Insel und fanden zu unserem Ergötzen alles genau so vor, wie wir es uns erhofft hatten: prachtvolle Bäume, herrliche Schlingpflanzen, wilde Blumen – ja sogar kleine Orchideen – und last not least eine Einsamkeit und Unberührtheit, wie sie nur Robinson erlebt haben mochte. Kreischend schossen Papageien gegen den Himmel, und wir liefen so aufgeregt herum wie einst Huckleberry Finn mit Tom Sawyer auf ihrer Mississippi-Insel. Unverzüglich wurde das Lamm gegrillt und verzehrt, mehrere Flaschen von dem köstlichen Rotwein rollten leer ins Schilf.
Freitag war tief beeindruckt – also genau das, was wir erhofft hatten. Ich aber wollte diesen Eindruck noch ein wenig verstärken, und so kam mir eine verhängnisvoll dumme Idee. Bedächtig hob ich den nassen

Finger gegen den Himmel und dozierte: »Der Wind ist günstig, das trockene Schilf des Estero gehört ja zum großen Teil uns, daher wollen wir ein imposantes Feuer machen und unserem Freund Freitag zeigen, wie man so einen Estero fachgerecht niederbrennt.«

Roberto äußerte zwar einige Bedenken, ich aber beachtete sie in Anbetracht des günstigen Windes nicht, da dieser Brand ja nur bis zu den Ufern des Ñancay kommen konnte und dort harmlos verlöschen mußte. Freitag war, wie erwartet, neuerlich beeindruckt, und so entzündeten wir die kommende Katastrophe. Anschließend verließen wir eilig die Waldinsel über unseren Trampelpfad.

Es dauerte nicht lange, bis die ersten Rauchwolken hochstiegen, und mit Wucht vereinigten sich alle unsere Brandherde. Hastig erreichten wir unsere Canoa und paddelten auf den Ñancay hinaus, um von dort das Schauspiel besser beobachten zu können. Die Rauchwolke war bereits an die tausend Meter hoch, das höllische Prasseln, Knallen und Fauchen des Brandes aber erfüllte unser Gemüt mit zunehmender Sorge. Diese war um so berechtigter, als sich der günstige Wind inzwischen gelegt hatte.

Eilig paddelten wir nach Hause, um nicht am Tatort gesehen zu werden, da man nicht wissen konnte, was sich aus dieser Windstille entwickeln würde. Erst fuhr das Feuer in alle möglichen Richtungen, das wäre ja noch einigermaßen tragbar gewesen. Aber dann kam das Furchtbare: Der Wind drehte und wuchtete die Flammen in Richtung Süden. Dort aber lagen die Pflanzungen unserer Nachbarn Lutz, Weide und Jank. Allerdings betrug der Abstand noch einige Kilometer, und wir hofften inbrünstig auf Südwind.

Langsam wurde es Abend, und der Brand hatte bereits das Ufer gegenüber von La Torre erreicht. Vögel und alle möglichen Tiere brachen durch den Busch und flüchteten mit Gekreisch. Auch mir war inzwischen ganz anders geworden, denn die Gefahr, daß das Feuer innerhalb weniger Stunden die Pflanzungen der Nachbarn erreichen könnte, war nicht mehr von der Hand zu weisen. Wir aber konnten so gut wie gar nichts tun. Avisieren wäre sinnlos gewesen, da die Nachbarn die Gefahr schon längst erkannt haben mußten. Ja, mit Sicherheit war anzunehmen, daß sie bereits eifrig dabei waren, einen Feuerschutzstreifen zu mähen und mit diesen Schilfhaufen ein Gegenfeuer anzuzünden, das dann bis zum Eintreffen der Feuerwalze eine schüt-

Unser Haupt-Peón Luis Tesuri

Einer von den kilometerlangen
Entwässerungsgräben

Der Super-Mechaniker Faifer

Der Autor als Coca-Cola-Vertreter

Unser erster Traktor mit Pappel-Stecklingen

Der Autor mit Wolfi gegenüber von Hellmut Friedrichs und Ivar Tofte

Teodoro Gulatz und Ivar Tofte

Der Autor mit Walter Löbe auf dem Lastkahn »Inés López«

zende Aschenbahn produzieren sollte, an der schließlich die Feuersbrunst in sich zusammenfallen mußte.

Inzwischen war es Nacht geworden. Das Schauspiel wurde immer imponierender und war nur mit Feuersbrünsten aus den Bildern von Hieronymus Bosch zu vergleichen. Ich hätte mich am liebsten geohrfeigt und war so verzweifelt, daß es mich geradezu körperlich schmerzte. Ich dachte an die Pflanzungen meiner Nachbarn, die sich doch jahrelang geplagt hatten, an die Verantwortung, die Gefängnisstrafe, die mich treffen würde und all die möglichen Folgen für Maria und die Kinder. Mit Freitag und Roberto zog ich mich in den Turm zurück, und eingehend besprachen wir die Lage. Wir kamen zu dem Beschluß, daß hier nur eines möglich war: absolut und bis zum Schluß alles abzuleugnen. Ein Eingeständnis unserer Schuld hätte an unserer Situation nichts geändert und für uns eine neue Katastrophe bedeutet. Also übte ich alter Revoluzzer mit meinen Kameraden falsche Aussagen und ließ sie schwören, daß sie bis zum Schluß leugnen würden, indem ich ihnen klarmachte, daß dies noch immer das beste für alle Beteiligten wäre.

Bald näherte sich das Feuer langsam, aber stetig den Pflanzungen der südlichen Nachbarn, und gebannt starrten wir auf den Horizont. Da fiel die Glutwalze plötzlich in sich zusammen, und erleichtert fielen wir einander um den Hals. Das Gegenfeuer der Nachbarn hatte also gewirkt! So feierten wir die Rettung mit zünftigen Schlucken, und ich fühlte mich wie neu geboren.

Aber nicht lange! Schon hörten wir ein großes Motorboot heranbrausen. Auf diesem stand mit anderen Pflanzern Herr Lutz, landete und kam direkt auf uns zu, wobei er uns schon von weitem zurief, ob wir wahnsinnig geworden wären, ein solch mörderisches Feuer zu legen.

Nun schworen wir Stein und Bein, daß wir es nicht gewesen wären und daß wir uns über diese Feuerwalze selbst ganz außerordentlich geärgert hätten. Es müßte sich hier wahrscheinlich um unvorsichtige Schmuggler oder Nutria-Jäger gehandelt haben. Wir hätten sofort mit unserem Kanu nachgesehen, hätten aber nichts Auffälliges entdecken können.

Lutz und den anderen erbosten Nachbarn blieb schließlich nichts anderes übrig, als unsere Erklärungen anzunehmen und mit uns einige Flaschen Wein zu trinken.

Viele Jahre später erleichterte ich aber mein Gewissen, indem ich anläßlich einer Feier und eines Asados Lutz und den Nachbarn die Wahrheit erzählte. Mit Gelächter und verspäteten Drohungen wurde mein Geständnis aufgenommen, und man versicherte, daß niemand unsere Ausflüchte jemals geglaubt hatte, daß sie aber Verständnis für unser Leugnen gehabt hätten und in gleicher Lage sehr wohl ähnlich geschwindelt hätten. Dabei kam heraus, daß auch Herr Lutz seinerzeit einmal ein dummes Feuer gelegt hatte, durch das ein Teil der Pflanzungen seiner Nachbarn beschädigt worden war. Bei den verzweifelten Löschversuchen hatte er sich damals böse die Hände verbrannt.

Mit zunehmendem Weinkonsum kam schließlich ans Licht, daß fast jeder Pflanzer schon einmal einen dummen und gefährlichen Brand gelegt hatte. Denn Feuer zu legen, blieb leider die billigste Methode, verwachsenes Ur-Camp zu säubern. Nur sollte man in solchen Fällen vorher veranlassen, daß rechtzeitig ein Feuerschutzstreifen gemäht und vorsorglich ein Gegenfeuer gezündet wird.

Immerhin war dieses Erlebnis für uns eine eindringliche Lehre gewesen, und wir regten uns später mit dem Brustton der Entrüstung genauso über die Feuer von Neulingen auf, wie es Lutz und seine Freunde uns gegenüber getan hatten. Bei dieser Gelegenheit lernten wir auch festzustellen, von wo aus das Feuer jeweils seinen Ursprung genommen hatte. Der Feuerwalze eilt nämlich eine enorme Hitzewelle voraus. Das Schilf und Gestrüpp – auf einer Seite angesengt – neigt sich sofort dem heranrollenden Feuer zu, verbrennt und fällt in diese Richtung. In der Asche kann man dann noch gut die Strukturen des verbrannten Schilfes erkennen, und es gilt als einfache Regel, daß die noch erkennbaren Gras- oder Schilfspitzen immer in Richtung auf den Brandherd weisen.

Jahre später hatten wir einmal einen typischen besserwisserischen Preußen zum Nachbarn, in dessen Pflanzungen immer wieder Feuer ausbrach. Das hatte er sich jedoch selbst zuzuschreiben: Er war damals allerdings noch ein echtes Greenhorn, also ein »Gringo«, zahlte sinnlose Überpreise an die Peones und wollte neue, superkorrekte Verhaltensregeln einführen. Solch gute Absichten wurden aber von seinen Mitmenschen nur mit Gelächter quittiert, weidlich ausgenützt und fröhlich gefeiert.

Als nämlich eines Tages ein Brand aus anliegenden wilden Esteros seine Pflanzungen bedrohte und die Leute pünktlich zum Brandschutzstreifen-Mähen herbeieilten und so seine kaum angesengten jungen Bäume retteten, dachte unser forscher Nachbar, das wäre die beste Gelegenheit, die Leute fürstlich zu belohnen und sie einmal richtig zu »motivieren«.

Schon das »fürstlich« war falsch. Man zahlt in einem solchen Fall einen normalen Tageslohn und spendiert dann ein paar Kisten Wein – natürlich erst nach getaner Arbeit, versteht sich. Unser guter Nachbar aber erschien hoch zu Roß auf einem Apfelschimmel und hielt zum Abschluß eine donnernde Grundsatzrede im komisch gebrochenen Spanisch der Nordlichter:

»Amigos, Sie haben heute vorzügliche Arbeit geleistet, ich darf Ihnen meinen aufrichtigen Dank aussprechen! Ich bin tief beeindruckt von der kameradschaftlichen Zusammenarbeit, von Ihrem beispielhaften Einsatz und dem Gelingen der Verteidigung unserer Pflanzungen. Ich habe daher veranlaßt, daß Ihnen nun reichlich Wein und zu essen gebracht wird, ferner bekommen Sie drei Tageslöhne und eine einmalige Gratifikation von hundert Pesos, und nehmen Sie bitte zur Kenntnis, daß Sie bei zukünftigen Feuern, die unsere Pflanzungen bedrohen sollten, stets in gleicher Weise großzügig entlohnt werden.«

Auf diese markige Rede folgten natürlich großer Jubel und Beifall. Leider aber wurde die zutiefst christliche Einstellung unseres Nachbarn von den Einheimischen ungebührlich belacht, und niemand wunderte sich, daß es beim Herrn Oberst a. D. so oft brannte.

Nach einiger Zeit faßte ich mir schließlich ein Herz und ging zu diesem Nachbarn, um ihn wohlwollend aufzuklären und zu warnen. Verdutzt wollte er wissen, woher ich meine Weisheit hätte. Leider sagte ich ihm die Quelle und nannte ihm den Namen des Mannes, der mir bei seinen Einkäufen über seinen letzten »Privatbrand« erzählt hatte. Wer beschreibt nun mein Staunen, als nach ein paar Tagen besagter Mann wutentbrannt in meinem Almacen erschien, mich bedrohte und beschimpfte, weil ich ihn verraten hätte.

Ich leugnete natürlich Stein und Bein und beruhigte den empörten Zeitgenossen mit reichlichstem Zuspruch und Zutrunk.

Kaum aber war er weggeritten, nahm ich meinen Gaul und machte mich, diesmal selbst wutschnaubend, auf zum Nachbarn. Dieser jedoch belehrte mich in schnarrendem Kommandoton, daß es sein

Prinzip wäre, bei jeder Beschuldigung dem Beschuldigten Gelegenheit zur Stellungnahme zu geben und dabei auch stets die Quelle des Verdachts zu nennen.

Es war dies sicherlich ein bewundernswerter Grundsatz, der allerdings am Ñancay kaum durchführbar war. In Hinkunft hatte aber der edelmütige Nachbar nicht nur unter Feuer und ähnlichen Unannehmlichkeiten zu leiden, sondern er bekam auch von niemandem mehr einen Fingerzeig. Schließlich fuhr er nach Deutschland zurück, wurde General und konnte wenigstens bei uns nicht mehr die Preise der Peone und die Geschlossenheit der Pflanzer verderben. Wir atmeten auf und lachten noch oft über so manche Episode mit dem preußischen Don Quichote.

Mit den Jahren gewöhnten wir uns an Feuer und Überschwemmungen und wußten bald beide Gefahren richtig zu handhaben. Das war mit dem Feuer ja noch relativ einfach. Es kam normalerweise vom unerschlossenen und unkultivierten Teil des Camps und brach dort meist im Spätherbst aus, wenn Nutriajäger mit einer Feuerwalze diese Tiere in ihre Fallen treiben wollten oder wenn Wasserschweine vor die Büchse gedrückt werden sollten.

Diese riesigen Nager heißen Carpinchos und liefern das beste und nobelste Handschuhleder. Sie werden bis zu 50 Kilo schwer, haben einen länglichen Kopf, Schwimmhäute zwischen den Zehen und erreichen die Größe eines mittleren Hundes. Sie können auch ganz böse beißen. Ihre Nahrung besteht hauptsächlich aus Wasserhyazinthen und anderen Schwimmpflanzen. Das Fleisch ist allerdings nicht viel wert, und es hieß, daß armer Leute Kinder, die zu oft davon zu essen bekamen, mit der Zeit daran erkrankten.

7

Kurz bevor Löbe den Ñancay verließ, kauften wir noch ein stolzes Schiff. Es hieß »La Cooperativa« und war von einem deutsch-argentinischen Mechaniker konstruiert und aus Eisenplatten zusammengeschweißt worden. Die Wasserverdrängung betrug ungefähr zwanzig Tonnen. Sein imponierender Deutz-Dieselmotor begeisterte uns besonders. Oben auf Deck prangte mit Kajüte für den Kapitän eine richtige Kommandobrücke mit Steuerrad. Wir kamen uns großartig vor und wunderten uns nur sehr über den relativ niedrigen Preis. Der hatte seinen triftigen Grund, den wir aber erst später feststellen konnten. Das Schiff war nämlich während des Baues verkürzt worden. Es entsprach also nicht dem ursprünglich berechneten Plan. Diese Verkürzung hatte man vorgenommen, weil einige Pflanzer protestiert hatten, das Schiff sei zu lang für ihre Flüsse und könne in vielen Nebenarmen nicht wenden. Also stutzte man einfach das Fahrzeug, mit dem Erfolg, daß es nicht mehr Kurs halten wollte. Das bedeutete in der Praxis, daß man, wenn man nicht fürchterlich aufpaßte, rechts oder links an die Ufer krachte und dabei nicht selten auch Landungsbrücken mitnahm, um dann von den Nachbarn wüst beschimpft zu werden. Da halfen nur Erfahrung, Kunst und rechtzeitiges Gegensteuern, sonst sorgte man durch unkontrollierte Schlangenlinien für allgemeine Erheiterung. Doch mit der Zeit lernten wir auch dieses Problem elegant zu meistern.

Eines Tages heuerten wir sogar einen Kapitän an, nämlich einen ehemaligen Matrosen des Panzerkreuzers »Graf Spee«, der sich Anfang des Krieges nach einem Gefecht mit drei britischen Kreuzern in der Río-de-La-Plata-Mündung selbst versenkt hatte. Leider hatte dieser Mann schon alle möglichen Tricks in Argentinien gelernt und war nicht mehr der »treudeutsch« verläßliche Mitarbeiter, den wir erhofft hatten.

Denn sobald jener brave Matrose nach Buenos Aires fuhr, um Ware zu holen, versumpfte er dort in Spelunken und erzählte uns nachher zur

Begründung seiner Verspätung, daß er schwerste Reparaturen an Schiff und Motor gehabt habe. Mit der Zeit wurde mir dieses Theater zu dumm, und ich beschloß kurzerhand, das Schiff ans Ufer zu ziehen und nur mehr als Lagerraum zu verwerten. Inzwischen hatten wir auch herausgefunden, daß Ware von den professionellen Transportschiffen einfacher und billiger herangebracht werden konnte.
In unserer Gegend gab es zu der Zeit noch kein »Boliche« (bolitsche auszusprechen) oder »Almacen«, zu deutsch Kramladen mit primitivem, aber ertragreichem Barbetrieb. Also erwarben wir kurzerhand eine entsprechende Konzession und füllten den Schiffsbauch mit Ware, Bier, Schnaps und Wein. Bald begann tatsächlich ein recht flotter Verkauf, der uns weit mehr einbrachte als alle Transportfahrten dieses sonderbaren Schiffes. Allerdings mußten wir anfangs jedesmal in den Schiffsrumpf hinabsteigen, um für einen durstigen Einheimischen ein paar Flaschen Wein heraufzuholen. Daher beschlossen wir schließlich, noch ehe das Haus fertiggestellt wurde, am Ufer des Ñancay, rund zweihundert Meter vom künftigen Wohngebäude entfernt, ein primitives Lokal mit anschließendem ummauerten Hof für Schmiede und Tischlerei zu bauen. Wir nannten dieses Wildwestlokal »Almacen La Torre«, und es wurde bald zum Treffpunkt der wenigen, aber stets durstigen Gauchos der Gegend.
Das ganze kleine Gehöft war ein primitiver Ziegelbau ohne Verputz, und der Boden bestand anfangs nur aus gestampftem Lehm. Ein langer, breiter und vor allem hoher Ladentisch trennte und sicherte den Verkäufer vor allen möglichen oder unmöglichen Kunden. Hinter dem Ladentisch gab es einen Gang und an der Wand primitive Stellagen aus ungehobeltem Curupíholz, auf denen die Einheimischen alles bewundern konnten, was wir zum Verkauf herbeigebracht hatten: Nägel, Hämmer, Zangen, Buschmesser, Spaten, Sägen, Beile, Draht, Stacheldraht, Nudeln, Speck, Stockfisch, Makkaroni, Reis, Rinderfett in Fässern, Mortadella, Salami, Corned Beef, alle möglichen Fischkonserven, Bastschuhe, Gummistiefel, Waschseife, Zündhölzer, Petroleumlampen, Kerzen und jede Art von Messern. Fliegen waren die häufigsten Kunden. Auch Mäuse stellten sich pünktlich ein. So ein Almacen hat seinen typischen Geruch nach Stockfisch, Speck, Wein- und Bierresten, Leder und abgestandenem Tabakrauch. Unter der Woche war nicht viel los. Nur alle paar Stunden kam eine Canoa

oder ein Reiter, um etwas einzukaufen, Konversation zu machen und in der Hoffnung, irgend jemanden im Almacen zu treffen.
Viele Jahre lang bediente ich in diesem Laden, während der Woche allein, doch an den Samstagen, wenn es immer hoch herging, oder sonntags mit Hilfe von kräftigen Mitarbeitern.
Das Almacen wurde nebenbei zu einer unschätzbaren Informationsquelle. Stets wußte ich so ziemlich alles, was passiert oder geplant war, denn der Alkohol lockerte die Zungen. Ich hütete mich aber, von diesen Dingen irgend etwas den großen Estancieros oder gar der Polizei weiterzugeben. Es war mir auch höchst gleichgültig, wenn die Leute schmuggelten, denn der Staat leistete ja für uns so herzlich wenig. Auf der anderen Seite war es auch nicht mein Problem, wenn die Leute den großen Estancieros, die zigtausend Hektar besaßen, ab und zu ein Rind klauten.
Tagsüber kamen nur sehr wenig Kunden. Oft stand ich stundenlang hinter dem Ladentisch und wartete, las irgendwelche Bücher oder wedelte Fliegen von Stockfisch, Mortadella und Speck, die an Schnüren von der Decke hingen und deren Fett im Sommer fleißig auf meinen alten Tropenhelm tropfte. Näherte sich ein Kunde, so merkte man das rechtzeitig am Pferdegetrappel oder am Paddelschlag der Canoas. Letztere waren meist aus Weißblech zusammengebogen, das man vor Jahren offiziell aus Belgien importiert hatte, um es als Barriere gegen Heuschrecken zu verwenden. Dieses »Regierungsblech« gelangte aber selten bis in die heuschreckengeplagte Gegend im Norden, sondern wurde bereits vorher auf dem »kleinen Dienstweg« unterschlagen und verhökert. Unzählige Häuser wurden mit jenem Blech gedeckt, oder es diente, wie gesagt, als idealer Werkstoff für die »modernsten« Kanus.
Hörte ich also solch ein wackeliges »Guigue« an unseren Landungssteg anlegen, so ging ich sofort hinaus und half den oft absonderlichsten Kunden beim Aussteigen. Ein ganz spezieller Fall dabei war Doña Celestina, die Frau von Manrique, die ungefähr 110 Kilo wog. Sie aus dem Kanu heraus oder wieder hinein zu verfrachten, war keine einfache Sache. Aber es lohnte sich immer, denn sie kaufte dann auch recht ordentlich ein und zahlte bar.
Da fast niemand schreiben oder lesen konnte, pflegten unsere Kunden ihre Bestellungen stockend herunterzuleiern, und ich mußte mir

schnell Notizen machen. Wenn man nun glaubt, ich hätte alles auftürmen und dem Kunden eine Gesamtrechnung präsentieren können – weit gefehlt! Die Leute kauften oft auch für ihre Nachbarschaft und merkten sich erstaunlich genau alle Summen. Im übrigen konnten sie wohl etwas Kopfrechnen, aber keine großen Beträge addieren. Daher ging so ein Handel ungefähr folgendermaßen vor sich:

»Don Reinaldo, bitte geben Sie mir zwanzig Schachteln Zündhölzer, was kostet das?«

Wenn ich nun zum Beispiel sagte: »Ein Peso fünfzig«, so gab sie mir zwei Pesos, und ich mußte fünfzig Centavos wieder herausgeben.

Dann kam das nächste »Geschäft«: Drei Kilo Speck kosteten neun Pesos. Ich bekam zehn Pesos und mußte wieder einen Peso herausgeben. Auf diese Weise dauerte ein größerer Einkauf oft ein bis zwei Stunden, und dabei gingen Unmengen an Kleingeld hin und her über den Ladentisch.

Eines Tages kam eine etwas dürre Dame mit schwarzem Kopftuch und schien recht resolut. Ich kannte sie nicht, musterte ihr Gehabe und erkannte bald an der Dicke ihres ledernen Geldbeutels, daß der Fall durchaus interessant war. Ich überschlug mich also vor Freundlichkeit. Als sich schließlich der Einkauf holpernd dem Ende näherte und ich sah, daß noch immer viel Geld im Geldbeutel war, kam mir eine blendende Idee. Endlich schien mir die Gelegenheit gekommen, einen elenden Ladenhüter loszuwerden!

Monate zuvor hatte nämlich Herr Klaus, unser Grossist in Paranacito, ein schlauer Mann Schweizer Abstammung, sich wieder einmal absichtlich geirrt und uns statt der von uns bestellten zwölf Schachteln »Vim«, das in Argentinien Puloil hieß, zwölf ganze Kisten davon geschickt. Er rechnete nämlich damit, daß wir sie nicht zurückschicken würden, weil die Entfernung zu groß und der Transport zu kompliziert und teuer war, daß wir aber andererseits die Bestellung doch bezahlen und versuchen würden, an Ort und Stelle diesen »Clavo« (Ladenhüter) loszuwerden. Bei diesem Scheuerpulver handelte es sich schließlich um eine unverderbliche, wertbeständige Ware.

Einen solchen »Scherz« falsch zu verstehen, war branchenunüblich, und schlug man deswegen Krach, so beeindruckte das den Grossisten herzlich wenig – wir waren ja immer bei ihm verschuldet, und nur er konnte uns Mangelwaren wie Nägel, Zucker oder manchmal sogar fehlenden Wein liefern. Wie sollten wir uns da mit ihm anlegen?

So saß ich also auf den zwölf Kisten mit Putz-Puloil. Schon zu Weihnachten und zu Neujahr hatte ich zwei »Rifas« veranstaltet, das sind an jenen Tagen erlaubte Privat-Lotterien, wobei man Warenkörbe verlosen durfte. In solchen glänzten zuoberst dann die herrlichsten Mangelwaren, aber die untere Etage war diabolisch mit Ladenhütern wie zum Beispiel Puloil ausgefüllt.

Nun stand endlich wieder ein vermeintliches »Puloil-Opfer« vor meinen Augen. Sofort begann ich der Señora zu erzählen, daß hier soeben eine großartige Erfindung deutschen Ursprungs eingetroffen sei, ohne die heutzutage keine moderne deutsche Hausfrau und überhaupt niemand in Europa mehr leben könnte. Als die Spannung gestiegen war und ich eine Kunstpause einlegte, zeigte die gute Frau endlich Wirkung und fragte, worum es sich denn handle. Ich erklärte, daß alle Hausfrauen doch so entsetzlich unter dem Joch des Geschirrspülens leiden müßten, wobei das klebende Fett in den Pfannen und auf den Tellern das ärgste wäre. Bis dato hätte niemand so richtig helfen können. Doch dank der Erfindung eines deutschen Professors wäre dieses Problem nun endlich vom Tisch und die so geplagten Hausfrauen aus finsterer Haushalts-Sklaverei errettet. Dieses Mittel wäre ein ganz einfaches Pulver, und wie durch Zauberei verschwänden Fett und Bratenkrusten aus Pfannen, Tellern und von jedem Geschirr. Erneut machte ich eine Pause und sah die Dame so strahlend und freudig an wie nur möglich. Sie aber schwieg. Ich nahm mir ein Herz und fragte: »Also, wieviel darf ich nun von diesem großartigen Wundermittel für Sie einpacken, Señora?«

Hierauf sagte sie nur kalt und ungerührt: »Nichts!«

»Wie bitte? Sie wollen nichts?«

»No – nada!«

Ich war wie zu Boden geschmettert. Die gute Frau mußte nicht ganz bei Trost sein. Vorsichtig stieß ich nach: »Sagen Sie mir bitte, darf ich wissen, warum Sie nichts wollen? Nichts von diesem wunderbaren Putzmittel? Nichts?«

»No – nada, Señor, wir brauchen hier dergleichen nicht. Wir haben doch Hunde!«

Auf dieses durchschlagende Argument wußte ich allerdings nichts mehr zu erwidern, und völlig verstört gab ich mich geschlagen.
Im allgemeinen kamen die Frauen selten zum Einkaufen – das war Männersache in diesem Land der Machos. Die Gattin blieb zu Hause, gebar und versorgte die Kinder, kochte und kümmerte sich um den Rancho und die Wäsche. Der Kontakt zur Außenwelt war den Männern vorbehalten. Und da waren natürlich die wenigen Almacene Brennpunkte des »gesellschaftlichen Lebens« und des Austausches von Nachrichten.
Samstags durfte keiner aus der Gegend fehlen, und das war für uns der Tag der guten Einnahmen. Schon morgens bereiteten wir uns ordentlich vor. Weinkisten wurden aus dem Depot ins Lokal getragen und die Kisten mit Caña, dem Zuckerrohrschnaps. Bereitstehen mußten weiterhin Flaschen mit Lusera, das war ein Mittelding zwischen Magenbitter und Pfefferminzschnaps auf Basis einer Pflanze, die bei uns wild wuchs. Auch Salami mußte bereitliegen und natürlich die ewige Mortadella. Von diesen Würsten hatte mir der verfluchte Grossist einmal statt fünf Stück fünf ganze Kartons geschickt. Bald baumelten sie traurig als Ladenhüter im Gebälk unseres primitiven Lokals, waren schon rundum bekannt und etwas geschrumpft. Zu Hause wollte sie niemand mehr anrühren, und wir hatten sie schon mehrfach im Preis reduziert. Doch mit Hilfe eines Libanesen, die in jener Gegend die schlauesten Handelsleute sind und eine ähnliche Rolle spielen wie früher die Juden in Osteuropa, gelang es mir von neuem, den Absatz zu steigern. Besagter kluger Handelsmann riet mir nämlich, die Würste eine Zeitlang aus dem Verkehr zu ziehen, in den feuchten Keller zu hängen, sodann in Mehl zu wälzen und etwas abzustauben. Ich würde staunen, wie diese Mortadella-Mumien auf solche Weise ein taufrisches Aussehen bekommen würden. Und tatsächlich, der Erfolg war verblüffend. Nur, nach einigen Tagen kamen böse Reklamationen.
Solche Tricks konnte ich mir leider nicht oft erlauben, da wir nur über einen kleinen Kundenstamm aus der Gegend verfügten. Der Libanese hingegen – er hieß Latuf – fuhr mit seinem schwimmenden Almacen im Delta auf und ab, und wenn er nach einem Monat wieder erschien, Neuigkeiten und neue Waren brachte, war der Zorn der geprellten Kunden längst verflogen.
Am Samstag zwischen fünf und sechs Uhr nachmittags erschienen die

Peone in sauberer Festtagskluft. Sie kamen teils zu Boot, teils hoch zu Roß. Wer immer das Almacen betrat, mußte nach altem Brauch sofort die Waffen abliefern. Ich bat dann um alle Messer und auch um jenes kleine, das die meisten noch im Hosenboden versteckt hatten. Auch die großkalibrigen Revolver, die dort kein Mensch im Halfter oder in einem Lederfutteral trug, sondern die einfach zwischen Hose und Unterhose am Bauch steckten, wurden meist lachend abgeliefert. Eigentlich hat sich niemals jemand geweigert, denn solches zu fordern war ja das Recht des Almaceneros seit eh und je.

Nach freundlichster Begrüßung und Fragen über das wechselseitige Wohlbefinden begann ein intensiver Austausch von Nachrichten. Peinlich für mich war nur, daß ich gewöhnlich zum Mittrinken eingeladen wurde. Manchmal rettete ich mich mit der Notlüge, daß ich unter Magenkrämpfen litte, und die Verordnung des Doktors war auch so ziemlich das einzige, was mich davor retten konnte, zum Beispiel mit Mitmenschen, die sich im Leben nie die Zähne putzten, Mate aus demselben Rohr saugen zu müssen. Man durfte dann nur nicht dabei erwischt werden, daß man diesen Tee zu Hause trank, das wäre eine Beleidigung gewesen. Nun, Mate wurde am Samstag sicherlich nicht getrunken. Schnaps und Wein regierten die Stunde, und dazu gab es Mortadella oder Salami und vielleicht auch noch eine Dose Thunfisch oder Pâté de Foie, wie eine billige Leberpastete so schön hieß.

Bei Einbruch der Dunkelheit stieg die Stimmung bald in ungeahnte Höhen. Die Konversation wurde nun immer lauter, und all die Probleme und leidigen Fehden unter den verschiedenen Clans wurden lauthals besprochen, später dann auch oft handgreiflich ausgetragen. Dann war es meine Aufgabe, die Raufbolde hinauszuschieben und sie zu bitten, sich draußen weiterzuprügeln und bitte meine Gläser und das Inventar zu schonen.

Dies gelang meistens, da ich ja samstags nie allein bediente. Es stand immer Roberto oder irgendein anderer an meiner Seite. Außerdem hatte ich an kritischen Tagen mindestens zwei Leute meines Vertrauens unter das Publikum gemischt, die dann spät in der Nacht, sobald die Leute kein Geld mehr hatten, mich dauernd fragten, ob sie die Kerle endlich rausschmeißen dürften. Oft sagte ich: »Na, da haben noch einige Caballeros Geld und Durst, wartet doch noch ein bißchen.«

Sobald es dann aber wirklich soweit war und ich das Zeichen gab, krachten links und rechts die Knochen, und die Bezechten flogen nur so bei der Türe hinaus. Hierauf schleppten wir die Opfer unter einen alten Espinillo-Baum, wo sie ihre Räusche ausschlafen konnten, wobei sich vermutlich Tausende von Moskitos Alkoholvergiftungen zuzogen. Wenn die Leute endlich draußen waren, schloß ich sofort die große Eingangstür und öffnete ein vergittertes Seitenfenster, an dem bereits meine »Fünfte Kolonne« auf ihren Judaslohn in Form von mehreren Flaschen Caña lauerte. Dies war dann mit schöner Regelmäßigkeit der allsamstägliche Abschluß der Lustbarkeiten.
Vorher ging es aber stets vergnügt zu. Jeder neue Ankömmling wurde mit großem Hallo begrüßt und mußte natürlich erst mal eine Runde spendieren. Ich Armer wurde stets offiziell dazu eingeladen, nippte aber nur am Glas oder trank zuletzt eine Art Tee, den ich mir eigens präpariert hatte und der die gleiche Farbe wie Caña besaß.
Unterstützt von zwei Mitarbeitern und zwei Agenten unter dem Publikum war so ein Samstag oder Sonntag abend eigentlich gar nicht so gefährlich, obwohl es nicht selten Streitereien gab, die selbst nach dem Rausschmiß noch außerhalb des Almacens in der Nähe der Landungsbrücke oder bei der »Cancha de Bochas«, der Kegelbahn, fortgesetzt wurden.
Unter wüsten Beschimpfungen standen sich dann die Kampfhähne gegenüber, und trotz der Abnahme der Waffen hatten sie wie durch Zauberei schon wieder irgendwelche Messer oder Schießeisen in der Hand. Einmal gelang es mir, die Wütenden zu beruhigen, indem ich sie ironisch bat, sich doch so aufzustellen, daß die Revolverkugeln bei einem Fehlschuß nicht mein neues Wasserdepot durchlöcherten, das beim Landungssteg gerade ausgeladen worden war. Diese vernünftige Bitte verwirrte einen der Männer derartig, daß er nun auf mich anlegte und Roberto und ein anderer ihn von hinten anspringen mußten, um ihm gerade noch den Revolver zu entreißen.
Polizei war Gott sei Dank nur selten da. Das hätte das Geschäft auch sehr gestört. Außerdem machten die Polizisten gern große Zeche und bezahlten selten. Sie boten natürlich stets Zahlung an und bestanden sogar darauf. Ich wäre aber schön dumm gewesen, wenn ich auch nur einen Centavo angenommen hätte. Also bedankte ich mich überschwenglich dafür, daß sie überhaupt gekommen waren, um so aufop-

fernd nach dem Rechten zu sehen. Unter diesen Umständen sei es doch für mich nur eine kleine Pflicht, mit Speis und Trank für ihr Wohl zu sorgen.

Als Gegenleistung hielten dann die Polizisten dem erstaunten Publikum eine mit Gemeinplätzen gespickte Rede über Anstand und Sauberkeit. Gern forderten sie dabei alle Gäste auf, dem braven Don Reinaldo stets ordentlich entgegenzukommen, ihre Pflicht zu erfüllen und bei guter Bezahlung auf dem Camp auch gute Arbeit zu leisten. Unter Segenswünschen und voll des süßen Weines stolperten sie dann zum Boot oder zu ihren Pferden.

Als eines Samstags wieder einmal reger Betrieb herrschte, wurde uns gemeldet, daß sich von ferne ein Boot der Marinepräfektur nähere. Unverzüglich zahlten einige »Caballeros«, die wohl die Gesetzeshüter zu scheuen hatten, und waren wie vom Erdboden verschwunden. Aus dem Boot aber stiegen würdevoll zwei Matrosen und ein Sergeant. Ich empfing sie gebührend und kredenzte ihnen fröhlich einen Begrüßungstrunk. Nun folgte eine angeregte Unterhaltung über Politik und Geschäft, und schließlich erklärte der Ranghöchste mit erhobener Stimme, er habe vor, ab sofort in dieser Gegend gründlich »aufzuräumen«.

Solche Ankündigungen war man natürlich längst gewohnt, trotzdem applaudierte ich lebhaft und geizte nicht mit Vorschußlorbeeren. Der Durst der Hüter des Gesetzes wuchs beachtlich, und ihr Appetit auf meine – inzwischen frische – Mortadella war geradezu beängstigend. Während ich gerade wieder ein dickes Stück heruntersäbelte, um es dem »Sergente« zu reichen, brüllte dieser plötzlich los und packte einen Peón mit mächtiger Faust am Kragen: »Ladrón de mierda!« (Scheißdieb), schrie er empört und schüttelte und prügelte den Unglücklichen nach Kräften. »Don Reinaldo«, rief der Sergeant, »haben Sie denn nicht bemerkt, wie dieses Stück Dreck vor Ihren, ja sogar vor unseren Augen geklaut hat? Ja, wenn wir Hüter des Gesetzes nicht überall aufpaßten – da wären anständige Leute und Ihr Unternehmer bald verloren. Vor allem Sie, Don Reinaldo, Sie sind ja viel zu gütig. Jetzt gucken Sie mal, was dieser Mann alles in seiner Tasche hat!«

Gesagt – getan, und flugs zauberte der Gesetzeshüter zwei billige Schnapsgläser und ein armseliges Wischtuch aus der Tasche des Übeltäters hervor. Ich dankte mit Bewunderung, meinte aber, man könnte

die Sache vielleicht auf sich beruhen lassen, der Mann habe wohl zuviel getrunken, und alles wäre sicher nur ein Versehen gewesen.
»Ha!« schrie der Sergeant. »Auf diese Weise, Don Reinaldo, züchtet man schon aus dem Ei die späteren Verbrecher. Hier muß eisern durchgegriffen werden. Jetzt sollen Sie und die anderen mal sehen, wie wir so einen lumpigen Dieb und Taugenichts kurieren.«
Und sofort begann der Unglückliche zwischen dem Sergeanten und den Matrosen hin- und herzufliegen, wobei er Püffe, Ohrfeigen, Hiebe und Fußtritte kassierte. Bald sackte er zusammen und fiel auf unseren zünftigen Lehmboden. »Ha!« rief der Kommandant aufs neue. »Jetzt simuliert der müde Bursche! Bringt sofort einen Kübel mit kaltem Wasser, damit wir den Kerl ›taufen und auferstehen‹ lassen.«
Solch Wunder gelang denn auch tatsächlich, und noch zweimal wurde der Mann erst tüchtig durchgewalkt und dann wieder aufgefrischt.
»So«, schloß der Sergeant mit Genugtuung, »das war's! Jetzt genehmigen wir uns noch eine Caña, und dann nehmen wir das Vögelchen aufs Kommissariat mit zur Nachbehandlung. Sie wissen ja, wir haben leider nur so ein lausiges Ruderboot und brauchen dringend einen anständigen Motor. Dafür ist uns dieser Bursche hochwillkommen. Vierzehn Tage Bootsmotor bei Tag und Rasenmäher in der Dämmerung werden den Mann zu guter Letzt auf vernünftige Gedanken bringen und einen brauchbaren Staatsbürger aus ihm machen.«
Ich erschauerte über diese Demonstration der Staatsgewalt. Ob das nicht etwas zuviel war? Ja, es war tatsächlich zuviel, denn dieser Peón war ein Bruder des berüchtigten Pistoleros Mauricio, und ich war von nun an der Rache des Opfers ausgeliefert. Nach vierzehn Tagen war er wieder frei und ließ mich prompt ein paar Tage später hören, er wisse genau, daß ich ihn angezeigt hätte (was ja überhaupt nicht stimmte), und ich hätte mich von nun an als »sentenciado«, also als »verurteilt« zu betrachten. Nach gutem alten Brauch konnte jeder jeden verurteilen. Er mußte als Caballero nur gewisse Regeln einhalten. An und für sich ist diese Sache ganz einfach: Man beauftragt einen Freund, den zu Verurteilenden zu besuchen und ihm in aller Form zu erklären, daß ihn das Urteil dieses oder jenes aus diesem oder jenem Anlaß getroffen habe. Vom Moment eines solchen Avisos an muß man dann ein Jahr lang verdammt auf der Hut sein. Denn von da an hatte nun nach einem ungeschriebenen Gesetz der Verurteiler das »Recht«, den Verurteil-

ten irgendwann, bei Tag oder Nacht, von vorne oder aus dem Hinterhalt oder gar von einem Baum herunter zu erschießen, zu erschlagen, zu erstechen oder sonst irgendwie ins bessere Jenseits zu befördern.
Das war also nun eine schöne Bescherung und bestimmt nicht die zwei Schnapsgläser und den karierten Fetzen wert! Mir blieb ab sofort nichts anderes übrig, als höllisch aufzupassen. Kaum wagte ich mich mehr außer Haus. An einen Ritt über Land war überhaupt nicht zu denken. Allenfalls konnte ich es wagen, mit dem Boot wegzufahren. Kurzum, die Sache war höchst brenzlig, denn dieser bärtige Bursche war besonders gefährlich und hatte früher selbst einmal bei der Provinzpolizei ein Gastspiel absolviert – ehe er auf lukrativere und weniger ehrenvolle Tätigkeiten umsattelte.
Aber wieder hatte ich Glück! Denn schon nach wenigen Tagen kam auf einmal unser Roberto angelaufen und schrie: »Señor, Señor, una muy buena noticia!« – Eine sehr gute Nachricht. »Dieser Hurensohn, der Sie verurteilt hat, ist Gott sei Dank mausetot.«
Begeistert schrie ich: »Prima – wie das?«
»Ja, ein entfernter Verwandter von mir hat ihn erschossen, als er abends wie wild an die Tür seines Ranchos pumperte.«
Es ist in der Wildnis nicht üblich, vor dem Eintreten an die Tür zu klopfen. Vielmehr fordert es die gute Sitte, sein Erscheinen hundert Schritte vor dem Rancho durch lautes Händeklatschen anzukündigen. Dies aber hatte mein Todfeind unterlassen, und so schoß der gute Freund und Verwandte von Roberto erst einmal prophylaktisch mit dem Colt einige Kugeln durch die geschlossene Tür, um dann nach dem eiligen Besucher zu sehen. Und siehe da: Es war unser rachsüchtiger »Freund« gewesen, der da in seinem stark mit Alkohol durchsetzten Blut lag.
Das alles war für meinen unfreiwilligen Retter aber eher peinlich, und so trank er sich in weiser Voraussicht – der mildernden Umstände wegen – mit einer Flasche Caña einen Bombenrausch an, um sich darauf von der durch Freunde herbeigejammerten Polizei ordnungsgemäß verhaften zu lassen. Die Ordnungshüter freilich nahmen den Tod des ehemaligen Kollegen und späteren Banditen nicht besonders tragisch. Der gleichen Ansicht war auch der Richter, und er stellte fest, daß es sich bei dem Delikt nur um leichten Totschlag handle und der Täter angetrunken und in gutem Glauben nur sein Haus verteidigt

habe. Das Opfer aber sei brutal und nicht voll zurechnungsfähig gewesen, wie Zeugen und auch die Polizei gerne bestätigten. Gegen Tote fand man nämlich immer Zeugen, denn die konnten ja nicht wiederkommen und Rache nehmen. So ist dort gewöhnlich der Ermordete schuldig, und der Überlebende kommt meist äußerst glimpflich davon.

Die Sitte, sich durch Händeklatschen bemerkbar zu machen, ehe man sich einem Haus näherte, hatte durchaus ihre Berechtigung. Denn nur lichtscheues Gesindel nähert sich heimlich einer Behausung. Und wenn man da auf Klopfen arglos öffnete, konnte es leicht geschehen, daß man in den Lauf einer Winchester oder eines Colts hineinguckte. Dann aber war es fürs Überlegen zu spät.

Jahre danach wurde ich noch einmal zum »sentenciado«, weil ich einen Mann beschimpft und ihn vor anderen angeschrien hatte. So etwas soll man vor allem nicht in jenen Gegenden tun, in denen der Gaucho so sehr auf seine Ehre hält. Es gelang mir aber durch Vermittlung eines Mannes, der eine Art Häuptling im Clan des Beleidigten war, mit viel Geld und guten Worten die Sache wieder in Ordnung zu bringen.

Wie man sieht, war der Beruf eines Almacenero nicht ganz ungefährlich. Deshalb sollte auch der Ladentisch hoch genug sein, damit niemand darüber hinweghechten konnte. Und unter der Theke lagen stets Knüppel, Messer und ein Revolver parat. Auch auf der Stellage im Rücken glänzten an bestimmten Stellen einige Waffen griffbereit, und zu Hause lagen über den Karnisen unserer Vorhänge Revolver und Gewehre. Selbst Maria hatte einen kleinen Colt. Ferner besaß ich eine automatische Zwölfer-FN-Schrotflinte, und später kam dann noch ein Mauser Militärkarabiner dazu. Den letzteren hatte ein Flame der Waffen-SS eingeschmuggelt. Mit dem in Packpapier eingewickelten Gewehr, so als ob es sich um einen Regenschirm handle, war dieser seelenruhig in Buenos Aires von Bord und durch den Zoll marschiert. Die dazugehörige Munition hatte er mitgeschmuggelt.

Als wir von diesem Coup hörten, bogen wir uns vor Lachen, und ich ruhte nicht, bis ich diese prächtige Waffe für mich erworben hatte. Daß ich dabei nicht kleinlich war, versteht sich von selbst.

Des Nachts schoß ich gelegentlich prophylaktisch in die Gegend. Wenn dann am nächsten Tag die Leute fragten, was denn da los gewesen sei, erklärte ich beiläufig, in der Nähe der Bienenstöcke oder beim Hühnerstall hätte sich in der Nacht etwas gerührt, und da doch ordentliche Leute nicht näher als hundert Schritte zum Haus kämen, ohne zu klatschen oder zu rufen, hätte ich halt einfach in die fragliche Richtung geschossen.

»Tiene razón, señor, Sie haben ganz recht, heutzutage kann man ja gar nicht energisch genug sein«, war dann die verständnisvolle Antwort. Natürlich hatte ich nur in die Luft geschossen, aber es war ganz gut, wenn die Leute wußten, daß auf ungebetene Gäste in »La Torre« ein gebührender Empfang wartete.

Soweit, so gut! Die Samstage waren immer abwechslungsreich und die Einnahmen hilfreich. Viel konnte nicht passieren, wenn nur genügend Leute gekommen waren, und gegen Mitternacht schlossen wir den Laden. Mit Lärmen und Brüllen und wiehernden Indianerrufen verzog sich dann die betrunkene Herde. Manchmal fiel beim Einsteigen noch einer ins Wasser oder kippte mit dem Kanu um, während ich mit der Petroleumlampe am Steg leuchtete. Wir bemühten uns natürlich, diese Pechvögel, die komischerweise durch die Bank Nichtschwimmer waren, heil wieder herauszufischen.

Bei solcher Gelegenheit plumpste natürlich auch die gekaufte Ware ins Wasser, und für unsere Buben war es daher ein Mordsspaß, am nächsten Tag Öl- und Schnapsflaschen oder Konserven wieder aus dem Wasser herauszutauchen und dann von mir oder dem Verlierer ein paar Pesos zur Belohnung zu bekommen.

Nicht so ungefährlich war es dagegen, ohne erkennbaren Geschäftsbetrieb allein im Laden zu stehen und den Abend zu erwarten. Das könne leicht Spitzbuben anlocken, warnte man mich oft.

Das Almacen »La Torre« entwickelte sich bald der Sicherheit halber zu einem ummauerten Gehöft. Da gab es dann auch einen etwas tiefer gelegenen Raum als kühlen »Keller«, wo unsere Schätze, sprich Schnaps, Wein und Bier, wohlverschlossen ruhten – also ein Traum für einen echten Gaucho.

Und die ideale Gelegenheit für einen Beutezug ließ nicht lange auf sich warten. Denn eines Nachts brach unheilschwanger ein richtiger Pampero los und brachte Blitz, Donner und Platzregen, wie es ihn so nur in den Tropen geben kann. Fast dachten wir, der Himmel stürze ein! Unsere Trauerweide und die Kasuarinen heulten, der Regen trommelte auf unser Dach, und die stockfinstere Nacht wurde von Blitzen durchzuckt.

Am Morgen dann schien alles wieder ruhig und friedlich. Doch als ich zum Almacen ging, lief mir schon Roberto entgegen und rief, daß jene zwölf Kisten alter Caña, die ich so billig bei einer Liquidation in Gualeguaychú gekauft hatte und die so gut gealtert waren, weil sie schon jahrelang im Keller geträumt hatten, jetzt, nicht zu fassen, verschwunden seien. Tatsächlich, Wein, Bier und Vermouth waren noch da, das Köstlichste und Teuerste aber, der schöne Zuckerrohrschnaps, der war dahin.

Wir waren empört. Roberto und ich befragten nun alle möglichen und unmöglichen Leute. Doch die heuchelten nur Anteilnahme und grinsten wissend in sich hinein. Denn es galt nicht als unehrenhaft, einem Bolichero, also einem Wirt, etwas zu klauen: »Robar a un ladrón, cien años de perdón (Beraubst du einen Räubersmann, hundert Jahre Ablaß dann).«

Doch ich ließ nicht locker und wollte schon aus erzieherischen Gründen unbedingt herausbekommen, wie und mit wem wer da gestohlen hatte. Vergebens! Erst viel später erfuhren wir von Tatumständen und Verbleib der Beute. Die Sache war immerhin ausgezeichnet organisiert gewesen. Hut ab! Auch die Spuren waren so gut verwischt, daß ich zwar alles erfuhr, aber nichts beweisen konnte.

An dem besagten stürmischen Abend waren die Übeltäter, vom oberen Ñancay kommend, mit einem Boot zum Almacen gepaddelt, hatten dort die Mauer überstiegen, die Hoftüre geöffnet, das Depot aufgebrochen und dann die große Canoa bis zur Wasserlinie vollgeladen. Danach waren sie, das Lastboot im Schlepp, flußaufwärts bis zu einer Stelle gepaddelt, wo bereits Spießgesellen mit mehreren Pferden gewartet hatten. Die Flaschen verpackten sie nun in Säcke, die rechts und links an die Pferde gehängt wurden. Und ab ging die Post in Richtung Ceibas, bis zum vorletzten Sumpf.

Inzwischen hatte sich das Unwetter beruhigt, und ein trüber Mond beleuchtete durch Wolkenfetzen die denkwürdige Szene. Drei Gauchos versenkten nun, unweit eines alten, knorrigen Ceibos, Flasche für Flasche in den Sumpf. Nach getaner Arbeit genehmigte sich gerechterweise jeder eine Flasche für zu Hause. Vorher aber gab es im Rancho eines Compañeros noch ein Fest, denn so ein Sieg wurde gefeiert.

Doch zu früh! Die Guten hatten ihre Rechnung nämlich ohne den Wirt gemacht. Denn sie taten sich von Tag zu Tag schwerer, wenn sie aus dem Sumpf noch Flaschen bergen wollten. Ein altes Männlein nämlich, das unweit von diesem Sumpf in einem traurigen Rancho dahindämmerte, hatte in jener Nacht das Pferdegetrappel und Stimmengewirr gehört und sich daraufhin der Szene vorsichtig genähert. Allein das Klirren von Flaschen verhieß ihm Gutes. Und als er am nächsten Tag die Stelle näher inspizierte, bemerkte er, daß er das große Los gezogen hatte und konnte sich vor Glück kaum fassen. Tag für Tag genoß er nun stillschweigend seinen Fund, war stets freundlich und bester Dinge, wie mir die Leute nachher erzählten. Vorbei war es mit seiner ewigen Bettelei in den Schenken, und jeden, der ihm etwas zu essen brachte, bewirtete er mit meiner guten Caña. Auch soll er den Almacenero in seiner Nähe Lebensmittel mit Schnaps bezahlt haben.
Zu spät merkten es die bestohlenen Diebe, bald lachte die ganze Gegend und stand völlig auf der Seite des alten Glückspilzes. Auch ich war erfreut und verkündete dies auch öffentlich. Den alten Mann aber bezeichnete ich als Werkzeug der strafenden himmlischen Gerechtigkeit.
Sogar das dortige Polizeirevier soll damals im Sumpf »mitgefischt« haben, denn der Alte hatte in seinem Dauerrausch den Mund nicht halten können, und so stocherte bald groß und klein in jenem Sumpf herum.
Doch zurück zum Alltag eines solchen »Wildwestladens«. Früh am Morgen mußte man zunächst stets die Reste vom Vortag – manchmal auch Blutspritzer – aufwischen oder wegputzen, also wenigstens eine rudimentäre Ordnung wiederherstellen. Buchführung war nicht erforderlich, hatte ich mir doch eine Konzession für Analphabeten besorgt. Alles lachte, denn ich war wohl der einzige Akademiker im Umkreis von fünfzig Kilometern. Doch besagte Konzession hatte den enormen Vorteil, daß man lediglich die Belege aufbewahren mußte. Und was jeweils auf den Nagel gespießt wurde, das bestimmte ich selbst. Wenn das kein herrliches Land war!
Doch selbst jene Bündel erfuhren manchmal noch eine Sonderbehandlung, wenn Gefahr im Verzug schien, etwa wenn eine Inspektion drohte, was während meiner zehn Jahre am Ñancay höchstens drei-

mal der Fall war. Dann kamen diese gebündelten Belege rechtzeitig in ein Wasserbad, damit die Schrift zerfloß. Der Inspektor mußte dann hören und sehen, daß wir wieder einmal Opfer einer jener bösen Überschwemmungen geworden waren, wie sie am Ñancay ja wirklich häufig vorkamen, und der so geprellte Abgesandte der Bürokratie mußte auch noch bei uns um ein Nachtquartier bitten – wo sollte der Arme denn sonst auch hin? Der Abend wurde dann meist recht gemütlich, natürlich gab es auch gut zu essen, und so gegen Mitternacht duzten wir uns bereits. Am nächsten Tag ritt der brave Revisor schließlich hochzufrieden, gut versorgt und, nicht zu vergessen, auch mit einer Büchse Honig für die lieben Kinder, wieder fröhlich seines Weges, nachdem er vorher festgestellt hatte, im Almacen des Señor »Espitsche« (das heißt Spitzy) sei alles korrekt und allerbestens.
So löste sich so manche amtliche Aktion sehr zur Zufriedenheit der Beteiligten. Natürlich kam dabei auch der Humor nicht zu kurz. Alles lachte über solch gelungene Aktionen und fand das auch ganz richtig so. Was wollte denn der Staat in unserer Gegend, wo er sich doch um nichts kümmerte? Für unsere Sicherheit hatten wir selbst zu sorgen, und sogar für die Schule mußten wir sammeln und spenden. Nicht einmal eine Erste-Hilfe-Station gab es. Als solche fungierten Maria und ich. Wir taten es oft und gerne und, wie sich später herausstellte, bisweilen mit für uns lebenserhaltendem Erfolg.
Denn als ich vor Jahren Argentinien wieder einmal besuchte und dort die alten Freunde unter den Gauchos zu einem hervorragenden Asado und etlichen Kisten Wein einlud, erlaubte ich mir zu vorgerückter Stunde die bescheidene Frage, warum man mich unerfahrenen Gringo nicht einfach um die Ecke gebracht habe.
Hierauf betretenes Schweigen. Ich insistierte aber: »Kinder, so sagt mir doch, warum habt ihr mich nicht einfach erledigt? Ich muß doch anfangs ziemlich blöd gewesen sein, und ihr konntet ja noch nicht ahnen, daß wir bald so gute Freunde werden würden!«
Leichtes Grinsen. »Also gut, wenn ihr nichts direkt sagt, dann werde ich euch ins Gewissen fragen: Habt ihr mich verschont, weil ich bessere Löhne zahlte?«
Antwort: »Aber nein, es wurde doch dauernd alles teurer!«
»Oder war ich wichtig für euch, weil ich gute Wege machte und eine neue Straße bis nach Ceibas mit den großen Nachbarn organisierte?«

»Nein, um Gottes willen! Auf diesem Weg kommt ja nur die lästige Polizei noch öfter als früher!«
»Ja, zum Teufel, warum habt ihr mich verschont? Bei uns lief und lag doch alles sorglos herum!«
»No, Señor, wir waren sehr froh, daß Sie da waren. Ihre Frau und Sie waren doch so gute Ärzte!«
Es hatte sich also in der Tat gelohnt, daß wir die Gauchos immer gern und umsonst behandelten. Mit Antibiotika und anderen modernen Mitteln, die Maria in Buenos Aires fleißig hamsterte und sammelte, konnten wir in der Wildnis wahre Wunder wirken. Zum Beispiel war es uns gelungen, einen Banditenhäuptling, der seit vielen Jahren ein eitriges Augenleiden hatte, in nur drei Wochen zu heilen. Anderen Leuten gaben wir Injektionen, und zuletzt erteilten uns auch die beiden Distriktsärzte in Paranacito und Umgebung den Segen, wenn wir erste oder unmittelbare Hilfe leisteten.
Das war also das Geheimnis gewesen! Deshalb war uns die ganzen Jahre über nichts geschehen! Für unsere Kinder allerdings hatte nie eine Gefahr bestanden. Blond und mit blauen Augen erschienen sie den dunklen Einheimischen wie kleine Engel und waren enorm beliebt. Ich bin überzeugt, daß niemand ihnen jemals auch nur ein Haar gekrümmt hätte!
Doch zurück zu unserem »Boliche« mit Ausschank. Wenn gerade kein Kunde da war, was leider oft der Fall war, hatte ich doch im Hinterhof viel zu tun. Oft zählte ich voll Stolz die Mengen leerer Weinkisten. Denn ohne Leergut bekam man damals keinen Wein, obwohl es ihn im Lande in Hülle und Fülle gab, aber die Flaschen waren eben Mangelware.
Bald stellte ich fest, daß ich als sichere Basis für mein Geschäft wesentlich mehr Leergut brauchte. Also teilte ich aller Welt mit, daß ich pro Flasche und Kiste so und soviel bezahlen würde. Und richtig, diese Aufforderung trug Früchte. Schon am Abend desselben Tages kamen Leute per Canoa oder Pferd mit Kisten und Flaschen herbei. Hochzufrieden kaufte ich alles und beförderte dieses Leergut flugs durch die hintere Tür in den finsteren Hof, denn es war schon spät. Doch noch immer kamen Leute mit Flaschen und Kisten. Plötzlich aber waren sie alle verschwunden, ohne die Restbezahlung abzuwarten, was mich wunderte. Ich schloß also das Almacen und betrat beim

hellen Licht meiner fauchenden Petroleumgaslampe mit ihrem weißglühenden Strumpf, von Nachtinsekten umschwirrt, den Hof, um den Erfolg meiner Einkaufsaktion genüßlich zu betrachten. In der Tat lag ein imponierender Haufen von Kisten und Flaschen vor mir – nur jener schöne Altbestand an Leergut, der stets entlang der Außenwand unter einem Flugdach so sauber geschichtet war, der hatte sich verflüchtigt. Mein Gott! Die Leute hatten mir doch tatsächlich über die Mauer hinweg das schöne alte Leergut geklaut und dann durch den Vordereingang wieder verkauft. Ich war also der Dumme, schimpfte wie ein Rohrspatz über diese »hijos de puta« (Hurensöhne) ließ aber schon bald durchblicken, daß ich auch diesen neuen Streich mit Humor nahm. In der Schule oder beim Militär hätten wir seinerzeit auch solchen Unsinn gemacht. Im Grunde waren die meisten Leute nett und eigentlich wie große Kinder, so lachten wir nun gemeinsam aus vollem Hals.

Doch der Verlust war bitter, denn ich hatte damals wirklich wenig Geld. Also rächte ich mich meinerseits und verlängerte das Parfum, das ich verkaufte, mit noch mehr Brennspiritus. Denn jeden Samstag verkaufte ich große Mengen an kleinen Fläschchen mit »Perfume« und ungezählte Rollen von Pfefferminzpastillen, und das hatte seinen romantischen Grund. Jeder Gaucho oder Peón, der eine Frau beglükken wollte, machte sich zuvor schön. Er kaute reichlich Pfefferminzpastillen und goß sich Perfume übers Haupt und unters Hemd – bis ganz nach unten selbstverständlich. Die Zähne dieser Gauchos waren nicht immer die besten, und einen Zahnarzt gab es nicht in jener Gegend. Also her mit den Pastillen! Und mit dem Waschen nahm man es ohnehin nicht so genau, also her mit dem Parfum! Die Haare wurden geölt oder mit Pomade beschmiert, und ein pseudogoldener Füllhalter oder Kugelschreiber zierte den Rock, obwohl kaum jemand schreiben oder lesen konnte. Vorne am Bauch steckten stolz Messer und Revolver, genau zwischen Hose und Unterhose. Martialische Stiefel und Sporen rundeten das Bild nach unten ab, und gekrönt wurde das Ganze von einem breitkrempigen Hut, womöglich einem schwarzen Sombrero. Denn ein Mann, der auf sich hielt, bevorzugte stets die schwarze Farbe. Sie verlieh Würde, und niemandem wäre es eingefallen, an Sonntagen mit bunten oder gar hellen Kleidern herumzuspazieren.

Als ich so eines Tages wieder im Almacen herumordnete, erschien plötzlich zu Fuß ein kleiner Mann und begrüßte mich mit ostjüdischem Akzent: »Gestatten Sie, mein Name ist Regen – Regen, genau wie der Regen. Ich bin Ihr – hoffentlich – neuer Mitarbeiter im Geschäft. Man hat mir in Paranacito gesagt, Sie suchen doch wen?«
Verdutzt fragte ich: »Wo kommen Sie denn her?«
»Aus Dresden, bitte schön. Ich bin schon vor dem Krieg nach Argentinien gekommen.«
»Und was haben Sie hier gemacht?«
»Gott der Gerechte, tausend Sachen habe ich gemacht, tausend Sachen habe ich versucht. Zuletzt war ich bei Swift im großen Schlachthaus Büchsendrücker.«
»Was waren Sie?«
»Konservendrücker war ich, wenn Sie gestatten. Ich mußte kontrollieren, also drücken, ob sie schlecht waren, die Konserven, und schon mit Gasen drin. Und wissen Sie, hauptsächlich die Leberpastetendosen mußte ich drücken mit einem zweiten Kollegen. Nachdem ich so ein paar hunderttausend Stück gedrückt hatte und immer dieses ›Knicks-Knacks‹ durchgemacht hatte, ist mir die Sache zu bled geworden, da bin ich einfach weggelaufen. Ich habe schon gar nicht mehr schlafen können, weil ich im Traum immer noch weitergedrückt habe.«
Ich fand das wirklich komisch und überzeugend; also war mir der Mann recht.
So sehr wir in Europa Nationalisten gewesen waren – hier in Argentinien, in der neuen, fremden Umgebung, waren wir alle Brüder, ob Engländer, Deutsche, Österreicher, Juden, Franzosen und so weiter. Wir Einwanderer aus dem alten Europa mußten eher aufpassen, daß wir nicht von den kreolischen Geschäftemachern übers Ohr gehauen wurden.
Die argentinischen Juden deutscher Abstammung waren oft deutschnational eingestellt. Der Grossist Wolf in Gualeguaychú zum Beispiel blieb bis 1945 als »Konzessionsjude« Mitglied des deutschen Clubs. Bei ihm sah ich neben dem Gebetsriemen an der Wand noch ein Bild vom Untergang des Kapitänleutnants von Mücke in seinem U-Boot, das berühmte Bild vom »letzten Mann« mit der Reichskriegsflagge, während ihm das Wasser bereits bis zum Gürtel stand.
Nun, Freund Regen war jedenfalls willkommen, und für die Kinder

wurde er bald ein lieber Kamerad, ließ er sich doch gern von ihnen necken und schimpfte zum Schein: »Da lachen ja die Pferde aufm Postplatz«, pflegte er dann immer zu sagen.
Regen war wirklich eine große Hilfe im Laden. Mit der Kasse war er ehrlich, nur der Schnaps hatte es ihm angetan. Er soff und soff, aber nur des Nachts und mutterseelenallein. Bei Tag war er freundlich und fleißig, und eines Tages hatte ich mit ihm ein einschneidendes Erlebnis, das meinen Ruf in der Gegend endgültig festigte.
Es war gegen Abend, als wir aufräumten. Die Eisentür war schon abgeschlossen, da hörten wir auf einmal Pferdegetrappel! Wir guckten aus dem Fenster und erblickten zwei finstere Gestalten, die heftig Einlaß begehrten. Ich erklärte abwehrend, es wäre schon viel zu spät, und ich müßte nach Hause, denn der Tag sei mehr als mühsam gewesen.
Doch da sie nicht nachgaben und ich nun auch nicht unhöflich werden wollte, ließ ich sie auf eine Caña hereinkommen. Aber mehr als diese eine gäbe es nicht! Sie akzeptierten, doch bestanden sie bald auf zwei weiteren Schnäpsen und machten schließlich überhaupt keine Anstalten mehr zu gehen. Inzwischen waren aber alte Kunden wiedergekommen, nämlich Peone, die ich vorher energisch hinausgeworfen hatte. Diese hatten das neuentzündete Petroleumlicht von weitem gesehen und waren eiligst zurückgepaddelt. Sie setzten sich nun vor den Ladentisch auf unsere »Stühle«, die ja in Wirklichkeit keine Stühle waren, sondern Baumstümpfe von Ceibos. Solche Möbel waren leicht wie Balsaholz und praktisch unzerstörbar, weil sie sich nicht spalteten und nie splitterten. Bei jeder Samstagsrauferei wäre ja sonst unser Mobiliar in Trümmer gegangen.
Also, die beiden verdächtigen Besucher tranken immer mehr und wurden immer lauter und unverschämter. Regen und ich diskutierten auf deutsch alle Möglichkeiten, diese Leute loszuwerden. Von unseren Peonen konnten wir nicht mehr viel Einnahmen erwarten, denn sie hatten ihr Geld bereits ausgegeben und wollten jetzt auf Pump weitertrinken. Wieviel Geld sie hatten, wußte ich genau, da fast alle bei uns arbeiteten. Schließlich wurde ich »amtlich« und erklärte mit Bestimmtheit, es wäre nun Schluß, und ich würde nichts mehr ausschenken.
Da wurde der blatternnarbige Ältere der beiden ebenfalls ungemüt-

lich. Er schob seinen schwarzen Hut in den Nacken und meinte, ich solle nicht so angeben. Ein Wort gab das andere, und als der mir »Gringo de mierda« (Scheißgringo) an den Kopf warf, konterte ich mit »Negro de mierda« – eine tödliche Beleidigung, denn diese durch Indianerblut dunkelhäutigen Burschen reagierten äußerst giftig, wenn man sie als »Negro« beschimpfte. Je heller die Hautfarbe, desto besser. Und Neger wollte eben keiner sein.
Nun zog dieser Mann ein kleines, spitzes Messer, erklärte mich zu einem Hurensohn, der sich hinter dem hohen Ladentisch verschanze und es sicher nie wagen würde, zu ihm hervorzukommen.
Verflucht! Mir wurde fast schlecht, denn das hatte ich nicht gewollt. Alles stierte auf mich, und ich stand fürs erste sprachlos. An den Blicken der Leute erkannte ich, daß man es nun wissen wollte. Ich fühlte, das war ein Test-case und sagte zu mir: »Wenn du das jetzt nicht durchstehst, bist du in der Gegend erledigt!« So gab ich Regen unter dem Ladentisch einen Revolver in die Hand und sagte zu ihm auf deutsch: »Nehmen Sie diese Kanone und schießen Sie durch die Bretter des Ladentisches auf dieses Schwein, sobald der Kerl auch nur eine Bewegung macht, mich abzustechen.«
»Um Gottes willen«, mahnte Regen, »Sie werden doch nicht da hinausgehen?«
»Doch«, entgegnete ich, »es bleibt mir gar nichts anderes übrig. Wenn ich mich jetzt drücke, bin ich hier erledigt!«
»Großer Gott, wie soll ich schießen?«
»Mitten auf den Bauch natürlich! Der Kerl muß ja mit dem Schuß liegen, sonst schlitzt er mir den Bauch auf.«
Dabei dachte ich eher verzweifelt an all die Gefahren, denen ich im Laufe der letzten Jahre entronnen war und vor allem an Maria und die Kinder. Doch schritt ich langsam und so würdig wie möglich die schützende Burg des Ladentisches verlassend, direkt auf den Mann zu und sagte schneidend: »Da bin ich. Na, was wollen Sie denn von mir?« Dabei blies ich mich auf wie ein Kugelfisch und wurde dadurch fast doppelt so groß wie der Bandit. Der aber guckte mich lange abwägend an, spielte mit dem Messer und steckte es schließlich gelassen wieder in die Hose.
Sofort stieß ich nach und fragte nochmal: »Was soll denn das Ganze? Wozu das alles?«

Darauf meinte er bedächtig: »Tiene usted demasiado cuerpo para mí.« (Sie sind zu groß für mich.)
Darauf ich, schon etwas gemütlicher: »Na gut, dann spucken Sie aber keine so großen Töne.« Nun stand mir allerdings noch der schwierige Rückzug bevor. Ich mußte mich ja umdrehen, um wieder würdevoll den Ladentisch entlang zur Klapptür zu gelangen, die mir Sicherheit bringen würde. Am liebsten wäre ich im Krebsgang retiriert, aber das ging nicht. So was war mit meiner Ehre als mächtiger »Aleman« nicht zu vereinbaren. Wieder dachte ich an Maria und die Kinder und an all die Jahre, die wir während und nach dem Krieg heil überstanden hatten. Wie dumm wäre es doch, jetzt in so einem Scheißlokal mit einem Messer im Rücken zu krepieren!
Natürlich hatte ich Angst, und es lief mir kalt über den Rücken, als ich mich gemächlich umdrehte. Doch Freund Regen blieb tapfer, wenn auch voll Sorge, mit der Hand unterm Ladentisch und fixierte den Mann. So deckte er in etwa meinen Rückzug. Meine Schritte waren würdig und gemessen, doch – bei Gott – so schnell wie nur möglich.
Als ich dann endlich wieder in meiner »Burg« stand, fühlte ich mich wie neugeboren und rief fröhlich in die Runde: »Caballeros! Wir vergessen am besten diese dumme Geschichte. Wir alle waren zu voreilig. Laßt uns Freundschaft schließen, ich gebe jetzt eine große Lage für alle aus!« Darauf der Bandit mit dem schwarzen Hut: »Und ich zahle noch eine zweite!« Es folgte allgemeine Begeisterung, die üblichen Indianerschreie mit der Hand auf dem Mund, Besäufnis und »amistad para siempre«. Kurz, es war ein gelungenes Fest – auch für mich »Neugeborenen«.
Maria zu Hause war schon sehr beunruhigt gewesen, obwohl sie nicht recht wußte, warum. Frauen haben ja ein feines Gespür für solche Sachen. Ich brummte etwas und erzählte ihr erst nach Tagen genau, was sich zugetragen hatte. An diesem Abend hatte ich genug und war nicht mehr zum Erzählen aufgelegt.
Die Sache hatte aber auch ihr Gutes. Mein Ruf in der Gegend war nun gefestigt, und ich wurde nicht mehr für einen ahnungslosen Gringo gehalten, sondern allgemein respektiert. Der gute Regen aber schwitzte noch tagelang nach dieser Geschichte. Ein paar Monate hielt er es bei uns aus, dann war ihm die ganze Sache zu dumm, und er verließ uns in Freundschaft, aber nicht ungern.

8

Maria hatte in dieser Gegend viel auszustehen und reichlich Sorgen zu ertragen. Dabei war sie so völlig unschuldig in dieses Abenteuer hineingeraten. Mit mir selbst hatte ich wenig Mitleid, denn irgendwie war ich ja schuld an meiner Lage, aber daß Maria alles tapfer mitmachte, war schon fabelhaft! Sie war nicht nur eine ideale Frau und eine wunderbare Mutter, sondern auch mein bester Freund und Kamerad. Was hatte sie nicht schon alles in Spanien durchzumachen gehabt, besonders während der langen Zeit, als ich versteckt gewesen war. Aber auch vorher in den letzten Kriegsjahren, als ich nie wußte, ob ich von Reisen nach Berlin wieder zurück nach Madrid kommen würde, ob vielleicht meine Verbindung zum Widerstand in der Zentralabteilung von Admiral Canaris entdeckt worden war. Jedesmal hatten wir uns dann für das Leben verabschiedet, denn ich mußte ja stets damit rechnen, daß mich in Berlin statt einem Mercedes mit SS-Fahrer eine vergitterte »Grüne Minna« vom gleichen Verein erwarten würde. Nicht weniger abenteuerlich war unsere Flucht nach Argentinien gewesen.

Und nun, am Ñancay, mußte sie unter primitivsten Verhältnissen zurechtkommen, zuerst im Turm, dann im etwas besseren Ziegelhaus, das jedoch nur teilweise verputzt und ohne Fenster war. Lange Zeit mußte Maria im Freien – zwischen Ziegelsteinen auf der Erde – für uns alle kochen, von Moskitos und Fliegen umschwirrt, die Augen vom Rauch gerötet, und dabei bereits wieder in primitiven »Storchmoden«. Maria hatte, Gott sei Dank, mit dem Almacen nichts zu tun. Das hätte ich nie zugelassen. Nur den Fellhandel zog sie an sich, und das mit großem Erfolg! Nahm ich dann im Almacen, was gelegentlich vorkam, von Kunden ohne Bargeld irgendwelche Felle als Bezahlung an, dann wurde ich oft kritisiert. Meist hatte ich mich anschmieren lassen. Aber was sollte ich tun, wenn so ein Mann kam, große Einkäufe machte, der Ladentisch vollgetürmt war mit tausend Sachen und er, wenn ich ihm dann die Rechnung – meist mündlich – präsentierte, wortlos statt Geld ein paar Felle auf den Tisch knallte? So war ich doch irgendwie in der Zwickmühle, wenn er behauptete, die Felle seien die schönsten der Welt, und ich wüßte sie nur nicht richtig zu schätzen. Was nützte es, wenn ich ihm prompt erklärte, daß diese lausigen Nutrias wahrscheinlich von dem trockenen Sandstrand am Bauch abgerieben seien, daß sie nicht die richtige Länge hätten, sondern von ihm nur zwischen zwei niedergebogenen Baumstämmen auseinandergezogen worden seien. Dann suchte ich verzweifelt nach Stellen, wo die Felle vielleicht durch Bisse verletzt waren, der Mann die Löcher mit Fleischstückchen zugeklebt oder seine Frau sie mit feiner Seide kunstvoll gestopft hatte, um schließlich alles mit dreckigem Fett zu verschmieren. Was blieb mir letztlich übrig, als mich irgendwie zu einigen. Aber gern tat ich das nicht. So eine Bezahlung mit Fellen war immer riskant. Meistens waren es Nutriabälge, seltener die wesentlich wertvolleren Otternfelle.

Maria war da viel geschickter. Es sprach sich bald herum, daß sie Felle mit großem Sachverstand kaufte, doch die Gauchos verhandelten sehr gern mit ihr, denn sie war sicher die schönste und netteste Frau, die sie je gesehen hatten. Auch für sie, die sich durchwegs als Caballeros fühlten, war Maria eine große Dame. Das änderte aber nichts daran, daß der Fellhandel jedesmal eine aufregende und komplizierte Sache wurde. Denn kam so ein »Nutriero« und brachte ein Bündel direkt zu Maria, dann begann ein geradezu orientalisches Handeln und Feilschen. Der Mann lobte seine Ware über den grünen Klee, während Maria immer wieder freundlich, aber hart kleine Fehler entdeckte. Das ging oft so weit, daß der Betroffene abrupt alles zusammenpackte, scheinbar verzweifelt wieder ins Kanu stieg und mit ein paar Paddelschlägen ernste Absicht zeigte, die Verhandlungen abzubrechen und wegzufahren. Doch in der Regel kam der Fallensteller wieder zurück oder wurde bisweilen auch zurückgerufen. Zuletzt jedoch war immer »eitel Wonne«, der Mann wurde zum Schnaps eingeladen und bekam sein Geld.

Oft hingen in unserem Turm ganze Bündel von Nutriafellen. Die schönsten und farblich zusammenpassenden aber behielt Maria für sich und ließ sich dann in Buenos Aires bei einem erstklassigen Kürschner einen wundervollen Pelzmantel machen. Die Nutrias aus unserer Gegend, das heißt aus den Sümpfen am Uruguay, waren bei weitem die Besten, da die Unterwolle dieser Wildtiere ganz besonders nobel war. Sie lebten ja in Sümpfen mit weichem Untergrund, und so kam ihre wertvolle Bauchseite durch das Schaben auf Erde oder Sand nicht zu Schaden.

Unser Wildwestlokal ging eigentlich jahrelang gar nicht schlecht. Unser geringes Kapital kursierte in der näheren Umgebung und floß nicht davon. Es war aber sinnlos, irgendwelche neuen Artikel außer den notwendigsten oder gebräuchlichsten anzubieten, denn die Kaufkraft unserer rund fünfzig Kunden blieb stets gleich bescheiden. Wenn wir zum Beispiel feinen Räucherspeck oder irgendwelche besonderen Konserven anboten, dann überzogen die Leute entweder ihren Kredit oder kauften weniger von lebensnotwendigen Artikeln. Dabei hatten sie doch haufenweise Nachkommenschaft und brauchten daher Nudeln, Zucker, Reis und, last not least, Milchpulver. Denn eine Kuh in dieser Gegend zu halten und vor Überschwemmungen zu schützen, war für den einzelnen kleinen Arbeiter kaum möglich. Außerdem wollten wir in unseren Pflanzungen auch keine gefräßigen Rinder haben.

Das Kreditgeben oder »anschreiben lassen« war immer eine heikle Sache. Vorsorglich hatten wir auf einem Pappkarton folgenden Spruch an die Wand gehängt: »Hoy no se fía, mañana sí!« Zu deutsch: »Heute können wir nicht borgen, kommen Sie doch bitte morgen!« Das galt dann gleich für jeden Tag. Meist kamen die Peone völlig abgebrannt daher. Sie besaßen dann weder Decke noch Pfanne oder Axt, weder Buschmesser noch Sense, Spaten oder irgend etwas Nützliches. Meist gehörte ihnen nicht mehr als die Kleider, die sie am Leibe trugen. Alles andere hatten sie, wenn sie Arbeit suchend ankamen, längst in Gualeguaychú verkauft oder verspielt, hatten dort wilde Feste gefeiert und das letzte Geld hinausgeworfen. Am Ende wurde dann alles verhökert, was nicht unbedingt lebensnotwendig war; sogar die Münzen von ihren Gürteln wurden von den Gläubigern abgezwickt, der Revolver verspielt: Nur das Messer war ihnen geblieben, denn davon trennt sich ein Gaucho nie.

Wenn ich also neue Peone brauchte, so mußte ich gründlich vorfinanzieren: Sie kauften auf Kredit Axt, Sense, Beil und Spaten und bekamen darüber hinaus nur das Allernotwendigste wie Fett, Öl, Teigwaren, Reis, Kartoffeln, Zucker et cetera. Wein war da selten mit inbegriffen. Denn der sollte eigentlich stets bar bezahlt werden, so wie die Caña natürlich auch. Bei diesem Verhandlungspunkt gab es meist ein fürchterliches Stöhnen und Klagen, aber ich blieb hart und verwies darauf, daß ich ja doch die unerläßliche Hierba Mate auf Kredit geben würde. Im übrigen bräuchten sie nur mit ihrer Arbeit vorwärtszukommen und ein Teilergebnis vorzuzeigen.

Allerdings mußte ich auch bei der Bezahlung von Teilergebnissen sehr vorsichtig sein, denn es konnte geschehen, daß der Mann die halbe Arbeit liegenließ und verschwand, um irgendwo an einer Fiesta teilzunehmen, sobald er ein paar Pesos in der Tasche hatte. Dann saß ich da mit dem halbfertigen Camp! Also bezahlte ich immer nur fünfzig Prozent eines Teilergebnisses, wenn es schon unbedingt sein mußte.

Am besten war es, erst nach abgeschlossener Arbeit abzurechnen. Dann bekam der Gaucho pünktlich sein Geld, zahlte im Almacen seine Schulden, kaufte die obligaten Pfefferminzpastillen, Parfum und billigen Schmuck, ging zu seiner Dulcinea und zog anschließend auf größere Abenteuer nach Gualeguaychú. Dort aber fielen Geschäftsleute und Geschäftemacher erbarmungslos über ihn her. Also wurde wieder ein stolzer, breiter Gürtel mit Silbermünzen gekauft, dazu ein prächtiges Messer. Unter der Hand erstand man dann noch irgendeinen Revolver sowie einen ordentlichen Poncho, und bald glänzte der Gaucho wieder in voller Pracht. Jetzt aber gab es kein Halten mehr. Es wurde getrunken, gespielt, gesungen, und großzügig wurden alle Freunde oder solche, die es nun sein wollten, eingeladen. Venus kam dabei natürlich auch nicht zu kurz, und bald schloß sich der Kreis: Die teuer erstandenen Sachen wurden wieder verkauft, auch die Silbermünzen wieder unbarmherzig vom Gürtel abgezwickt! Doch noch immer fehlte jegliche Lust zur Arbeit. Also besuchte man irgendwelche Freunde in schiefen Ranchos, brachte ihnen ein paar kleine Geschenke mit und schmarotzte dort noch ein paar Tage. Die Gastfreundschaft der Einheimischen war ja in der Tat außergewöhnlich. Wenn auch jener Freund schließlich nichts mehr hatte und alles aufgegessen war, dann gab es gegen Hunger und Durst noch den Mate, jenen grünen Tee, der aus kleinen getrockneten Flaschenkürbissen heraus mit einem Rohr, der Bombilla, getrunken wird. Und dieser handliche Kürbis mit der »Bombilla« ging dann rundum. So eine Bombilla hatte meist ein vergoldetes Mundstück, das die ganze Korona vor Krankheiten und Infektionen schützen sollte. Ansonsten aber war die Hierba Mate etwas sehr Gutes, versorgte die Kreolen mit Vitaminen und ersparte ihnen die »mühselige Arbeit«, einen Garten anzulegen, was außerdem auch unter der Würde eines Gauchos gewesen wäre!

Nur wenige Leute hatten Gemüsegärten, und in denen sah man meistens nur einige Zwiebeln, etwas Knoblauch und Kartoffeln. Das beliebteste war aber der Anbau von Zapayo-Kürbissen, die bei uns im Delta besser als irgendwo anders gediehen. Gekocht schmeckten sie wie Mohrrüben und waren, innen ausgereift, sogar karottenfarbig. Man schnitt sie in große Stücke und kochte sie mit dem Puchero, dem Rindfleisch, in der Suppe nebst Zwiebeln, Möhren und Knoblauch.

Während in Europa die Verköstigung der Arbeiter immer problematisch ist, gab es in Argentinien solche Schwierigkeiten nie. Kein Mensch hat mich dort je nach Verpflegung gefragt. Rechtzeitig am Vormittag fabrizieren die Leute zwischen ein paar Ziegeln etwas Glut, legen darüber einen Rost, und schon brutzeln darauf saftige Fleischstücke von beachtlichem Ausmaß fürs Mittagessen – ganz problemlos. Gewöhnlich aßen die Einheimischen nur gegrilltes Rindfleisch. Dazu gab es dann Brot oder Schiffszwieback und billigen Rotwein.

Wichtig war nur, daß in der Gegend ein sogenannter Carnicero, ein Metzger, wirkte. Das mußte kein gelernter Handwerker sein, denn in Argentinien sind die meisten Berufe frei. Der Carnicero muß lediglich über einen Platz verfügen, wo er die Rinder, die er gekauft oder geklaut hat, schlachten und an einer Art Galgen aufhängen kann. Einen solchen Ort nennt man »Los Bretes«. Dorthin wird das Opfer unter Lassoschwingen und Geschrei, von anderen Rindern zur Beruhigung des Opfers begleitet, kilometerweit getrieben, worauf die Beschwichtigungskameraden pünklichst wieder heimgehetzt werden.

Am Schlachtplatz selbst haben sich inzwischen schon Interessenten eingefunden, die fachkundig das Rind betrachten, ob es nicht etwa zu müde getrieben worden sei. »Ermüdetes Fleisch« nämlich schmeckt fad und unappetitlich. Das Rind bekam sodann das fatale Lasso um die Hörner gelegt, dessen Ende von ein paar fröhlichen Freiwilligen gehalten wurde. Die anderen Zuschauer hockten erwartungsvoll wie Geier auf dem Boden. Bald spannte sich das Seil, da das Opfer stets nach rückwärts weichen will, und nun stürmte der Metzger mit einem

langen Messer auf das Tier zu und stieß es ihm durch den Hals ins Herz. Dann wurde das Rind am Galgen hochgehißt, im Nu ausgeweidet und gehäutet.
Der Kopf mit Zunge und Hirn wurde billig als Ganzes verkauft, die Lunge aß überhaupt niemand, die kam gleich zu den Hunden. Auch für Herz und Nieren interessierte sich kaum jemand. Das Fleisch aber wurde sonderbarerweise zum Einheitspreis abgegeben, und es war ziemlich gleichgültig, welches Stück man wollte. Bald war das arme Tier vollständig zerlegt, und man sah die Gauchos oder Peone mit beachtlichen Fleischstücken quer über den Sattel wegreiten oder in Kanus wegpaddeln. Übrig blieben beim Galgen die schwarzen Schweine, die »aufräumten«, indem sie das gestockte Blut, die Innereien und Eingeweide verzehrten. Diese Tiere waren daher ungenießbar, wenn man sie nicht vor dem Verzehr ein bis zwei Monate lang in einem kleinen Gehege mit Kleie oder Mais »ummästete«, nachdem sie vorher kastriert worden waren. Dann allerdings schmeckten sie großartig.
Eine Zeitlang besaßen auch wir eine Herde dieser schwarzen Schweine. Sie gediehen prächtig und ernährten sich im Sumpf von allerlei Wurzeln, Käfern, Tieren und Früchten. Zu Mittag lockten wir sie unter Blechlärm mit Mais an eine Stelle auf der großen Flußinsel gegenüber dem Haus. Sie erschienen dann absolut pünktlich, um ihre tägliche Ration Mais abzuholen. Sobald wir auf die Blechbüchsen schlugen, raschelte es schon im Busch. Ich war sehr stolz auf meine Schweineherde und freute mich ungeduldig auf den kühlen Herbst, um sie dann schlachten zu können.
Doch wieder einmal kamen uns andere zuvor! Schon an den ersten kühlen Tagen hörte ich nachts verdächtige Schüsse, und bald mußte ich feststellen, daß von meiner Herde nur noch der Eber und zwei große Sauen übriggeblieben waren! Die nämlich hatten die klugen Schweineliebhaber verschont, auf daß diese so nützliche Rasse auch für die nächsten Jahre erhalten bliebe. Wutentbrannt schlachtete ich diese unsere letzten Exemplare, den Eber natürlich erst nach einem halben Jahr als wohl gemästeten Kastraten. So war also auch mit Schweinezucht nichts anzufangen.
Nun folgte die Periode der Gänse, denn irgendwer hatte mir erzählt, diese Tiere würden in unserem Klima ganz ausgezeichnet gedeihen.

Der Autor beim Einschalen der Fundamente

Die Ziegelbrennerei

Der Turm im Bau

Das Pflanzer-Ehepaar Spitzy

Das neue Haus mit dem fertigen Turm

Der Regierungs-Greder stellt die neue Landstraße fertig

Wolfi, Elisabeth und Xandro mit Erika Fangauf, der späteren Frau Freitag

Der Autor mit seinem zweitältesten Sohn

Peón Venencio mit Miguel

Und tatsächlich gab es bei manchen Ranchos auch durchaus beachtliche Gänseherden. Die waren zwar nicht so beeindruckend wie ihre europäischen Artgenossen, sondern etwas kleiner, aber ich kaufte mir voll Optimismus eine größere Herde zusammen. Sie entwickelten sich ebenso prächtig wie weiland unsere Schweine, doch nun gedieh dafür sonst nichts mehr in unserer Gegend – kein Gemüse, auch keine Blumen.

Die Gänse durchsuchten alles, auch unseren Garten. Sie liquidierten Kraut, Salat und alles, das wachsen sollte. Außerdem konnte man kaum mehr aus dem Haus gehen, denn es gab kein Fleckchen Erde mehr ohne den glitschigen Mist dieser Biester. Also wanderten schließlich auch die Gänse in den Kochtopf, und Blumen und Gemüse atmeten wieder auf.

Nur mit den Hühnern hatten wir, das heißt Maria, runden Erfolg. Die lebten im Freien, in einem mit Gitter abgezäunten größeren Platz, auf dem Espinillos standen. Auf diesen niederen, sehr astreichen, dornigen Bäumen verbrachten sie die Nacht. Wollte nun Maria für die Küche welche fangen, so mußte sie sie in der Nacht von diesen Bäumen holen. Bei Tag waren sie kaum zu fangen. Natürlich wurden manchmal auch Hühner geklaut, aber das besserte sich, seit ich nachts von Zeit zu Zeit in die Gegend schoß.

Die Hühner waren auch insofern außerordentlich nützlich, als man ihnen jegliche Art von Abfällen geben konnte, ohne wie bei Schweinen befürchten zu müssen, daß sie mit dem Futter irgend etwas Schädliches aufnahmen wie Nägel, Glasscherben, Rasierklingen und so fort. Hühner sortieren nämlich alles brav und sauber aus. Auch für Abfälle unseres Ladens waren sie dankbar. Immer wieder hatten wir zum Beispiel Würmer in Reis, Bohnen oder Linsen. Zwar versuchte ich zuerst, solche Restbestände unserer Hausküche anzudrehen, doch sobald die Proteste zu laut wurden, mußte wieder das Federvieh herhalten.

Unser Hauptproblem blieb aber nach wie vor, wie ich genügend Bargeld verdienen konnte, um die Pflanzungen vorwärts zu treiben. So versuchten wir es nach Schweinen und Gänsen zur Abwechslung mit Bienenzucht. Bald hatten wir siebzig Bienenstöcke auf hohen, hochwassersicheren Gerüsten zwischen Almacen und Haus montiert. Das hatte einen angenehmen Nebeneffekt, denn vor diesen Bienen hatten

die Einheimischen heillosen Respekt. Eine am oberen Ñancay lebende ukrainische Familie hatte mir die entsprechenden Stöcke verkauft und erste Grundkenntnisse vermittelt. Bald verschlang ich kiloweise Fachliteratur und kam auch nach einiger Zeit mit den Bienen ganz gut zurecht. Die vermehrten sich, schwärmten, daß es eine Freude war, und produzierten fleißig. Ihr Honig war köstlich, weil unsere Eukalyptuspflanzung gedieh und rund um das Haus Orangen-, Zitronen-, Mandarinen- und Grapefruit-Bäume blühten. Wir selbst aßen den Honig meist direkt aus der Wabe, weil so die ätherischen Duftstoffe nicht durch das Ausschleudern verlorengingen.
Mit Hilfe eines speziellen Bankkredits für Bienenzüchter wurde bald ein Raum hinter dem Almacen eingerichtet und darin eine beachtliche, fast mannshohe Honigschleuder aufgestellt. Wenn keine Kunden erschienen, arbeitete ich an Wabenrähmchen und bespannte sie mit vorgepreßtem Wachs und Drähten. Als nach schwierigen Anfangsjahren die Produktion auf vollen Touren lief und unsere Buben schon frei herumtollten, waren sie natürlich am Honig hochinteressiert. Besonders beeindruckte sie die große Honigschleuder. Eines Tages setzten sie Sandro, den jüngsten, in die Zentrifuge und erzählten ihm, er dürfe nun darin Karussellfahren. Anfangs muß er es wohl genossen haben, doch als es immer schneller wurde, bekamen es alle mit der Angst, und durch wildes Geschrei alarmiert, konnte ich gerade noch Schlimmes verhüten und den geschockten und taumelnden kleinen Sandro befreien. Dabei hatte er noch Glück gehabt: Denn hätte er in der Maschine trotz der Fliehkraft aufstehen können, so hätte ihm die Querleiste des oberen Achsenlagers den Kopf abgerissen.
Immer wieder spielten die Kinder die verrücktesten Streiche, und wir hatten vor allem große Angst, daß sie einmal in den Fluß fallen würden. Daher brachten wir ihnen so schnell wie möglich das Schwimmen bei.
Jedes Pferd, das unsere Buben sahen, wollten sie reiten. Kein Gaul war ihnen zu wild, und die Gäste des Almacen, das sie immer so magisch anzog, liehen ihnen leider gerne ihre Pferde. Darunter waren aber manchmal recht schwierige Hengste. Kurzum, wir standen viele Ängste aus, und immer wieder geschahen schlimme Dinge.
Im Arbeitsschuppen hinter dem Haus hatte ich leere Kondensmilchbüchsen stehen, um darin die Pinsel auszuwaschen. Eines Tages ein

fürchterliches Gebrüll – der kleine Miguel hatte geglaubt, daß da süße Kondensmilch drin sein müsse und hatte einen tüchtigen Schluck von in Benzin gelöstem Bleiweiß intus. Ich packte den Armen, steckte ihm den Finger in den Hals, und tatsächlich erbrach er den Saft. Dann gaben wir ihm Tierkohle, während wir hektisch im Hausarztbuch blätterten. Gott sei Dank gab es keine bösen Folgen!

Auch unsere Bienen waren auf Dauer nicht ganz unproblematisch. Im Frühjahr gab es jede Menge von Schwärmen, die natürlich pünktlich eingefangen werden mußten. Wir hatten dafür Sorge getragen, daß in der Nähe der Bienenkästen nur niedere Bäume standen, an denen die Schwärme in der Regel hängenblieben. So war das Einfangen verhältnismäßig einfach. Unterhalb des Schwarms legte man ein Leintuch auf den Boden und stellte einen Bienenkasten mit leeren Waben darauf – wenn möglich einen bereits gebrauchten, der nach Honig roch. Wollte man es aber ganz gut machen, dann entnahm man einem anderen Bienenstock einen Rahmen mit Brut und hing diesen in den neuen Kasten. Dann schlug man mit einem langen Stock kurz und trocken auf den Ast, an dem der Schwarm hing. Mit einem Plumps und nachfolgendem Gebrumm fiel der Schwarm auf das Leintuch und bildete dort einen brausenden, summenden Haufen, der wie durch Zauberei sofort durch das Flugloch in den neuen Kasten zu marschieren begann. Bis zum Einbruch der Dunkelheit ließen wir dann alles stehen, verschlossen erst dann den Kasten mit den neuen Bienen und transportierten ihn vorsichtig zu seinem endgültigen Platz, wo wir erst am nächsten Morgen das Flugloch zu bienenemsiger Tätigkeit neu öffneten.

Eines Tages war ich wieder einmal mit Roberto nach Paranacito gefahren, um irgend etwas Wichtiges zu erledigen. Es war aber Schwarmzeit, und eventuell schwärmende Völker mußten pünktlich eingefangen werden. Unsere Peone hatten panische Angst vor Bienenstichen und waren für solche Arbeiten nicht zu haben. Also mußte die arme Maria persönlich herhalten. Ich erklärte ihr eingehend, wie man so einen Schwarm problemlos einfangen könne und machte dabei den schweren Fehler, ihr zum Idealverfahren – nämlich zur »Bruttransplantation« – zu raten. Alles andere kannte sie bereits, denn sie hatte schon oft zugesehen, wie ich Schwärme einfing. Und tatsächlich: Kaum war ich abgefahren, entdeckte Maria einen Schwarm. Sie befolgte nun meine Anweisungen ganz genau, bestieg mit Wolfi als

Gehilfen das Laufgestell hinter den Bienenkästen, um das beste Bruträhmchen aus einem Bienenstock zu entnehmen. Seelenruhig hantierte sie weiter, doch plötzlich entdeckte sie durch leises Kitzeln am Hals, daß Bienen in die für sie zu große Schutzhaube eingedrungen waren und das empörte Bienenvolk sie nicht nur außen umbrauste, sondern auch auf der Innenseite des Schutzgitters wild entschlossene Bienenkrieger herumliefen. Entsetzt riß sich Maria die Haube vom Kopf, sprang mit Wolfi vom Gerüst und ergriff die Flucht. Das aber war das Signal für alle Bienen, sich nun erst recht auf sie zu stürzen und sie wie ein Kometenschweif bis zum Haus zu verfolgen, wo die brave Quica, unser Küchenmädchen, statt Samariterdienste zu leisten, in größter Panik in den Küchenschrank sprang und sich erst nach einigen Minuten an der Vernichtungsschlacht beteiligte. Bis aber die letzte Biene aus Wolfis Kleidern und Marias langem Haar entfernt und getötet war, brach bei Wolfi durch die vielen Stiche, die er abbekommen hatte, eine schlimme Allergie aus. Sein ganzer Körper war mit roten Quaddeln übersät, sein Gesicht aber wurde immer bleicher. In tausend Ängsten eilte Maria zu unserem stets griffbereiten Erste-Hilfe-Handband, in dem stand: »Man reiche starken Bohnenkaffee.«

Um solches tun zu können, mußte erst Feucr gemacht und Wasser zum Kochen gebracht werden. Die Therapie aber war wirksam. Schon nach den ersten Schlucken schien sich Wolfi zu erholen, und als ich abends mit Roberto heimkehrte, war die Allergie bereits im Abklingen. Diese Geschichte hätte wirklich schlecht ausgehen können, und wir hatten großes Glück im Unglück gehabt.

Im Almacen Honig verkaufen zu wollen, war eine fast hoffnungslose Angelegenheit. Den Honig verschiffte man besser direkt nach Buenos Aires zu Señor Moses Abramowitsch, der zwar jämmerliche Preise, dafür aber bar bezahlte. Er verdiente üppig daran, jedenfalls mehr als wir und die anderen armen Imker. Also konnten wir mit Hilfe der Bienen nicht reich werden.

Löbe hatte uns einen Freund, Rittmeister Lehmann, gesandt, mit dem sich aber keine rechte Zusammenarbeit ergab, denn ihm und seiner Frau lag mehr am eleganten Landleben mit Teestunde, Sonntagsmuße und abendlicher Konversation als an harter Arbeit. Pünktlich jeden Samstag war bei Lehmanns großes Reinemachen, wobei der Rittmeister, von seiner Frau dirigiert, in Schürze mit Staubwedel bewaffnet, wirkte. Am Sonntag erfolgte dann der feierliche Ausritt, und sogar während der Woche warf er sich in »dienstfreien Stunden« immer schön in Schale, allerdings schon etwas argentinisch angehaucht, während ich ja immer wie ein Peón herumlief, oft noch abgerissener, manchmal sogar barfuß, bis ich auf die nächste Schlange stieß und mich dann wieder in die Stiefel quälte.

Lehmanns wohnten nun also im linken Flügel des Hauses, wir mit den Kindern im rechten. Der Rittmeister wollte immer ganz genau über alles, was sich tat, informiert werden, doch mir war es einfach nach einem arbeitsreichen Tag zu mühsam, alles noch einmal durchzukauen. Auch verlangte er, daß ein Tagebuch geführt werde sowie genaueste Buchhaltung. Aber das ging nun einmal nicht, ohne eine Bürokraft einzustellen. Lehmann schlug dies auch allen Ernstes vor, doch ich weigerte mich, denn wie sollte ich so hohe Betriebskosten als Miteigentümer tragen? Der Rittmeister war von seiner Warte aus natürlich völlig im Recht, denn er war ja nur Angestellter und hatte auch keine Lust auf nächtliche Überstunden.

Klar, daß die gemeinsame Küche unter diesen Umständen nicht funktionierte und auch die beiden Damen Aversionen entwickelten. Auch lehnte ich es ab, Lehmann als Rittmeister zu titulieren, da ich nach Krieg und Niederlage jede Titelei für Unfug hielt, schon gar im Wilden Westen. So war also die Stimmung gespannt.

Eines Sonntags zog ich, mit der Machete bewaffnet, los, um ein paar hundert Meter flußaufwärts einen verwachsenen Ablauf des großen Sumpfes zu inspizieren. Der Albardon war dort für den Abfluß breit durchbrochen, doch ich wollte zusätzlich feststellen, wie weit diese interessante Wasserader noch in den Sumpf hineinragte. Also eine ganz normale Sache.

Doch Lehmann, der im Sonntagsstaat prangte, fragte mich argwöhnisch: »Wo gehen Sie denn hin, Herr Spitzy?«

Ich erklärte ihm ziemlich oberflächlich, was ich vorhatte.

Darauf er: »Bitte seien Sie so liebenswürdig, und nehmen Sie zur Kenntnis, daß ich gerne an derartigen Dingen teilhaben möchte und stets voll informiert sein will.«

Ich knurrte, schon etwas ungehalten: »Na gut, dann kommen Sie halt

mit, das ist ja kein Geheimnis, aber Ihre Gummistiefel werden Sie schon anziehen müssen.«
Also zogen wir in Gottes Namen gemeinsam los und kamen zu einer Stelle, wo wir dieses Gewässer watend überqueren mußten. Inzwischen hatte ich ja schon einige Erfahrung und erkannte, daß das Wasser dort zu tief war, obwohl die Oberfläche völlig mit Pflanzen bedeckt war. Das waren aber typische Schwimmpflanzen. So suchte ich gemächlich eine andere Stelle aus und bahnte mir einen Weg dem Uferwalde entlang. Doch Lehmann fand dies überflüssig, denn er hielt die trügerische Schwimmpflanzendecke für »Festland«, und so begann er forsch mit der Überquerung. Da ließ ich dem Besserwisser seinen Willen, und bald hörte ich den erwarteten Plumpser: Der Herr Rittmeister war im vollen Sonntagsstaat zwischen Schwimmhyazinthen verschwunden. Wieder ans Ufer gekrabbelt, machte er mir algenbedeckt schwere Vorwürfe: Ich hätte ihm genauer sagen müssen, was dort drohe, und hätte ihn nicht eindringlich genug gewarnt. Mir liefen vor Lachen die Tränen herunter.
Solche und ähnliche Erlebnisse veranlaßten uns, in aller Freundschaft zu überlegen, ob man nicht eine Trennung herbeiführen sollte. Löbe hatte ja inzwischen die weiteren zweitausend Hektar mit dem sogenannten Indianerhügel gekauft, und es stellte sich die Frage, wie wir teilen sollten. Lehmann wollte sich am Indianerhügel ein eigenes kleines Haus nach seinem Geschmack bauen. Wir Kinderreichen aber sollten »La Torre« übernehmen, da Löbe für so ein großes Haus keine Verwendung hatte. Ergab sich nur noch die Frage, womit wir armen Teufel das alles bezahlen sollten.
Nach langen Überlegungen und einem Besuch Walter Löbes, mit dem ich in alter Freundschaft unschwer einig wurde, kam es zu folgender Lösung: Löbe übernahm das gesamte »Hohe Land« und einen großen Teil der Insel zwischen Ñancay und den beiden Santos, während wir das Haus mit umliegenden fünfzig Hektar und hundertfünfzig Hektar »Ñancayinsel« bekamen. Gleichzeitig schloß ich mit Löbe einen Pflanzvertrag, der mich dazu verpflichtete, im kommenden Jahr auf seinem Teil der Ñancayinsel hundert Hektar zu bepflanzen.
Dies war zwar ein großes Risiko, aber es gelang alles. Der Wettergott hatte ein Einsehen, der Wasserstand blieb niedrig, die Entwässerungsgräben wuchsen unter den Spaten von einem Dutzend Peonen, und mit

Hilfe Robertos wurde der Camp rechtzeitig für die Pflanzung niedergewalzt. Ich kaufte gleich zwei Traktoren, wobei mir Löbe versprach, nachher einen davon zu übernehmen, und es gelang auf diese Weise tatsächlich, die hundert Hektar pünktlich zu bepflanzen. Ich hatte mehr Glück als Verstand gehabt! Das alles war eigentlich ein Lotteriespiel gewesen, denn bei höherem Wasserstand wäre eine pünktliche Auftragserledigung unmöglich gewesen. Da das Risiko so groß war, hatte ich auch den Preis entsprechend hochgeschraubt, und als dann schließlich alles gelang, war es mir möglich, die Schulden an Löbe prompt abzuzahlen. Ich wiederholte eine ähnliche Operation im nächsten Jahr für weitere fünfzig Hektar, allerdings mit weniger Erfolg, und kam gerade noch mit einem blauen Auge davon.
Endlich waren wir also eigene Herren auf eigenem Land und im eigenen Haus: Welch herrliches Gefühl! Selbständig geworden, wohnten wir nun allein mit unserer wachsenden Familie, hatten Bienen, Hühner, Hunde und einen eigenen Gemischtwarenladen, ein Boot – aber kaum Einnahmen. Bei den Banken waren wir schwer verschuldet, die Pflanzungen brauchten Geld, und bis zum Schlagen mußten noch acht bis zehn Jahre vergehen. Also verkaufte ich von den hundertfünfzig Hektar, die wir nun besaßen, schrittweise fünfzig Hektar ab, um das nötigste zu bestreiten, aber das war natürlich keine Dauerlösung, und guter Rat war nun teuer. Mein ursprünglicher Plan, für europäische Investoren Land gegen Kommission zu erwerben und zu bepflanzen, blieb eine Illusion. Perons Ansprachen, die eine weitere Linksentwicklung befürchten ließen, und sein Statement, daß Privateigentum nur mehr zu »respektieren« sei, während es in der alten Verfassung noch »unverletzlich« gewesen war, mußte auf mögliche Investoren denkbar abschreckend wirken. Wir hatten also Sorgen genug! Doch in diesem Moment kam mir ein weiterer Zufall oder der Segen Gottes zu Hilfe.

9

Eines Tages ging ich in Buenos Aires zufällig wieder an der Coca-Cola-Fabrik vorbei, bei der ich Jahre zuvor schon einmal vorgesprochen hatte, da ich ja kurz vor dem Krieg in Berlin für diese Firma tätig gewesen war. Henry Mann, mein damaliger Chef und lieber Freund, der selbst eine Coca-Cola-Konzession in Glasgow besaß, hatte sich bei der Coca-Cola-Direktion in Atlanta für mich verwandt und gebeten, mich in Buenos Aires irgendwie zu beschäftigen. Dort regierte aber ein seinerzeit sehr dickköpfiger Vizepräsident, der es rundweg ablehnte, in Personalfragen von Atlanta Weisungen entgegenzunehmen und mich nach einigen Unterhaltungen abwimmelte. Ich gab es damals auf, weiter zu insistieren.

Als ich nun etwa zwei Jahre später wieder einmal zufällig an der Fabrik in der Calle Córdoba vorbeikam und die Flaschen am riesigen Automaten vorbeiwandern sah, entschloß ich mich kurzerhand, diesen Mann noch einmal aufzusuchen. Ich ging in die Zentrale, fand die Sekretärin des großen Chefs, die mich abschätzig musterte – ich trug eine Khakihose und ein ebensolches, sehr gebrauchtes Hemd – und mißtrauisch Genaueres über mich wissen wollte.

Ich sagte lediglich: »Geben Sie Mr. Bekker meine Visitenkarte.«

Oh Wunder, der empfing mich sofort und sogar sehr freundlich. Dann machte er mir fast Vorwürfe, daß ich mich nicht früher gemeldet hätte und einfach so sang- und klanglos verschwunden wäre.

Ich erklärte ihm, ich hätte damals den Eindruck gewonnen, daß man an mir nicht interessiert wäre. Die Unterhaltung wurde immer freundlicher, und Bekker erkundigte sich nach unserem Leben. Ich erzählte ihm, wie wir in der weiten Wildnis der Sümpfe des Uruguays und des Paranás lebten und was wir dort bis jetzt gemacht hätten.

Er schien beeindruckt und sagte plötzlich: »Wissen Sie was, ich komme Sie mit meiner Familie und mit ein paar Direktoren besuchen. Ich möchte mir unbedingt anschauen, was Sie dort treiben.«

So kam es auch: Eines Samstags erschien Mr. Bekker mit seiner eleganten Frau und Direktor Ugarte. Die kamen aus dem Staunen nicht heraus. Unser Haus war allerdings noch ziemlich primitiv und hatte keinerlei Verputz. Besonders beeindruckt aber waren sie von der Tatsache, daß Maria es in dieser Gegend überhaupt aushielt und dort die Kinder so gut großzog.

Zum Abschied sagte er zu mir: »Wissen Sie, ich habe seit sieben Jahren keinem Menschen mehr eine Konzession gegeben. Wenn Sie die Konzession für das Delta von Entre Ríos haben wollen, so kriegen Sie sie.«

Freudig sagte ich ja und sah mich schon als Millionär. Die Sache gestaltete sich aber unendlich viel schwieriger, als ich es mir damals vorstellte.

Denn erstens konnte mir Coca-Cola nur sogenannte Shipping Cases mit hundert Flaschen pro Kiste geben, und diese Kisten wogen gute fünfzig Kilo, waren also kaum zu handhaben. Zweitens mußte ich alles per Lastwagen in Buenos Aires abholen, dann in San Fernando auf das Schiff verladen und schließlich im Delta ausfahren – also eine überaus komplizierte Aktion. Auch brach oft der Boden dieser verdammten Kisten, und die Flaschen fielen einem dann auf die Zehen. Denn diese ungefügen Kisten waren ja eigentlich nur für die Eisenbahnfracht gedacht, was seine besondere Bewandtnis hatte: In Rosario de Santa Fé wachte nämlich damals ein besonderer Syndikus und Arzt über die Gesundheit der Stadt und der Provinz. Der verlangte plötzlich von Coca-Cola die Preisgabe des Rezeptes und die genaue chemische Zusammensetzung des Produkts. Da Coca-Cola solchen Forderungen aus Gründen der Geheimhaltung grundsätzlich nicht nachkommt, verbot der Gesundheitsapostel den Verkauf dieses Produktes in der ganzen Provinz Santa Fé. Immerhin erlaubte er wenigstens, daß die dort bereits neu errichtete Coca-Cola-Gesellschaft produzieren dürfte, nur müßte die Ware in einem anderen Gliedstaat der Republik verkauft werden.

Was der Mann eigentlich wollte, war natürlich ein Bakschisch oder dergleichen, zum Beispiel eine Coca-Cola-Konzession für seine Leute in irgendeiner Provinz. Doch das sagte er wohlweislich nicht so klar. Die einfältigen Amerikaner aber erkannten dies nicht und glaubten schon fast an eine echte Sorge des Herrn Syndikus. So kam es, daß die in der Provinz Santa Fé in Rosario abgefüllten Flaschen in besonderen

Eisenbahnkisten nach Buenos Aires geschickt wurden, von wo aus die Weiterverteilung dieser Ungetüme – leider auch an mich – erfolgte. Nun begann meine Arbeit. Es war besonders schwierig, Kunden zu gewinnen, da diese das Leergut laut Coca-Cola-Weisung sofort zu zahlen hatten, wogegen andere Limonadenfirmen es dem Kunden stets gratis zur Verfügung stellten. Ich mußte daher mit meinem alten Lastkahn erst durch das ganze Delta tuckern, um mühselig neue Kunden aufzutreiben; dabei war es doch fast unmöglich, die Leute dazu zu bringen, das sündteure Leergut im voraus zu kaufen. Hinzu kam noch, daß ich als Distributer, also Verteiler, für das Leergut zu garantieren hatte und nur 75 Prozent von den Kunden kassieren durfte. Es war dies ein für hartgesottene Yankees sicherlich nützliches Verfahren, das aber im nonchalanten Argentinien kaum durchzusetzen war. Wie erwartet beschimpften mich die Leute empört, und in einem Fall verfolgte mich ein Wirt sogar bis auf die Landungsbrücke. Weiters sollten die Kunden auch noch alles bar bezahlen, denn auf Rechnung durfte ich nicht verkaufen. Gegebenenfalls mußte ich also die bereits gelieferten Kisten wieder mitnehmen. So was war aber im Entre Ríos der Gauchos ein böses Problem, denn kein Mensch wollte die einmal gelieferte Ware wieder herausgeben, und es kostete mich mehr als all meine Überredungskunst. Oft waren wir nahe daran, handgreiflich zu werden, was in dieser Gegend kein Scherz war, denn dort sitzen Messer und Revolver ja bekanntlich recht locker.
Hatte ich endlich einmal das Schiff vollgeladen, was meistens im Hafen von San Fernando geschah, so folgte darauf eine endlose Fahrt durch die Kanäle und über den Strom des Paraná-Guazú nach Entre Ríos. Dort ging es dann mit der richtigen Arbeit los. Auf dem Heck des Schiffes am Steuer stehend, die Pinne zwischen den Füßen, auf dem Kopf den alten Tropenhelm und auf der Nase die dunkle Brille, bekleidet mit einem leichten Khakihemd und einer »Bombacha«-Hose; so fuhr ich dann tagelang die Flüsse auf und ab. War der Wasserstand zu niedrig, lief der Kahn immer wieder auf Grund, und ich mußte die Kisten kopfhoch auf die Landungsstege stemmen. War der Wasserstand aber hoch und das Ufer leicht überschwemmt, so hieß es, diese schweren Kisten watend an Land schleppen und dort mit der gütigen Hilfe des Kunden die verrückten Fünfzig-Kilo-Modelle in die Geschäfte und Lokale hineinhieven.

Zu essen gab es während der Fahrt meist nur Zwieback und Mortadella oder Speck. Mit der Zeit erreichte ich eine gewisse Fertigkeit, mit einem Fuß das Steuer zu bedienen, mit einem Auge in die Fahrtrichtung zu schielen und mit dem anderen darauf zu achten, daß ich mit dem Messer auch die Fleischstücke richtig in den Mund schob. Oft brannte die Sonne erbarmungslos, dann wieder kamen Sturm und Wellengang, wenn ich den breiten Paraná durchkreuzen mußte. Natürlich gab es auch Regen und am Abend stets die unvermeidlichen Angriffe der Moskitos.

Am schlimmsten aber war der wilde Uruguay. Nach einer Ausfahrt, die meist zwei bis drei Tage dauerte, landete ich am Rückweg in Paranacito und lud dort alle Ware für unser Geschäft. Zur Hauptladung von Coca-Cola kamen dann Säcke mit Zucker, Mehl, Reis, Mais und so weiter, oft aber auch Zementsäcke, Kisten mit Nägeln, Speckschwarten, Stockfisch und allerhand Konserven, kurz, das Boot wurde randvoll beladen. Das funktionierte auf Flüssen und Kanälen einigermaßen, aber um zum Ñancay zu gelangen, mußte ich erst auf den unruhigen Uruguay hinausfahren, um dann erst nach circa zwanzig Kilometern nördlich in den schützenden Ñancay einbiegen zu können. Aber solche Fahrten auf dem launischen Strom waren bei Schlechtwetter ja stets ein Abenteuer, wie wir schon gehört haben.

Unvergeßlich ist mir ein Tag, an dem ich außer der Ware auch ungelöschten Kalk an Bord hatte und mit dieser Fracht in einen Sturm geriet. Die Wellen des Uruguay spülten bis aufs Deck, und der Kalk begann zu brennen. So war ich gezwungen, ihn mühsam über Bord zu schaufeln, und wieder einmal ging der erhoffte Ertrag – diesmal sogar fauchend und zischend – zum Teufel.

Manchmal sprangen erschreckte große Fische, meist Dorados, über das Boot hinweg oder gar hinein, und gelegentlich sah man auch aufgerollte Schlangen in den Wellen schaukeln, wobei sie den Kopf auf die Schwanzspitze im Zentrum der Scheibe legten.

War glücklich der Uruguay bezwungen und fand man schließlich die Ñancay-Einfahrt, ohne auf eine der zahlreichen Sandbänke aufgelaufen zu sein, dann konnte es zur Krönung passieren, daß man dort noch einen halben Tag brauchte, um nach Hause zu kommen, weil der Fluß zur Abwechslung wieder einmal mit Wasserhyazinthen verstopft war. Das war dann schier zum Verzweifeln! Wie ein Eisbrecher mußte ich dann hin und her fahren, den Motor immer wieder abstellen, ins Wasser springen und die Schlingpflanzen von der Schiffsschraube wickeln. In diesen Camalotes lauerten oft auch ganze Baumstämme, und es konnte leicht passieren, daß die Schiffsschraube dagegenschlug und manchmal sogar verlorenging. Deshalb hatte ich immer eine Ersatzschraube an Bord. Kurzum, so eine Fahrt war eine Prüfung des Himmels – oder der Hölle, wie man will.

Eines Tages zum Beispiel kam ich erst spät abends nach Paranacito, lud dort Ware auf und fuhr dann durch die Mündung des Martínez in den Uruguay hinaus. Das Boot war wieder einmal bis zum Rand beladen. Hoch am Himmel konnte ich nur einige Sterne sehen. Der Tag war schon recht diesig gewesen, und als ich mich bereits weit draußen auf dem Uruguay orientieren wollte, fiel auch noch Nebel ein. Die Richtung konnte ich nach den wenigen Sternen gerade noch einhalten. Doch wie sollte ich die Mündung des Ñancay finden, da horizontale Sicht nicht möglich war? Nun wußte ich aus Erfahrung, daß ich bis zur Mündung des Ñancay ziemlich genau 47 Minuten brauchte und konnte mich somit nach der Uhr orientieren. Doch, oh Schreck, meine Uhr war weg! Ich hatte sie in Paranacito auf dem Ladentisch beim Grossisten liegengelassen. Nun war guter Rat teuer! Doch zum Glück fiel mir erfahrenem Klosterbruder ein, daß ein großer Rosenkranz mit den drei Geheimnissen genau 43 Minuten dauert. Wenn ich dann noch vier Minuten lang die Sekunden zählte, mußte ich mein Zeitlimit ziemlich genau treffen. Gedacht – getan, und unverzüglich begann ich mit dem löblichen Werk. Und der Himmel hatte ein Einsehen, denn als die Zeitspanne abgelaufen war und ich im rechten Winkel nach Backbord die Küste ansteuerte, traf ich trotz Nebel ziemlich genau die rettende Mündung des Ñancay.

Der Coca-Cola-Verkauf war jedenfalls ein hartes Geschäft. Ich mußte in Buenos Aires nach dem Aufladen stets alles bar bezahlen. Konnte ich dies nicht, wurden alle Coca-Cola-Kisten vor der Fabrikausfahrt freundlich, aber erbarmungslos wieder abgeladen. Um ein Lastauto voll beladen zu können, hätte ich anfangs erheblich mehr Kunden haben müssen. So aber war ich gezwungen, in Buenos Aires auch Wein, Schnaps und Süßigkeiten zu kaufen, damit sich die Fuhre lohnte. Auch dort bestanden alle Grossisten auf sofortiger Barzahlung.

Doch nicht genug mit diesen Schwierigkeiten! Viele Leute hatten eine grundsätzliche Aversion gegen dieses typische Yankee-Produkt. Man behauptete sogar, es wäre ungesund und ähnlichen Unsinn. Kurz, die Konkurrenz tat alles, um mir das Leben sauer zu machen. Positiv war allerdings, daß die US-Zentrale Werbemittel von hervorragender Qualität und mit Coca-Cola schlürfenden Schönheiten gratis anlieferte. Dafür nämlich waren die Kreolen und Gauchos sehr empfänglich.

So wurde ich langsam im ganzen Delta als »Coca-Colero« bekannt. Mein Ruf festigte sich aber noch mehr, als ich einmal Feuer an Bord hatte und mit meinen Köstlichkeiten fast unterging. Eiligst fuhr ich an den Strand, und es gelang, mit Hilfe der Anrainer, Fetzen und Sand, den Vergaserbrand zu löschen. Daraufhin verballhornten meine Kunden im Delta recht witzig den Werbespruch »Coca-Cola bien helada« zu »Coca-Cola bien quemada« (statt »gut gekühlt« – »wohl gebrannt«).

Mit der Zeit gelang es mir, den gewaltigen Mr. Bekker zu überzeugen, daß das Delta von Entre Ríos allein kein entsprechender Markt war und kaum meine Kosten deckte. Also gab mir der Vizepräsident nach langen Kämpfen auch die Konzession für Gualeguaychú und die Nationalstraße Nr. 12, die von Puerto Constanza zu dieser Stadt hinführte. Somit wurde unsere Operation nun amphibisch, das heißt ich fuhr sowohl in den Kanälen des Deltas als auch per Straße und Ferryboat nach Gualeguaychú via Zárate und Puerto Constanza. Im gesegneten Gualeguaychú ging das Geschäft schon viel besser, doch als »One man band« konnte ich das alles nicht mehr schaffen. Auch hatte ich keinen ordentlichen LKW und natürlich auch kein Geld für ein entsprechendes Fahrzeug. Also suchte ich mir bald Chauffeure mit eigenem Auto.

Mein Hauptkonzessionsgebiet wurde jetzt Gualeguaychú, eine typisch argentinische, dem Fortschritt zugetane Stadt mit etwa 20000 Einwohnern. Mehrere Haupt- und Nebenstraßen durchzogen das Wohngebiet streng im rechten Winkel, es gab da eine Nationalbank-Filiale und Zweigstellen der Bank von Italien und Entre Ríos, mehrere Landvermesser, Advokaten, Notare und mindestens fünf Apotheken. Natürlich gab es auch Ärzte und ein sehr ordentliches Spital. Im Zentrum prangte eine kleine Kathedrale mit Dach und Kuppel aus Blech. Am

Hauptplatz das übliche Denkmal für den unvermeidlichen Befreier-General San Martin. Bald hatten Maria und ich hier Freunde und vor allem unseren Advokaten und Helfer Dr. Otto Kunath. Mit Hilfe der Oberschicht setzte sich unser Produkt bald durch, und endlich kamen wir zu fühlbaren Einnahmen.

Mit der Zeit kannte ich den Südteil von Entre Ríos und das ganze Delta wie kaum ein anderer, und zwar nicht nur die Leute und die Geschäftsverbindungen, sondern mir wuchs langsam auch die Landschaft ans Herz, so daß ich heute fast Heimweh danach habe. Die Pracht der Flüsse und der Auen, die Blüten der Ceibos und Espinillos, die Majestät des gigantischen Uruguay, sein sagenhafter Fischreichtum und – last not least – die Tüchtigkeit der Bewohner dieses Deltas, denen nichts geschenkt wurde. Jeder konnte einen Roman erzählen.

Einheimische gab es kaum, fast alle waren Einwanderer oder deren Kinder. Es ist schwer, sich vorzustellen, daß ein Kreole sich in diese Sumpflandschaft setzt, um mühsam zu roden, zu drainieren und mit Schulden Bäume zu pflanzen, von denen erst nach acht bis zehn Jahren die ersten geschlägert werden können. So etwas ist nichts für einen zünftigen Argentinier. Der zieht schnelle Geschäfte vor.

Das Delta des Paraná und des Uruguay ist praktisch ein Emigrantenland. Hier fanden sich viele gestrandete Existenzen aus aller Herren Länder. Ja, das Delta hat fast europäischen Zuschnitt. Natürlich darf man hier kaum nach Angehörigen der Europäischen Oberschicht suchen. Meist sind es Handwerker, Arbeiter oder Bauern, die hier nach emsiger Arbeit und vielen Entbehrungen an ihrem Lebensabend schließlich doch über etwas Vermögen verfügen. Ihre Einstellung ist daher bürgerlich-konservativ, und sie, die alles so schwer erwerben mußten, sind jeglicher Neuerung abhold.

Ich lernte viele Menschen kennen und bewundern. Klar, daß das kulturelle Niveau in bezug auf Bildung und Künste nicht dem einer Großstadt entsprach. Aber sie waren hilfreich und freundlich, diese unsere Nachbarn, besonders wenn man Pech hatte mit Sturm, Feuer oder irgendwelchen Schicksalsschlägen. Im Geschäft freilich wurde um jeden Pfennig gefeilscht, nichts wurde verschenkt, jedem gab man eine faire Chance. Ich glaube, daß es in den USA in der Pionierzeit ähnlich gewesen sein muß. Bewundernswert war auch der Zusammenhalt gegen die störenden Behörden und der allgemeine, rein persönli-

che Aufbauwille. Für Schule, Friedhof, für einen neuen Polizeirancho, eine Erste-Hilfe-Station und ähnliches war stets Geld zu bekommen.
Neben dieser Schicht der Pflanzer im Delta gab es die der eingeborenen Peone. Sie hießen »die Schwarzen« oder »los negros«, denn sie waren meist dunkelhäutig, hatten aber nie Negerblut in den Adern. Vielmehr waren sie zu achtzig Prozent Guaraníes, gehörten also der einheimischen Indianerrasse an, deren Lebensraum sich von einschließlich Paraguay bis hinunter nach Südargentinien erstreckt. Sie hatten durchwegs spanische Namen, hießen Rodriguez, Dorrego, Barrios und ähnlich. Oft waren sie Analphabeten. Gereizt oder betrunken, konnten sie sehr gefährlich werden. War man aber nett zu ihnen, erwiesen sie sich als durchaus brauchbar und meist sogar dankbar und anhänglich.
Die Geistlichkeit von Gualeguaychú kam nur einmal im Jahr, um zu missionieren, und die geistlichen Herren, die sich in unsere Gegend wagten, waren nicht überzeugend. Einmal kam ein kleiner italienischer Jesuit, der vor Schreck fast aus dem provisorischen Beichtstuhl fiel, als ihm die Leute beichteten. Er kam dann zu mir und sagte nur: »Señor Spitzy, horribile, horribile!« Da hatten ihm Mädchen erzählt, daß ihre Mutter ebenfalls die Tochter ihres Vaters wäre. Einer unserer Peone hatte gar sieben Frauen, von denen drei seine eigenen Töchter waren. Sie alle mußten sich höchst kümmerlich von Dottora, das ist eine Art Schilfwurzel, und von Meerschweinchen ernähren. Diese wurden Cuices genannt und sind nicht leicht zu fangen. Der Peón selbst aber lebte wie ein Pascha und arbeitete nur, wenn ihm das Geld bis auf den letzten Peso ausgegangen war.
Die Messe zelebrierte der Pater auf einem provisorischen Altar, dessen Unterbau wir aus Bierkisten zusammengefügt hatten. Die Missionsfeierlichkeiten fanden dann im »Club 9 de Julio« am Unterlauf des Santos Grande statt. Da angekündigt worden war, daß es ein Gratis-Asado mit Wein geben würde, waren zahlreiche »Gläubige« eingetroffen. Während der Messe zog statt Weihrauchduft der köstliche Geruch von brutzelndem Fleisch durch den Ort der sakralen Handlung. Plötzlich erschien in einem der offenen Fenster ein Gaucho und brüllte in die Andacht hinein: »Verdammt nochmal, wo ist denn der Hurensohn, der den Knoblauch hätte bringen sollen?« Der Schuldige meldete sich beschämt und eilte, das Gewünschte zu holen.

Zuletzt ging es ans Taufen. Ich führte im Auftrag des geistlichen Herrn das Taufbuch. Bald stellte sich heraus, daß die meisten Leute überhaupt nicht getauft werden wollten. Der Pfarrer beschränkte sich daher vorerst auf die Kinder. Das ging einfacher, denn die Mütter waren für geheimnisvolle Segenssprüche durchaus zu haben. Doch die Feststellung der Vaterschaft wurde in manchen Fällen schwierig, und so schrieb ich dann meist »Vater unbekannt« ins Taufbuch. Eine rüstige Mutter mehrerer Kinder wurde von Hochwürden persönlich nach dem Vater gefragt, worauf er die kurze Antwort bekam: »Papa!« Darauf lachte unser Gottesmann aus Italien gütig und meinte, ein Vater heiße meistens Papa, doch wolle er wissen, wer der Erzeuger gewesen wäre, und wieder erhielt er die bündige Antwort: »Papa«. Der Pfarrer und ich zuckten zusammen und taten so, als ob wir nicht recht gehört hätten, denn es handelte sich hier ja um einen eindeutigen Fall von Inzest, und schnell einigten der bleiche Jesuit und ich uns auf italienisch wieder einmal auf »Vater unbekannt«.
Fürs erste hatte auch dieser Missionar genug vom Ñancay und konzentrierte sich in Zukunft auf seine Gläubigen in Paranacito. Die waren zwar schon etwas kultivierter, aber in der Regel nicht allzu gläubig. Auch bei uns wollten viele Peone nicht der Messe beiwohnen, sondern sich mit einem guten Stück Spießbraten begnügen. Zur Begründung führten sie an, sie seien Protestanten. Natürlich lachten wir darüber sehr herzlich, da die Leute weder Katholiken waren noch Protestanten, sondern nichts als abergläubische und durchtriebene Lügner.
Einmal kreuzte auch ein Kirchenboot durchs Delta. Das war ein ganz normales Lastschiff, also eine Chata, auf die köstlicherweise eine richtige gotische Holzkapelle montiert war, die so per Dieselmotor unter Ausstoß blauer Auspuffwölkchen fromm das Delta auf- und abtuckerte.
Außer dem Jesuiten hatten die anderen Priester von Gualeguaychú freilich nie große Lust, die angenehme Stadt zu verlassen. Sie beschränkten sich auf Rosenkranzandachten, Predigten und gemütliches Beisammensein mit älteren, vermögenden Damen bei Kaffee und Kuchen. Natürlich spielten die geistlichen Herren dort in der Stadt bei zahlreichen Hochzeiten, Taufen und Einweihungen eine nahrhafte, würdige Rolle. Draußen auf dem Lande hingegen war es für sie weniger angenehm. Zum einen mußten sie weite Strecken zu Pferde

zurücklegen, zum anderen wurden sie dort nur als »halbe Portion« betrachtet. Der Gaucho nämlich hatte für einen Mann, der weiberscheu im Frauenrock herumlief und nur im Jenseits Freuden versprach, wenig Verständnis.

Als nun eines Tages ein jüngerer Pfarrer aus einer Stadt im Oberlauf des Paraná von seinem Bischof eindringlich angewiesen wurde, sich endlich einmal um die Gläubigen in seinem riesigen Pfarrgebiet zu kümmern, faßte sich dieser kühne Gottesmann ein Herz und zog tatsächlich zu Pferde los. Klugerweise kündigte er seine Besuche durch Boten rechtzeitig an, und in der Tat kamen immer wieder Leute zusammen. Nach einer Feldmesse und einer feurigen Predigt rief sodann der Kaplan zur Buße auf. Doch mit dem Beichten war es so eine Sache. Erstens gab es meistens keinen Beichtstuhl, und außerdem genierten sich die Leute. Denn einem anderen die eigenen Sünden zu bekennen, war unter der Würde eines Gauchos: Doch der schlaue Gottesmann löste das Problem genial: Er versammelte die Männer und rief ihnen zu: »Alle, die Pferde, Kühe und Schafe gestohlen haben, rechts heraus!«

Fast alle Gauchos traten nun rechts aus.

Dann rief er wieder: »Alle, die Messer, Revolver, Peitschen, Lassos und Sättel gestohlen haben, links heraus!«

Wieder kam Bewegung in die Masse, die fast einheitlich nach links schwenkte.

Dann rief er abermals: »Alle, die an Raufhändeln, Messerstechereien, Besäufnissen und Schießereien teilgenommen haben, rechts heraus!«

Wieder blieben links nur ganz wenige Zeitgenossen übrig. Und so ging es weiter, quer durch alle Sünden, vom Ehebruch über Fluchen und Lügen bis zu Gewalttaten aller Art.

Mit den Frauen verfuhr der gewitzte Pfarrer getrennt, aber ähnlich. Auf diese Weise nahm er in einer halben Stunde hundert Personen die Beichte ab, versammelte sie, ließ sie niederknien, sprach die Absolution, segnete sie und ritt, nachdem er leutselig noch das anschließende Asado genossen hatte, von dannen. So verbreitete er mit dieser patenten Methode von Ort zu Ort ein durchaus brauchbares, praktisches Christentum.

Leider zeigte sich der Bischof humorlos und stellte diese Massenbeichten wieder ein, was eigentlich schade war. Denn sie waren in Sachen

Seelsorge bestimmt besser als gar nichts, und sie bereiteten den Leuten viel Vergnügen, wenn es auch an wahrer Reue fehlte.

10

Im Jahre des Herrn 1950 feierte Argentinien ausgiebig den hundertsten Todestag seines Befreiers General San Martín, mit dem beeindruckenden »Año del Libertador General San Martín«. Die Feierlichkeiten rissen nicht ab, und Peron hatte sich offenbar vorgenommen, die Erinnerung an den großen Befreier von der spanischen Herrschaft in jedem Argentinier wachzuhalten. Dazu war ihm jedes Mittel recht. So jagte eine neue Briefmarke die andere, Radiosendungen, Zeitungsartikel, Feste und Aufführungen, Paraden, Reden, Salven wechselten einander in kurzer Folge ab. Jeder Scheck, jedes offizielle Dokument mußte ab sofort zusätzlich zum Datum noch die Worte »Jahr des Befreiers General San Martín« führen. Nichts war mehr gültig, wenn nicht das Datum mit dem Zusatz »Jahr des Befreiers General San Martín« versehen war. Der Nationalstolz schwoll dementsprechend, und bald war es Peron gelungen, General San Martín auf eine ebenso große Stufe der Verehrung zu setzen, wie sie etwa George Washington in den USA zuteil wird.

Im Zusammenhang mit diesem staatlich eingebleuten Jubiläumsjahr ereigneten sich natürlich auch komische Geschichten. So erreichten Maria und ich eines Nachts mit Mühe und Not den Bahnhof, während der letzte Vorortzug gerade einfuhr. Wir warfen dem Schalterbeamten schnell das Geld hin, und normalerweise hätten wir diesen Zug noch problemlos erwischt. Doch der Beamte mußte als braver Argentinier erst den Stempel mit dem Befreierjahr hervorholen, um die Fahrkarte damit zu versehen, und diesen Stempel fand er erst nach längerem Suchen. Als er ihn endlich hervorgekramt hatte, pfiff der Zug, und weg war er. Wütend mußten wir ein teures Taxi nehmen und waren auf San Martín nicht mehr gut zu sprechen.

Das beste Geschäft aber machte der Staat mit seinen Briefmarken, und natürlich wurden die Stempelfabriken reich. Denn wer keinen Stempel mit dem Befreiungsjahr besaß, konnte mit Behörden und Banken schlichtweg nicht mehr verkehren.

Auch am Ñancay erlebten wir die Folgen, wenn auch in eher humoriger Form: Eines Tages erzählte ich einem Peón aus gegebenem Anlaß von Alexander dem Großen. Ich schilderte ihn als einen mächtigen König, der jede Schlacht gewann und alle Völker unterwarf. Beeindruckt lauschte der Peón meinen Worten, doch nachdem ich geendet hatte, meinte er: »Señor, Sie haben sich sicher geirrt, das kann doch nur der General San Martín gewesen sein!«
Gottlob ging auch das Jahr des Befreiers General Don José de San Martín vorbei, und mit ihm wurden hunderttausende von Stempeln wertlos. Die breite Bevölkerung des Landes aber war nun überzeugt, den größten Heros der Weltgeschichte ihr eigen zu nennen.
Überhaupt hat Peron sehr viel für das Selbstvertrauen der Kreolen getan, die früher etwas abseits gelebt hatten und von den europäischen Einwanderern nicht ganz für voll genommen worden waren. Ihre soziale Lage hatte sich wesentlich gebessert, sie durften überall mitbestimmen, es wurden Gewerkschaften gegründet, und sie konnten auch an der Politik teilhaben. Natürlich taten sie auch dies auf ihre Weise: So kamen eines Tages zwei Vertreter der peronistischen Partei zu mir und fragten mich, ob ich bei den nächsten Wahlen die Einwohner des Ñancay-Gebietes per Schiff über den Uruguay nach Paranacito fahren würde. Es sollte mir alles gut bezahlt werden. Natürlich wies ich das Ansinnen einer Vergütung bei solchem Anlaß mit geheuchelter Entrüstung von mir, denn die Annahme einer Entschädigung wäre mir wohl schlecht bekommen.
So fuhren wir also eines Sonntags mit den Wählern über den Uruguay nach Paranacito. Schon auf dem Hinweg wurde fleißig gezecht. Als wir dann endlich angekommen waren, stieg die Stimmung auf den Höhepunkt, und Hochrufe auf Peron erschollen von allen Seiten. Nur waren die begeisterten Patrioten nicht mehr ganz auf der Höhe, und um böse Schwierigkeiten zu vermeiden, fand sich bald ein entgegenkommender Polizist, der die Dokumente der Wähler einsammelte, einige Fingerabdrücke der Analphabeten kontrollierte und dann seelenruhig für sie zur Wahl schritt. Für wen er die Stimmen abgab, brauche ich wohl nicht zu verraten.
Die Rückfahrt wurde dann etwas schwieriger. Das Gegröle an Bord war gewaltig, und die Stimmung stieg auf den Siedepunkt. Daran änderte sich auch nichts, als auf dem Uruguay ein kleiner Sturm

aufkam. Einige Vernünftige und Beherzte mußten nun aufpassen, daß niemand über Bord ging. Das Pandämonium wurde immer toller. Denn leider waren aus Paranacito noch einige Wein- und Schnapsflaschen mitgekommen und trugen dazu bei, daß nun mitten auf dem Uruguay alte Familienfehden und Clanfeindschaften ausgetragen wurden. Bald blitzten die Messer, und wilde Drohungen waren zu hören. Gott sei Dank ernüchterte der Sturm bald die Gemüter, und so fand diese demokratische Großaktion dadurch ihren sinnigen Abschluß, daß es mir gelang, den Volkssouverän vollzählig in einem Boliche der engeren Heimat abzuladen.
Tatsächlich liefen die Wahlen auf dem Lande oft in recht amüsanter Form ab. Häufig kandidierten Estancieros, die sich nicht leiden konnten, für verschiedene Parteien. Nun galt es also auf Deibel komm raus, Stimmen zu fangen. Jedermann wurde das Blaue vom Himmel versprochen. Und in der letzten Woche vor der Wahl wurden dann die Wähler mit großen Spießbraten verwöhnt. Der Kandidat, der das beste Asado veranstaltete, hatte natürlich auch die besten Chancen. Als überzeugendstes politisches Argument galt stets eine richtige »Vaca en cuero«, das ist ein ganzes Rind, das langsam über schwacher Glut in der eigenen Haut gegart wird. Schon am Tage zuvor muß man mit dem gewaltigen Braten beginnen. Die ganze Nacht stehen die Männer herum, trinken Schnaps und schieben die dunkelrote Glut unter dem auf einem Rost liegenden Rind mit fachmännischen Blicken und Gehabe hin und her. Erst am nächsten Tag gegen Mittag ist so ein Ochs dann durchgebraten.
Schon Stunden vorher pflegen sich die Gäste zu versammeln. Da ihnen das Wasser bereits im Munde zusammenläuft, kauen sie ein wenig Brot. Wein wird natürlich noch nicht ausgegeben, denn sonst endet das ganze Fest mit einem vorzeitigen Besäufnis, und der Politikus kann seine Argumente nicht mehr an die Machos bringen – Frauen haben dabei natürlich nichts zu suchen, das wäre ja undenkbar!
Gegen Mittag ist es dann soweit, und das Fest kann beginnen. Große Stücke Fleisch werden in den Mund gesteckt und mit rasiermesserscharfen Messern, knapp an der Oberlippe und an der Nasenspitze vorbei, von unten her abgeschnitten. So mancher Gringo hat sich dabei schon in die Nase geschnitten. Man stelle sich nun bitte vor, ein Estanciero spendet zwei solche »Ochsen in der Decke« und dazu -zig

Kisten Wein. Wer könnte den politischen Argumenten dieses Wohltäters widerstehen? Soweit ich es verfolgen konnte, klappte meist alles programmgemäß. Es wäre auch unter der Würde eines echten Gauchos, einem solchen Gönner nicht aus voller Seele und ebensolchem Bauch zuzustimmen.

Allerdings gibt es leider auch Schurken auf Gottes Erde, und deshalb kamen einem reichen Estanciero bei solcher Gelegenheit doch noch einige Bedenken. Er wollte also ganz sicher gehen und brachte deshalb für sein Wahlvolk eine ganze Wagenladung linker Stiefel. Die verteilte er und versprach, die rechten dazu nach seinem Wahlsieg nachzuliefern. Diese demokratische und durchaus soziale Maßnahme brachte denn auch pünktlich den wenn auch nicht ganz billig erkauften Erfolg.

Peron mußte natürlich nicht zu solchen teuren Mitteln greifen. Er hatte ja den Staat, fast alle Massenmedien und so ziemlich alle Machtmittel in der Hand. Politisch oder durch Wahlen konnte er kaum gestürzt werden. Jedermann wußte, daß dies einzig und allein dem Militär möglich war, und auch diesem nur dann, wenn sich Marine, Luftwaffe und Heer darauf einigten.

Die Luftwaffe als relativ neue Formation hatte politisch noch keine große Bedeutung, entscheidend waren der Circulo Militar und der Circulo Naval. Diese beiden großen Clubs des Heeres und der Marine besitzen zwei wunderschöne Gebäude, besser gesagt Paläste, in Buenos Aires. Dort treffen sich die Offiziere zu Lunch und Dinner, zu gesellschaftlichen Veranstaltungen, aber auch zu politischen Besprechungen, die selten ohne Folgen bleiben. Die Marine gilt als elitäre Waffengattung, hat doch Argentinien Tausende von Kilometern Küste zu verteidigen, und seine Flotte kann in bezug auf Tradition und Leistung als hervorragend bezeichnet werden. Ihr unterstehen auch die Flüsse des Landes, soweit sie schiffbar sind. Die Tradition der Marine ist englisch geprägt. Ihr Gründer, Admiral Brown, war englischer Herkunft und schlug die spanische Flotte. Nur wer im Land geboren ist, kann Marineoffizier werden. Sonst gilt diese strenge Bedingung nur für das Amt des Staatspräsidenten selbst. Denn Vizepräsident darf schon ein naturalisierter Ausländer werden.

Der Militärdienst in der Flotte dauert länger als der beim Heer. Die Offiziere stammen meist aus den einflußreichen Familien des Landes. Viele von ihnen tragen englische oder deutsche Familiennamen.

Anders ist es beim Heer. Es ist konservativ und seiner Tradition und Philosophie nach deutsch beziehungsweise preußisch beeinflußt. Hier gelten Clausewitz und natürlich der Befreier General San Martín. Das Heer kann mit Recht als Schule der Nation bezeichnet werden. Hunderttausende lernen erst durch den Militärdienst Hygiene, Lesen und Schreiben. Deserteure werden unnachsichtig verfolgt. Als ich einmal meinen Freund Oberst Vélez bat, sich für einen Deserteur einzusetzen, bekam ich eine kalte, abweisende Antwort: Für alle Dinge könne man Entschuldigungen und Gründe finden, aber den Dienst am Vaterland dürfe niemand verweigern. Und wenn dieser Mann Deserteur sei, dann möge er sich eben stellen. Er würde die gerechte Strafe erhalten, und erst nach Verbüßung derselben könne er wieder ein vollwertiges Mitglied der Nation werden. Doch von jenem Fall später mehr.

Die Luftflotte ist vielleicht etwas fortschrittlicher eingestellt, doch hat sie einen nationalistischen Anstrich. Viel zu sagen hatte sie jedenfalls zu meiner Zeit noch nicht.

Die gesamten Streitkräfte spielten politisch eigentlich die heilsame Rolle eines konstitutionellen Monarchen, der erst eingreift, wenn die Politiker den Karren total verfahren haben oder eine Herrschaft des Pöbels droht. Zu so einem Eingreifen müssen sich aber alle Teile der Streitkräfte einig sein, was nur bei ernsten Problemen der Fall sein wird, da Marine und Heer nicht sonderlich harmonieren.

Eine solche revolutionäre Situation gab es dann später im Jahre 1955 vor dem Militärputsch gegen Peron. Damals waren Maria und ich gerade nichtsahnend nach Buenos Aires gefahren und wohnten dort wie immer im zentral gelegenen, aber bescheidenen Hotel »Jousten«. Ich hatte mit dem Polochampion Alberdi und mit Interessenten für einen Landkauf am Ñancay zu verhandeln. Damals goß es in Strömen, als unerwartet die Nachricht kam, daß Truppenteile aus den Manövern nicht wieder in ihre Kasernen zurückgekehrt seien, sondern sich im Anmarsch auf Buenos Aires befänden. Ebenso sei die Flotte aus dem Süden nach Buenos Aires in Marsch gesetzt worden, könne allerdings erst in frühestens fünf Tagen eintreffen.

In der Stadt selbst gab es darauf hin noch einige wilde peronistische Kundgebungen. Dann zogen sich alle Leute vorsichtig in die Häuser zurück, was wegen des Regens nicht sonderlich auffiel. Denn es goß wie bei der Sintflut, und schon bei normalem Niederschlag erlöschen für den Argentinier die meisten Aktivitäten. Selbst Kinder gehen dann nur selten zur Schule. Jedenfalls haben die Massen nicht die geringste Lust, durchnäßt zu demonstrieren. So übernahmen das Militär und schließlich auch die Marine völlig ungestört die Macht, da das Gros der Peronisten die häusliche Trockenheit dem feuchten Heldenkampf vorzog. Peron selbst bestieg rechtzeitig ein paraguayisches Kanonenboot und entfloh.

Maria und ich waren in diesen entscheidenden Tagen im Hotel geblieben, denn in den Straßen wurde zeitweise geschossen. Zu essen gab es bald nur noch Sandwiches, aber in unserem Hotel war trotz aller Entbehrungen eine freundliche Stimmung entstanden. Man lernte sich kennen und freute sich allseits darüber, daß nun, nach peronistischer Verschwendungssucht, wieder wirtschaftliche Vernunft zum Zuge kommen sollte. Peron hatte seinen Anhängern ja das Blaue vom Himmel versprochen, die Arbeiter dauernd zum Streiken ermuntert und ihnen Gelegenheit gegeben, verrückte inflationäre Lohnerhöhungen zu erpressen. Dies ging soweit, daß wir zuletzt Ziegel aus Frankreich bezogen, die als Rückfracht und Ballast aus Marseille kamen, da die Ziegelfabriken in unserem Delta durch die dauernden Streiks kaum produzierten. All dieser Ärger mit dem aufgehetzten und ungemütlich gewordenen Volk machte sich nun Luft, und die argentinischen Hotelgäste erzählten sich gegenseitig, wie sehr sie unter dem peronistischen Regime gelitten hätten. In der Stadt, vor allem im Zentrum, brach schließlich nach dem Sieg der »guten Sache« allgemeiner Jubel aus, und es kam zu einer gigantischen Kundgebung gutbürgerlichen und merkwürdig gesitteten Zuschnitts. Natürlich marschierten wir mit bis zur Casa Rosada, dem Sitz des argentinischen Präsidenten, um dort mitzujubeln. Die Begeisterung war nicht geringer als bei entsprechenden Veranstaltungen im Dritten Reich. Nur war es diesmal eine Kundgebung von Leuten mit Kragen und Krawatte, und es fehlte völlig das proletarische Element.

Wegen der Kinder zu Hause am Ñancay hatten Maria und ich – allerdings unbegründete – Sorgen, denn als wir wieder aufs Land kamen, lachten alle und erklärten, sie hätten von der ganzen Geschichte praktisch nichts gemerkt. Unsere großen Hoffnungen auf

Besserung der wirtschaftlichen Lage durch die Militärs erwiesen sich leider als unrealistisch.

Mit der erwähnten harten Einstellung der Militärs Deserteuren gegenüber machte ich persönlich Bekanntschaft, als ich versuchte, mich für einen solchen zu verwenden, und das kam so: Eines Tages ritt ich durch Busch und Sumpf im Gebiet nördlich des Ñancay und traf überraschend auf Juanito, den Deserteur. Dieser junge Mann, dem es nicht gefiel, Militärdienst ableisten zu müssen, hatte ganz einfach sein Pferd gesattelt, die Winchester umgehängt und den Colt hinter den Gürtel gesteckt, seinem Pferd die Sporen gegeben und war in dem riesigen Sumpfgebiet zwischen Ñancay und Uruguay verschwunden, wo schon so oft Flüchtlinge und Deserteure als Viehdiebe ihr Unwesen getrieben hatten. Für die Estancieros eine Plage, taten sie den kleinen Leuten so gut wie nichts, halfen gerne Schmugglern, jagten Wasserschweine und Enten. Frank und frei wie Robin Hood zogen sie durch jene Urlandschaft und waren praktisch kaum zu schnappen. Die Gauchos, von Natur aus gutmütig, halfen ihnen gerne oder auch notgedrungen, denn wer wollte sich schon mit denen anlegen, die da vogelfrei und wildentschlossen waren, während die Staatsgewalt in jener Gegend, »wo der Teufel seinen Poncho verloren hatte«, überhaupt nicht existierte.

Juanito erkannte mich und grüßte schon von weitem. Er war ja früher einmal einer meiner Peone und auch ein recht guter Kunde in meinem Wildwestlokal gewesen. Allerdings jetzt konnte er sich kaum mehr bei mir blicken lassen. Das machte ihm aber nicht viel aus, denn am Rande der abgelegenen Gebiete gab es kleinere Boliches, wo er sich in Sicherheit seinen Rausch antrinken und ausschlafen konnte.

Nun, ich grüßte ihn natürlich herzlich zurück, wir stiegen vom Pferd und setzten uns unter einen Baum. Er erzählte mir von seinem Leben, und bald tat mir der junge Mann leid. So redete ich ihm ins Gewissen und meinte, daß dies alles anfangs zwar sehr lustig und recht schön sein könne, aber mit der Desertion habe es doch in diesem Land seine eigene Bewandtnis, die Militärs würden nie Ruhe geben: »Sie werden dich immer suchen, und du wirst niemals als normaler Mensch leben und Grund und Boden erwerben können. Auch wird es den Nachbarn, den großen, mächtigen Estancieros Berisso und Burdeu, mit der Zeit zu dumm werden, und sie werden dafür sorgen, daß etwas gegen deine

Viehdiebstähle unternommen wird. Und irgendwoher und auf irgendeiner Basis mußt du dein Leben doch finanzieren, doch jedes Kind weiß, daß du das einzig und allein durch Schmuggel oder Viehdiebstahl machen kannst.«
Juanito grinste und sagte: »Don Reinaldo, glauben Sie mir, ich tue ja nichts besonders Böses. Aber ich wollte damals nur nicht zum Militär, und jetzt ist es schon zu spät, um alles wieder in Ordnung zu bringen. Selbst wenn ich mich freiwillig stellen würde, käme ich zur Strafe nach Feuerland. Hier ist es doch ganz nett, und ich kann ja immer noch im Notfall nach Uruguay hinüberwechseln.«
Da sagte ich ihm: »Natürlich kannst du nach Uruguay hinüberpaddeln, aber wie lange mußt du da drüben bleiben? Es dauert doch fünfzehn Jahre, bis deine Straftat verjährt ist. Und fünfzehn Jahre sind eine lange Zeit. Du kannst nicht heiraten, keinen Rancho bauen, keine Familie gründen, es sei denn, du wanderst für immer nach Uruguay oder nach Paraguay aus.«
Das saß! »Nein, Señor, das möchte ich nicht«, klagte Juanito. »Ich bin Argentinier, und Argentinier möchte ich bleiben!«
Also redete ich ihm weiter zu, und da ich bei ihm eine eigentlich sehr anständige Grundeinstellung erkannte, versprach ich ihm, mich bei einem bekannten Oberst dafür zu verwenden, daß ihm, wenn er sich freiwillig stellte, die Strafe gemildert beziehungsweise nachgelassen würde. Nun meinte Juanito etwas beeindruckt, ich sollte es halt versuchen, und er wäre mir für meine guten Absichten sehr dankbar.
Gesagt, getan. Bei meinem nächsten Besuch in Buenos Aires intervenierte ich bei unserem Freund Oberst Vélez mit völlig negativem Erfolg. So blieb mir nichts übrig, als Juanito wissen zu lassen, daß es mir leider nicht gelungen war, etwas für ihn zu tun, und daß es sicherlich das gescheiteste wäre, doch bald das Land zu verlassen.
Wer beschreibt aber mein Erstaunen, als ich Juanito Monate später im Boliche von Ceibas Schnaps trinkend antraf. Ich stürzte auf ihn zu und flüsterte erregt: »Bist du denn völlig verrückt – da draußen stehen ein paar Polizisten!«
Darauf antwortete Juanito seelenruhig: »Vielen Dank, Señor, das macht ja nichts, denn meine Situation ist wieder völlig geregelt und in Ordnung. In fünf Monaten werde ich ganz normal als junger Rekrut bei meinem Regiment in Gualeguaychú einrücken.« Und als ich ihn

baß erstaunt anstarrte erklärte er lachend: »Es war ganz einfach! Der bekannte Advokat López hat mich mit seinen Beziehungen im Geburtenregister um ein Jahr jünger werden lassen, so daß ich, wie sich die Geschichte jetzt darstellt, irrtümlich zu früh einberufen worden bin und erst im Herbst – ganz normal – einrücken kann. Das Ganze hat mich nur fünf geklaute Rinder gekostet. Ja, ja, der gute Dr. López ist wirklich prima für uns arme Gauchos!«
Mir blieb die Luft weg vor Bewunderung für diesen übel beleumdeten Winkeladvokaten, der das verfahrene Problem elegant und so schonend für alle Beteiligten gelöst hatte. Der Ruf der Armee blieb unbeschädigt, Juanito war gerettet, der Gemeindesekretär hatte sein Trinkgeld bekommen und der Advokat seine guten Gebühren. Nur ein schwerreicher Viehzüchter war um fünf Ochsen erleichtert worden. Ja, dumm sind die Kreolen nicht!

11

Stark verbreitet unter den Leuten war der Aberglaube. Dies machten sich mehrere Kaziken zunutze. Einer von ihnen, der alte Tancredo, legte sich manchmal in Vollmondnächten mitten im Sumpf zwischen dem Schilf in einen großen Sarg und stellte brennende Kerzen um sich herum auf. Stets hatte er ein Zauberbüchlein bei sich, das irgendwo in Buenos Aires billig gedruckt worden war und bei uns zu Hause höchstens Lachen hervorrufen würde. Obwohl er selbst nicht richtig lesen konnte, las er den Leuten phantasievoll aus diesem schrecklichen Zauberbuch vor. Auch besaß er eine Gans, die auf Befehl auf den Tisch sprang und mit ihren Flügeln brennende Kerzen auslöschte.
Sein wichtiges und geheimnisvolles Gehabe beeindruckte die Negros enorm. Über ihn ging auch das Gerücht, daß er es gewesen sei, der den kleinen Juanito ermordet hatte. Diese Bluttat hatte damals Aufsehen erregt. Natürlich war ihm nichts nachzuweisen, und die Leute sprachen auch nur hinter vorgehaltener Hand davon, denn Tancredo war ein mächtiger Mann. Der arme Juanito soll eines Tages mit etwas Geld – kaum mehr als zwanzig Pesos – und einigen Waren nach Hause geritten sein. Tancredo, der mit der Familie des Knaben verfeindet war, wollte ihm die Sachen wegnehmen. Als sich Juanito aber wehrte und schrie, erschlug er ihn in der Nähe einer großen Trauerweide. Diese Bluttat muß selbst einem Mann wie Tancredo, der schon mehrere Leute ins Jenseits befördert hatte, ziemlich nahegegangen sein. Das schlechte Gewissen schien ihn zu quälen, und es wurde erzählt, daß er seit jenem Tag die große alte Trauerweide mied. Mit der Zeit trank Tancredo immer mehr, und als er eines Abends betrunken nach Hause trabte und vergaß, die Trauerweide zu umgehen, geschah das Schreckliche: Es wäre gerade Mitternacht gewesen, erzählte mir der alte Venencio, der Mond habe bleich zwischen den Wolken hervorgeguckt und die Trauerweide gespenstisch beleuchtet. Tancredo habe halb auf dem Pferd gesessen, halb darauf gehangen und sei, als er die Trauerweide erblickte, vor Schreck in die Höhe gefahren. In den

Zweigen nämlich erkannte er das Gespenst des Kindes mit blutüberströmtem Kopf. Wildes Entsetzen soll den Mörder gepackt haben, so wurde mir berichtet, und Tancredo habe seinen Colt gezogen und das ganze Magazin auf Juanito abgefeuert. Die Kugeln steckten noch tief im Baum, und als ich einmal mit dem alten Venencio dort vorbeiritt, zeigte er mir Löcher, die durchaus von Kugeln stammen konnten. Viel war allerdings nicht mehr zu sehen.
Ich jedoch pflegte gute Beziehungen zu Tancredo. Anfangs war er mir sogar wie der Häuptling der Gauchos erschienen. Stets kam er uns freundlich entgegen, besorgte mir zu hohen Preisen schlechte Pferde und vermittelte mir seinen Neffen als Peón und dessen Töchter als Hilfen für unseren Haushalt. Er kam auch öfter zu Besuch und warnte mich vor »bösen Leuten« und verschiedenen anderen Dingen.
Eines Tages besuchte ich ihn zu Hause bei seinen »Ranchadas«. Ein solches Gehöft bestand aus mehreren Ranchos: Einer diente als Küche, der andere als Schlafzimmer und der dritte als Magazin für diverse Dinge. Zufällig lag in der Mitte des Hofes ein schönes Stück Wellblech. Als ich vom Pferd stieg, ging ich hin und hob es auf. Da sauste mit Zischen eine Yarrará heraus. Tancredo stürzte herbei und erschlug sie. Dann sagte er erregt: »Gringo, hebe niemals ein Brett oder Blech auf, bevor du nicht mit einem Stock darauf geklopft hast. Wenn du etwas aufheben willst, drehe es besser erst mit einem Stock um. So wie du das gemacht hast, ist es eine bessere Art von Selbstmord.«
Nach dieser Affäre verstand ich mich natürlich noch besser mit dem Alten. Er kam dann auch pünktlich jedes halbe Jahr und bot mir Pferde an, die ich kaum brauchen konnte. Mir aber war inzwischen zugetragen worden, daß es sich durchaus empfahl, diese teuren Durchschnittsgäule zu kaufen. Denn in Wirklichkeit wollte Tancredo über diesen Handel nur eine Art Tribut kassieren. Zahlte ich, würde er mich in Ruhe lassen beziehungsweise sogar vor anderen Banditen schützen. Ich verstand diese elegante Methode und machte gute Miene zum bösen Spiel. Jedesmal zogen wir die gleiche Show ab, die darin bestand, daß er kam und mir sagte: »Amigo, hier bringe ich Pferde, die nur für einen Señor wie Sie würdig sind. Kein anderer soll sie haben. Ich dachte mir gleich, das sind genau die Rösser für Don Reinaldo, den perfekten Caballero!« Daraufhin wehrte ich stets höflich ab, denn ich

wäre doch nur »ein ganz gewöhnlicher Pflanzer«, besäße nicht einmal eine ordentliche Anzahl Rinder, und er würde bestimmt Leute finden, die solch prächtige Pferde wirklich verdienten.
»No, no no!«, pflegte Tancredo auszurufen, »niemand kann Ihnen das Wasser reichen, Don Reinaldo!«
Schließlich und endlich gewährte er einen geringen Preisnachlaß, das Geschäft wurde abgeschlossen, und ich hatte wieder ein paar Pferde mehr, als wir brauchen konnten, um sie bald wieder mit Verlust abzustoßen.
Außer Tancredo gab es natürlich noch zahlreiche andere zwielichtige Gestalten, die in jener ziemlich rechtlosen Gegend von der Polizei verschont blieben, weil es in solcher Wildnis und Einsamkeit unendlich schwer war, einen Schuldbeweis zu führen. Grundsätzlich wurde eben alle Schuld auf den Ermordeten geschoben.
Auch ist die Polizei auf dem Lande nicht sehr effizient, da sie miserabel bezahlt wird und die Ausbildung sehr zu wünschen übrig läßt.
Die »Milicos«, wie man sie abwertend nannte, lebten meist in bescheidenen Ranchos und ritten nur ungern in Uniform aus, weil ihnen dies zu auffallend, somit also zu gefährlich schien. Natürlich gab es auch stramme Polizisten, die trotz alledem ihre Pflicht erfüllten. Die wurden aber in unserer Gegend nicht sehr alt. Sie bekamen von niemandem Fleisch geschenkt, riskierten Kopf und Kragen, ohne auf Dank und Anerkennung hoffen zu können, und ihr Leben war in keiner Weise beneidenswert. Besser ging es schon jenen, die mit den Banditen einen Modus vivendi gefunden hatten. Die wurden dann in Ruhe gelassen und durften verschiedene Gefälligkeiten von ihrer »Klientel« erwarten.
Es soll sogar Polizisten gegeben haben, die direkt mit den Viehdieben und Schmugglern in Verbindung standen, jedenfalls wurde das behauptet.
Ob dies nun alles stimmte oder nicht, fest steht, daß die Funktion der Polizei recht mangelhaft und die Protektion durch die Banditen wesentlich sicherer war, wenn ich auch niemals an ihren Geschäften teilhatte. So weigerte ich mich auch stets, meine Zigaretten bei ihnen billigst – zu einem Fünftel des üblichen Preises – zu erwerben, sondern kaufte meine Chesterfield in Buenos Aires an der Bar eines Hotels. Die waren natürlich auch geschmuggelt und noch dazu sündhaft teuer!

Doch solche Distanz erwies sich als sinnvoll und praktisch. Die Leute respektierten mich, und ich mischte mich nicht in ihre Angelegenheiten.
Die von Tancredo besorgten Hausgehilfinnen Lola und Nieves waren zwei »Prachtstücke«: nicht häßlich, glänzende Reiterinnen, dazu gute Arbeiterinnen, und zwar nicht nur in Küche, Haushalt oder Garten, sondern auch auf dem Feld. Wir konnten scheinbar sehr zufrieden sein.
Anfangs waren es nur Kleinigkeiten, und wir maßen der Sache keine Bedeutung bei. Als aber Maria zur bevorstehenden Geburt unseres vierten Kindes nach Buenos Aires fuhr und am Tag davor ihre Sachen in Ordnung brachte, merkte sie, daß bereits Silberlöffel und vor allem ein Armband fehlten.
Im Rummel der Abreise war da nicht mehr viel zu machen. Ich beruhigte sie, und wir fuhren los. Nun waren doch ganz andere Dinge wichtig, und ich konnte im Moment keine Probleme gebrauchen.
Als wir aber aus Buenos Aires zurückkehrten – Sandro war inzwischen glücklich zur Welt gekommen –, erzählte uns gleich Frau Freitag, die Mutter unseres unvergleichlichen Mitarbeiters und Zimmermannes, die während unserer Abwesenheit die Kinder liebevoll gehütet hatte, freudestrahlend, daß sie alle vermißten Sachen gefunden hätte. Unser Miguelito, der damals erst eineinhalb Jahre alt war, habe sie auf einem Spaziergang, zu einem Riesenbündel verpackt, im Busch gefunden, wo man sie wohl abgelegt hatte, um sie später heimlich abholen zu lassen. Frau Freitag, die eine sehr patente und resolute Frau war, öffnete das Bündel, und es kamen nicht nur die verlorenen Sachen zum Vorschein, sondern auch solche, die uns noch gar nicht abgegangen waren, darunter ein Pariser Hut Marias, der nun wirklich nicht in diese Gegend paßte, und – man staune – auch ein Kruzifix.
Zum Schein vernahm ich alle Mitarbeiter. Es war aber von vornherein klar, wer die Diebe waren. Ich ließ dann den Vater von Lola und Nieves ins Turmzimmer kommen und sprach sehr ernst mit ihm. Die Mädchen wurden geholt und gestanden zuletzt. Dann mußten sie noch mit ihren Fingerabdrücken ein Protokoll unterzeichnen, genauso wie ihr Vater es zuvor getan hatte. Dieses Protokoll, so erklärte ich ihnen, würde ich bei einem Advokaten zehn Jahre lang deponieren und bei der kleinsten Unregelmäßigkeit der Polizei übergeben.

Auf diese Weise wollte ich verhindern, daß die Leute bestraft wurden und dann Rachegelüste hegten, während sie so ein echtes Interesse daran haben mußten, daß wir zufrieden blieben, und so funktionierte es auch bestens.
Als ich abschließend mit dem Vater die Liste der gestohlenen Sachen aufstellte, sagte ich salbungsvoll: »Also ich verstehe ja vieles, aber wie man ein Kruzifix stehlen kann, das ist mir völlig rätselhaft!«
Ich erwartete, dies würde die Leute zerknirschen und zumindest den Vater tief beeindrucken. Anscheinend war er auch beeindruckt, aber anders als gedacht. Denn nach langem Nachdenken sagte er: »Sie haben ganz recht, wo das doch eine Sache ist, die zu nichts zu gebrauchen ist! (Como se trata de una cosa que no sirve para nada!)«
Vor so viel Christentum und profunder Moral kapitulierte ich und schickte die ganze Familie mehr lachend als verzweifelt nach Hause. Natürlich kam nach ein paar Tagen Tancredo und spielte den Empörten, ja er konnte nicht genug auf seinen Neffen und dessen böse Töchter schimpfen. Dabei war es doch ziemlich klar, daß er selbst als geschickter Mafiaboß hinter der Sache steckte und über seine Verwandtschaft unser Vermögen etwas zur Ader lassen wollte. Generell standen bei unseren Leuten Religion und Moral nicht besonders hoch im Kurs, und die Staatsgewalt war weit.
Als echter Bandit galt Basilio, seines Zeichens Spezialist als Quartrero, also als Viehdieb. Er klaute kleine Herden, manchmal auch nur ein, zwei Kühe. Als Schmuggler jedoch war er Spitzenklasse. Auf jeden Fall war er ein unangenehmer Zeitgenosse, der auch schon manche Bluttat auf dem Gewissen hatte. Angeblich wollte die Polizei ihn schon seit langem erwischen, aber »merkwürdigerweise« gelang ihr das nie. Natürlich wollte sie gar nicht amtshandeln und, so hieß es immer, es fehle an Beweisen.
Eines Tages kam freilich ein großes Militärboot von der See- und Flußpolizei, der »Prefectura Marítima« bei uns vorgefahren, die als sehr scharf galt und zur Kriegsmarine gehörte. Dem Schiff entstieg ein elegant aussehender Offizier, der mit ernster Miene auf uns zukam und sich vorstellte. Er heiße Cuomo und sei der Präfekt unseres Flußgebietes.
Höflich luden wir ihn ein und überzeugten ihn von unserer Freude darüber, daß die Prefectura Marítima sich endlich einmal um unsere

Leonor Becker mit Xandro

Elizabeth, Wolfgang und Miguel (v.l.n.r.)

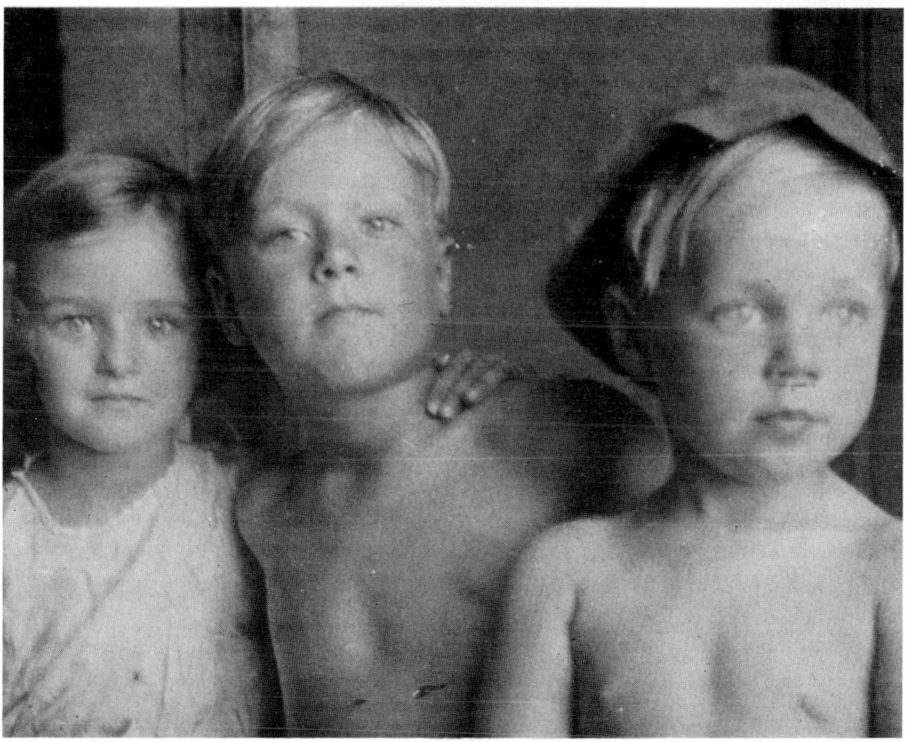

Der erste selbstgepflanzte Papppel-Schlag. Der Autor mit Ramón und Peones

Luftaufnahme von »La Torre«, Almacen und Pflanzungen

Eine der unvermeidlichen Überschwemmungen

Der erste eigene Schlag ist an Bord!

Maria mit Elizabeth

Miguel, Elizabeth, Beatriz, Wolfgang und Xandro

Adiós Ñancay mío!

verlassene Gegend kümmerte. Maria organisierte sofort ein köstliches Abendessen für den hohen Gast und dessen zweiten Offizier. Die Herren waren höchst erstaunt über unser zivilisiertes Haus und wurden immer netter. Ich meinerseits machte aus meinem Herzen keine Mördergrube und erzählte ihm, welche Menge von Banditen und Deserteuren sowie Viehdieben und Schmugglern es in dieser Gegend gäbe und daß wir diesen Leuten eigentlich ziemlich wehrlos ausgeliefert seien. Doch zeigte ich ihm auch meine Waffensammlung und meinen Militärkarabiner, dessen Besitz eigentlich streng verboten war.

Der Präfekt lachte aus ganzem Herzen und sagte: »Sie müssen sich ja ordentlich bewaffnen. Ich bin ganz auf Ihrer Seite. Und bitte helfen Sie mir. Ich habe vor, etwas Ordnung in dieses Gebiet zu bringen. Machen Sie bitte fürs erste einen Bericht über das, was sich hier alles abspielt, und beraten Sie mich dann aufgrund Ihrer Erfahrung, damit wir die Sache von Anfang an geschickt anpacken.«

In den nächsten Tagen schrieb ich einen ziemlich ausführlichen Bericht, und es dauerte nicht lange, da erschien Cuomo wieder und verlangte, daß ich ihm helfen solle, Basilio, dem Viehdieb, eine Falle zu stellen. Da weigerte ich mich jedoch energisch und erklärte, daß ich mich mit Rücksicht auf meine Familie nicht der Rache von Basilios Leuten aussetzen könne. Doch wäre ich gerne bereit, meine guten Beziehungen über das Almacen spielen zu lassen, um eine Verbindung mit Basilio herzustellen. Es drehe sich ja nicht darum, ihn exemplarisch zu bestrafen, sondern es sei viel wichtiger, diese Leute seßhaft zu machen und ihnen Amnestie zuzusichern. Geld müßte er inzwischen schon genügend geklaut haben, um sich als Siedler zur Ruhe setzen zu können.

Es gelang mir mühsam, Cuomo umzustimmen. Er konsultierte wieder seine Vorgesetzten, kam aber bald zurück und sicherte mir zu, daß Basilio, wenn er sich definitiv niederlassen würde, seitens der Behörden nichts zu befürchten hätte.

Natürlich war es mir ein leichtes, Basilio über unser Wildwest-Lokal und ein paar verdächtige Gestalten diese Botschaft zukommen zu lassen, und schon bald ließ er mich wissen, daß er sich gerne mit mir unterhalten würde. Die Botschaften flogen noch ein paarmal hin und her, und schließlich vereinbarten wir ein waffenloses Treffen unter

einem alten, einsamen Ceibo. Hundert Schritte vor dem Baum sollten wir unsere Waffen ablegen. Natürlich war ich aufgeregt und fand dieses Abenteuer toll, ja geradezu romantisch.
Pünktlich näherte ich mich zur vereinbarten Stunde dem Ceibo und legte Gewehr und Revolver nieder. Da kam auch schon Basilio persönlich aus dem Busch, ein dicker Mann, der gar nicht aussah wie ein Bandit. Ich hatte mich auf eine Art eleganten Abruzzenräuber eingestellt, doch Basilio trug wohl wegen der Hitze nur eine Art Pyjama und kam tatsächlich ebenfalls ohne Waffen. Wir begrüßten uns wie alte Freunde und sprachen uns mit »Hermano« (Bruder) an.
Nun redete ich ihm zu wie ein Vater und erklärte ihm, sein ganzes Leben sei doch Unsinn, so könne er nicht ad infinitum weitermachen, er habe schließlich Frau und Kinder, und jetzt sei für ihn die Gelegenheit, ein für allemal Schluß zu machen.
Nach einer Weile entgegnete der Bandit nachdenklich, das alles wäre ja ganz schön und gut, wenn auch die Leute von der Behörde solche Caballeros wären. Doch die »Oberen« seien nun einmal elende Hurensöhne und total unzuverlässig. Sie versprächen immer nur große Dinge und würden dann niemals Wort halten.
Nun flogen die Argumente munter hin und her, doch kam bei der Unterhaltung nicht mehr heraus, als daß ich zu Basilio von nun an guten Kontakt hatte und er meine wohlgemeinten Absichten durchaus anerkannte. Doch diese Freundschaft dauerte leider nicht lange. Denn eines Tages wurde mir berichtet, daß sich Basilio in unserem Camp am oberen Ñancay einen Rancho gebaut hatte und dort mit circa zwanzig eigenen Kühen eingedrungen war. Das aber ging natürlich zu weit und war eine enorme Frechheit. Unverzüglich ließ ich ihm ausrichten, er möge so bald wie möglich verschwinden, denn in Camps, die ich verwaltete, habe er absolut nichts zu suchen. Woanders gäbe es genügend Platz, und er solle sich gefälligst dort niederlassen, wo Estancieros über zigtausend Hektar verfügten, dann falle das nicht so sehr ins Gewicht.
Basilio hatte sich nämlich nur deshalb an unserem Ñancayufer angesiedelt, um am gegenüberliegenden Ufer aus sicherer Stellung heraus Vieh klauen zu können. Dort aber hatte der Eigentümer der Estancia wohlweislich einen beinharten Verwalter eingesetzt, der das Camp dauernd abritt und mit dem absolut nicht zu spaßen war.

Schließlich wurde mir die Sache zu bunt. Das Camp gehörte zwar nicht mir, aber da ich es verwaltete, fühlte ich mich verantwortlich. So ließ ich mir den Polizisten von Las Rosas bei Ceibas kommen und jammerte über unsere Lage. Ich erzählte ihm von meiner Freundschaft mit dem Präfekten Cuomo und daß ich zum Gouverneur gehen würde. Ich wäre durchaus nett zu Basilio gewesen, doch würde ich nie erlauben, daß er in unserem Land eine Basis installiere, um von dort aus Raubzüge beim großen Nachbarn zu machen. Heute wären es jene und später vielleicht einmal ich selbst, falls es mir einmal besser gehen sollte, et cetera.
So setzte ich ihn mit milden Worten und versteckten Drohungen unter Druck, und der gute Mann antwortete zunehmend verständnisvoll, aber ohne rechte Lust, gegen Basilio ernstlich vorzugehen. Da griff ich zu dem altbewährten Mittel und ließ den braven Wachtmeister sich vollaufen. Mit dem total betrunkenen Gesetzeshüter ritt ich noch am selben Nachmittag flußaufwärts zu Basilios neuem Rancho.
Dort war kein Mensch. Um so besser! In seinem Rausch war mein Polizist mutig geworden, und so beschlossen wir, die Ranchada des Basilio einfach niederzubrennen. Gesagt – getan. Doch vorher holten wir seine Habseligkeiten heraus und legten sie ordentlich unter einen Baum. Der Polizist war so eifrig bei der Arbeit, daß ihm sogar die Mütze in die Glut fiel und ich aufpassen mußte, daß er nicht selbst hineintorkelte. Schließlich ritten wir befriedigt, allerdings mit etwas schlechtem Gewissen, nach Hause. Es dauerte nur ein paar Wochen, und schon wurde ich nach Gualeguaychú vor Gericht zitiert. Basilio hatte dort über einen berüchtigten Advokaten Anzeige erstattet und schlauerweise einen wertlosen Teil seiner Habseligkeiten in die glühende Asche geworfen, um die Tat zu verschlimmern. Das war ein genialer Schachzug, denn somit handelte es sich um boshafte Sachbeschädigung fremden Eigentums, also nicht nur um das Niederbrennen einer illegal auf fremdem Grund gebauten Hütte. Sehr wohl war mir also nicht bei der ganzen Sache, aber schließlich ging dann alles gut aus.
Dr. Kunath stand mir als Advokat bei und erklärte vor der Verhandlung dem Richter, wie alles entstanden war. Dem Richter war der Name Basilio schon längst bekannt, und er hatte im Grunde gar nichts gegen unser Vorgehen, nur fand er, ich hätte es etwas geschickter

anstellen können. Jedenfalls bat er mich gleich in ein Nebenzimmer und erklärte mir, es wäre ihm völlig klar, daß Basilio nicht nur ein großer Lump sei, sondern wahrscheinlich noch ein paar Menschenleben auf dem Gewissen habe. Das aber ändere nichts an der Tatsache, daß ich vor dem Gesetz im Unrecht sei.

In der Zwischenzeit briet Basilio, der Ankläger, in einem wellblechbedeckten Warteraum für üble Typen, in dem es im Sommer brütend heiß und im Winter elend kalt war. Als er dann schon etwas angeschlagen in die Verhandlung gerufen wurde, machte er kaum den Mund auf. Sagte er aber doch etwas, wurde ihm sofort übers Maul gefahren und ihm erklärt, man wisse ganz genau, wer er sei, und es wäre klug von ihm, wenn er unverzüglich die Klage zurückzöge.

Basilio gab schließlich nach, und seinem Advokaten war es recht, denn Basilio hatte ihn schon bezahlt. Wahrscheinlich hatte er eigens ein paar Kühe stehlen müssen, um die Prozeßkosten zu begleichen. Sozialmodern zahlte auf diese Weise der große reiche Nachbar indirekt die Kosten des Falles, ohne es je zu erfahren!

Meine Beziehungen zu Basilio aber wurden bald wieder besser, als er mit Respekt anerkennen mußte, daß ich die Justiz auf meiner Seite hatte, und es dauerte nicht lange, da gelang es mir, ihn zu überreden, am anderen Ende unseres großen Camps bei »Las Rosas« fünfzehn Hektar zu erwerben und sich, so fern von uns, niederzulassen. Den dortigen Estancieros war er allerdings nicht sehr willkommen, denn die Vermutung lag nahe, daß er sich der Kühe dieser neuen Nachbarn annehmen werde. Das aber war nicht mehr mein Problem.

Als der bei weitem gefürchtetste Bandit unserer Gegend aber galt Tiburcio. Der war stets allgegenwärtig, doch immer unsichtbar. Auch ich bekam ihn niemals zu Gesicht. Er war so respektiert und gefürchtet, daß ihn die Polizei selbst dann nicht verhaftete, als er eines Tages auf der Kegelbahn im Rausch schlafend vorgefunden wurde.

Von ihm ging die Kunde, daß er mit seiner damaligen Geliebten längere Zeit bei seinem Bruder gewohnt habe, der nur ein Durchschnittsgaucho war. Als nun Tiburcio einmal von einem längeren Raubzug zurückkam, wurde ihm fälschlich zugeflüstert, daß sein Bruder ihn inzwischen mit seiner Geliebten betrogen habe. Da packte Tiburcio, ungeachtet dessen, daß ihn sein Bruder all die Jahre hindurch versteckt und umsorgt hatte, eine so rasende Wut, daß er ihn niederschlug und dem am Boden liegenden Bruder trotz dessen Flehen und Jammern mit zwei wohlgezielten Coltschüssen beide Augen ausschoß. Natürlich wollte in der Folge wieder einmal niemand gegen den schrecklichen Banditen aussagen. Der arme Bruder wurde zwar höchst amtlich obduziert und mit Anteilnahme begraben, aber für die Justiz blieb der Täter »unbekannt«.

Nun gab es aber auch Verbrecher, die eigentlich gar nicht zu einem solchen werden wollten, sondern nur Opfer ihrer Emotionen wurden, die meist zuvor durch interessierte Personen »angeheizt« worden waren. Ein solcher Fall war der meines guten Peones Manrique. Als mein Wächter wurde er wegen seines bekannten Jähzorns sehr respektiert. Er war klein, drahtig und hatte braune, stechende Augen. Das hervorragendste an ihm aber war sein gewaltiger Penis, von dem man sich allenthalben wahre Wunderdinge erzählte, und ich hatte sogar den Vorzug, denselben mit Penicillin heilen zu dürfen.

Nun, ich konnte über Manrique nicht klagen, doch bald nach unserer Abreise bekam er eine lange Zuchthausstrafe aufgebrummt. Folgendes war geschehen: Manrique und sein Freund Martínez – letzterer war ebenfalls lange Jahre Peón bei mir gewesen – hatten gemeinsam ein Camp gerodet und bepflanzt. Es handelte sich dabei um ein sogenanntes »Sobrante«, das ist eine dem Staat gehörende, nach Neuvermessung der Umgebung übriggebliebene Fläche. Die ersten Vermessungen waren nämlich im vorigen Jahrhundert in dieser Gegend überaus großzügig vorgenommen worden, um später, bei genauerer Nachmessung, Überschneidungen auszuschließen. Als in unserem Jahrhundert dann die Besitztitel auf moderne Hektar-Größen eingemessen wurden, entstanden häufig diese »Sobrantes«, auf deren Ankauf von Vater Staat die Anrainer oder de facto Bewohner immer die erste Option haben sollten. In der Praxis jedenfalls war es so, daß wer immer sich als erster auf so ein Sobrante setzte und es bearbeitete schon fast gewonnen hatte. In der Regel bekam man dann nach zehn bis fünfzehn Jahren Bearbeitung vom Staat sein Land gegen eine Anerkennungssumme als Eigentum zugesprochen.

Manrique und Martínez hatten seit längerem so ein Sobrante ergattert. Das ganze Stück war etwa fünfzehn Hektar groß – gutes tiefes Land, für Pflanzungen also hervorragend geeignet. Die beiden Freunde bearbeiteten das Land in ihrer Freizeit, und bald wuchs die Pflanzung und gedieh prächtig. Dies zum allgemeinen Erstaunen der Pflanzer europäischer Abstammung, schien es doch hier sogar schlichten Einheimischen zu gelingen, durch Geduld und Fleiß Grund und Boden legal zu erwerben. Dies erregte deshalb Verwunderung, weil normalerweise dergleichen zwar oft begonnen, aber nur selten zu Ende geführt wurde. Meist verloren die Taglöhner bald die Lust und verhökerten das Halbfertige oft um einen Bettel.

Genau dies erhoffte sich damals der Fleischer unserer Gegend, der merkwürdigerweise Lumpo hieß. Er war in der Tat ein Lump und stets bereit, auf üble Weise zu Geld zu kommen. Schlauerweise lieferte er den beiden Fleisch, soviel sie nur wollten, und bot ihnen großzügig Kredit. Denn er hatte es auf ihre Parzelle abgesehen. Er sagte: »Ihr zahlt mir einmal, wenn ihr richtig Geld habt. Ihr seid doch wie meine Brüder, und ich möchte euch entgegenkommen, macht nur fleißig weiter, in mir habt ihr stets einen Freund und Helfer. Inzwischen schreibe ich das alles peinlich genau auf, ihr zeichnet es ab, und wenn ihr später einmal Geld habt, dann zahlt ihr mir alles und könnt mir als Dank noch ein wenig dazugeben.«

Manrique aber ließ sich darauf nicht ein, sondern bezahlte sofort und pünktlich. Mit gutem Grund gefiel ihm nämlich die Sache nicht. Das aber ärgerte den großzügigen Fleischlieferanten Lumpo, und teuflisch sann er auf Abhilfe. Schließlich gelang es ihm durch eine Intrige, Manrique und Martínez gegeneinander aufzubringen, indem er jedem vertraulich zuflüsterte, der andere habe vor, ihn mit faulen Tricks um seinen wohlerworbenen Anteil zu betrügen.

Diese böswilligen Verdächtigungen wurden anfangs von keinem der beiden geglaubt. Mit der Zeit jedoch blieb einiges hängen, und fatalerweise hatte Manrique seinen Freund mit ein paar unbedachten Worten beleidigt. Nun hatte Lumpo leichtes Spiel und blies in die Glut, so gut er konnte.

Eines Samstags hatte sich Manrique, wie so oft, in seinem Rancho still und friedlich vollaufen lassen. Da wollte es das Unglück, daß Martínez in seinem Kanu vorbeigepaddelt kam und dem Betrunkenen ein paar böse Worte zurief. Ein Schimpfwort gab das andere, Manrique begann zu toben. Er rannte zurück zu seinem Rancho und holte die Flinte, nachdem er sie schnell mit alten Kugellagerkugeln geladen hatte. Noch ehe Martínez flüchten konnte, traf ihn eine Ladung dieser fürchterlichen Geschosse. Das Kanu kippte um, er fiel schwerverletzt ins Wasser, konnte sich aber gerade noch bis ans gegenüberliegende Ufer retten. Manrique war in seiner Wut aber immer noch nicht zufrieden und lud noch einmal nach. Martínez hing schreiend am Steilufer und hatte nicht mehr die Kraft, sich hochzuziehen. So viel er auch flehte und jammerte, er wurde von Manrique nur umso fürchterlicher beschimpft. Von einer zweiten Ladung getroffen, trieb er sterbend flußabwärts.

Nun schüttete Manrique wohlweislich den Rest seiner Flasche Caña in sich hinein, um so zu manifestieren, daß er die Tat im Zustand der Unzurechnungsfähigkeit begangen habe. Bald darauf wurde er festgenommen, nach Gualeguaychú gebracht und zu einer langjährigen Zuchthausstrafe verurteilt. Ich habe ihn nie mehr wiedergesehen, doch noch heute tut er mir leid, er war ein aufrechter Gaucho und uns treu ergeben gewesen. Der Hauptschuldige an der Tragödie aber, der Schurke Lumpo, läuft immer noch frei herum und hat sich das mühsam bepflanzte Land seiner beiden Opfer wahrscheinlich auch noch angeeignet.

12

Eigentlich hatten wir großes Glück, daß uns in jener Gegend nichts angetan wurde. Aber anscheinend hatte man sich an uns gewöhnt und brauchte uns als Arbeitgeber, Berater und Sanitäter. Auch half ich den Leuten oft gegen die schamlose Ausnützung durch Winkeladvokaten. Wollten sie gelegentlich untereinander Verträge abschließen, so entwarf und tippte ich diese in meinem Wildwest-Lokal gerne und gratis. Oft kamen Leute zu mir mit ihren Sorgen, und ich beriet sie, so gut ich konnte. Dabei war ich verschwiegen und erzählte nie weiter, was man mir anvertraute. Da war mir die Sicherheit von Frau und Kindern viel zu wichtig. Und langsam wurden wir beliebt und respektiert.
Nur einmal kam ich fast zum Handkuß. Ich war mit unserem uralten Lastauto Baujahr 1924 nach Gualeguaychú gefahren und trat, bis oben hin mit Ware vollbeladen, spät abends die Rückreise an. Wir hatten damals bereits eine Straße gebaut und so eine Verbindung zur Ruta Nacional Nr. 12 hergestellt. Also konnten wir schon mit einem Lastauto, wenn auch nur auf einer Erdstraße, nach Hause fahren. Zuerst verlief die Fahrt auf der Hauptstraße von Gualeguaychú bis Ceibas normal; dann aber wurde der Weg immer schlechter und war häufig durch Gattertüren versperrt, die man mühselig auf- und wieder zumachen mußte. Es war wohl schon spät in der Nacht, als wir unweit eines Indianerhügels und einiger verfallener Ranchos an solch einem Gattertor stoppen mußten. Roberto, der am Steuer saß, hielt den Wagen an, ich stieg aus und öffnete das Tor. Just in diesem Moment trat der Mond hinter Wolken hervor und beleuchtete die verfallenen Ranchos. Sowohl Roberto als auch ich sahen dort zwei verdächtige Gestalten, die mit Gewehren in den Händen auf uns zuliefen. Erregt rief Roberto mir zu: »Schnell, Señor, schnell!« Ich stieß mit Kraft das Tor auf, sprang in den Wagen, und mit Vollgas brausten wir auf die Leute zu, die bereits die Straße vor uns erreicht hatten. In letzter Minute sprangen die beiden Halunken zur Seite. Sie waren so überrascht, daß sie nicht einmal mehr dazu kamen, uns ein paar Kugeln hinterherzu-

jagen. Außerdem waren wir von hinten durch Mehlsäcke, Coca-Cola-Kisten und dergleichen gut geschützt. Mit Fäusten drohend suchten die Banditen das Weite, und nie erfuhren wir, wer die beiden gewesen waren.

So wie es oft von Vorteil ist, einen Wilderer zur Forstaufsicht einzusetzen, so hatte ich eines Tages dem schon erwähnten Manrique die Bewachung meines Hauses übertragen und konnte seither in Ruhe wegfahren. Denn unser Aufseher nahm seine Aufgabe furchtbar ernst. Tag und Nacht lief er mit der Machete geradezu amtlich auf und ab. Dabei war sein Vorleben aber recht abenteuerlich: Lange Jahre zuvor hatte sich Manrique als Nutriajäger betätigt und gemeinsam mit einem Freund den ganzen langen, so feucht-kalten Winter in den Sümpfen Nutrias mit Fallen nachgestellt. Die Entbehrungen waren groß, doch der Erfolg zufriedenstellend. Als sie nun schließlich genügend Felle erbeutet und getrocknet hatten, schickte Manrique seinen Freund vertrauensvoll nach Gualeguaychú, um diesen Schatz an Pelzen gut zu verkaufen und gab dem Weidgenossen noch die aufrichtigsten Segenswünsche mit auf den Weg. Doch vergebens. In der fernen Stadt angekommen, fiel der untreue Bote in die Hände von falschen Freunden, diensteifrigen Wirten und Blutsaugern. Erst kauften sie ihm die Felle zu einem normalen Preis ab, dann verleiteten sie ihn zu großen Einkäufen und überredeten ihn, sich neu ausstaffieren zu lassen. Nun lief alles nach dem bekannten Muster ab: Er erwarb als erstes natürlich einen neuen Gaucho-Gürtel mit Silbermünzen daran, dann einen schön ziselierten, natürlich verbotenen Revolver, einige beachtliche Messer, einen neuen Poncho, Hut und vieles mehr. Somit wie ein großer Herr unter den Gauchos gekleidet, lud er alsbald alte und leider auch neue Freunde großzügig zum Feiern ein. Tagelang wurde getrunken, getanzt und gehurt. Schnell schmolz der Mammon dahin, die Münzen wurden wieder vom Gürtel heruntergezwickt, um die fälligen Zechen zu bezahlen, und unverweigerlich kam der Tag, an dem ihm kein Mensch auch nur einen lumpigen Peso mehr leihen wollte. Nun war guter Rat teuer! Manriques Freund ritt schließlich traurig und abgerissen nach Hause, brachte sich auf dem Weg noch einige Kratzer und Beulen bei und erzählte Manrique, daß er überfallen und beraubt worden sei. Nur mit Mühe habe er das nackte Leben retten können. Doch Manrique kam die Sache gleich verdächtig vor. Den ganzen

Winter hatte er geschuftet, gehungert und gefroren. Und jetzt sollte es wirklich wahr sein, daß sein bester Freund ohne einen Centavo zurückkam? Bald glaubte er die ganze Geschichte nicht mehr, vor allem, als Leute munkelten und zu lachen begannen. Manrique ritt nun selbst in die Stadt, und es dauerte nicht lange, da wußte er alles. Verschlossen und finster kam er zurück. Sein Freund war zwar bereits geflüchtet, aber Manrique erwischte ihn bald, und man hat nie mehr von ihm gehört.

Bald darauf erschienen zwei Polizisten zu Pferde, um Manrique zu verhaften. Tagelang ritten sie ihm hinterher – wie sie glaubten, denn in Wirklichkeit folgte ihnen Manrique in einiger Distanz. Und da er vorsichtig genug war, immer sicher Abstand zu halten, so konnten sie ihn nicht erwischen. Die Sache schlief schließlich ein, denn es war ihm praktisch nichts nachzuweisen, da die Leute aus den bekannten Gründen nicht gegen ihn aussagen wollten. Im übrigen hatte er auch nichts getan als das, was als gutes Recht für einen Gaucho galt, nämlich einen Betrüger und Verräter ins Jenseits zu befördern.

Eine besonders denkwürdige Geschichte war die vom Schmuggel der Schweizer Uhren (aus Hongkong), die »via Ñancay« von Uruguay nach Buenos Aires gelangten.

Das Kleeblatt Morado, Agudo und der Indio López hatten brüderlich geschworen und beschlossen, Hunderte von solchen Armbanduhren in einer geeigneten Mondnacht, fachgerecht in einem blauen Kanu und mit tuchumwickelten Paddeln, vorerst mal über den Uruguay in die Sümpfe des oberen Ñancay zu verlagern. Soweit, so gut, und als es ans Teilen ging, gab ein Wort das andere, so daß statt stärkerer Argumente Agudo den Morado mit seinem Colt über den Haufen schoß. Das aber erbitterte verständlicher Weise den Indio López, der unverzüglich mit seiner Winchester den Morado in die ewigen Jagdgründe beförderte. Verlassen und allein mit Uhren nebst zwei Leichen, versenkte er die letzteren in die Anonymität der tiefsten Sümpfe und stopfte die Uhren wohlverpackt in ein paar hohle Ceibobäume. Nun wollte er abwarten und »erst mal Mate trinken«.

Doch der humorlose Polizeikommissar von Ceibas, der sich womöglich übergangen fühlte und dem etwas schwante, schnappte sich sehr bald den Indio López zwecks strengem Verhör. Der aber schwieg wie Winnetou. Ja, selbst den »Burrito« (das Eselchen) überstand er eine

ganze Nacht! Dieses wohltätige Instrument der scharfen Befragung ist eine an Ketten aufgehängte waagrechte Eisenstange, auf die der Deliquent, nach vorne an einer der Ketten gefesselt, gerade so rittlings plaziert wird, daß nur die Zehenspitzen den Boden erreichen. Anfangs schwebt es sich da ganz gemütlich, doch schon nach einer Stunde sollen die Befragten für gewöhnlich unseren Kommissar schon liebevoll »Papi« genannt haben, wie er mir stolz versicherte! Doch nicht so unser Indio, der blieb eisern. Schließlich mußte der Polizeigewaltige ihn freilassen und fluchend zum Teufel jagen.
Nun war guter Rat teuer. Wie sollten die Uhren bei alarmierter Polizei zollfrei Buenos Aires erreichen? Zum Glück gab es da im oberen Delta kluge Bienenzüchter, die jedes Jahr per Schiff junge Bienenstöcke, in ihren Kästen verschlossen, in die honigträchtigen Luzerne-Gefilde der Provinz Buenos Aires beförderten. Dabei mußten sie den Zollgrenzbezirk des Deltas verlassen und in Zárate die amtliche Kontrolle passieren. Unsere braven Imker wußten guten Rat: Sie hängten die Uhren schon vor geraumer Zeit in die Kästen, wo die empörten Bienen diese Fremdlinge fachgerecht in Wachs einbetteten.
Als dann schließlich die Tick-Tack-Bienenkästen sich anschickten, die Kontrolle zu passieren, ließ vorsorglich unser Imker einen von ihnen fallen, so daß der Kasten platzte und sich die ungehaltenen Bienen prompt auf die Uniformträger stürzten. Verständlicherweise eilten diese an ihre sicheren Schreibtische hinter Glas und winkten Imker und Bienen eilig durch die Schranken. So also erreichten die Schweizer-Hongkong-Uhren aus Uruguay zu guter letzt zollfrei Buenos Aires.

Es war in den ersten Jahren, da entschloß ich mich, in punkto Mais Selbstversorger für unsere Hühner und Schweine zu werden. Ich ließ ein schönes höher gelegenes Schwarzerdestück mühsam roden, pflügte und säte. Bald gedieh ein prächtiges Maisfeld. Über meine Nachbarn, die immer nur Körner in Säcken gekauft hatten, lachte ich nur noch.
Doch pünktlich kam der Tag der Tage, an dem die Papageien erschienen. Sie sahen aus wie Wellensittiche, nur waren sie doppelt so groß. Erst waren es nur wenige, die sich ein paar frühgereifte Maiskolben vornahmen, dann aber wurden es immer mehr. Ich begann wild mit Schrot zu ballern und alles lag bald voll mit blaugrünen Federn. Die

Patronen gingen allmählich zur Neige, während immer wieder neue Schwärme von Papageien schließlich jede Gegenwehr illusorisch machten. Als ich aufgab, hatte ich zum Schaden noch das Lächeln der besserwissenden Kreolen.
Monate später traf ich einen in jeder Hinsicht gewichtigen Estanciero, kam mit ihm auf Mais zu sprechen und erzählte von meinem Mißgeschick. Er fragte, wieviel Mais ich denn angepflanzt hätte. Statt meiner tatsächlichen 3 Hektar log ich verschämt und sagte: »10 Hektar«. Da lachte der nur herzlich und meinte, so um die 30 Hektar fräßen die Papageien immer, damit müsse man sich abfinden. Und: »Daher sollst du nie weniger als 100 Hektar anbauen.« Ich Gringo hatte nicht einmal genug für die Papageien gepflanzt!
Nicht viel besser erging es uns mit den Zuckermelonen, die im Hausgarten stets so prächtig gediehen. Ich rodete und pflügte wieder unweit des Hauses und bald standen 2 Hektar kurz vor der Reife. Mühsam hatte ich in der Sommerhitze gießkannenweise Pflanze für Pflanze mit nährstoffreichem, lauem Flußwasser vorsichtig umgossen, ohne die Blätter zu benetzen. Der Erfolg blieb nicht aus: Die Melonen wurden runder und ich wieder schlanker. Schon sah ich im Geiste Schiffe und Lastautos meine Ernte abholen!
Eines Nachts heulten die Casuarinenbäume unheilsschwanger. Und richtig, es kam ein gewaltiger Pampero herangebraust, jener Südwind also, der die Wasser des Rio de la Plata und folglich auch des Deltas so rapide steigen läßt . . .
Nach zwei Tagen schwammen und schaukelten meine schönen Melonen faulend im lauen Wasser und bald stank die ganze Gegend wie parfümiert »nach totem Friseur«, wie einer sehr witzig meinte!
Doch wir ließen uns durch solche Mißerfolge nicht entmutigen. Und unsere Pflanzungen gediehen.
Mit Robertos Hilfe war unser Haus bald bis ins Detail vollendet. Wir hatten es mit unseren antiken spanischen Möbeln eingerichtet, und so entbehrte die ganze Anlage nicht eines gewissen Charmes.
Die Installierung einer 32-Volt-Gleichstrom-Anlage mit Glasakkumulatoren, die durch einen kleinen Benzinmotor aufgeladen werden mußten, bedeutete einen riesengroßen Fortschritt. Denn schlimm war die Plage mit den Petroleumlampen, mit oder ohne Glühstrümpfen, mit oder ohne Druckluftpumpen. Das ewige Putzen der dünnen

Glaszylinder nervte Maria ganz besonders, noch dazu heizten diese Dinger unsere Zimmer fürchterlich auf. Auch eine Pumpanlage, die das Wasser mit demselben Motor ins Haus pumpte, war eine große Errungenschaft. Dafür hatten wir auch mühsam 15 Meter tief bohren müssen.
Einen Eisschrank konnten wir uns erst später leisten. Der wurde schlecht und recht mit Petroleum betrieben. Dafür hatten wir im Freien an einem Baum eine dem Wind ausgesetzte und mit Fliegengitter umhüllte »Fiambrera« hängen, in der das Fleisch recht frisch blieb. Überhaupt war gute Lüftung das Patentmittel, um Dinge in dieser feuchten Gegend einigermaßen vor dem Verrotten zu schützen.
Trotz all dieser Fortschritte war ich noch immer nervös, von Sorgen geplagt und manchmal recht autoritär. Widerspruch nicht duldend, gab ich meinen Willen gern im Befehlston kund. Natürlich passierten mir dabei auch einige, von allen sehr gefeierte Blamagen: So hielt ich einmal eine »ganz grundsätzliche Ansprache«, weil schon wieder nicht rechtzeitig vorgesorgt worden war und »wieder was Wichtiges zum Teufel ging«. Ich schloß die Rede mit folgendem markanten statement: »Man ruft die Feuerwehr ja auch nicht erst, wenn es brennt, sondern schon . . .« Da stockte mir der Rede Fluß und unter allgemeinem Gelächter fand die Episode ihren wohlverdienten Abschluß.
Eines Tages mußte ich einen größeren Ritt machen, um ein verwildertes Schwein unserer Herde zu suchen. Vorher trug ich unserem »Haushalt« eindringlich auf, nicht zu vergessen, daß mit unserem kleinen Hausmotor Wasser auf den Dachbehälter gepumpt werden müsse und anschließend auf keinen Fall vergessen werden dürfe, die sündteuren Glasakkumulatoren pünktlich und ausreichend aufzuladen, da diese sonst durch Säurefraß defekt würden. Als ich dann am Abend todmüde nach Hause kam, mich im Saal an den Eßtisch setzte und die elektrische Tischlampe anknipste, brannte sie nur düster, wie mir schien. Also hatte man nicht ordentlich aufgeladen, natürlich! Sofort schlug ich einen Mordskrach und verbat mir alle Beteuerungen solange, bis ich meine dunkle Sonnenbrille abnahm und auf einmal im Hellen saß! War das eine Blamage! Caramba!
Die Anschaffung eines kleinen Radioapparates war damals schon ein ungeheures Ereignis. Es wurde ein richtiges Fest, als ich eines Tages mit einem alten, gebrauchten und somit erschwinglichen Batterie-

Empfänger nach Hause kam, der natürlich von den Kindern, aber auch von Maria ganz besonders bestaunt wurde. Nun waren wir endlich mit der Außenwelt verbunden!

Ein richtiges Zeitungsabonnement konnten wir uns nämlich erst nach Jahren leisten. Das schwierigste dabei war natürlich die Zustellung – ein Problem, das ich gemeinsam mit Paul Ernst Böttges löste. Zweimal in der Woche ritt ein Peón im Galopp die rund dreißig Kilometer vom Ñancay bis zum Martínez und holte dort beim Postboot unsere Post ab, um anschließend wieder zurückzugaloppieren. Wir kamen uns damit bereits recht modern vor.

Immer mehr Bekannte aus Buenos Aires kamen uns besuchen, darunter auch öfters der oberste Coca-Cola-Chef, unser Freund und Gönner Vizepräsident Wilhelm Bekker mit seiner reizenden Frau. Er bewunderte unsere Fortschritte und half, so gut er konnte.

Jedesmal, wenn eine Besprechung der Coca-Cola-Chefs in Südamerika stattfand, war der Abschluß der Tagung ein romantischer Besuch bei uns am Ñancay. Die Herren kamen dann nicht im Flugzeug, sondern per Schiff – einem gemieteten Schnellboot – aus Buenos Aires. Dies war natürlich für die hohen Coca-Cola-Bosse aus den USA eine Sensation. Schon die ganze Fahrt durch das Delta und das riesige System der natürlichen oder künstlichen Verbindungskanäle war ein Abenteuer. Besonders beeindruckt wurden die Besucher dann gegen Ende der Reise durch Wogen und Brandung des wilden Uruguay – vor allem wenn dazu noch der Pampero, der Südwind wehte –, um nach der Einfahrt in die Mündung des Ñancay erst die sauberen Pflanzungen und später tropisch-üppige Urwälder der Ufer zu bewundern.

Der Höhe- und Schlußpunkt war schließlich das Eintreffen in La Torre, das nach einer Biegung unvermutet auftauchte. Dann zogen wir eine richtige Show ab: Kinder, Haus und Garten waren sauber, sogar ich mußte mir einen ordentlichen Khakianzug anlegen. Spanferkel und Steaks wurden knusprig gebraten, aus dem Almacen kam das Beste, und den Whisky brachten die Herren meist selbst in Fülle mit. Die jugendlich-schöne Maria als perfekte Mutter, Hausfrau und witzige Gastgeberin gewann stets alle Herzen. In der großen Halle mit dem Kamin fanden dann bis tief in die Nacht hinein an der Glut des Hartholzfeuers lange, angeregte Unterhaltungen statt.

Einmal kam sogar Mr. May zu uns, ein ganz besonders wichtiger Mann aus USA und einer der sechs Geheimnisträger der Coca-Cola-Formel. Daher wurde er auch entsprechend bewundert und respektiert. Mr. Bekker erzählte ihm gleich von unseren Anfangsschwierigkeiten und wie das Haus ausgesehen hatte, als er das erste Mal gekommen war. Daß es keinen Verputz an den Wänden gegeben hätte, daß man über eine Leiter in die Halle hätte hineinsteigen müssen, weil es noch keine Erdanschüttung gab, daß kein richtiger Landungssteg vorhanden gewesen wäre und man vom Boot aus über Bretter an Land hätte laufen müssen. An einen Kühlschrank war nicht zu denken, und natürlich hatte es auch kein elektrisches Licht gegeben. Heute sehe das dank unserer unermüdlichen Arbeit alles ganz anders aus, meinte der Vizepräsident mit Genugtuung und schloß seine Ausführungen mit einem kleinen Scherz. Unsere Situation erinnere ihn nämlich an die Geschichte des alten Negers Tom, der sein ganzes Leben lang gerakkert und es schließlich zu einem eigenen kleinen Grundstück mit nettem Haus und hübschem Garten gebracht hatte. Tom saß nun eines Abends vor seinem Haus, als der Pfarrer des Ortes zu ihm trat und den bescheidenen Wohlstand taxierte. Salbungsvoll lobte er, was Tom geschaffen hatte, meinte jedoch, daß dies alles ohne die Hilfe und den Segen des Herrn niemals möglich gewesen wäre, und so sei es nur recht und billig, wenn Tom nun auch seinerseits zur Ehre Gottes großzügig für die neue Glocke spende. Der arme Tom aber hatte schon längst Böses geahnt und zog mit saurer Miene nur einen lumpigen Dollar aus der Tasche. Der Pfarrer, dem dies zu wenig erschien, pries noch einmal den sichtbaren Segen Gottes, der auf diesem Anwesen ruhe und daß da eine entsprechende Gegenleistung ... Doch Tom unterbrach ihn und sagte: »Lieber Herr Pfarrer, Sie hätten diesen Fleck Land mal sehen sollen, als ihn der Herr allein betrieb.«

Ja, so war es auch mit unserem Grundstück. Verglichen mit dem, was wir vorgefunden hatten, war es ein kolossaler Unterschied. Doch anders als beim alten Tom verirrte sich kaum ein Pfarrer in unsere Gegend. Nur unser lieber Freund Don Eduardo aus Spanien besuchte uns einmal. Der war aber alles andere als auf Geld erpicht, ganz im Gegenteil, er half nach Kräften und schenkte uns mehr, als wir annehmen konnten.

Mit der Zeit wurde auch unsere Arbeit intensiver und vielgestaltiger. Ich hatte nun die Coca-Cola-Alleinvertretung für den Südzipfel von

Entre Ríos, ein eigenes Motorboot, siebzig Bienenstöcke und den Wildwestladen und bekam auch laufend neue Pflanzaufträge. Maria hatte reichlich zu tun mit den Kindern und dem Haushalt, betrieb den Nutriahandel und eine ausgezeichnete Geflügelzucht. Vor allem nahm sie mir den Schriftverkehr mit Coca-Cola ab und machte unsere Pflanzabrechnungen für die diversen Auftraggeber. Ich war für den Garten zuständig, der uns neben dem üblichen Gemüse auch Artischocken und Spargel bescherte. Frische Grapefruit, Orangen, Mandarinen und Zitronen fehlten nie. Kartoffeln und Kürbisse pflanzten wir ackerweise. Wunderbaren Eukalyptus- und Orangenblütenhonig hatten wir in Hülle und Fülle und aßen ihn grundsätzlich nur aus den Waben. Nur frische Milch und Butter gab es nie.
Das Fleisch kauften wir uns reichlich und billig von den Einheimischen und in der Regel selbsternannten Metzgern.
Viele eigenartige Tiere des Deltas erregten immer wieder unsere Aufmerksamkeit. Besonders merkwürdig das Iguano, jene hühnergroße Eidechse, die als Honigliebhaberin mit ihrem Schwanz in die kugelrunden Hängenester der Camoatices schlägt, um ihn dann genüßlich abzuschlecken.
Auch nicht zu vergessen die Blattschneideameisen, die unsere Pflanzungen zwar verheerten, doch so bewundernswert waren mit ihrer Organisation des Lebens. Nie schädigten sie in der Nähe ihres Erdbaues. Nur im Verfolgen ihrer sauber gehaltenen Arbeitswege konnte man diesen auffinden. Ein Teil der Arbeiterameisen bestieg die Bäume, um Blattstücke abzuschneiden und herunterzuwerfen, die von Arbeiterkolonnen in den Bau gebracht und zerkaut auf Haufen gespuckt wurden, auf denen dann eine Pilzart wuchs, die allein ihre Nahrung war.
Unbeschreiblich in Anzahl, Vielfalt und bunter Pracht war die Vogelwelt! Besonders bei Sonnenaufgang tirilierten, kreischten oder sangen Tausende von diesen so liebenswürdigen Genossen. Schon der verschiedene Nestbau ist bewundernswert. Da gab es den Hornero, den Ofenvogel, der so hieß, weil sein Nest einem kleinen runden Lehmofen glich, der stets sein Flugloch nach Osten richtete. Mit Vorliebe installierte er sich auf den Isolatoren der Strom- und Telephonleitungen, von wo er dann durch hauptamtliche Spezialisten immer wieder herabgestoßen werden mußte. Dann die Webervögel mit ihren un-

glaublich kunstvoll gewobenen Nestsäcken in deren Schlupfloch kaum ein Feind eindringen konnte. Auch hatten wir unter den zahlreichen Entenarten eine besonders lustige, die sich gewaltsam in die aus dürren Ästen gebauten Papageiennester zum Brüten installierte, um mit ihren Küken auf dem Rücken zu guter Letzt aus der Höhe zum Wasser herunterzusegeln. Am letzten Tag vor unserer Heimreise erfreute mich noch ein gelber Vogel mit »schwarzen Brillen«, den ich vorher nie gesehen hatte.

Kurz, jeden Tag brachte Mutter Natur neue Überraschungen, allerdings nicht immer angenehmer Art.

13

Zu unserem Glück fehlte nur noch ein Straßenanschluß. Wohl kam man mit dem Pferdewagen einigermaßen durch die Sümpfe, wobei einem das Wasser oft bis zum Sitz und an den Hosenboden ging. Aber das war ja auf die Dauer keine Lösung. So nahmen wir mit Herrn von Bilderling, dem Altmeister der Pflanzungen und Verwalter des riesigen Staudtschen Unternehmens, Verbindung auf und gründeten mit ihm eine Weggenossenschaft, um die Endstation des Postbootes am Martínez zu Lande durch das Ñancaygebiet mit der Nationalstraße Nr. 12 bei Ceibas zu verbinden. Mit der Zeit gelang es, die Anrainer daran zu interessieren, und jeder trug sein Scherflein dazu bei, sei es durch Geld oder meist durch Arbeits- oder Maschinenleistung. Löbe, der in Portugal davon erfuhr, war begeistert und ließ die Ufer des Santos Grande bis zur zukünftigen Kreuzungsstelle mit der Straße Ceibas – Martínez vorbereitend von Bäumen und Wurzeln befreien. Wir in La Torre bauten eine Faschinenbrücke mit gewaltigem Durchlaß in der Mitte über den Lapachillo und befreiten auch unsererseits die Trasse von Bäumen, Gestrüpp und lästigen Wurzeln.
Bald konnten wir nach erster Einebnung mit der Pferdeschaufel und darauffolgender Walzung schlecht und recht per Wagen oder Jeep bis zum Martínez fahren, wo Herr von Bilderling auf seiner viel längeren Trasse mit zahlreichen Arbeitskräften des Staudtschen Unternehmens und mit modernen Maschinen ein Vielfaches von unseren Arbeiten – wir hatten ja nur Pferde – bereits geleistet hatte. Doch hatten wir noch keine Endverbindung mit der Nationalstraße Nr. 12, das heißt also mit dem argentinischen Straßennetz. Es fehlte also der lange Anschlußteil nach Norden durch die fünftausend Hektar des sagenhaft geizigen Professors Ruiz. Dieser ließ uns prompt mitteilen, er habe gegen den neuen Weg durchaus nichts einzuwenden. Da aber die Zeiten schlecht und die Erträge seiner Estancia betrüblich seien, könne er nur ein paar hundert Pesos spendieren. Wir mußten uns mit diesem elenden Angebot zähneknirschend zufriedengeben, und erst nach längerer Mühe

und Bettelei bei anderen Nachbarn war die Straße schließlich im Rohzustand fertig.
Nun brauchten wir noch dringend einen sogenannten »Greder« für die Bearbeitung der Oberfläche. Den aber konnte uns nur die Regierung stellen. Ich wandte mich daher mit einem Empfehlungsschreiben von Oberst Vélez an den Gouverneur in Paraná. Dieser war ein aufrechter Peronist und somit Anhänger des damaligen Fünfjahresplanes. So sagte er uns kurz und bündig: »Ihre Straße ist ein sehr schönes Werk, aber ich kann ihnen die staatliche Maschine nur geben, wenn Sie vor den Wahlen eine feierliche Eröffnung organisieren. Ich würde dann auch selbst erscheinen und in einer Rede erklären, daß die neue Straße nur durch den Fünfjahresplan Perons und seine gewaltige Hilfe zustandegekommen ist. Ich wäre Ihnen dankbar, wenn Sie bei der Eröffnungsrede, die Sie als Chef des Konsortiums halten müssen, ebenfalls diesen Verdienst der Regierung hervorheben würden.« Ich kapitulierte sofort, denn ich wollte keine Lorbeeren, sondern die besagte Maschine. Meine Begleiter aber waren außer sich. Als ich zu Hause davon berichtete, wurde mir allgemein vorgeworfen, das wäre eine unverschämte Erpressung, denn von der Regierung habe man bei der ganzen Arbeit nichts gesehen. Schließlich und endlich wäre es doch die Pflicht der Regierung, hier zu helfen. Dafür zahle man auch Steuern.
Nach langen Debatten setzte sich aber meine Ansicht durch, daß es ganz gleichgültig war, von wem diese Maschine käme. Wir bräuchten sie nun einmal und sollten ruhig dem Fünfjahresplan Perons die Ehre lassen.
Und so kam es bald zu einer großartigen Eröffnung. Es gab mehrere »Asados con cuero«, der Gouverneur Dora war mit seinen Ministern pünktlich eingetroffen, Schulkinder waren aufgestellt, Musik spielte, und ich betrat das Podium, lobte gerechterweise die Zusammenarbeit der Leute und – last not least – ungerechterweise die Hilfe Perons. Man fiel sich in die Arme, gratulierte sich gegenseitig, meine Ansprache wurde in der Zeitung gedruckt, und schließlich hatten wir durch einen Greder japanischen Ursprungs unsere Straße blitzsauber planiert bekommen.
Jedesmal wenn ich seither an den Ñancay fahre, betrachte ich dieses dreißig Kilometer lange Werk mit Stolz und Freude. Dabei muß ich

an Herrn von Bilderling und sein enormes Verdienst am Zustandekommen des Projektes denken.
Als aber dann schließlich das erste Auto von Norden kommend in La Torre eintraf, kamen mir tatsächlich Tränen der Begeisterung. Das Leben wurde nun viel praktischer, wenn auch weniger romantisch. Ein Autobus stellte sich ein, und viele Peone sattelten vom Pferd auf den Drahtesel um. Für uns bestand nun eine wesentliche Erleichterung in der Möglichkeit, den bisher so umständlichen Transport unserer Ware in einem Zug mit dem LKW durchzuführen, und zu diesem Zweck kauften wir uns unverzüglich auf Kredit einen billigen alten Laster.
Doch noch gab es ein anderes Basis-Problem: Das war die Straße nach Gualeguaychú von Puerto Constanza aus. Wie oft kam ich dort schwer beladen auf dem großen Fährschiff an und konnte dann nicht weiter, weil Regengüsse die unbefestigte Nationalstraße in eine Art Seifenbrei verwandelt hatten. Dann hieß es, im Auto auf Säcken oder auf den Sesseln der Bar von Puerto Constanza zu übernachten. Erwischten einen die Regengüsse aber unterwegs, zum Beispiel in Ceibas, auf halbem Weg nach Gualeguaychú, so waren die Übernachtungsmöglichkeiten noch primitiver. Einmal hatte ich dort drei Tage und Nächte mit ziemlich unzivilisierten Leidensgenossen buchstäblich zwischen Mehlsäcken und Mäusen verbracht. Es goß und goß, und an ein Weiterkommen war nicht zu denken. Als der Regen dann endlich aufhörte, ließ ich meinem Lastauto sechs Pferde vorspannen. Gleichzeitig rauchte und zischte der Motor im ersten Gang. Dies alles nur, um bei Perdices endlich die geschotterte Straße zu erreichen.
Einmal versackte ich mit dem beladenen Wagen in Sand und Schlamm. Es blieb schließlich nichts übrig, als den ganzen Wagen abzuladen, die fünfzig Kilo schweren Coca-Cola-Shipping-Cases am Straßenrand aufzustapeln und mit Hilfe von Kollegen und zahlreichen Pferden den Wagen aus dem Loch herauszureißen, um nachher mühsam alles wieder aufzuladen. Ich bin überzeugt, damals einen guten Teil meiner Sünden abgebüßt zu haben.
Ein anderes Mal saß ich mitten auf unserer stolzen Straße in einem Sandloch und versuchte, mit eigener Kraft herauszukommen, indem ich abwechselnd Rückwärtsgang und Vorwärtsgang einschaltete. Der Motor rauchte und stöhnte, das Auto aber machte nur hektische Rucke nach vorne und hinten, bis auf einmal der Motor ganz fröhlich

lief. Anfangs war ich erfreut, aber bald mußte ich feststellen, daß die Achse abgerissen war und der Motor leer lief. Wieder mußten Pferde helfen, der Wagen dann abgestellt und in Buenos Aires eine neue Achse besorgt werden. Dies konnte nur beim Altwarenhändler geschehen, denn mein Wagen stammte ja aus dem Jahre 1928.

Schon an dem Tag, an dem ich den alten Veteran kaufte, machte mir dieses Museumsstück – obwohl angeblich generalüberholt – schwere Sorgen. Endlich, endlich war wieder einmal der Mechaniker fertig geworden. Um in etwa auf meine Rechnung zu kommen, lud ich alles auf den Wagen, was nur irgendwie hinaufging: Öl, Nudeln, Bier, Essig, Coca-Cola, Bohnen, Reis, Zucker, Mehl, Sensen, Spaten und so weiter, so daß die Federn ächzten. Mit einiger Verspätung kam ich auf der Nationalstraße Nr. 12 von Gualeguaychú noch gut bis Ceibas und bog dann dort auf die Ñancaystraße ein. Nun mußte ich immer wieder Viehtore auf- und zumachen, und gerade dort, wo man die vielen Ñandus, die argentinischen Strauße, sah, also etwa auf halbem Weg, begann es aus dem Kühler zu dampfen und zu zischen, und es zeigte sich, daß die Kühllamellen mehrere Risse hatten. Großer Gott! Da war guter Rat teuer. Nun schüttete ich Paprika in das verbliebene Kühlwasser – ein altes Mittel, um Löcher im Kühler zuzuschwemmen. Auch von außen fand ich einige Löcher, die ich flott mit harter Kernseife zurieb. Merkwürdigerweise war auch dies ein erprobtes Mittel unter kreolischen Lastautofahrern. Nun blieb noch das Hauptproblem: Woher sollte ich Wasser bekommen? Coca-Cola oder Wein konnte ich nicht gut nachfüllen. So rollte ich langsam mit dem etwas abgekühlten, aber noch dampfenden und stinkenden Motor bis zu einer kleinen Sumpfstelle. Die lag natürlich nicht auf dem Weg, sondern circa hundert Meter entfernt. Dort nahm ich ein schmutziges Hemd, rollte aus Coca-Cola-Reklame einen Trichter zusammen und tunkte Wasser aus jener Pfütze, um es vorsichtig in leere Cola-Flaschen hineinzuwringen.

Diese schmutzige Brühe trug ich dann bis zum Lastauto und filterte sie durch einen alten Stoffetzen in den Kühler. Die ganze Prozedur dauerte mindestens zwei Stunden, und nach einer weiteren Stunde erreichte ich endlich die Wasser der Sümpfe des Deltas. Unterwegs hatte ich – einem Umweltverschmutzer sei Dank! – eine große alte Büchse gefunden, mit der ich nun Sumpfwasser nachfüllen konnte.

Diese Prozedur war allerdings alle zwei bis drei Kilometer fällig, und Paprika und Kernseife mußten gleichermaßen weiterhin Dienst tun. Ich war bereits ziemlich verzweifelt, doch gegen Ende der Fahrt trieb ich einen Gaucho mit einer Art Schnabelkanne auf, der, auf der Motorhaube sitzend, die ganze Uferstraße entlang alle paar hundert Meter Kühlwasser nachfüllen mußte. Inzwischen hatten sich nämlich zusätzliche Risse in den Kühlerlamellen aufgetan, doch von weitem grüßte schon La Torre, und schließlich kam der große Augenblick, da ich mit dem alten Wagen, rauchend und ächzend unter der schweren Last, bei unserem Wildwestshop eintraf.

Dort hatte meine Maria mit den Kindern und Roberto einen Triumphbogen mit folgender Aufschrift aufgebaut: »Viva el Patrón – Viva el Camión«. Ich war tief gerührt. Die Kinder bestaunten das Lastauto – es war ja so schön rot bepinselt – und der freudige Empfang sowie das gemeinsame Fluchen mit Roberto über jene verdammten Mechaniker in Gualeguaychú beruhigten mich wieder.

Für das Auto wurde nun ein hübsches, auf Hartholzpfählen ruhendes und mit Stroh gedecktes Flugdach gebaut. Roberto, der sich inzwischen zu einem unvergleichlich geschickten Mechaniker entwickelt hatte, und sein Vater, der auch neben uns wohnte, brachten das Lastauto mit der Zeit in Ordnung. Ja, Vater Sack war da ein richtiger Künstler. Fehlte etwas am Traktor, am Lastauto oder an irgendeinem anderen Motor, so brachte der alte Sack mit seinem Sohn die Geschichte irgendwie wieder in Ordnung.

Wir machten damals so ziemlich alles selbst: Wir gossen die Gleitlager für die Kurbelwelle, wir schliffen die Ventile ein und werkelten mit einigem Erfolg auch an der Magnetzündung. Kurzum, Vater Sack war ein mechanisches Genie und absolut verläßlich. Er fühlte sich noch als Schwabe beziehungsweise Rußland-Deutscher und sprach noch recht gut Deutsch, während Roberto nur noch wenige Brocken verstand.

Den Vater Sack hatten unsere Kinder besonders gern. Denn er erzählte ihnen erstaunliche Geschichten aus Entre Ríos und vom Festland, wo er geboren war, berichtete über wogende Getreidefelder, Rebhühner, große Estancias mit endlosen Viehherden. Da hörten die Kleinen gespannt zu, denn nie hatten sie so etwas gesehen. An Geister glaubte der alte Sack ebenso felsenfest wie an Wunderheilungen durch Sympathiemittel. Er besprach Wunden, rieb sie mit Speichel ein, sah dem Patienten dabei fest ins Auge und erklärte »Ya estás curado« (schon bist du geheilt). Leider stimmte das nicht immer, aber das machte auch nichts. Wir lachten, und die Kinder hatten ihre helle Freude.

Roberto Sack war schon etwas moderner, und er hat auch sicher viel von uns gelernt. Andererseits kann ich mir nicht vorstellen, wie wir die ganze schwere Arbeit ohne den praktischen Rat des einheimischen Roberto geschafft hätten. Er war ja der Verbindungsmann zu den »Criollos«, erzählte uns von deren Absichten und verteidigte uns energisch vor diesen Leuten, die ihn ihrerseits sehr schätzten. Er war gefällig und geschickt, reparierte gemeinsam mit seinem Vater Pistolen und Gewehre, schliff Messer, Sägen, Äxte und Spaten. Was auch immer kaputt war, die beiden Sacks konnten es richten. Im Hof hinter unserem Lokal hatten wir ja eine Schmiede und alles mögliche Werkzeug. Wie oft fauchte der Blasbalg, klangen die Hämmer und kreischten die Feilen! Mit Bewunderung standen dann einige Gauchos herum und sahen zu, und auch ich lernte einiges dabei. War ein gebrochenes Eisenstück nicht zu ersetzen, so fabrizierten sie oft ein entsprechendes Pendant aus Hartholz, das dort fast Eisenqualität hatte. Viele Apparate wie beispielsweise Geländewalzen bauten wir selbst. Zum Verzweifeln war es aber, wenn uns gewisse Schraubensortimente oder andere Kleinteile ausgingen, weil wir dann nicht weitermachen konnten und – unfaßbar – für ein paar Schrauben achtzig Kilometer zurücklegen mußten.

Dies bedeutete in den ersten Jahren einen langen Ritt durch die Sümpfe bis nach Ceibas zur Busstation oder eine – allerdings romantische – Fahrt von der Mündung des Ñancay uruguayaufwärts auf dem uralten kleinen Dampfboot mit dem stolzen Namen »Gobernador General Laurencena«, das bei uns aber nur dann anlegen konnte, wenn der Wasserstand im Strom hoch genug und der Wellengang normal war. Die Wasser des elf Kilometer breiten Uruguay waren auf unserer argentinischen Seite eher seicht und daher mit den vielen Sandbänken problematisch zu befahren. Die eigentliche Fahrrinne befand sich nämlich nahe des Ufers der Republik Uruguay auf der gegenüberliegenden Seite.

Wenn der Kapitän der »Laurencena« gute Laune hatte, hielt das

Dampfboot selbst bei niedrigem Wasserstand in der Mitte des Stromes, und man mußte dort per Boot geduldig auf ihn warten, was viele Stunden dauern konnte, denn der stolze Fahrplan war doch reine Illusion. Auf dem Dampfer befand sich dann stets eine bunt gemischte Gesellschaft von Peonen, Pflanzern und Kaufleuten, die auf Deck herumlungerten oder standen. Tief unten im Bauch des Schiffes ächzte und puffte die brave alte Dampfmaschine.
Im Fahrpreis war großzügigerweise auch die Verköstigung inbegriffen. Um Punkt zwölf bimmelte die Schiffsglocke, und dann wurde Eintopf mit Rindfleisch, Kürbis, Kartoffeln, Mohrrüben und Suppe ausgegeben. Rotwein gab es natürlich in Mengen, doch der mußte extra bezahlt werden. Spät am Abend erreichte man dann – mehr oder weniger benebelt – den Hafen von Gualeguaychú und nahm herzlich Abschied von vielen neuen Alkoholfreunden.
Es konnte aber auch sein, daß der »Gobernador General Laurencena« trotz bester Fahrtmöglichkeiten unentschuldigt ausblieb. Dann konnte man nur versuchen, irgendwie durch Sümpfe auf aufgeweichten Wegen die rettende Busstation Ceibas an der Nationalstraße zu erreichen und von dort aus weiterzufahren, was nur möglich war, wenn die Straße bis Perdices nicht gerade aufgeweicht war. In einem solchen Fall gab es noch die letzte Möglichkeit, mit dem schnellen Postboot Richtung Buenos Aires zu fahren, um dort wiederum dic alte englische Schmalspurbahn zu besteigen, die mit dem Ferryboat den gewaltigen Paraná hochfährt, um dann mit der ewig stehenbleibenden Bummelbahn Gualeguaychú zu erreichen.
Diese schier endlose Fahrt war jedoch stets ein unvergeßlich romantisch-komisches Erlebnis. Die Waggons sind von bester englischer Qualität aus dem neunzehnten Jahrhundert, und auch einen richtigen Speisewagen mit uniformiertem Kellner besitzt dieser Liliputzug. Der Schaffner trägt zu seiner Uniform noch eine goldumränderte, reich bestickte Mütze im viktorianischen Stil. Alles ging korrekt und sehr bedächtig vor sich. Der Maschinist betätigte, wie weiland Stephenson, lange vor jeder Station eine Glocke, damit die erhofften Fahrgäste alarmiert werden oder aber auch um Rinder zu verjagen. Der Zug hielt sogar auch bei zwei Dörfern, die so blumige Namen wie »Kilómetro 361« führten – eigentlich eine ganz ungewöhnliche Schlichtheit, gibt es doch Siedlungen ähnlicher Größe mit so schönen Namen wie

etwa »General Aníbal Ernesto López« und »Ingeniero Tiburcio Gutiérrez«.
Hatte man es freilich eilig, so war diese Fahrt kein Genuß, und man erreichte rußbeschmiert, gerädert und wutentbrannt spätabends das gastliche Gualeguaychú. So wird die wichtige Rolle verständlich, die der Straßenbau für uns spielte. Denn diese Verbindung versetzte uns in die glückliche Lage, unabhängig mit dem Auto Gualeguaychú in zweieinhalb Stunden zu erreichen.
Dieser Fortschritt erschien uns mit Recht ungeheuer. So konnten wir unsere Waren nunmehr auch per Auto ranschaffen, und bei jedem eintreffenden Transport erwartete uns eine erregte Menge. Für unsere Kinder, aber auch für die Peone war es jedesmal eine Sensation! Fachkundig wurde dann die Ladung inspiziert und abgeladen, seltene Mangelware wie Zucker immer freudig begrüßt und natürlich der Wein gekostet. Neue Artikel wie zum Beispiel Räucherspeck oder Bananen gingen weg wie die warmen Semmeln. Dann aber hatten die Leute, wie ich schon erwähnte, kein Geld mehr für die wirklich wichtigen Dinge. So gab ich es mit der Zeit auf, sie mit irgendwelchen ungewohnten Waren in Versuchung zu führen.
Roberto begleitete mich oft auf diesen Fahrten, und das war gut so. Denn bei unserem Veteranen war die Mitnahme eines Mechanikers durchaus zu empfehlen.
Mit der Zeit lernte ich nicht nur alle Einwohner und Persönlichkeiten der Gegend kennen, sondern sogar unsere Beziehungen zur Polizei am Festland und zur Präfektur in der Ñancaymündung besserten sich stetig. Die Gendarmen der Marinepräfektur erzählten uns lachend, daß sie am Anfang unseres Erscheinens geglaubt hatten, wir seien eine versprengte Einheit des Deutschen Werwolfes, die sich hier am Ñancay mit dem Ziel niedergelassen und verschworen hatten, die Atombombe zu bauen. Und weisungsgemäß hatten sich Polizisten und Marinesoldaten des Nachts in den umliegenden Sträuchern verborgen gehalten, um die Alemanes bei ihrem Tun zu beobachten und darüber nach Buenos Aires zu berichten. Humorig erzählten sie uns, daß sie unser natürliches Gehabe am Anfang als besonders durchtriebene Tarnung betrachtet hätten, schließlich und endlich aber doch gemerkt hätten, daß wir ganz normale Zeitgenossen waren.
Zu den besonders nützlichen Personen zählte Herr Faifer aus Polen.

Dieser galt als der genialste Mechaniker im Distrikt, war aber ebenso unzuverlässig, da meist sinnlos betrunken. War er aber nüchtern, konnte ihm fachlich keiner das Wasser reichen (das er auch mit Verachtung abgewiesen hätte). Wir riefen ihn gern zu Hilfe, Faifer war ein freundlicher Mitmensch und besonders nett zu den Kindern. Sein Leibesumfang war genauso außerordentlich wie sein Appetit auf Schweinebraten. Nach ein paar kräftigen Schlucken aus der Cañaflasche holte er gerne seine Ziehharmonika und spielte wunderschöne Lieder. Dabei trank und trank er, bis seine Gesänge und die Musik immer merkwürdiger wurden und er schließlich nach hinten umsank. Bei Gott, Faifer war ein Original! Mit seinen sechzig Jahren hatte er schon vieles erlebt, und die Geschichten, die er von sich gab, waren umwerfend. Etwa folgende:

»Wißt ihr, eines Abends mußte ich vor einer Bar einen Wagen wieder in Ordnung bringen, der durchaus nicht mehr anspringen wollte. Schließlich gelang es mir, das Auto in Bewegung zu setzen, die Leute bezahlten mich gut, und ich ging in die Bar und half den Musikern mit Singen und Pfeifen. Danach übernahm ich die Ziehharmonika, der Wirt schenkte mir fleißig ein und sagte mir, ich bräuchte nicht zu bezahlen. Na, so eine Gelegenheit findet sich doch selten, und ich tankte und tankte, bis ich umfiel. Spät am nächsten Morgen wachte ich in meiner Werkstatt auf, wo mich einige mitleidige Gauchos abgeliefert hatten. Ich kam mir vor wie ein wandelndes Wein- und Schnapsfaß. In meinem Magen rumorte und gärte es fürchterlich, und mein Schädel brummte grausam. Ich konnte mir aber keinen langen Kater leisten, denn es waren Leute gekommen, denen ich eine gebrochene Achse schweißen mußte.

Und stellt euch vor: Als ich mit den Flammen des Schweißgerätes zu nahe an meinen Mund kam, entfuhr mir ein ungeheurer Rülpser, gefolgt von einer donnernden Explosion, die mich niederschmetterte.«

Über diese unglaubliche Geschichte interviewte ich Faifer noch öfter und versprach ihm ganze Batterien von Caña-Schnaps, wenn er mir die Wahrheit sagte. Er wollte aber von solchen Bestechungen absolut nichts wissen und schwor immer wieder, die Geschichte sei nicht gelogen.

Vielleicht war sie wirklich wahr. Denn nie habe ich in meinem Leben einen Mann so viel saufen gesehen wie Faifer. Er starb dann auch ein paar Jahre später an einer Leberzirrhose und nach schrecklichem Delirium tremens. Doch Ehre sei seinem Angedenken, er war ein stets gefälliger Freund und feiner Kerl. Wie oft hatte er Traktoren in Ordnung gebracht, die hoffnungslos kaputt oder – wie es uns in den ersten Jahren aus purer Dummheit zweimal passiert war – in den Fluß gefahren worden waren, und das kam so:

Eines Tages warf ein Mitarbeiter den Traktor mit der Kurbel an, hatte dabei aber vergessen, daß der dritte Gang noch eingelegt war. Sofort setzte sich der »alte Büffel« tuckernd in Bewegung, und der Mann konnte gerade noch zur Seite springen, damit er nicht überfahren wurde. Doch der Traktor rollte unaufhaltsam zum Ufer und verschwand in den Fluten. Mühsam zogen wir unser Prachtstück aus den schlammigen Tiefen, und Faifer war wieder einmal fällig, um den Motor wieder zum Anspringen zu bewegen. Das kostete natürlich eine schöne Stange Geld, das wir doch nie hatten.

Ein anderes Mal war ich mit dem Pferd unterwegs, und als ich spät heimkehrte, sah ich schon von weitem ein merkwürdiges Gerüst am Ufer vor dem Haus und eine Menge Leute aufgeregt ringsum versammelt. Roberto, Freitag und einige Freiwillige hatten dieses Gerüst aufgebaut und daran unseren schweren Kettenflaschenzug befestigt, um irgendetwas aus dem Wasser zu hieven. Natürlich hatte ich keine Ahnung, worum es sich handeln könnte, ich sah nur das Gerüst, den Flaschenzug und hörte wildes Hau-ruck-Gebrüll. Ich ahnte Böses, und – unglaublich – da erschien das Auspuffrohr unseres Traktors an der Wasseroberfläche. Ich war entsetzt, schlug einen Mordskrach und bekam schließlich die geradezu unfaßlichen Details des nicht ungefährlichen Unfalls serviert: Teodoro, unser netter junger Mitarbeiter, war der Übeltäter gewesen, der den eben durch Faifer nicht gerade billig generalüberholten Traktor wieder ins Wasser manövriert hatte. Als nämlich Faifer endlich mit seinem Werk fertiggeworden war und es mit Genugtuung betrachtete, bat Teodoro, die erste Probefahrt machen zu dürfen. Statt dies angesichts der neuen Lager langsam anzugehen, gab der flotte Teodoro den Uferweg entlang Vollgas, fuhr auf einen Holzprügel, der dort herumlag, verlor die Gewalt über das Fahrzeug, und der eben erst reparierte Traktor landete genau eine Woche nach dem ersten Malheur erneut in den Fluten. Dabei hatte

Teodoro noch großes Glück gehabt, weil er rechtzeitig abspringen konnte.

Nun fing das Reparaturtheater von neuem an, – fatal, denn es war kurz vor der Pflanzzeit, der Frühling brach an, die schwellenden Knospen verliehen der alten Pflanzung bereits jenen leicht grünen Schimmer, den wir alle so sehr fürchteten, weil die Weiden- und Pappelpflanzungen noch im Spätwinter erledigt werden sollten, solange der Saft in den Bäumen beziehungsweise in den Stecklingen noch ruhte. Im Frühjahr aber war man gezwungen, solche Stecklinge an ein und demselben Tag von den Pflanzenstauden zu schneiden und sofort einzupflanzen, weil sich sonst keine guten Wurzeln mehr bildeten. Daß nun Teodoro unseren Traktor zum zweiten Mal ins Wasser warf, kostete uns eine halbe Woche – eine Menge in dieser eiligen Zeit!

Man kann sich vorstellen, was ich damals für ein Theater machte, denn es ging schließlich um die Wurst. Pflanzungen für Auftraggeber und besonders für Grundstückskäufer aus Buenos Aires waren unsere beste Einnahmequelle. So ein Pflanzkontrakt mußte daher penibel erfüllt werden, und unsere Kontraktpflanzungen wurden nur dann abgenommen und bezahlt, wenn die zigtausend gepflanzten Stecklinge pünktlich und kräftig austrieben.

Dabei gab es zwei verschiedene Arten von Pflanzungen. Die eine war die Pappelpflanzung auf den höheren Uferrandgebieten der Albardones. Die andere Art war die Weidenpflanzung in den tieferen Lagen und im entwässerten Sumpf. Um das kaum einen Meter höhere Albardongebiet zu bepflanzen, war es notwendig, erst sämtliche Bäume und alle Blattschneide-Ameisen-Nester mit Dieselöl oder Gift zu vernichten. Dann wurde brandgerodet, und schließlich stieß man mit einem Eisenstab im harten Boden die Pflanzlöcher vor. In diese wurden im späten Winter dann die Pappelstecklinge – meist Neutriebe aus den Baumstümpfen bereits geschlagener Wälder – gesteckt. Älter als ein bis zwei Jahre durften sie aber nicht sein. So war bei der Pappelpflanzung jedes Jahr höchste Eile geboten.

14

Die Sümpfe des Deltas von Buenos Aires und Entre Ríos zwischen den Flüssen Paraná und Uruguay kann man am besten mit einer Menge verschieden großer und unregelmäßig geformter, nebeneinander aufgestellter Teller vergleichen. Die Albardones bilden dabei die Tellerränder, und die Esteros, die Sümpfe, bilden die Mulden. Zwischen den Rändern dieser Teller verlaufen die Flüsse oder natürlichen Kanäle.

Um die Sümpfe zu erschließen und zu drainieren, zieht man vom nächsten Gerinne aus bis zu zwei Kilometer lange Hauptgräben mit entsprechenden Nebengräben in den Estero hinein. So ein Durchstich zum Sumpf ist sehr beeindruckend, weil das faule Wasser bei niedrigem Wasserstand so herzerfrischend schön abläuft. Es kann dann wochen-, ja monatelang dauern, bis sich das alte Moor gesetzt hat und der Boden bearbeitet werden kann, der ja eigentlich nichts anderes ist als mehr oder weniger fester Torf.

Ein niedergewalzter Estero sieht aus wie eine riesige Bastmatte, die ohne weiteres Traktoren mit breiten Raupen oder Rädern tragen kann. Nun kommen die Peone mit hundert Meter langen Drähten und stecken den Draht entlang an jeder Markierung einen Steckling. Meist nimmt man einen Abstand von drei Metern zwischen und zwei Metern in den Reihen, damit dann die Traktoren mit ihren Walzen das immer wieder neu sprießende Schilf zwischen den Reihen erneut niederdrükken können. Diese Arbeit muß ungefähr drei Jahre lang wiederholt werden, bis die Bäume so hoch und breit sind, daß sie durch ihren eigenen Schatten den Schilfwuchs niederhalten. Nach acht bis zehn Jahren ist es dann soweit, und die Bäume können geschlagen und verkauft werden.

Natürlich kann man diesen Moment kaum erwarten und muß versuchen, inzwischen auf irgendeine Weise seinen Lebensunterhalt zu verdienen. Auch fordert die Pflanzung selbst nach drei Jahren noch immer eine gewisse Wartung wie etwa das Reinigen der Drainagegräben. Nur bei einem gut funktionierenden Grabensystem, das bei

Hochwasser das Wasser hinein und bei Niedrigwasser ebenso heraus läßt, kann eine derartige Pflanzung in einem für europäische Verhältnisse unfaßbaren Tempo wachsen. Irgendeine Art von Düngung ist nicht notwendig, da die gelblichen Wässer des Paraná und Uruguay reichlich organische und mineralische Düngstoffe liefern.

Zu Anfang hatte ich mir vorgestellt, mit solchen Pflanzungen Investoren aus Europa anzulocken, die aus Angst vor dem Ausbreiten der kommunistischen Gefahr ihr Geld in Übersee, also etwa in solchen Pflanzungen, relativ sicher anlegen wollten.

Ich dachte dabei an ein System von Pflanzungs- und Wartungskontrakten zwischen den Neubesitzern und mir als Administrator für die Zeit einer Pflanzungsperiode.

Leider wurde aus dieser schönen Hoffnung nichts, weil sich die Verhältnisse in Europa stabilisierten und jene in Argentinien durch Perons Politik und die der ihm nachfolgenden Militärregierung in zunehmendem Maße unstabil wurden. Aus diesen Gründen fanden sich bald keine Leute mehr, die bereit waren, ihr Geld in Argentinien anzulegen.

Nördlich unseres Gebietes lag eine große Estancia von circa fünftausend Hektar, die dem Universitätsprofessor Ruiz gehörte. Dieser unglaubliche Geizhals, der sich sowohl geweigert hatte, bei unserem Straßenbau mitzumachen als auch Pflanzungen anzulegen, war nicht gewillt, auch nur einen Peso in seine Estancia zu investieren. Dort »arbeitete« er mit einigen armseligen Gauchos und kleinen Viehzüchtern, deren Pachtzins er pünktlich einhob und sich bei der Gelegenheit immer auf Kosten dieser gutmütigen Leute den Bauch vollschlug. Als Verwalter seiner Ländereien beschäftigte er einen Banditen namens Mondego, der ihm blind ergeben, aber von allem Volke gefürchtet war und im Wellblechhaus auf einem Indianerhügel residierte.

Ruiz' wilde Sumpf- und Busch-Estancia stach mir schon lange ins Auge, und gelegentlich kam mir zu Ohren, daß er noch eine zweite Estancia im nördlichen Teil von Entre Ríos besitze und die, neben unserer gelegen, verkaufen wollte, um damit Kinder auszuzahlen. Da schaltete ich mich ein und begann in Buenos Aires Interessenten zu suchen. Bei dieser Suche kam ich mit dem damaligen Poloweltmeister Juan Carlos Alberdi in Kontakt. Dieser war selbst ein bedeutender Grundbesitzer im Süden des Landes und verfügte über beachtliche

Geldmittel. Zu seinem Freundeskreis zählten Mitglieder der Oberschicht wie zum Beispiel Boy Marcos Sastre, ein in einem Schweizer Internat erzogener, gebildeter junger Mann, die Gebrüder Houston, ein französischer Agraringenieur namens Pontenot und noch einige unbedeutendere Mitglieder der Jeunesse dorée.

Diese Gruppe begann sich bald tatsächlich für die Ruiz-Estancia zu interessieren. Als erster kam uns eines Tages Alberdi – natürlich per Flugzeug – besuchen. Die Sache gefiel ihm, denn die Hektarpreise waren lächerlich niedrig. Er begeisterte sich ehrlich für das Projekt und erschien sehr bald mit der prächtigen Motorjacht der Brüder Houston und den Polofreunden bei uns zum Wochenende auf Besuch. Maria war eine großartige Gastgeberin, so kam bald die richtige Atmosphäre auf, und wir konnten auf der Basis von Gleichberechtigung über Geschäfte sprechen. Und sicherlich wäre auch alles gut gegangen, wenn nicht Pontenot, der eine französische Gruppe von Forstberatern vertrat, gegen hohe Bezahlung die sogenannte »administrative Planung und Oberleitung« des Projektes angestrebt hätte, während man mir am Ñancay lediglich die Drecksarbeit vor Ort zuschieben wollte. Natürlich wehrte ich mich gegen die Theoretiker aus Frankreich mit Händen und Füßen. Doch trotz aller Streiterei bildeten wir dann gemeinsam eine Forstgesellschaft, kauften das Land von Professor Ruiz gegen eine geringe Anzahlung mittels einer Hypothek und diskutierten über ein Pflanzungsprogramm. Dabei zeigte sich bald die völlige Unvereinbarkeit der Theorien aus Frankreich und Buenos Aires mit den harten Tatsachen am Ñancay. Da ich meine Arbeitszeit nicht verschenken konnte und sogar Geld in die Sache stecken mußte, dachte ich nicht daran, nachzugeben. Meine Beteiligung an der neuen Gesellschaft, die sich stolz »Ñancay S. A.« nannte, betrug sieben Prozent, wovon fünf Prozent durch meine Vermittlungsprovision gedeckt waren.

Schließlich gewann ich den erbitterten Kampf mit der französischen Gruppe, doch war über diesen Streit die gute Anfangsstimmung in der Ñancay S. A. verflogen. Sehr positiv war aber, daß wir mit einem relativ geringen Betrag circa viertausend Hektar Zukunftsland gekauft hatten und die Abzahlungsquoten durch die anschwellende Inflation immer billiger wurden. Leider aber oblag es mir, das Geld bei den verschiedenen Gesellschaftsmitgliedern einzutreiben. Hierbei lernte

ich die lasche Geschäftsmoral der argentinischen Oberschicht ziemlich genau kennen. Obwohl diese Leute ein sehr luxuriöses Leben führten, waren sie nicht bereit, Gelder rechtzeitig zur Verfügung zu stellen. Es begann nunmehr für mich eine Periode von sinnlosen Fahrten nach Buenos Aires, um dafür zu sorgen, daß die fälligen Kaufraten rechtzeitig eingezahlt wurden, und um das nötige Geld für Pflanzungen, Einzäunungen und die Verwaltungskosten zu erhalten. Obwohl unsere Partner sehr gut wußten, daß wir selbst kaum Bargeld hatten, ich aber andererseits die neuen Peone pünktlich bezahlen mußte, drückten sie sich dauernd vor der Einzahlung der nötigen Geldmittel. Es war zum Verzweifeln! Tage, ja Wochen verbrachte ich in Buenos Aires, um zwischen den Büros der Alberdis, der Houstons und Sastres hin- und herzupendeln, bis ich endlich Geld bekam. So war ich sogar gezwungen, private Bankschulden zu machen, um die armen Taglöhner der neuen Ñancay S. A. bezahlen zu können. Unser eigenes Geld brauchte ich ja dringend, um Coca-Cola und Wein für meine Verteiler-Fahrten einkaufen zu können.
Doch alle diese Vorstellungen ließen die reichen Gesellschaftsjünglinge des Poloclubs völlig ungerührt. Sie waren reizend, sie gingen mit mir zum Mittagessen und vertrösteten mich immer wieder auf den nächsten Tag. Kam ich dann pünktlich in ihr Büro, war meist niemand da, oder sie sprachen von momentanen Bargeldsorgen. Dann fragten sie mich, wie lange ich noch in Buenos Aires bliebe, denn in den nächsten Tagen würden sie größere Geldmittel erhalten und könnten dann mit Leichtigkeit sogar mehr als ich wollte, zur Verfügung stellen. Kurzum, es war ein ewiger Kampf. In der Regel bekam ich mein Geld erst, wenn ich grob wurde, aber auch das wirklich erst dann, wenn die Señoritos nicht mehr auskonnten. Denn sie hielten solche Geschäftspraktiken für höchst intelligent und jede Zahlungsverzögerung grundsätzlich für schlau.
Ganz allgemein zahlt ein Durchschnittsargentinier erst, wenn ihm mit einem Prozeß gedroht wird, man ihm richtig die Pistole auf die Brust setzt und er einfach nicht mehr anders kann. Doch freut er sich diebisch, wenn er vorher einige Wochen oder Monate oder auch nur ein paar Tage Zinsen geschunden, also gespart hat. Um zu seinem guten Geld zu kommen, muß man also stets massiv werden. Dazu gibt es zu guter Letzt ein probates Mittel, das sogenannte »Telegrama

colacionado«, zu deutsch ein eingeschriebenes Telegramm, mit dem man die Zahlung oft mit Drohungen anmahnt. Der Empfänger dieses Telegrammes kann sich dann vor Gericht nicht mehr darauf berufen, er habe von der Mahnung nichts gewußt. Denn so ein Telegramm gilt auch dann als empfangen, wenn sich der Adressat versteckt hatte.
Da nun die argentinische Geschäftswelt ganz prinzipiell zahlungsunwillig ist, schwirren solche eingeschriebenen Telegramme tagtäglich zu Tausenden hin und her. Die Post, die dafür schöne Gebühren erhebt, kommt auf diese Weise zu glänzenden Einnahmen.
Das ganz große Geschäft für die Schieber der Hauptstadt aber war, eine Import-Lizenz zu bekommen und dann mit billigen, offiziellen Devisen Mangelwaren einzuführen, um sie anschließend zu Wucherpreisen und mit gewaltigem Gewinn zu verkaufen. Bei so einem Geschäft verdienten dann oft und gern die verschiedensten offiziellen oder inoffiziellen Stellen unter der Hand mit.
Auch im Land selbst werden ganze Viehherden, Grundstücke oder Waggons mit Getreide, ja sogar zukünftige Ernten verschoben, gekauft und wiederverkauft, ohne daß die Besitzer auch nur einen Finger gerührt hätten, und oftmals hatten sie die Ware nicht einmal gesehen. Kommunist hätte man werden können! Den letzten in der Kette bissen dann prompt die Hunde. Wenn dieser arme Mann endlich sein Geld kassieren wollte, begann für ihn ein wahrer Leidensweg. Ich hatte dieses Theater als Kassier zu oft erlebt, und schließlich reichte es mir. Ich streikte, und mit der Zeit zerfiel die ganze schöne Ñancay S.A. nach phantasievollen Anfängen in jämmerlich streitende Gruppen. Einig war man nur noch gegen den alten Eigentümer und dessen Familie, sobald diese ihr Geld einfordern wollten.
Praktisch geschah in der neu erworbenen Estancia so gut wie nichts, doch verkauften wir seelenruhig Grundstücke, um die Steuern und Gebühren zu bezahlen. Im großen und ganzen blieb also alles beim alten. Als wir später nach Europa zurückkehrten, waren von der Estancia nur mehr fünfzig Prozent vorhanden, da die andere Hälfte wegen Mißwirtschaft hatte verkauft werden müssen. Nach weiteren zehn Jahren erfuhr ich schließlich, daß die Gesellschafter auch den Rest verkauft hatten, ohne auch nur daran zu denken, mich hier in Europa zu fragen.
Zum Teil hatte ich mich aber schon abgesichert, indem ich unsere an

die Ñancay S. A. grenzenden Grundstücke gegen Bargeld arrondiert hatte. Doch blieb für mich zu guter Letzt ein erheblicher Verlust, den ich einfach zur Kenntnis nehmen mußte, da ein Prozeß von Europa aus gegen diese geriebenen Schlaumeier, auf gut argentinisch »vivos« genannt, nur großen Ärger und wenig Erfolg gebracht hätte.

Heute besitzt das Gelände ein tüchtiger Viehhändler aus Gualeguaychú, der die Estancia schließlich in Schwung gebracht und mit erstklassigen Stacheldrahtzäunen versehen hat. Letzteres ist nicht billig, und ein System von ordentlichen Stacheldrahtzäunen, die dem Ansturm von aufgeschreckten Viehherden widerstehen können, kostet oft genausoviel wie das ganze Land.

Einen ordentlichen Stacheldrahtzaun aufzustellen, ist eine große Kunst. Man bedient sich hierzu in der Regel der Fertigkeiten von Kontraktmännern, die in Arbeitsgruppen fachgerecht vorgehen. Meist bestehen solche Zäune aus sieben Drähten, wovon vier glatt und drei mit Stacheln bewehrt sind. Die Drähte werden niemals an die Pfosten angenagelt, sondern nur durch gebohrte Löcher durchgezogen. Alle paar hundert Meter kommt dann ein Fixierungs- und Spannsystem mit einrastenden Kurbelzapfen. Bewundernswert sind auch die Verankerungen bei Richtungsänderungen und Ecken, die teuer sind und sehr viel aushalten müssen.

In Argentinien ist so ein Viehzaun eine geheiligte Sache. Böse Zungen behaupten sogar, ein Totschlag würde weniger streng bestraft als eine Verletzung der Zäune. Denn solche Verbrechen betreffen schließlich die Allgemeinheit, die Wirtschaft und die Nation. Das Schicksal des einzelnen fällt in diesem wilden Land nicht so ins Gewicht. Hier muß schon jeder selbst zusehen, daß er sich beschützt und verteidigt. Und wenn er ein ganzer Kerl ist und Amigos hat, wird er auch bei der Durchsetzung seiner Interessen nicht allein stehen. Zum Staat und zu den Behörden hat ohnehin niemand viel Zutrauen.

Durch Aufstieg und Niedergang der Ñancay S. A. hatten wir immerhin auch die Spitzen der Geschäfts- und Sportwelt kennengelernt. Wie überall in der Welt sind diese Leute gerade in den Hauptstädten nicht immer die erfreulichsten Zeitgenossen. Viel angenehmer und netter waren da unsere unmittelbaren Nachbarn, die besseren Estancieros von Entre Ríos, also die ländliche Oberschicht. Sie beschäftigten sich mit ihren Viehherden oder mit ihrem Ackerland und sorgten sich von früh bis spät um das Gedeihen ihres Besitzes und dies mit viel Interesse und Freude. Eine gut geführte Estancia ist auch etwas Herrliches und wirft stets schöne Gewinne ab. Nur ist so ein Betrieb wegen der hohen Initial- und Fixkosten erst über tausend Hektar rentabel, und welcher schlichte Einwanderer kann sich schon so viel Land leisten. Pro Hektar kann man ein Stück Vieh halten, und um rationell zu arbeiten, muß man schon mindestens tausend Rinder haben. Bei noch größeren Estancien stimmt dann die Formel: ein Mann für achthundert Stück Vieh. Der kleine Estanciero ist also immer im Nachteil. Wenn man aber eine Tausende Hektar große Estancia besitzt, so kann man durchaus damit rechnen, daß einem jährlich von jeder Kuh ein Kalb als Reingewinn bleibt.

Beeindruckend sind auch die Viehstraßen, die durch das Land führen. Sie sind oft zwanzig bis vierzig Meter breit und haben in gewissen sicheren Abständen gute Wasserstellen. Unvergeßlich ist mir das Bild jener Viehherden, die von lassoschwingenden Gauchos mit lauten Rufen diese Straßen entlanggetrieben wurden. Das Ziel ist dann meist in der Regel das Schlachthaus, der »Frigorífico«. Bis dorthin sind es oft Hunderte von Kilometern. Fast mit Sehnsucht erinnere ich mich heute noch an dieses eindrucksvolle Bild einer vorüberziehenden, schier endlosen Herde, deren trauriges Schicksal durch einen der prachtvollen, glühenden Sonnenuntergänge dieser Ebenen oft so romantisch unterstrichen wurde. Die Gauchos kamen mir vor wie Todesengel, die die Seelen dem Gerichte zutrieben. Und doch haben es die Tiere da besser als wir Menschen, denn wir wissen, daß das Leben endet – sie aber nicht. Sie freuen sich über jeden Tag und sorgen sich nicht.

Auch der Einheimische unserer Gegend dachte nicht weiter als höchstens ein paar Tage. Hatte er Geld, dann feierte er, hatte er keins, dann ging er zu Freunden. Hungerte er dann schließlich, so klaute er sich gemeinsam mit einem Compañero ein Rind oder schoß irgendein Tier. Ging es ihm ganz schlecht und sah er keinen anderen Ausweg, so nahm er halt Arbeit an; das war aber schon das Schlimmste, was ihm passieren konnte.

Die Gauchos lebten also unbekümmert in den Tag hinein. Solange der Gaucho jung und kräftig war, machte ihm das Leben Spaß. Jeder hatte sein Pferd, am Lande sogar der Bettler. Schlimm wurde es erst, wenn ein Mann alt wurde. Dann mußte er als »Viejito« – also als »Alter-

chen« – zusehen, daß er bei irgendeiner Señora Mädchen für alles spielen durfte, wie zum Beispiel die Kinder hüten, Holz machen, Feuer anzünden, Töpfe putzen, Kittel und Sättel flicken und so weiter. Die Religion wurde nie sehr ernst genommen. Die Leute starben mit der Selbstverständlichkeit eines Tieres oder einer Blume. Geboren werden, das Leben, das Singen und Weinen, das Lieben, Altwerden und Sterben war eine ganz normale Sache. Mit Gräbern und Friedhöfen wurde keinerlei Kult getrieben. War ein Mann tot, so wurde er weggeschafft. Vorher machte man noch im Rancho neben dem Sarg ein sogenanntes Velorio, eine Leichenwache. Hierzu kamen alle weiß gekleidet, man begoß sich die Nase mit Schnaps, schwätzte, und die Frauen brachten manchmal einige armselige selbstfabrizierte Papierblumen mit. Mit der Beerdigung war die Geschichte endgültig erledigt. Ein schlichtes Holzkreuz wurde auf das Grab gesetzt, manchmal sogar ein Schild mit dem Namen dazu, und bald bauten die Ameisen ihr Nest in den Grabhügeln. Und weiter ging das Leben.
Eines Tages starb einer unserer Peone, und zu unserem Erstaunen fanden wir eine Menge Geld unter seinen Habseligkeiten. Er hatte keine Erben. So beschlossen wir, für ihn eine schöne Beerdigung auszurichten. Aus Curupístämmen zimmerten wir einen Sarg, doch aus den frischen Brettern quoll noch der Saft dieses Gummibaumes. Ich versuchte, mit schwarzem Lack ein Kreuz auf den Sarg zu malen, doch fiel dies auf dem feuchten Holz nur sehr dürftig aus.
Nach dem üblichen Velorio-Abend mit anschließendem Besäufnis fuhren wir den Sarg am nächsten Morgen mit einem hochrädrigen Karren nach Ceibas. Bis dorthin waren es 35 Kilometer. Die Straße gab es damals noch nicht, und die vier vorgespannten Pferde mußten manchmal das ganze Gefährt durch Sümpfe ziehen, wobei auch der Sarg sein Teil abbekam. Beispielhaft geschlossen ritten wir hinter dem Sarg her – am Anfang noch ziemlich nahe, doch als die Sonne höher stieg und die Leiche im feuchten Sarg zu gären und zu stinken begann, wurde unser Respektsabstand immer größer, und der Gaucho, der auf dem Vorspann des Leichenwagens ritt, trieb die Pferde zu immer größerer Eile an, um seine Nase im frischen Fahrtwind halten zu können. In Ceibas erschien pünktlich der Polizeikommissar, machte den Deckel auf, drehte gelangweilt den Leichnam um und verfaßte ein kurzes Protokoll, aus dem hervorging, daß der Mann eines natürlichen

Todes gestorben war. Dann verscharrte man die Leiche auf dem bescheidenen Friedhof, und damit war die Sache erledigt.
Das Leben ging gleich lustig weiter. Die Trauergäste versammelten sich, inzwischen etwas zahlreicher geworden, in der Bar von Ceibas. Dort begossen wir das Ereignis gebührend, und irgendwie sind wir dann sogar wieder nach Hause gekommen.

15

So war am Ñancay vieles unbeschwerter und viel unkomplizierter als in Europa. Auch wir lebten fröhlich in den sonnigen Tag hinein, arbeiteten und schafften am Tag, tranken und lachten am Abend und schliefen erst in der späten Nachtkühle ein, um bei Morgendämmerung wieder aufzustehen und optimistisch einen neuen Tag zu beginnen. Dazu schmetterten die Vögel ihr Morgenlied, und nie wieder habe ich so prachtvollen Vogelgesang gehört. Überhaupt war die Natur berauschend am Ñancay und Uruguay. Der Strom und seine Flüsse wimmelten von Fischen aller Arten. Herrlich im Frühjahr die balsamischen Düfte blühender Bäume. Schmetterlinge und Vögel bevölkerten die Lüfte, und in der Nacht brausten und klopften ganze Scharen von Käfern gegen unsere Moskitogitter. Gewaltige Leuchtkäfermännchen durchzogen den Nachthimmel, und bescheiden blinkten die Weibchen aus dem taunassen Gras.

Jede Nacht begann im Ñancay, in diesem »Fluß des Teufels«, wie sein indianischer Name lautet, ein wildes Jagen und Gejagtwerden. Verfolgte Fische sprangen verzweifelt in die Höhe. Auch zu Lande, im Wald und im Sumpf setzte mit der Dämmerung das große Jagen ein. Riesige Eulen strichen durch die Luft und heulten ihr Lied. Es war manchmal schon recht unheimlich und beklemmend. Doch stets kam wieder ein neuer Tag mit prachtvollem Sonnenaufgang, die Vögel trillerten, und alles freute sich sorglos des Lebens. Natürlich ging das Fressen und Gefressenwerden auch am Tag weiter. Doch die Tiere wurden dann im vollen Leben erhascht und duckten und ängstigten sich nicht wie in den unheimlichen Nächten.

Wunderschön waren unsere Kolibris! Wie oft »standen« sie schwirrend vor Marias Gladiolen-Fenster in der Luft und saugten mit langen Schnäbeln den Honig aus den Blüten. Weniger angenehm war es, wenn einen eine Schlange auf dem Örtchen im Freien besuchte, oder wenn Riesenspinnen aus den Stiefeln herauskrochen.

Noch unangenehmer aber waren die Insekten. An die Moskitos hatte

man sich ja schon gewöhnt, aber es gab noch Schlimmeres, und das mußten wir im ersten Jahr mit unserem kleinen Miguel erleben. Er war damals erst ein Jahr alt und schlief in einem kleinen Zimmerchen neben unserem Schlafzimmer. Elektrisches Licht gab es zu der Zeit noch nicht, lediglich Petroleum- und auch Taschenlampen. Nun, schon seit mehreren Nächten hatte Miguel unruhig geschlafen, geschrien und gejammert. Wir sorgten uns sehr, weil das Kind überdies eine merkwürdige Krankheit mit häßlichem Ausschlag und Pusteln im Gesicht und am Körper zu haben schien. Wir führten dies auf schlechte Milch oder weiß Gott was alles zurück, bis ich eines Nachts, als das Kind wieder einmal jammerte, mit der Taschenlampe genau nachsah und zu meinem Entsetzen bemerkte, daß sein kleiner, fast nackter Körper – es war ja sehr heiß – über und über von kleinen rotgepunkteten Spinnen übersät war, die ihn bissen und richtiggehend anzapften. Mit einer Flitspritze bekämpften Maria und ich entsetzt diese Teufelsbrut, die aus den Ritzen des Fußbodens heraus in langen Prozessionen zum Bettchen gezogen kam. Nun lief ich, nackt wie Adam, mit der Taschenlampe in den niedrigen Unterbau des Hauses, um dort nachzusehen, woher all diese Biester kamen.
Zu meinem Schrecken mußte ich feststellen, daß sie aus der provisorischen Senkgrube stammten, die ich gleich hinter dem Haus angelegt hatte und deren Abdeckung nur aus Zweigen mit Schilf und etwas Erde darüber bestand. Als ich diese Senkgrube am nächsten Morgen aufriß, sah ich, daß dieses scheußliche Ungeziefer in wahren Trauben von der Abdeckung in die Grube hineinhing. Natürlich schüttete ich die Grube sofort zu und entschloß mich, trotz aller Sparmaßnahmen eine moderne Eternit-Klärgrube aus Buenos Aires kommen zu lassen. Mit den Kindern kamen aber noch andere Probleme und Krankheiten. Elizabeth hatte einmal eine sehr hartnäckige eitrige Halsentzündung, und wir befürchteten Diphtherie, nachdem ihr Hals schon fast zugeschwollen war. So fuhren wir mit ihr bei Nacht und Nebel bis Buenos Aires, da uns der Arzt von Paranacito nicht mehr helfen konnte. Im Deutschen Hospital taten dann moderne Antibiotika großartig ihre Wirkung. Ganz entsetzlich wurmte uns Wolfis Bandwurmkomödie. Dieser hatte irgendwie den mit Haken bewehrten tropischen Bandwurm aufgegabelt. Alle »bewährten Hausmittel« fruchteten nichts. Sattsame Mengen von Gliedern dieses Parasiten gingen immer wieder

ab, aber leider niemals die Hauptsache, nämlich der Kopf. Der Bub wurde dabei immer blasser und litt sehr, er war doch noch ein kleines Kind, und der beachtliche Bandwurm und die Gifte der diversen Gegenmittel setzten seinem kleinen Körper unverhältnismäßig hart zu. So hetzten wir auch diesmal wieder nach Buenos Aires in das Deutsche Hospital. Zweimal mußte Wolfi dort vergebens eine Bandwurmkur über sich ergehen lassen bis endlich Marias unvergleichlicher Frauenarzt Doktor Riedel, der sich in rührender Weise notfalls auch um die Wehwehs der ganzen Familie kümmerte, aus der Patsche half. Wolfi sollte sich erst einmal wieder erholen, dann schlagartig eine ordentliche Portion geriebener Mohrrüben und Heringe essen und abschließend eine starke Dosis Santorin – also Farnkrautgift – einnehmen. Das half endlich, oh Wunder! Die Freude in der Familie war unbeschreiblich, wir hatten uns schon so große Sorgen gemacht.
Wir hatten ja bereits allerhand erlebt, da begann Miguel eines Tages ganz ohne Grund zu hinken, wurde blaß und weinerlich und dies ganze Wochen lang. Zur gleichen Zeit begann Xandro immer mehr zu schielen. Wir fuhren schließlich zu Spezialisten nach Buenos Aires, die feststellten, daß die beiden wahrscheinlich eine Kinderlähmung durchgemacht hatten, die wohl deshalb so leicht verlaufen war, weil sie im täglichen Schmutz des Landlebens natürliche Widerstandskräfte erworben hatten, während verwöhnte Stadtkinder bei der damaligen schrecklichen Polioepidemie zu Abertausenden starben. Miguels Zustand besserte sich bald, doch Xandro mußte in Buenos Aires von einem deutschen Arzt mit hervorragendem Erfolg operiert werden.
Am denkwürdigsten und auch aufregendsten für mich war ein Durchfall von Miguel gewesen, der Typhus hätte sein können. Doch alles löste sich komisch und in Wohlgefallen auf. Folgendes war passiert:
Ich war gerade geschäftlich in Buenos Aires, als sich überraschend ein Lastkahnkapitän bei mir mit einem bereits drei Tage alten, zu Recht aufgeregten Brief von Maria meldete. Sofort suchte ich Ärzte auf und bat um entsprechende Antibiotikarezepte und Anweisungen. Erst der dritte hatte Vertrauen zu mir und versorgte mich mit dem Nötigen. Sofort charterte ich ein kleines Flugzeug und fabrizierte eine Medizin-Bombe zum eiligen Abwurf vor unserem Haus, damit ja keine Zeit verlorengehe, da die Abholung von unserer Landepiste wegen der Überraschung und der Distanz von sechs Kilometern doch etwas

dauern würde. So flogen wir über dem Ñancay im Tiefflug auf unser Haus zu und warfen das stoßsichere Paket fachgerecht knapp vor die Terrasse. Als wir nach einer Linksschleife wieder nachsahen, erkannten wir zu unserer Überraschung, daß der bereits sichtbar gesunde Miguel selbst es war, der mit lustigen Sprüngen die »Bombe« schnappte und uns damit noch zuwinkte. Das war so richtig ein Erlebnis, bei dem man im Moment nicht wußte, ob man sich nur freuen oder wegen der schlimmen Kosten noch etwas dazuärgern sollte.
Auch Maria hatte es einmal arg erwischt. Als sie ihr letztes Kind erwartete, bekam sie Masern mit bösen Asthmaanfällen, und wir befürchteten das Schlimmste. Unser treuer Peón Barrios galoppierte stundenlang, um vom nächsten Doktor eiligst eine Adrenalinspritze zu holen, die ich dann unverzüglich verabreichte. Oh Wunder! Augenblicklich fühlte sich Maria erlöst, »als ob tausend Fenster geöffnet worden wären«. – Ich hatte wohl zufällig ein Blutgefäß getroffen!
Für mich gab es in jenen Jahren gesundheitlich kaum Probleme, außer bösen Sommergrippen, die mich pünktlich jedes Jahr heimsuchten und jeweils über eine Woche dauerten.
Einmal aber litt ganz Argentinien unter einer schrecklichen Blatternepidemie, weil ja die Einheimischen auf dem Lande kaum geimpft waren. Unser befreundeter Arzt und der Apotheker rieten uns, die Leute selbst zu impfen. Ich bekam ohne weiteres den Impfstoff, die Peone mußten sich im Almacen versammeln, eine Flasche wurde zerschlagen und die Scherben ausgekocht. Mit diesen sterilen Scherben ritzte ich dann den Oberarm der Patienten und rieb den Impfstoff ein – eine sehr zweckmäßige und saubere Methode, die mir der wahrhaft praktische Arzt empfohlen hatte.
Sorgen machte uns auch das Schulproblem. Gott sei Dank hatten wir Leonor Becker, eine junge deutsche Lehrerin, die in den offiziellen Ferien kam, Maria half und die Kinder großartig unterrichtete. Wolfi mußte natürlich bald schon nach Buenos Aires in eine ordentliche Schule. Er konnte bei Leonores Eltern wohnen, die ihn liebevoll in der Familie aufnahmen und schloß die Volksschule mit dem »Sexto Grado« ab. Elizabeth hingegen wurde lange Zeit bei uns im Haus unterrichtet. Dazu kam die Lehrerin von der Schule des Santos Grande regelmäßig herbeigepaddelt.

16

So gut auch die Geschäfte gediehen und sich normalisierten, so wurde uns doch klar, daß wir unsere nunmehr fünf Kinder in der Wildnis nur schlecht erziehen konnten. Solange die Bande noch klein war, ging es ja, aber wie sollte es später werden? Die Kinder hatten diese Sorgen natürlich nicht. Sie fanden es herrlich am Ñancay und genossen jeden Tag. Sie ritten und schwammen, und immer gab es etwas Neues zu sehen. Wie interessant war es doch, wenn abends die Betrunkenen im Boliche grölten! Aber auch schon am Morgen kamen Kunden, um sich einen Frühschnaps oder zwei zu genehmigen. Der erste war dann »para matar el gusano« (um den Wurm zu töten), genau den Wurm nämlich, der in der Früh zu Innerst nagt und Lebensfreude nicht aufkommen lassen will. Da hilft natürlich ein Schnaps. Der mußte aber dann noch abgerundet werden von einem zweiten »para asentar el pulso« (um den Pulsschlag zu regulieren) – wahrscheinlich flatterte dieser noch als Folge alkoholischer Exzesse der vergangenen Nacht.
Solche kreolischen Erkenntnisse sind recht treffend und amüsant, wie zum Beispiel das Sprichwort: »El que no llora no mama« (wer nicht weint, kommt nicht an die Brust) oder »El vivo vive del zonzo y el zonzo de su trabajo« (der Schlaue lebt vom Dummen und der Dumme von seiner Arbeit). Derartige Sprüche waren für die Kinder pädagogisch natürlich nicht besonders wertvoll.
Besonders viel Spaß hatten unsere Rangen mit den Chateros, die mit ihren Dieselschiffen Holz abholen kamen und ihnen wie Helden aus einer fernen, größeren Welt erschienen. Auch Latuf, der unvergleichliche libanesische Gemischtwarenhändler mit seinem schwimmenden Kramladen wurde von ihnen stets mit Freudengeheul begrüßt. Dabei wußten sie schon eine Stunde vorher, wer da gerade herbeidieselte. Denn die vorsintflutlichen Motore der verschiedenen Schiffe hatten jeweils ihren eigenen charakteristischen Klang. Das war auch sehr praktisch, denn so konnten wir uns rechtzeitig darauf einstellen und zum Beispiel Leergut am Ufer aufstapeln. Manchmal kam auch der

»Gualeguay – ein »gewaltiges« Boot von siebzig Tonnen. Das war für uns damals enorm, und das Schiff war so plump und lang, daß es vor dem Haus niemals um die Biegung des Flusses kam und jedesmal zum Verdruß des Kapitäns und zu unserem Gaudium krachend an unser Ufer auflief. Wie jubelten die Kinder dann! Jedesmal mußte das Schiff wieder zurückstoßen, der Kapitän schimpfte und fluchte oben auf seiner noblen Kommandobrücke, der ganze Schlamm des Ñancay wurde aufgewühlt, kurzum – eine echte Sensation in unserem bescheidenen Alltag.
Ein anderes Mal hatten wir noch mehr zu lachen, als Morajú, unser Nachbar vom oberen Ñancay, Schweinswürste loswerden wollte, die von einem alten, zu spät kastrierten Eber stammten, den ich ihm sehr zum Ärger seiner klugen Frau angedreht hatte. Nun hatte diese ihm erbost befohlen, diesen Berg von fettig-zähen Würsten mit dem Kanu auszufahren und zu verkaufen. So paddelte er, von einem gigantischen Fliegenschwarm umsummt, von Haus zu Haus und wurde überall mit Gelächter abgewiesen. Sonne und Hitze hatten noch ein übriges getan, selbst den Beherztesten vom Kauf dieser Ware abzuhalten. Diego – so hieß er amtlich, sein Spitzname »Morajú« heißt auf indianisch »schwarzer Vogel« – mußte zu Hause wieder einen furchtbaren Krach von seiner Frau bekommen haben.
La Señora Diego entstammte einer Ehe zwischen einem Räuberhauptmann und der Tochter eines ehrsamen Kreolen und war, wie bei dieser Abstammung auch zu erwarten, recht streitbar. Der Bandit hatte sich dereinst in diese Dame unsterblich verliebt, sie ganz einfach geraubt, und unverzüglich in gute Hoffnung gebracht, um weitere Diskussionen a priori zu erledigen. Wie ich hörte, war dieser Mann ein fescher Gaucho, und die Vermutung liegt nahe, daß die ehrsame Tochter über diesen Raub nicht sehr ungehalten gewesen war. Jedenfalls ließ sich der Bandit, durch diese Frau gebessert, ganz sittsam nieder und widmete sich einer kleinen Viehzucht, die nur durch gelegentliche »Billigkäufe« etwas aufgebessert wurde. Wir wollen da nicht genauer forschen, sondern den Schleier christlicher Barmherzigkeit über die Details breiten. Jedenfalls wurde man bieder und seßhaft, und die Ehe war bald mit einer reizenden, klugen Tochter gesegnet, der späteren Frau von Morajú. Von ihrem Vater hatte sie Entschlossenheit und Tatkraft geerbt. Umsichtig führte sie den Haushalt und regierte ener-

gisch ihre Kinderschar, nebenbei bediente sie noch in ihrem Laden, einem typischen Boliche, das etwas bescheidener als das unsere war, jedoch einen guten und festen Kundenkreis aufbauen konnte.
Gelegentlich war auch einer unserer Peone bei ihr angepaddelt, nachdem er kurz zuvor ein paar ihrer Hausenten vom Kanu aus geschnappt, ihnen die Hälse umgedreht und sie heimlich vorne im Kanu verstaut hatte. Zufrieden mit dieser Tat und in dem Bewußtsein, im voraus billig eingekauft zu haben, betrat unser Freund den Laden der Señora. Mit scharfem Blick bediente ihn diese, und als es ans Zahlen ging, sagte sie nur schlicht: »Also, Sie haben Zündhölzer, Speck, Nudeln, Reis, Mortadella und Wein gekauft. Ich gebe Ihnen das in den Karton hinein. Das macht zusammen 97,20 Pesos, hinzu kommen noch zwei Enten für 12 Pesos, die Sie schon vorne im Kanu verstaut haben.«
Mein Peón wurde blaß, zahlte und verließ mit rotem Kopf und betretener Miene, verfolgt von donnerndem Gelächter der anwesenden Gauchos, das Boliche.
Ein anderes Mal hatte die Señora des Diego im Laden schwer zu schaffen, und während sie die Leute bediente, Gläser einschenkte, in der Küche nachschaute, mit den Kindern schimpfte und das Baby stillte, also normal beschäftigt war, hatte einer der anwesenden Kunden, der zu Pferd gekommen war, die Gelegenheit benützt und in ihrem schönen Küchengarten Zwiebeln ausgerissen, heimlich in einen Sack gesteckt und am Sattel befestigt. Danach trank er noch einen Schnaps, zahlte mit Unschuldsmiene, bestieg sein Pferd und ritt davon.
Irgendwie aber hatte die Señora ein sonderbares Gefühl, weil der Mann trotz der saftigen Preise so zufrieden weggeritten war. Erst guckte sie im Haus, dann aber auch im Garten und erkannte sofort Missetat und Täter. Kurz entschlossen schob sie die Leute aus dem Laden, sperrte ab, griff sich den nächsten Gaul und ritt, mit dem großen Revolver ihres Mannes bewaffnet, dem flüchtigen Zwiebelgaucho hinterher. Bald stellte sie den total Überraschten mit vorgehaltenem Colt. Sie zwang den Mann, unverzüglich vom Pferd zu steigen, dem sie einen Peitschenhieb versetzte, so daß es im Busch verschwand, und der – gewissermaßen zur Infanterie degradierte – Gaucho mußte mit dem Zwiebelsack vor der berittenen und bewaffneten Amazone bis zum Küchengarten zurücklaufen. Dort befahl sie dem Übeltäter in

Gegenwart der grinsenden Gauchos, die Zwiebeln einzeln wieder einzupflanzen und zu gießen. Der Mann war nun endgültig erledigt und moralisch vernichtet. Er verließ die Gegend, wahrscheinlich auch die Provinz und ward nie mehr gesehen.

Solche Selbstjustiz wirkte bei weitem besser als eine Anzeige mit eventuell folgender Gerichtsverhandlung. Für gewöhnlich kam dabei nicht viel heraus, und man mußte bis in die Stadt fahren, meist nach Gualeguaychú. Vorher hatte man sich stundenlang mit der Polizei unterhalten müssen, und schließlich wurde beim Kommissar in Ceibas ein Protokoll aufgenommen, Stempelmarken geklebt, eventuell auch ein Advokat eingeschaltet, und im Endeffekt wurde man für dumm gehalten. Kam aber ein Verbrecher wirklich ins Zuchthaus, so hatte er es dort bei weitem gemütlicher als »zu Hause«. Tadellos überzogene Betten, pünktliches Essen, es wurde Fußball gespielt, und es gab Fernsehen. Ich erinnere mich, daß einmal ein Mann freiwillig noch eine Woche im Zuchthaus blieb, weil er zur Mannschaft eines wichtigen Teams gehörte und beim nächsten Zuchthaus-Fußballspiel unbedingt dabei sein wollte.

Sozial engagierte Juristen hatten für wilde Banditen den milden europäischen Strafvollzug eingeführt – natürlich mit entsprechendem Erfolg. Denn während der Häftling im Gefängnis Fußball spielte oder fernsah, waren Frau und Kinder zu Hause dem Hunger und der Not preisgegeben und mußten sich oft von Dottora-Wurzeln und wilden Meerschweinchen ernähren. Da war es schon besser, dem Gauner an Ort und Stelle eine Tracht Prügel zu verabreichen oder ihn an einen Baum zu binden, damit sich über Nacht die Moskitos an ihm delektieren konnten, oder aber, wie es die Matrosen der Prefectura Marítima gerne taten, einen solchen Gestrauchelten eine Woche lang in ihrem Ruderboot als sogenannten Innenbordmotor zu verwenden. Das günstigste für die Familie war jedenfalls, den Mann nach vollzogener Leibesstrafe sofort wieder an die Arbeit zu schicken.

Die Marine-Präfektur war bei weitem die beste unter allen Institutionen, die für Sicherheit und Ordnung sorgen sollten. Da gab es pünktlichen Sold, anständige Uniform und gute Verpflegung, während ein Landpolizist ein eher trauriges Leben führte und im weitesten Sinne abhängig war von der Mildtätigkeit seiner Nachbarn. Eine Zeitlang hatten wir gute Beziehungen zum obersten Chef der Marine-Präfektur, Admiral Aumann, einem Seemann deutscher Abstammung. Ich traf ihn eines Tages mit Herbert Friedrichs und durfte ihm erzählen, wie es bei uns so zuging. Er schien sehr interessiert und verriet mir seinerseits auch eine lustige Geschichte, die ich dem Leser nicht vorenthalten will: Als der Admiral die Marine-Präfektur übernommen hatte, studierte er in seinem neuen Büro im Marineministerium die riesige Wandkarte mit allen penibel eingezeichneten Außenstellen auf den großen Binnenströmen. Diese Destacamentos lagen in großen Abständen von der Mündung ins Meer bis zurück zur Quelle über tausende Kilometer der Flüsse Paraná und Uruguay systematisch verteilt.

Eines Tages beschloß Aumann, alle diese Außenstellen zu inspizieren. Gesagt, getan, und es ging alles mehr oder weniger zufriedenstellend vorüber. Doch fehlte noch der Besuch bei einem Destacamento ganz hoch im Norden, in einer Gegend, wo »der Teufel seinen Poncho verloren hatte«, also tief im Inneren des Landes. Dieser Vorposten bestand aus einer Abteilung Matrosen unter Führung eines altgedienten Maates und aus einem im Fluß verankerten, uralten, aus Holz gebauten Kanonenboot mit Kajüten und Unterkunft für die Mannschaft. Also unternahm der Admiral guten Mutes auch dorthin einen Flug, um die Kameraden auf jenem einsamen Posten anzuspornen. Es erwartete ihn aber eine für einen Admiral ungewöhnliche, ja herbe Überraschung.

Zuerst flogen sie flußaufwärts über besiedeltes Land, doch bald wurde es einsamer und romantischer. Große schwimmende Schilfinseln bedeckten die Oberfläche des Stromes, und schließlich kamen sie zu jener Stelle an der Einmündung eines Nebenflusses, wo nach der Karte das Vorpostenboot verankert liegen mußte. Doch nichts dergleichen war zu sehen. Nur ein reizendes, sauberes Haus stand am Ufer, mit Gardinen, Blumen und einem gepflegten Gemüsegarten. Als der Pilot in dieser Umgebung einige Matrosen sichtete, beschloß der Admiral, wassern zu lassen, um vor Ort nach dem Schiff der Marine zu forschen. Kurz nach der Landung am Ufer, kam hochrot und unter Anzeichen größter Nervosität der kommandierende Obermaat aus dem Haus herbeigelaufen und machte zackig und vorschriftsmäßig Meldung. Der Admiral dankte und fragte nach dem Boot und was dies für ein nettes Haus wäre.

Die inzwischen vollständig angetretene Truppe mit ihrem stotternden Kommandanten wurde totenbleich, und schließlich stellte sich heraus, daß dieses reizende Häuschen früher einmal das gesuchte Fahrzeug der argentinischen Marine gewesen war. Nur war es vom Obermaat und der Mannschaft einer sinnvollen Verwendung zugeführt worden. Denn das Wohnen auf dem Wasser, in der Feuchtigkeit und unter der prallen Sonne war ihnen eines Tages zu dumm geworden, und so hatten sie kurzentschlossen das Boot an Land gezogen und bei Hochwasser mühsam auf eine kleine Anhöhe hinaufbugsiert. Heck und Bug wurden kurzerhand abgeschnitten und mit dem damit gewonnenen Holz um den verbliebenen Rumpf des Schiffes herum ein nettes Häuschen mit Veranda und Vorhaus hingezaubert. Nie im Leben hatten sie daran gedacht, daß so eine hohe Inspektion kommen und diese Metamorphose entdecken würde! Stotternd meinten sie, daß sich diese Patentlösung inzwischen allerbestens bewährt hätte.

Nun, der Admiral war anderer Meinung, wenn er auch innerlich lachen mußte; Kriegsgericht, Bestrafung und Versetzung in eine noch weniger amüsante Gegend, diesmal zur Abwechslung ins eiskalte Feuerland, waren die traurigen Folgen.

Aber solche Schwänke sind keineswegs typisch für die ansonsten vorzügliche argentinische Marine, die für das Land einen Ordnungsfaktor erster Güte darstellt.

Wir »Verdammte am Ñancay« mußten uns freilich selbst regieren, oder besser gesagt unser Recht selbst schaffen. Kümmerten sich die Behörden aber ausnahmsweise um uns, so schadeten sie im Übereifer meist mehr, als sie nützten, wie folgendes Beispiel zeigen soll:

Als ich eines Tages am Ufer des Santos Grande entlangritt, sah ich das Boot der Prefectura Marítima vollbesetzt und bewaffnet den Fluß landeinwärts fahren. Ich winkte, sie legten an und erzählten mir, daß sie unterwegs wären, um Leute zu verheiraten.

Erstaunt fragte ich, wie ich das verstehen solle. Ja, das wäre ganz einfach: Der Gouverneur hätte in einem neuen Erlaß bekanntgegeben, daß es unerhört sei, wie viele Leute hier ohne Trauschein zusammenlebten.

Argentinien sei ein Kulturstaat, und wilde Ehen beziehungsweise Vielweiberei könnten nicht geduldet werden. Jeder Mann habe nunmehr eine Frau legal zu heiraten und weitere Frauen zu entlassen.

Und tatsächlich bemühten sich nun die braven Marinesoldaten, in Zusammenarbeit mit der Polizei, die allerdings etwas skeptischer war, die Betroffenen festzustellen, aufzusuchen und ihnen eine legale Einehe zu verordnen. Die Sache brachte jedoch tragikomische Folgen mit sich: So manche »Großfamilien« verließen die Gegend und zogen sich weiter in das Innere der Provinz zurück. Andere einheimische Paschas aber nutzten die seltene Gelegenheit und erklärten ihren älteren Frauen: »Meine Lieben, es tut mir in der Seele leid, aber ihr müßt jetzt verschwinden, denn nach dem Dekret des Herrn Gouverneurs darf ich ab sofort nur noch eine Frau haben, und da werdet ihr wohl verstehen, daß ich mir die jüngste behalte. Also zieht mit Gott, und ich wünsche euch alles Gute auf eurem weiteren Lebensweg.«
Natürlich mußte diese Aktion unter allgemeinem Gelächter bald wieder abgeblasen werden.

Ein anderes Mal traf uns folgender Hufschlag des argentinischen Amtsschimmels: Ein Polizist kam mit gewichtiger Miene und der amtlichen Mitteilung, ich hätte mich mit meiner Frau am Soundsovielten um zehn Uhr vormittags – das war bereits drei Tage später – in der fernen Provinzhauptstadt Concepción del Uruguay vor Gericht einzufinden. Widrigenfalls et cetera.

Es war natürlich keine Kleinigkeit, ohne Auto dorthin zu gelangen. Den Grund der Vorladung kannte kein Mensch, auch nicht die Polizei. Wir waren uns keiner Schuld bewußt, aber doch beunruhigt. Maria wähnte sogar, daß ich wieder irgendeinen Rancho niedergebrannt hätte, doch das merkwürdige an der Aufforderung war, daß wir uns gemeinsam vor Gericht einzufinden hatten.

Damals gab es die Straße noch nicht, und so mußten wir auf dem Fluß zunächst über Paranacito und Gualeguaychú – also eine Reise von sage und schreibe eineinhalb Tagen! Wir gingen zu unserem Freund Dr. Otto Kunath. Doch auch dieser gewiefte Advokat konnte sich die Sache nicht erklären, meinte aber, er würde den Richter in Concepción sogleich anrufen. Dabei stellte sich zur allgemeinen Erheiterung heraus, daß uns ein befreundeter Pfarrer aus Spanien einen Weihnachtsgruß in einem geschlossenen Kuvert geschickt hatte und daß uns dieser Brief durch einen unredlichen Postbeamten in Buenos Aires der schönen Marken wegen vorenthalten worden war. Doch er wurde entdeckt, der Staatsanwalt nahm sich der Sache an und zitierte uns vierhundert Kilometer nach Concepción in Entre Ríos, damit wir unsere Schadensansprüche zu Protokoll geben könnten beziehungsweise damit uns besagter Brief gegen Unterschrift amtlich ausgehändigt werden könnte. Die Sache kostete uns drei Reisetage und wurde somit zum teuersten Weihnachtsgruß unseres Lebens.

Nach derartigen Kontakten mit den Obrigkeiten kehrten wir gerne wieder an den Ñancay mit seiner Ursprünglichkeit zurück. Dort war man in Gottes freier Natur wirklich unabhängig. Da gab es kein Programm, man konnte tun und lassen, was man nur wollte, und mit Entschlossenheit und Humor hatten wir auch ein gutes Verhältnis zu den Einheimischen gewonnen.

Immer wieder gab es neue Geschichten, oder es geschahen Dinge, die uns verwunderten oder erheiterten. Nicht wenig trugen dazu die Neuankömmlinge aus Europa bei, die nun genausoviel Unsinn machten wie wir seinerzeit.

17

Nach der Besitzteilung hatte Walter Löbe seinen Anteil bald an seinen Vetter Paul Ernst Böttges weiterverkauft, der uns ein lieber Freund wurde und sehr viel für seinen Besitz und die ganze Gegend leistete. Weiter südlich am Ufer des Santos Grande hatte sich Erwin Freitag ein paar hübsche Ranchos gebaut, seine Pflanzung gedieh unter seiner Arbeitswut, und mit circa hundert Bienenstöcken verdiente er fleißig sein Brot.

Sein größtes Hobby aber war das Pflanzen von Pekan-Nußbäumen. Zu diesem Zweck türmte er, mühsam Erde herbeikarrend, etwa fünf Quadratmeter breite Hügel auf, auf deren Spitze er die jungen Pflanzen setzte. Diese Bäume wuchsen erstaunlich schnell und trugen bald reichlich Ernte. Also hat sich seine Mühe durchaus gelohnt. Doch die verheerenden Überschwemmungen der frühen achtziger Jahre sollten ihn schwer treffen.

Im Nachbar-Camp am Ufer gegenüber lebte ein alter Baske namens Zabala und beschäftigte sich dort mit der Verwaltung alter, verwahrloster Pflanzungen, mit etwas Jagd und allerhand kleinen Geschäften. Er besaß etwa hundert Stück Vieh. Dieser Mann war ebenfalls ein Philosoph mit guter Beobachtungsgabe. Gelegentlich erklärte er mir, das Gesetz Argentiniens wäre die Degeneration. Alles, was man einer harten Gegend abringe, gedeihe und gäbe fürs erste gewaltige Ernten. Aber schon nach einigen Generationen seien Vieh und Mensch nichts mehr wert. Kartoffeln brächten dann nur noch unansehnliche Knollen, die Bienen würden faul, und selbst die Kinder der eingewanderten Europäer wollten kaum mehr arbeiten. Auch der Salat fange früher an zu schießen. Immer wieder müßte man neues Blut oder neuen Samen herbeischaffen.

Diese Ansicht hat viel für sich. Das milde Klima und das relativ leichte Leben lassen die Ansprüche nicht über die Befriedigung der primitivsten Bedürfnisse hinauswachsen. Die Menschen erschlaffen und lassen sich bald dazu verleiten, ihren Unterhalt durch windige Geschäfte und

nicht mehr durch harte Arbeit zu verdienen. Diese Einstellung ist natürlich verheerend für die ganze Nation. Man sollte schon in der Schule gegen diese Gesinnung auftreten und später durch Prämien jene Leute energisch fördern, die ernste Aufgaben anpacken und auch willens sind, sie zu vollenden. Ein besseres Forstgesetz, eine stärkere Unterstützung der Landwirtschaft und des Kleinbauern würden sich sicher segensreich auswirken. Ferner müßten Anstrengungen unternommen werden, um das Klima auszugleichen. Dies könnte durch Anlage größerer Waldgebiete geschehen. Am einfachsten und schnellsten aber wäre dem Landvolk mit einer kleinen und möglichst einfachen Klimaanlage zu helfen, damit jeder kleine Mann wenigstens einen Raum kühl halten könnte. Denn das späte Einsetzen der nächtlichen Kühle verführt die Leute dazu, die Abende über Gebühr auszudehnen, sodaß sie am nächsten Tag entsprechend übermüdet und unlustig bei der Arbeit sind. Ich bin überzeugt, daß eine solche billige Apparatur die Arbeitsleistung der Landbevölkerung wesentlich steigern könnte.
Oft wurde ich von meinen Freunden beneidet, daß zu unseren täglichen Pflichten auch die Beschäftigung mit Pferden gehörte. Ich selbst aber fand das Reiten nicht besonders amüsant. Die »Pingos«, wie man die kreolischen Rösser nannte, waren störrisch, und man bewegte sich auf ihnen ziemlich lustlos durch die Gegend, begleitet von einer Menge Moskitos und Fliegen. Der Kreolensattel war hart und schwer, und nur auf alte Pferde konnte man sich verlassen, was sich besonders beim Durchreiten von Furten in den Sümpfen zeigte. Dabei überließ ein gewitzter Reiter das Kommando klugerweise seinem erfahrenen Roß. Dieses fand mit untrüglichem Instinkt heraus, wo sich die beste Stelle und der festeste Boden befanden. Bei jungen Pferden konnte man da üble Überraschungen erleben und »im Bach« landen. Auch waren manche »Pingos« sehr heimtückisch, da sie dem Menschen die brutalen Zähmungsmethoden nicht vergessen hatten.
Ein junges, ungezähmtes Roß wird zuerst einmal an einen Pfahl gebunden und ohne Wasser und Futter seinem Schicksal überlassen. Nach anfänglichem Aufbäumen und Fluchtversuchen ergibt sich das von Sonne, Moskitos, Durst und Hunger geplagte Tier schließlich seinem Herrn und Befreier, der es unter Zuhilfenahme von großen Sporen und dem »Rebenque« – einer breiten, rohledernen Peitsche –,

erbarmungslos zureitet. Kaufte man dann einen so gezähmten Gaul, so dauerte es lange Zeit, bis das Tier einigermaßen Zutrauen gewann. Aber so ganz konnte man sich eigentlich nie darauf verlassen.
In unserem Camp gab es leider überall frei herumziehende Pferde. Nur ein Teil davon gehörte uns, die anderen hatten angeblich keine Eigentümer. Doch sobald man so ein Tier erschoß, weil es als richtiger Schädling durch die Gegend zog und Pflanzungen anfraß und zertrampelte, ja sogar Zäune durchbrach oder mit beachtlicher Schläue Gattertore öffnete, so meldete sich sofort irgendein »Eigentümer« und stellte Schadenersatzansprüche. Doch waren diese nicht so tragisch, da derartige Gäule nur ein paar Pesos kosteten.
Normalerweise weideten die Pferde auf den höhergelegenen Teilen des Camps, die für Pflanzungen nicht geeignet waren, und brauchte man dann eines seiner Rösser, so mußte ein Peón frühmorgens losziehen, um das Tier erst einmal einzufangen. Diese Arbeit war immer wieder nötig, da die Pferde nur grünes Gras fraßen und anderes Futter verweigerten. Bei dieser reinen Graskost waren sie natürlich nicht gut genährt und erlitten zusätzlich durch die gewaltigen Moskitoschwärme der Dämmerung bedeutende Blutverluste. Im Stall aber konnte man überhaupt kein Tier halten, weil es dort völlig den Insekten ausgeliefert gewesen wäre. Die einzige Möglichkeit, stets ein Pferd zur Hand zu haben, war, in der Nähe des Hauses eine kleine Koppel zu bauen, dort ein Pferd mit Salz an Hafer zu gewöhnen und neben diesem Gatter eine kleine Rauchglut über Nacht glimmen zu lassen.
Mit einem solchen sogenannten »Rationsroß« konnte man dann andere Pferde einfangen, die aber nach einem anstrengenden Ritt mindestens eine Woche lang in Ruhe gelassen werden mußten. Also waren für einen Mann, der zu Pferde arbeiten mußte, unbedingt mehrere Pferde erforderlich. Solche Komplikationen führten dazu, daß es heute in dieser Gegend relativ wenige Pferde gibt. Wer irgendwie kann, benützt Fahrrad, Moped oder Jeep. Andererseits aber ist das Pferd für die Rinderzucht unabdingbar und zu Zeiten des Hochwassers allen anderen Transportmitteln weit überlegen.
Die Viehzucht war für uns natürlich kein Geschäft. Heute freilich ist die Sache anders, denn es werden große Flächen trockengelegt, indem man in die Uferwülste der Albardone riesige, abgeschrägte Betonrohre einbaut, auf denen schwere Ventilklappen ruhen, so daß das

Wasser aus den Sümpfen wohl herauslaufen, bei Hochwasser aber nicht mehr einströmen kann. Natürlich funktioniert dieses System nur bei »normalem« Hochwasser nicht aber bei einer katastrophalen »Marea«, die die Albardone überflutet. Klingt diese Marea aber wieder ab, öffnen sich automatisch die Ventile, und das Wasser fließt aus den Sümpfen oder den Pflanzungen heraus.

Auf diese Weise ist es möglich, heute größere Gebiete der Viehzucht zu erschließen, und auf dem getrockneten und gesetzten Sumpfboden wächst auf einmal eine saftige »Gramilla« als Futterpflanze, die man vorher eigentlich gar nicht kannte. So floriert heute die Viehzucht auch in trockengelegten Esteros – allerdings nur in den Zeiten zwischen den periodischen Überschwemmungen. Doch ist jetzt mit dem Ausbau eines Wegenetzes und mit einem Radio-Vorwarnsystem Vorsorge getroffen, damit das Vieh gegebenenfalls rechtzeitig aufs Festland hinausgetrieben werden kann. Für solche Fälle haben sich kluge Viehzüchter der Gegend in den höhergelegenen Gebieten um die Nationalstraße Nr. 12 herum genügend Ausweichweiden besorgt, von wo aus das Vieh ohne Eile abverkauft werden kann. Zu unserer Zeit aber gab es das alles noch nicht, und oft gingen ganze Herden verloren. Vor allem bei der großen Überschwemmung des Jahres 1958 ertranken Tausende von Rindern. Ich selbst habe noch 1960 bei einem Besuch die in den Kronen der Bäume hängenden Gerippe dieser Rinder gesehen.

Im April 1959, als wir bereits wieder in Europa waren, überflutete eine größere, andauernde »Marea« das Deltaland. Auf den höhergelegenen Albardonen und Anschüttungen bei den Häusern sammelte sich verzweifeltes Getier, vor allem Schlangen. Nur die sogenannten Indianerhügel, die »Cerros«, blieben trocken. Wer konnte, zog sich nach Norden auf das Festland zurück. Die meisten Pflanzer aber hielten in ihren Pfahlhütten oder Ziegelhäusern auf künstlichen Hügeln aus. Alle unteren Wohnräume wurden überflutet. Boote aller Arten waren jetzt die einzigen Fortbewegungsmittel. Erwin Freitag zog sich unter das Spitzdach seines Schuppens zurück, wo durch die Explosion seines Benzinkochers dieses Gebäude mit einer großen Menge von wertvollem Bienenwachs mitten in der alles bedeckenden Sintflut niederbrannte. Zu Hilfe kam noch rechtzeitig Boettges, der, den Baumkronen folgend, von Paranacito aus gerade nach Hause fuhr und eine

Rauch- und Feuersäule aufsteigen sah. Erst dachte er an einen Vulkan oder ähnliches, doch als er dann Freitag und Roberto in einem Boot entdeckte, konnte er über den »feuchten« Brand das Lachen nicht zurückhalten. Dabei war diese Unbill in einer Woche bereits die dritte gewesen, die den Unglücksraben Freitag getroffen hatte. Am Wochenanfang war seine funkelnagelneue Universaltischlereimaschine in Trümmer gegangen, weil sich die Messer gelockert hatten. Kurz darauf hatte er sich mit Roberto beim Zielschießen auf schwimmende, leere Konservenbüchsen vergnügt und dabei den gerade vorbeipaddelnden dicken Fleischer Lumpo, den wir schon kennen, versehentlich in den Hintern getroffen. Natürlich klagte dieser gen Himmel und Erde auf Schmerzensgeld. Und nun diese Überschwemmung mit den von ihren Gerüsten davonschwimmenden Bienenstöcken und dem schönen Wachs, das mit dem Schuppen in Flammen aufgegangen war. Es hatte ihn wahrlich schwer getroffen!
Zur gleichen Zeit gab es natürlich auch aus dem unteren Delta von Entre Ríos denkwürdige Geschehnisse zu vermelden. Dort erschienen, um zu »helfen«, Schnellboote der Marine und warfen mit ihren Bugwellen zum Verdruß der Pflanzer einige leichte Häuserwände um. Die Zeitungen von Buenos Aires überschlugen sich mit Schauernachrichten, Hilfsangeboten und untauglichen Ratschlägen. Die Pflanzer aber wollten in Ruhe gelassen werden und weigerten sich, durch übereifrige Behörden evakuiert zu werden, da dann nur streunendes Gesindel ihre Liegenschaften ausräumen würde. Denn es war zwar alles überschwemmt, doch es gab kaum Strömung, und per Kanu konnten diese Leute gemütlich durch Feld und Wälder ihren üblen Geschäften »nachpaddeln«.
Von den zahlreichen Hilfssendungen an Decken, Lebensmitteln und sogar Geldspenden erreichte praktisch nichts das obere Delta, weil sich auf dem Wege dorthin bereits zu viele Liebhaber und Geschäftstüchtige bedient hatten. Nur ein einsamer Militärhelikopter erschien über Paranacito, um Konservenbüchsen abzuwerfen. Als Haupteffekt dieser Hilfsaktion durchschlug er dabei einige Dachplatten, während Strohdächer diesem modernen Büchsen-Manna besser widerstanden.
Am schlimmsten erging es bei dieser Gelegenheit aber Adriana Pérez von der Motorboottankstelle. Während sie schöne Geldscheine, die sie gerade aus dem Büro herausgetaucht hatte, auf Brettern be-

schwerte, um sie in der Sonne zu trocknen, erschien besagter Hubschrauber und warf auch bei ihr einige Büchsen ab. Wutentbrannt machte die Señora wilde Drohgebärden gen Himmel, was den amtlichen Retter von oben aber nur veranlaßte, näher nachzusehen. Dabei wehte er zunächst alles Geld ins Wasser und fiel zum Überfluß auch noch selbst in die Bäume, von denen er, trotz Totalschaden selbst nur leicht lädiert, mit einer Leiter zwar gerettet, aber dem gerechten Zorn der resoluten Dame ausgeliefert wurde.

Die schlimmste Überschwemmungskatastrophe kam schließlich im August 1982, bewirkt durch eine als »El Niño«-Effekt bekannte Anomalie südpazifischer Meeresströmungen. Das Wetter von ganz Südamerika geriet in Unordnung, mit verheerenden Folgen für Fischerei sowie Land- und Forstwirtschaft. Es regnete sogar in chilenisch-peruanischen Wüstengebieten, Sturzbäche ergossen sich über die Osthänge der Anden, die Ströme Paraná und Uruguay führten enorme Schmelzwassermengen und Regenfluten, gleichzeitig aber stauten Südostwinde den Río de la Plata flußaufwärts, und das ganze Deltaland der Provinzen Buenos Aires und Entre Ríos blieb für eineinhalb Jahre von sauerstoffarmen, stehenden, meist lauwarmen Wassern wie von einem Leichentuch bedeckt. Die ursprüngliche Tier- und Pflanzenwelt ging zugrunde, und die arbeitende Bevölkerung wanderte schließlich aus. Nur wenige Eigentümer und deren treueste Peone harrten aus.

Der Schaden in den Pflanzungen war enorm. Alle Wald- und Obstbäume, einige Weidenarten und höhere Pappelpflanzungen ausgenommen, gingen zugrunde. Dem blühenden Delta, wie wir es noch kannten, war das Rückgrat gebrochen. Unser Haus stand – mit kurzen Unterbrechungen – zwei Jahre im Wasser. Meine Pinus- und Eukalyptuswälder waren vernichtet. Die Eichen und die Citrusbäume zwischen Haus und Garten gingen an Wurzelfäule ein. Nichts ist mehr, wie es war. Sumpf und Urgestrüpp sind wieder im Vormarsch. Es ist, als ob ein böser Zauberer das alte, blühende Deltamärchen erst ertränkt und dann zertreten hätte. Nicht nur uns Rückwanderern nach Europa, sondern auch Einwohnern des Landes bleibt nach dieser in der Überlieferung des Landes beispiellosen Katastrophe nur mehr die Erinnerung an die alten Zeiten. Aquis submersus!

Aber einstweilen war es nicht soweit. Mit den Jahren gediehen die

Pflanzungen, das Almacen florierte, und die Coca-Cola-Vertretung, ausgedehnt auf den Distrikt Gualeguaychú mit Stadt, brachte Einnahmen. Die Banken kannten uns und boten von sich aus großzügige Kredite an. Langsam wurden »La Torre« und die Spitzys eine anerkannte Institution im Lande des Ñancay. Wir hatten uns durchgesetzt. Doch mit dem Erfolg kamen auch Probleme und neue Sorgen. Wo sollten die Kinder zur Schule gehen, ohne daß unsere Familie getrennt würde? Wer sollte sich um das Ñancayunternehmen kümmern, wenn wir wegen des Coca-Cola-Vertriebs zumindest in eine der Städte der Provinz ziehen müßten? Auch war auf Dauer die fehlende medizinische Versorgung untragbar.
Irgendwann einmal mußte unser Abenteuer in Normalität münden. Unsere Familie war inzwischen auf sieben Personen angewachsen, und die Kinder sollten ja nicht nur etwas lernen, sondern sich auch Allgemeinbildung erwerben und nette Freunde haben. Das alles war am Ñancay schwer möglich, und Maria hielt mir, der ich bereits etwas zum Gaucho geworden war, diese Tatsachen mit Recht immer wieder vor.

18

Bei all der Beschreibung von Erlebnissen und Abenteuern mit Mönchen, Gauchos und Banditen kommen die mit der Familie und den Freunden zu kurz. Doch möchte ich heute in dankbarer Erinnerung sagen: Es wäre mir nicht möglich gewesen, ohne Marias Hilfe, ohne ihre moralische Unterstützung, ohne ihre bedingungslose Einsatzbereitschaft für unsere Kinder und mich jene Jahre erfolgreich durchzustehen. Sie teilte nicht nur indirekt meine Sorgen, sondern half täglich mit Rat und Tat, die Probleme zu meistern. Es gab nichts, was wir nicht gemeinsam besprachen, planten und durchführten.

Nur selten konnten wir uns Urlaub und »Flitterwochen« in Buenos Aires leisten, die wir dafür um so mehr genossen. Wie amüsierten wir uns dann, frei von Streß, über die unfreiwillige Komik unserer Abenteuer und merkwürdigen Erlebnisse mit Land und Leuten, in Spanien und Argentinien.

In Buenos Aires waren wir stets bei unseren treuen Freunden, den Korffs, den Bekkers und vor allem bei Herbert und Mia Friedrichs, die uns schon in der allerersten Phase unseres Abenteuers am Ñancay besucht hatten und immer zu helfen bereit waren. Ihre Besuche mit beiden Söhnen waren jedesmal ein richtiges Familienfest für uns.

In der Großstadt tankten wir während unserer kurzen Aufenthalte »Kultur«, außerdem trafen wir Diplomaten und einige Mitglieder der argentinischen Society, die uns zwischendurch immer wieder Eleganz und Lebensart vorführten, worüber mein folgendes Gedicht erzählen mag:

DER ALTEN DAME EWIGE SCHÖNHEIT

Es war in jenen heut' so fernen Tagen,
Als wir in Buenos Aires kaum gelandet,
Nach Krieg und Flucht mit Glück gestrandet,
Gezwungen waren, harten Neubeginn zu wagen.

Mit kleinen Kindern, ja, das letzte g'rad geboren,
Hatte Maria tapfer ihre liebe Müh'.
Ich selber suchte Arbeit spät und früh
Und hatte oft zu innerst allen Mut verloren.

Bescheiden führten wir ein schlichtes Leben
In der Pension auf Sicht und oft auf Pump.
Es war so ungewohnt. Ich fühlt' mich wie ein Lump
Und mußte Hilfe nehmen, statt zu geben.

Da flatterten durch Freunde kurze Zeilen
Einer grande dame des Landes uns ins Haus.
Die alte Dohse bat sich reizend aus
Wir sollten sie besuchen, dann zum Lunch noch weilen.

Korrekt gekleidet, wie in alten Zeiten,
Fuhr'n wir im Taxi hin zu dem Palais.
Es lag im besten Viertel, nicht in uns'rer Näh,
In einem Park, umgittert an den Seiten.

Und ein Lakai empfing uns höflich, voll der Würden,
Er paßte kühl zur Marmorhalle schon,
Doch bald umgab uns freundlich wärmend ein Salon
Mit Gobelins und besten Bildern, nach den ersten Hürden.

Die Tür ging auf – ein Traum von einer alten Dame
In Beige und Violett, gehüllt in Crêpe de Chine,
Schritt freundlich lächelnd, grüßend zu uns hin,
Führt uns zu and'ren Gästen, es klangen Rang und Name.

Mit einer Stimme klar wie alte Silberglocken
Sprach sie nach rechts und grüßte manchmal links,
Verteilte Komplimente, Gruppen, Sofas, Drinks
Und schelmisch blickte sie aus blauen Silberlocken.

Ja, souverän beherrschte Sie die Lage
Und konversierte froh, fast jugendfrisch.
Führt' uns galant, gekonnt zum Platz am Tisch.
Sie war die Königin von jenem schönen Tage!

Sie setzte mich zu hoch an ihre linke Seite

Und ehrte mich als étranger von Distinktion,
Ich akzeptierte gerne diese kleine Illusion,
Genoß die Blumen, Damen und des Raumes Weite.

Nachdem sie brav den alten Herrn zu Ihrer Rechten
Entsprechend laut mit Charme und Geist berückt,
Ward ich dann auch von ihr zur Zeit beglückt,
Und uns're Zwiesprach konnte sich mit Witz verflechten.

Da sagte sie, sie zähle mehr als 90 Lenze,
Gestand mit leiser Wehmut diese hohe Zahl.
Ich fühlte ihres Herzens Altersqual
Und wand aus Komplimenten viele Kränze.

Sie dankte herzlich, lachte nur darüber,
Verneinte solcher Sprüche Wahrheit und Gehalt.
Sie sei vielleicht mal schön gewesen, doch jetzt alt,
Und alle Pracht wär lang, ja längst vorüber:

»Bedenkt, ich steh an meines Lebens letztem Rand,
Für das ich jetzt mit hohem Alter büß.
Ihr Kompliment, mein Lieber, war zu süß,
Denn 90 Jahr sind mehr als allerhand!«

Da riß ich mich mit aller Kraft zusammen.
Ich mußte überzeugen – wahr und hell.
So wählt ich meine Worte klar und schnell
Und hatte Sinn und Absicht wohl beisammen:

»Madame, erlaubt mir« – sprach ich – »Euch zu sagen,
Daß Aphrodite wahrer Schönheit lang noch Schöne leiht,
Doch mit den Jahren immer kürz're Zeit,
Zum Schluß Momente nur in späten, hohen Tagen.

Besonders dann wird Sie die holde Göttin küssen,
Wenn Sie, wie heute, Freund und Gast verwöhnen
Mit so viel Gutem, Noblem, Schönem,
Und alle Sie zutiefst bewundernd lieben müssen.«

Da ging ein Strahlen über ihre edlen Züge,
Die alte Schönheit kam wie Licht zurück,

Die Augen leuchteten ganz jung vor Glück.
Mein Kompliment ward Wahrheit, fern von Konvention und Lüge.

Und selig dankte sie mir freundlich zugewandt.
Ein allgemeines Staunen stand fast still im Raum,
Doch merkte ich dies leise Raunen kaum
Und küßte, tief verneigt, die zarte, alte Hand.

Während sich die Lage bei uns am Ñancay allmählich normalisiert hatte, verlangte in den fünfziger Jahren die Lage in Österreich gebieterisch die Heranziehung aller Fachkräfte zum Wiederaufbau. Daher wurden alle ehemaligen Parteigenossen der NSDAP, denen kriminelle Handlungen nicht vorgeworfen werden konnten, amnestiert und die Tüchtigsten zur politischen und wirtschaftlichen Mitarbeit, auch in Führungspositionen, aufgefordert. So fiel auch ich unter die Amnestie, ab 1954 stand ich nicht mehr im Fahndungsblatt und bekam wieder einen österreichischen Paß. Der hatte mir allerdings nicht sehr gefehlt; ja, ich frühstückte trotz aller Fahndung manchmal gemütlich mit dem österreichischen Botschafter, mit dem ich ums Eck verschwägert war, in den Räumen der Botschaft.
Die privaten Nachrichten allerdings, soweit sie den Grundbesitz der Familie meiner Frau betrafen, schienen in keiner Weise günstig. Da ihre Tante und Adoptivmutter schon vor dem Ersten Weltkrieg einen kaiserlichen deutschen Offizier und späteren General geheiratet hatte, fiel ihr Besitz in Salzburg als reichsdeutsches Eigentum unter die Bestimmungen des Dumbarton-Oaks-Abkommens. Es wurde beschlagnahmt und dann zwangsverwaltet.
Nun war guter Rat teuer. Die alten Herrschaften kamen mit der verzwickten Lage natürlich nicht mehr zurecht, und so schien es Maria und ihren Schwestern angezeigt, eilig nach Hause zu kommen, um Himmel und Hölle in Bewegung zu setzen, damit der große Besitz für die rechtmäßigen Erben gerettet werde. Solchen und anderen Argumenten, die für die Rückkehr sprachen, konnte ich mich auf die Dauer nicht verschließen, obwohl dies die Aufgabe der unabhängigen Arbeit in Argentinien zugunsten eines Wirkens in einem Familienverband bedeutete.
Systematisch und ohne Hast bereiteten wir die Abreise und die Um-

stellung des Ñancay wie der Coca-Cola-Aktivitäten vor und besuchten alle Freunde, die von unserem Beschluß durchwegs nicht erbaut waren. Am meisten schien unser Freund, Berater und Gönner, der alte Herr von Bilderling, darunter zu leiden, was uns sehr naheging. Wie viel hatte ich in all den Jahren von ihm gelernt!
So kam also schließlich der Tag des Abschieds, an dem wir nach Voraussenden des schweren Gepäcks selbst den geliebten Ñancay verlassen mußten. Das Haus war bereits leer und ausgeräumt, wir hielten noch eine kleine Siesta, als Roberto aufgeregt an unseren Fensterbalken klopfte: »Señor, Barrios und der alte Vespa haben sich über die Ehre, wer das leichte Gepäck der Señora mit dem Sulki fahren soll, dermaßen zerstritten, daß sie zum Messer griffen und Barrios nun mit einer schweren Armwunde beim Almacen liegt!«
Tatsächlich, dort lag er, und es blieb uns nichts übrig, als die Abreise nach Buenos Aires um einen Tag zu verschieben, da ich den armen Barrios nach Gualeguaychú ins Hospital fahren mußte. Obwohl wir die beiden Kampfhähne beschimpften, waren wir doch tief gerührt über so viel Anhänglichkeit.
Bald schwammen wir nach Abschlußärger mit dem Zoll an Bord der italienischen »Andrea C« nach Europa und trafen in den ersten Tagen des Jahres 1958 auf Schloß Grubhof bei Lofer ein, von Marias Schwestern und der Familie herzlich begrüßt. Für unser Leben begann damit ein neues Kapitel.
Natürlich versäumte ich es nicht, nach Wien zu fahren und meine Familie und Freunde zu begrüßen und, last not least, Kontakte mit den Behörden zwecks Verhandlungen über unseren beschlagnahmten Besitz aufzunehmen.
Bei dieser Gelegenheit suchte ich auch mein altes ehrwürdiges Gymnasium zu den Schotten auf, um auch dort nachzusehen, wer von meinen alten Lehrern noch am Leben war. Mich empfing unser Klassenvorstand und Griechischprofessor Pater Dr. Leopold Eigl, trotz seiner mehr als achtzig Jahre noch bei guter Gesundheit, klug und wie immer die Güte selbst. Die Anekdote, die ich mit ihm erlebte, soll den Abschluß dieser meiner Lebensbeichte bilden.
Als Gymnasiast war ich ein großer Lausbub und schlechter Schüler, doch bei der Mehrzahl der Professoren und Mitschüler recht beliebt gewesen. Besonders mit Griechisch hatte ich bei meiner großen Faul-

heit stets Probleme. Die wurden aber trotz miserabler schriftlicher Arbeiten nicht tragisch, da ich mündlich den Ansprüchen bestens entsprach. Ich hatte nämlich herausgefunden, daß mich Pater Leopold nach einem komischen System immer nur an Donnerstagen prüfte, worüber ich mich mit Freunden und Kollegen herzlich lustig machte. Natürlich war ich dann stets glänzend vorbereitet, so daß der Pater meiner Mutter an den Auskunftstagen sagen konnte: »Der Bub ist zwar schriftlich miserabel, doch mündlich recht gut und meint, er wär halt bei den schriftlichen Arbeiten so furchtbar nervös. No, bitte, das kann schon sein, Frau Hofrat.«

So schlängelte ich mich durch die Jahre und schlecht und recht auch durch die Matura.

Nun aber saß ich selbst, schon mit grauen Schläfen, respektvoll auf der Stuhlkante meinem alten Lehrer gegenüber und mußte von meinem abenteuerlichen Leben erzählen. Als ich nach meiner religiösen Pflichterfüllung befragt, witzig sein wollte und erklärte, daß es damit immer dann besser stünde, wenn mir etwas weh täte, meinte Pater Leopold, das wäre weder originell noch neu. »Aber weißt was, Spitzy, heut' is Donnerstag, da wärst drankommen bei mir!«

Die Erinnerungen eines österreichischen Idealisten, der im persönlichen Stab Ribbentrops aus nächster Nähe miterleben mußte, wie das Reich durch die verantwortungslose Kriegspolitik verspielt wurde, und der zu den wenigen Überlebenden des Widerstands gegen Hitler zählt.

»Nur wenige dieser Bücher lesen sich ... so unterhaltsam und spannend wie die ... Erinnerungen von Reinhard Spitzy, dem ehemaligen Sekretär von Reichsaußenminister Joachim von Ribbentrop ... Spitzys Memoiren sind deshalb der Lektüre wert, weil sie das Dritte Reich aus einem ganz besonderen Aspekt beleuchten. Sie zeigen, wie amateurhaft Politik gemacht und gewissenlos ein Krieg provoziert wurde.« *Neue Züricher Zeitung*

»Die Erinnerungen Reinhard Spitzys sind ... eine Rekapitulation dessen, was diese Generation wirklich gesucht, verschuldet und erlitten hat.
Dieses Buch ist nicht nur lesenswert, es ist ein Dokument zur rechten Zeit.« *Die Presse*

»Nicht Haß, sondern Trauer kennzeichnen seine Aufzeichnungen aus der Intimsphäre des Dritten Reiches, in die er in der Umgebung Ribbentrops tiefen Einblick gewann. Sie sind eine der wenigen echten Geschichtsquellen aus einer Zeit, die dem Fleischwolf der Politologen ausgeliefert, bis zur Unkenntlichkeit verzerrt wird.« *Criticon*

»Spitzys lebendig geschriebene Erinnerungen vermitteln wichtige Impressionen aus der Perspektive eines damaligen Mitgliedes der nationalsozialistischen Jeunesse dorée. Sie bestechen durch die Offenheit, mit der er den Leser seinen jugendlichen Enthusiasmus für Hitler und den Nationalsozialismus bis hin zum Kriegsbeginn nachvollziehen läßt. Historisch informierte Leser werden das Buch kritisch und mit Interesse lesen.« *Frankfurter Allgemeine Zeitung*

»Spitzys Aufzeichnungen sind weit über das Private hinaus von zeitgeschichtlichem Wert.« *Welt am Sonntag*

SECRETARIA DE TRABAJO Y PREVISION

DIRECCION GENERAL DE MIGRACIONES

Fórmula Nº. 6
10.000-1-948

PERMISO Nº. 8816

VALIDO PARA EL LIBRE DESEMBARCO DE EXTRANJEROS QUE POSEAN TODOS SUS DOCUMENTOS, DE ACUERDO CON LAS DISPOSICIONES VIGENTES

CADUCA A LOS 2 AÑOS DE SU OTORGAMIENTO

Exp. 159108/48

El sellado de reposición corre agregado al expediente de la referencia.-

La Dirección General de Migraciones de la República Argentina, de acuerdo con el pedido que se formula en el expediente a que se refiere esta credencial, ha concedido permiso de libre ingreso al país a D. REINHARD NIKOLAUS SPIZZI esposa MARIA WALDEMAR von POSER SCHMIDTMANN FORSTON de SPIZZI i hijos WOLFGANG NIKOLAUS y ELISABETH NIKOLAIA SPIZZI, austriaco, norteamericana, españoles, de 36, 24, 3 y 1 año de edad, católicos

El cónsul argentino colocará en este sitio una fotografía de las personas mencionadas, la que sellará en sus dos ángulos exteriores.

debiendo traer la documentación correspondiente, visada por el Consulado Argentino de la jurisdicción de su residencia.

Este permiso NO ES VALIDO si alguna de las personas mencionadas se encuentra afectada de alguna de las enfermedades o defectos físicos que enumera el Art. 32 de la Ley de Inmigración y el decreto reglamentario de diciembre 31 de 1923.

Las personas enumeradas en este permiso NO TIENEN DERECHO a alojarse en el Hotel de Inmigrantes ni a utilizar pasajes para su internación en el país.

Dado en Buenos Aires, a los trece *días del mes de* Febrero *de mil novecientos* cuarenta y ocho

DIRECTOR GENERAL DE MIGRACIONES

ALFREDO JOSE TORTELLO
Sub-Director General de Migraciones

Difusión.- Herrera 541